CARTULAIRE DU CHAPITRE
DE LA
CATHÉDRALE D'AMIENS

MÉMOIRES
DE LA
SOCIÉTÉ DES ANTIQUAIRES
DE PICARDIE.

DOCUMENTS INÉDITS CONCERNANT LA PROVINCE.
TOME DIX-HUITIÈME

CARTULAIRE DU CHAPITRE
DE LA
CATHÉDRALE D'AMIENS.
TOME II

AMIENS
IMPRIMERIE YVERT ET TELLIER
37, Rue des Jacobins.

PARIS
LIBRAIRIE Auguste PICARD
82, Rue Bonaparte.

1912

LITTERA DE QUATUORDECIM JORNALIBUS TERRE TRADITIS AD CENSUM PERPETUUM
APUD LONGAM AQUAM

22 juillet 1277

Universis presentes litteras inspecturis officialis Ambianensis salutem in Domino. Noveritis quod Johannes dictus de Bova, manens apud Longam aquam, recognovit in jure coram nobis se accepisse ad annuum et perpetuum censum a venerabilibus viris decano et capitulo Ambianensi pro quadraginta solidis parisiensium eisdem decano et capitulo ab ipso Johanne et ejus heredibus successoribus, singulis annis, in Natali Domini hereditarie et imperpetuum solvendis et reddendis quatuordecim jornalia vel circiter terre site in territorio de Longa aqua in diversis pechiis, quarum una sita est ad viam de Glisy juxta terram Meneri ad avenam, alia sita est juxta terram Johannis de Tillu ad Brunum markaisium, alia sita est ad Busketum, juxta terram Luce de Longa aqua, alia sita est ad Haietam, juxta terram dicti Meneri ad avenam, alia sita est ad calceiam juxta terram Willermi de Glysi, alia sita est juxta dictam calceiam juxta terram Willermi Raymont et alia sita est ad eamdem calceiam juxta terram Willermi de Marisco. Et promisit dictus Johannes, juramento prestito coram nobis, quod dictos quadraginta solidos parisiensium censuales eisdem decano et capitulo, vel eorum mandato, singulis annis imperpetuum in Natali Domini solvet et reddet, et ad hoc heredes et successores suos et omnia bona sua mobilia et inmobilia presentia et futura eisdem decano et capitulo dictus Johannes obligavit coram nobis. In cujus rei testimonium presentes litteras confici fecimus et sigillo curie Ambianensis roborari.

Actum anno Domini millesimo ducentesimo septuagesimo septimo, mense Julio, in crastino festi beate Marie Magdalene.

Cartul. VI, f° 55 v°, n° xxxi.

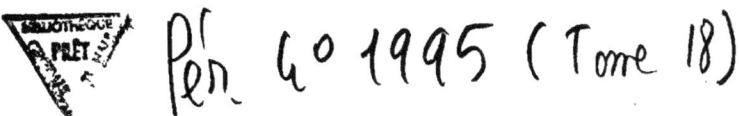

462

Littera de eodem

26 septembre
1277

Je Jehans, vidames d'Amiens, chevaliers, sires de Pinkegni, fais savoir a tous ki ches presentes lettres verront et orront ke comme Wistasses lidiales, de lassentement Aelis se femme et de ses enfans, eust vendu perpetuelment a houneraules hommes au dien et au capitre d'Amiens pour quarante quatre lb. de parisis ki li furent paiees, trese journeus de tere assis en une pieche en Sarmaise de Velane el lieu ke on apele le Haie du Tilluel roie a roie de le tere maistre Aubin, capelain d'Amiens, de coste le tereoir de Contres, et le witisme garbe kil avoit el terage de ches XIII journex en non diretage, avec tout le droit kil i avoit et pooit avoir, lesquels XIII journex de tere et le witisme garbe du terage il tenoit en fief de mi ; de lequele tere vendue et de le witisme garbe de chu terage et de tel droit kil i avoit, il se dessaisi et issi pardevant me chiere dame me mere Mehaut vidamesse, ki fu femme jadis monsegneur men pere Gerart vidame d'Amiens, et pardevant noble homme monsegneur Jehan de Audenarde sen baron, en qui bail jestoie ki adont estoie desaigies, et de lequele terre vendue avec le witisme garbe du terage li devant dit Jehans de Audenarde et medame me mere se femme comme mi bail saisirent et envestirent monsegneur Ours, capelain d'Amiens, el non du dien et du capitre devant dit a tenir en main morte quitement et frankement sans nule redevanche sauf che kil i retinrent a eus et a mi, le sanc le larron et le haute justiche ; et eussent pramis messires Jehans de Audenarde et medame me mere en men lieu comme mi bail a tenir chele vente et a garandir ches coses vendues au dien et au capitre bien et loiaument envers tous chiaus ki a droit et a loi en vauroient obeir, ensi comme il est plus plainement contenu es lettres et du vendeur et de monsegneur Jehan de Audenarde et medame me mere, kil en baillierent et ke jai veues et oïes, jou Jehans vidames devant noumes ki sui piecha aagies a chele vente me consent et l'aprueve et i met men assentement comme sires, et le cose vendue devant dite amorti au dien et au capitre, retenans a mi le sanc le larron et le haute justiche, ne autre cose ni puis ne ne doi clamer ne je ne mi hoir, et les coses devant dites sui tenus a garandir comme sires au dien et au capitre ou a chaus ki de par aus les tenront envers tous chaus ki a droit et a loi en vauront obeir en me court et a chou j'oblige mi et men hoir et en tesmongnage de ceste cose. Jen baille me letre presente seelee de men seel en l'an del Incarnation Jhesu Crist M° CC° et LXXVII el mois de ceptembre lendemain de le Saint Fremin le martyr.

Cartul. VI, f° 84, n° LVII.

463

Anno Domini M° CC° LXXVIII°, dominica post octabam apostolorum Petri et Pauli venerabilis Pater Guillermus, Dei gratia Ambianensis episcopus, veniens de consecratione sua, receptus in ecclesia Ambianensi, prestitit tale juramentum in introitu ecclesie, presentibus Johanne Daties ballivo domini regis in Ambiano, Johanne vicedomino Pinchonii, Anselmo preposito ecclesie, Arnulpho decano, magistro Arnulpho Le Bescochie canonico et sacerdote et multis aliis : « Ego Guillelmus, Ambianensis episcopus, jura et consuetudines ecclesie Ambianensis antiquas et approbatas et ab predecessoribus meis Ambianensibus episcopis hactenus observatas, salvo jure et ordine meo, propositis sacrosanctis evangeliis secundum canonica instituta perpetuo me servaturum promitto ; sic me Deus adjuvet et hec sancta Dei evangelia ».

10 juillet 1278

Cart. III, f° 209 v°, n° CCCVIII.

464

Anno M° CC° LXXVIII° dominica ante festum beati Laurencii fuerunt presentes Ambiani pro inquesta facienda et super omnibus querelis et controversiis que erant inter capitulum Ambianense ex parte una et majorem et scabinos ejusdem ville, vir venerabilis magister Guillermus de Nova villa, archidiaconus Blesensis in ecclesia Carnotensi, clericus domini regis Philippi et vir nobilis dominus Colardus de Morlaines, miles regis, missi a domino rege per litteras ipsius apertas ; et tunc de consilio ipsorum qui alias fecerant inquestam super justicia et jurisdictione vie que est inter ecclesiam et domos canonicorum, Johannes Daties tunc ballivus domini regis in Ambiano, ad mandatum curie domini regis sicut sibi fuerat injunctum, posuit metas sive bornam et fecit apponi

7 août 1278

in capite uno dicte vie versus Sanctum Martinum in burgo, secundum quod ostensio facta fuerat coram ipso et secundum quod probatum fuerat in enquesta per testes, et fuit illa borna apposita juxta portam magnam domus magistri Firmini Ad Latus canonici Ambianensis parum ultra, ita quod illa borna tendit directe per terram ecclesie ad arestam ecclesie Sancti Firmini Confessoris. Ibi fuerunt presentes ballivus Ricardus de Sorchi prepositus regis, sui servientes.

Cart. III, f° 209 v°, n° cccix.

465

Juridictio de Vacaria (1).

9 sept. 1278

Universis presentes litteras inspecturis, Johannes de Athies, baillivus Ambianensis salutem in Domino. Noveritis quod cum viri venerabiles decanus et capitulum Ambianensis ecclesie dicerent et proponerent contra virum nobilem Dominum Gobertum de Dargies, dominum de Kateu, militem, ab hominibus et gentibus seu familia dicti Goberti, militis, de ejus mandato, vel ipso ratum habente, hominibus dictorum decani et capituli de Vacaria, villa dicti capituli, multas injurias illatas fuisse, videlicet homines predictos de Vacaria verberando, vulnerando, capiendo et in carcere detrahendo, ita quod unus illorum hominum in exitu de carcere, post paucos dies, expiravit, necnon et terram et jurisdictionem dictorum decani et capituli in villa et territorio de Vacaria infringendo et violenter invadendo, licet dictus Gobertus, miles, predicta se fecisse vel procurasse non recognoscet (sic); tandem propter pacem et concordiam quam idem miles ad predictos decanum et capitulum habere desiderabat, idem miles, de consilio ejus amicorum et bonorum, ad dictam voluntatem et ordinationem reverendi patris Guillermi, Dei gratia Ambianensis episcopi, et viri nobilis Symonis de Claromonte, militis, domini de Nigella, avunculi sui, in manu dictorum decani et capituli coram nobis predicta emendavit dictus Gobertus miles sub hac forma, quod ipse miles faceret restitui terram et jurisdictionem dictorum decani et capituli de hominibus illis qui capti fuerant in terra eorumdem, si possent inveniri, vel de aliis si non possent reperiri. Item et quod idem Gobertus, miles, faceret teneri bonam pacem et firmam ab hominibus et

(1) Titre récent.

gentibus suis, hominibus et gentibus dictorum decani et capituli de Vacaria, et aliarum villarum eorumdem. Et precipiet eis districte quod si, aliquo casu, homines vel gentes ejus dictis hominibus et gentibus dicti capituli fore facerent, ipse Gobertus, miles, ad requisitionem dictorum decani et capituli, vel eorum mandati, statim faceret emendari. Et hoc idem dicti decanus et capitulum e converso repromiserunt eidem Goberto, militi, se facturos. Item et quod ipse miles et ejus homines, vel amici ejus qui interfuerant captioni dictorum hominum de Vacaria et in terra dictorum decani et capituli facerent unam processionem sollempnem in ecclesia Ambianensi in die festi sancti Firmini martyris mense septembri nuper preteriti, in tunicis sine corrigiis et in caligis sine sotularibus et sine coiffiis et caputiis. Item et quod ipse Gobertus, miles, satisfaceret amicis dicti hominis de Vacaria defuncti pro ipso defuncto de centum libris turonensium infra Pascha proximo venturum. Item quia ipse Gobertus, miles, pro injuriis et dampnis ecclesie Ambianensi illatis redderet et solveret dictis decano et capitulo ducentas libras turonensium in utilitatem dicte ecclesie Ambianensis secundum quod dicti decanus et capitulum viderent expedire convertendas. Ita quod centum libras turonensium infra instantem Penthecosten, et alias centum libras infra festum Omnium Sanctorum post sequens idem miles solveret et redderet integraliter decano et capitulo memoratis. Hec autem omnia premissa promisit dictus Gobertus, miles, coram nobis in bonorum presentia se facturum, observaturum et adimpleturum, volens et concedens quod per nos, auctoritate regia compellatur et possit compelli ad omnia premissa facienda et adimplenda, si super premissis, vel aliquo premissorum fuerit in defectum, et quod nos super hiis, dictis decano et capitulo litteras traderemus sigillo baillivie Ambianensis sigillatas. Et nos ad instantiam dictorum decani et capituli et petitionem dicti Goberti, militis, litteras presentes eisdem decano et capitulo in testimonio premissorum tradidimus sigillo baillivie Ambianensis sigillatas, ut dictum militem auctoritate regia compellamus si super premissis vel aliquo premissorum idem Gobertus, miles, fuerit in defectu et a dictis decano et capitulo fuerimus requisiti.

Datum anno Domini M° CC° LXX° octavo, mense septembri, in crastino festi Nativitatis Beate Marie Virginis.

Cart. VI, f° 91 v°, n° LXIII.

466

LITTERA DE COMPOSITIONE SESTERAGII

9 sept. 1278

Universis presentes litteras inspecturis, Guillelmus, miseratione divina Ambianensis episcopus, eternam in Domino salutem. Cum inter dilectos filios decanum et capitulum Ambianensis ecclesie, ex una parte, et nobilem virum Johannem, vicedominum Ambianensem et dominum Pinchonii, militem, ex altera, controversia verteretur super eo quod idem vicedominus, de omni grano proventuum omnium reddituum dictorum decani et capituli, et servitorum ejusdem ecclesie ab emptoribus dicti grani petebat sesteragium et asserebat illud sibi jure hereditario debere ab antiquo, dictis decano et capitulo ex adverso dicentibus et asserentibus dictum vicedominum non habere jus in predictis et proponentibus quod ipsi habebant mensuras suas et mensuratores proprios quibus et per quos mensurabant vel faciebant mensurari in claustro et extra claustrum omne granum proventuum reddituum suorum predictorum et deliberabant suis emptoribus quibuscumque libere et absolute sine prestatione cujuslibet sesteragii, mensuris dicti vicedomini nequaquam adhibitis et sesteragiis suis seu servientibus penitus non vocatis; et coram diversis judicibus ordinariis et delegatis, et postmodum in curia excellentissimi domini regis Francorum illustris fuisset hujusmodi questio diucius agitata, tandem bonis viris et discretis mediantibus et interponentibus partes suas, in nos Guillelmum, Dei gratia Ambianensem episcopum super dicta controversia de alto et basso extitit a dictis partibus concorditer compromissum sub pena quingentarum librarum parisiensium ab utraque parte hinc et inde sibi invicem sollempniter stipulata et promissa reddendarum a parte resiliente parti dictum nostrum seu arbitrium observanti. Nos igitur, dispendia licium cupientes declinare et discordes ad concordiam et littigantes ad pacem, prout nobis ex suscepto incumbit officio, pro viribus revocare, utilitate, pace et quiete parcium diligenter pensatis, onere dicti compromissi in nos recepto ad instantiam et petitionem parcium predictorum, cognitis cause meritis et intellectis et studiose discussis presentibus partibus, dicimus, ordinamus, arbitramur et arbitrando pronunciamus quod dicti decanus et capitulum, capituli clerici et servitores ejusdem ecclesie de nullo grano seu annona proventuum reddituum suorum quos in Ambianensi obtinent ecclesia, aut emptores sui inqualescumque et quicumque dicto vicedomino, vel ejus mandato pro prima venditione que fiet per canonicos, capellanos, clericos, servitores, seu eorum procuratores, seu per alios eorum nomine, sesteragium solvere teneantur; sed sint ipsi et emptores sui quicumque et qualescumque a prestatione cujuslibet sesteragii perpetuis temporibus liberi et inmunes, et omne granum suum seu avenam predictam suis mensuris et per mensuratores proprios libere valeant et absolute mensurare et facere mensurari, et deliberare seu facere deliberari suis emptoribus quibuscumque sine sesteragio quomodolibet exigendo vel solvendo de omni grano et annona proventuum reddituum et possessionum predictorum canonicorum, capellanorum, clericorum et servitorum suorum jam acquisitorum ac etiam imposterum acquirendorum. Item dicimus de canonicis de Sancto-Acheolo et de Sancto-Martino-de-Gemellis Ambianensi, quod de omni grano quod percipient ratione prebendarum quas habent in ecclesia Ambianensi. Dicimus eciam, statuimus et ordinamus quod dicti decanus et omnes canonici promittent bona fide, necnon et omnes capellani et omnes beneficiati in dicta ecclesia ac canonici Sancti-Acheoli et Sancti-Martini-de-Gemellis Ambianensis quod nullam fraudem adhibebunt in prejudicium dicti vicedomini admiscendo aliud granum cum grano quod percipient de fructibus beneficiorum que habent in dicta ecclesia aut asserendo se percepisse granum de fructibus dicte ecclesie quod minime perceperint. Si quis vero in dolo vel fraude repertus fuerit convinctus vel confessus, decanus dicte ecclesie vicedomino de predictis faciet emendam sibi fieri competentem. In grano autem predicto, si secundo vendi contigerit ab eo qui illud emit primo a dictis canonicis, capellanis et aliis omnibus personis predictis aut quando per aquam aut quadrigam aut super equos portatur extra villam, dicimus, statuimus et ordinamus jus dicti vicedomini in omnibus fore salvum quod habere consuevit. Dicimus etiam, ordinamus et arbitramur quod dicti decanus et capitulum dicto vicedomino in recompensacionem juris, si quod habebat, vel habere poterat, seu credebatur habere in premissis, de sua liberalitate dent et assignent quadrigentas libras turonensium, hoc addicto quod nos dicimus et ordinamus quod ducentas libras turonensium in quibus villa Pinchonii tenebatur domino Ursoni, capellano Ambianensi, pro dicto vicedomino quas ipse vicedominus tenebatur facere intus venire, quia idem Urso dictas ducentas libras turonensium donavit, cessit et concessit decano et capitulo antedictis litteras super dicta obligatione confectas eisdem decano et capitulo resignando, idem vicedominus sibi imputet et reputet in solutionem dicte peccunie usque ad concurrendam quantitatem convertendas et cedendas, residuum vero predicte quantitatis peccunie ipsi decanus et capitulum dicto vicedomino in peccunia numerata reddent et persolvent. Dicimus eciam et ordinamus ac precipimus quod pars veniens contra dictum nostrum, ordinationem, arbitrium seu pronunciationem, parti observanti quingentas libras nomine pene commisse sine contradictione et difficultate qualibet reddere teneantur. Dicimus eciam, statuimus et ordinamus quod ipse vicedominus faciat et procuret quod domina Margareta, uxor sua, dictam compositionem, ordinationem seu arbitrium ratum habebit atque gratum; et quod promittet et dabit litteras suas quod ratione dotis sue, vel quacumque alia causa nichil juris in ipso sesteragio bladi et avene ipsorum decani et capituli et aliorum superius nominatorum per se vel per alium de cetero reclamabit. Retinemus autem potestatem nobis declarandi, interpretandi si quid in pronunciatione nostra superius posita contigerit dubium emergere vel obscurum. Et promiserunt dicte partes coram nobis sub pena predicta quod ipse declarationi et interpretationi nostre stabunt quociens eam fecerimus, et secundum quod a nobis interpretatum fuerit, vel eciam declaratum. Et hoc facere possum semel, pluries, quandocumque et quocienscumque a partibus predictis, vel altera earum fuerimus requisiti. In cujus rei testimonium presentes litteras confici fecimus et sigilli nostri munimine roboravimus.

Actum anno Domini M° CC° septuagesimo octavo, mense septembri, in crastino festi Nativitatis beate Marie, Virginis.

Cart. VI, f° 34, n° VIII.

467

25 octobre 1278

Anno Domini M° CC° LX° VIII°, die martis ante festum omnium Sanctorum concesserunt decanus et capitulum Ambianense magistro Johanni de Fieffes concanonico suo fructus augusti inmediate sequentis si dictus magister residentiam suam perfecerit. Concesserunt etiam ecclesie Beati-Martini-de-Gemellis fructus augusti nuper transacti prebende que fuerat domini Laurentii de Cretosa quam resignaverat in curia per procuratorem prefatus Laurentius ante kalendas februarii, et de qua predictus magister per summum Pontificem presentialiter investitus. Dictus autem magister fuerat in corporalem possessionem receptus a capitulo Ambianensi post festum beati Honesti videlicet

Sabbato ante Reminiscere. Et usque ad illum diem habitus fuit pro canonico Dominus L. predictus.

Cart. III, f° 209 v°, n° cccvii.

468

COPIA LITTERARUM REGIARUM QUE PENES DOMINUM EPISCOPUM DEBENT ESSE, PER QUAS IN PARLAMENTO FUIT PER ARRESTI JUDICATUM QUOD PREBENDE ECCLESIE AMBIANENSIS PER DOMINUM REGEM IN REGALIA AUT ALITER CONFERRI NON POSSINT.

Philippus, Dei gratia Francorum rex, universis presentes litteras inspecturis salutem. Notum facimus quod suborta questione inter nos ex una parte et dilectum et fidelem nostrum G., episcopum, Ambianensem ex altera super eo quod nos dicebamus nos esse in possessione conferendi prebendas vacantes in ecclesia Ambianensi, sede Ambianensi vacante, dicto episcopo contrarium asserente et dicente se et predecessores suos esse et fuisse in possessione quod prebende Ambianensis ecclesie que vacaverunt, sede Ambianensi vacante, reservate fuerunt futuro episcopo conferende ; tandem quia per inquestam de mandato nostro super premissis factam probatum inventum fuit dictum episcopum intentionem suam sufficienter probavisse, pronunciatum fuit per curie nostre judicium dictum episcopum in possessione predicta remanere debere. In cujus rei testimonium presentibus litteris nostrum fecimus apponi sigillum. Actum Parisius anno Domini millesimo ducentesimo septuagesimo octavo, mense februario.

Février 1278 (v. st.)

Cart. II, f° 353 v°, n° cccxc.

469

A CAPSA BEATI FIRMINI CONFESSORIS PRESENS SCRIPTUM FUIT EXTRACTUM

Universis presentes litteras inspecturis Guillermus archiepiscopus Rothomagensis, Philippus Ebroniensis, Reginaldus Belvacensis, Guido Lingonensis, Robertus Vaconiensis, et Guillermus Ambianensis Dei gratia episcopi eternam in Domino salutem. Noveritis quod anno Incarnationis Dominice M° ducente-

16 Mai 1279

simo septuagesimo nono, decimo septimo calendas junii, Pontificatus Domini Nicolai pape tercii anno secundo, Reverendus Pater et Dominus Dominus Symon Dei gratia tituli Sancte Cecilie presbyter cardinalis, Apostolice sedis legatus excellentissimis Philippo Dei gratia Francie et Edouardo Anglie regibus, Karolo principe Salerni filio excellentissimi regis Cecilie et nobis presentibus nec non multis aliis principibus regnorum Francie et Anglie, abbatibus, magnatibus et cleri et populi multitudine copiosa corpus beati Firmini Confessoris atque pontificis Ambianensis quadam in presenti theca reposuit illa sollempnitate adhibita que consuevit hic talibus. In cujus rei testimonium ad perpetuam rei memoriam presentes litteras sigillorum nostrorum munimine duximus roborandas. Datum ut supra.

Cartul. VI, f° 32 v°, n° v.

470

LITTERA DE DECIMA DE MELTA

Décembre 1279

Je Hues de Sapegnies, escuiers, sires en partie de Miaute, fais savoir a tous chiaus ki ches presentes lettres verront ou orront ke je pour men propre pourfit et del assentement de men oir ai vendu bien et loialment yretaulement et perpetuelment et en main morte, toutes les sollempnites faites ki de droit ou de coustumes de pais pueent et doivent estre faites en tieus choses, a honmes hounerables au dien et au capitre de l'eglise d'Amiens pour sis chens et quarante lib. de par. ke il mont paiies baillies, et delivrees plainnement en bone mounoie courant, loial et bien contee, dont mes gres est fais et men tieng bien a paies plainnement, toute les dismes ke je avoie en toute le ville de Miaute et en tout le teroir de chele ville a camp et a vile et es teroirs voisins en quelconques coses ke che soit et toute le droiture ke ie avoie et pooie avoir et reclamer en quel maniere ke che fust en ches dimes et en carion et en toutes autres coses et en toutes droitures ki a ches dimes et au carion affierent et apartiennent. Lesqueles dimes je tenoie de mon segneur le roi de Franche en fief avoec men autre fief. Et cheste vente je sui tenus et m'oblige et pramet par men sairement et par le foi de men cors a delivrer et a warandir as us et as coustumes du pais au dien et au capitre devant dis bien et loialment contre tous chiaus ki a droit et a loi vaurroient venir envers tous conme loiaus venderres et a avoir a aus et a leur kemandement en main morte pasieulement et frankement a tous jours sans retenue de nule droiture ne de segnourie ne d'autre redevanche es choses devant dites. Et se li diens et li capitres devant dis ou leur conmandement faisoient cous ou despens ou avoient damages par l'ocoison des dimes devant dites par le defaute de moi ou de me warandison, fust en court de crestiente ou en court laie ou en quelconque maniere ke che fust, je leur seroie tenus a rendre par leur plain dit sans plus dire ne faire encontre. Et a toutes ches choses ai je obligie moi et mes oirs et tous mes biens ou ke il soient. Et en ai mis toutes mes choses et tous mes biens en droit en loi et en abandon. Et est a savoir que li diens et li capitres devant dit sont tenu et doivent rendre tous les ans a tous jours VII muis de ble a le mesure d'Encre du blé des dimes devant dites. Chest a savoir deux muis de fourment du blé des dimes devant dites a l'abbe et au couvent de S. Jehan damiens, et V muis de fourment du blé des dimes devant dites a une capelerie de Pinkegny, le quele li oir de Miaute fonderent. Et doivent et pueent et porront li dien et li capitres devant dit les devant dites dimes herbergier et mettre en le ville de Miaute en me tere. Et se il vuelent tous les ans paisieulement sans nul contredit de moi ne de mes oirs en maison ou en grange louee ou par pret ou par acat sauve me droiture. Et pri et rekier mon segneur le roi de Franche, de qui je tenoie les dimes devant dites avœec men autre fief, que il weille conferrer par l'auctorite roial le vente desus dite ke je ai fait au dien et au capitre del eglise damiens devant dis. Et pour che ke ceste cose soit ferme et estable, je Hues de Sapegnies devant dis ai je ches presentes lettres baillies au dien et au capitre devant dis seelees de men propre seel. Che fu fait en lan del incarnation Nostre Segneur Jhesu Crist. mil deus chens soissante dis et IX, el mois de decembre.

Cartul. VI, f° 42 v°. n° xvIII.

471

Littera Regis de eodem

Philippus, Dei gratia Francorum rex, notum facimus universis tam presentibus quam futuris quod cum Hugo de Sapegnies, armiger, dominus in parte de Meaute, omnes decimas quas habebat et percipiebat ac de nobis in feodum cum alia terra sua de Meaute sine medio tenebat in villa de Meaute et in territorio

Décembre 1279

ejusdem ville ac circumpositis territoriis in quibuscumque rebus dicte decime consistant et quicquid juris habebat vel habere poterat in ipsis decimis vel ratione ipsarum vendiderit et venditiouis nomine in perpetuum concesserit et quitaverit decano et capitulo Ambianensis ecclesie precio sexcentarum et quadraginta librarum parisiensium, de quo satisfactum sibi esse recognovit in pecunia numerata. Nos venditionem hujusmodi ratam et gratam habentes concedimus quantum in nobis est quod dicti decanus et capitulum dictas decimas, ut dictum est, perpetuo, quiete percipiant et teneant sine contradictione vel reclamatione mei aut successorum nostrorum, salvo jure nostro et jure in omnibus alieno. Quod ut ratum et stabile permaneat in futurum, presentibus litteris nostrum fecimus apponi sigillum.

Actum Parisiis anno Domini millesimo ducentesimo septuagesimo nono, mense decembri.

Cartul. VI, f° 43 v°, n° xix.

472

Littera de decima de Chepoy

Mai 1280

Jou Jehans de Chepoy, escuiers, fiex mon segneur Jehan de Chepoy jadis chevaliers, fais savoir a tous chiaus ki ches presentes lettres verront et orront ke je de l'assentement Thiebaut de Chepoy escuier men frere et de l'assentement de mes autres oirs pour men propre pourfit a toutes les sollempnites faites ki de droit et de coustume de pais pueent et doivent estre faites en tiex choses, ai vendu bien et loialement, yretaulement et perpetuelment et en main morte a honmes honnerables au dien et au capitre de le glise d'Amiens toutes les dimes ke je avoie en tout le teroir et en toutes les appendanches de le ville du Maisnil deseur Rokencourt et es teroirs voisins en quiexconques choses ke che soit et toute le droiture ke je avoie et pooie avoir et reclamer en quelconque maniere ke che fust en ches dimes, lesqueles dimes je tenoie de mon segneur Robert de la Tournele chevalier en fief avœckes autres choses. Les queles dismes sont prisiies de men assentement et du dien et du capitre devant dis bien et loialment a unse muis de grain a le mesure d'Amiens. Chest a savoir les deux pars de ble et le tierche part d'avaine. Chest a savoir chacun mui pour XXII livres de par. ke il m'ont paiies, baillies et delivrees plainnement en bone mounoie courant, loial et bien contee dont je me tieng apaies et dont mes gres est fais plainnement. Et cheste vente je sui tenus et m'oblige et pramet par men sairement et par le foi de men cors a delivrer et a warandir au dien et au capitre devant dis bien et loialment contre tous chiaus ki a droit et a loi en vaurroient venir envers tous conme loiaus venderres a tenir et a avoir a aus et a leur kemandement en main morte paisieulement et frankement a tous jours, sans retenue de nule droiture ne de segnourie ne d'autre redevanche es choses vendues devant dites. Et se li diens et li capitres devant dit ou leur kemandement faisoient cous ou damages par l'ocoison des dismes devant dites par le defaute de moi ou de me warandison fust en court de crestiente ou en court laie en quelconques maniere ke che fust, je leur seroie tenus a rendre par leur plaindit sans plus dire ne faire en contre. Et a toutes ches choses ai je obligie mi et mes oirs et tous mes biens en droit et en loi et en abandon. Et pour che ke cheste chose soit ferme et estaule je Jehans de Chepoy, escuiers, devant dis ai ches presentes lettres baillies au dien et au capitre devant dis seelees de men propre sel Che fu fait en lan de l'incarnacion Nostre Segneur Jhesu Crist mil deus chens et quatre vins en mois de may.

Cartul. VI, f° 40, n° xvi.

473

LITTERA DE EODEM

Je Robers, chevaliers, sires de le Tournele, fais savoir a tous chiaus ki ches presentes lettres verront et orront ke Iehans de Chepoy escuiers fix mon segneur Jehan de Chepoy jadis chevaliers mes hom, est venu pardevant moi et a recounut comme pardevant segneur plus prochain ke il de l'assentement Thiebaut de Chepoy escuiers sen ainne frere et de l'assentement de ses autres hoirs et par me volente et de men assentement et pour sen pourfit a toutes les sollempnites faites ki de droit et de coustume de pais puent et doivent estre faites en tex choses, a vendu... a honmes honneraules au dien et au capitre de le glise d'Amiens toutes les dismes ke il avoit en tout le teroir et en toutes les appendanches de le vile du Maisnil de seure Rokencort et es teroirs voisins.... Et de ches dismes devant dites chil Jehans de Chepoy escuiers s'en est issus et desvestus et dessaisis nuement en me main conme en main de segneur plus prochain au pourfit du dien et du capitre devant dis. Et je de ches dismes devant

Mai
1280

dites a la requeste de cheli Jehan en ai saisi et ravestu le dien et le capitre devant dis en main morte conme sires plus prochains. Et cheste vente je Robers, chevaliers, devant dis voil, gree, loe et mi assent et le conferme et amortis conme sires. Et sui tenus et proumet a warandir au dien et au capitre devant bien et loialment contre tous chiaus qui adroit et aloi en vaurroient venir envers tous conme sires souvrains et plus prochains as us et as coustumes du pais a tenir et a avoir au dien et au capitre devant dis et a leur kemandement en main morte frankement et paisieulement a tous jours sans retenue de nule droiture ne de segnourie ne de honmage ne de serviche ne de frankise ne de autre redevanche ke je ne mi oir puissons avoir ne demander ne clamer ne requerre en aucune maniere es choses vendues devant dites. Et a toutes ches choses ai je obligie moi et mes oirs. Et pour che ke che soit ferme chose et et estaule, je Robers chevaliers devant dis ai ches presentes lettres baillies au dien et au capitre devant dis a le requeste du devant dit Jehan de Chepoy escuier et par sen assentement seelees de men propre sel. Che fu fait en l'an de l'incarnation Nostre Segneur mil deus chens et quatrevins ou mois de may.

Cartul. VI, f° 41, n° xvi.

474

De decima d'Arviler

Octobre 1281

Je Jehans de Bains esquiers, fiex jadis mon seigneur Drievon Vilain de Bains chevalier fais savoir a tous chiaus ki sont et ki avenir sont ki ches presentes lettres verront ou orront ke je par necessite et pour men grant besoing aparissant et pour men pourfit et pour pieur markie eskiever, toutes sollempnites faites ki de droit et de coustume doivent seur che estre fait del assentement de me feme et de men oir, ai vendu bien et loiaument yretaulement et perpetuelment et en main morte a homes honeraules et discres au dien et au capitre del eglise Nostre-Dame d'Amiens pour sept chens livres de par[isis] ke li devantdit diens et capitres men ont paie plainement de bone seke mounoie loial et bien contee et de coi mes gres en est fais tout aplain. Chest a savoir toutes le dismes ke je avoie ou pooie avoir ou reclamer et tereoir et es apartenanches et en le vile de Arviler ki mouvoient de men propre yretage. Les queles dismes vendues je tenoie en fief de Robert segneúr de Bains, esquier, conme de plus prochain segneur. Et chil Robers les tenoit en fief de mon seigneur Huon de le Houssoie chevalier conme de secont seigneur. Et chil me sire Hues les tenoit en fief auvec sen autre fief de mon seigneur Gillon de Bousincourt chevalier conme de tierch seigneur. Et chil me sire Gilles les tenoit en fief auvec sen autre fief de noble home mon seigneur Guion conte de Saint Pol, comme de souvrai seigneur. En tel maniere et par tel condition mise ke li diens et li capitres deseurdit renderont et paieront par le raison des dismes devantdites yretaulement et perpetuelment tous les ans au prestre de Arviler trente et deus sestiers de ble et seze sestiers d'avene et a l'ostelerie de Mondidier, sis sestiers de ble et tout a le mesure de Roye au ble. Des queles dismes vendues je, de me propre volente et comme loiaus venderres, me sui dessaisis et desvestus et m'en sui issus a tous jours, et les ai resignees et degherpies en le main du devantdit Robert de Bains conme en main de seigneur plus prochain au preu le dien et le capitre devant dis et leur successeurs en main morte ki a me requeste en saisi et ravesti et mis en tenanche et en possession le dien et le capitre devantdis des dismes deseurdites. Et ai pramis et pramet par le foi de men cors et par men sairement ke je i ai mis corporelmont ke je jamais contre cheste vente ne venrai ne es devandites dismes vendues riens dore en avant ne reclamerai, ne pourquerrai art ne engieng, matere ne cause malicieusement par moi ne par autrui par coi li diens et li capitres devant dit ou leur successeur ou aucun de leur part seur les dismes vendues devantdites en aucune maniere ou par aucune raison soient moleste, traveillie, ne trait en cause ; ains les pramet et sui tenus a warandir au dien et au capitre devantdis et a leur successeurs en le fourme et en le maniere deseurdites cuites et delivres de toutes autres obliganches, assenemens, douaires ou autres empeekemens ki iporroient estre contre tous chiaus ki a droit et a loi en vaurroient venir si comme me loial vente et par abbandon de toutes mes coses, et de tous mes biens muebles et non muebles presens et avenir ou qu'il fuissent trouve a camp et a vile. Et se li diens et li capitres devantdis ou aucuns de leur part avoient cous ou damages ou faisoient despens pour cheste vente en court laie ou en court de crestiente, par l'acoison de moi ou par defaute de me warandison je leur seroie tenus de rendre tous cous et tous damages, et tous despens par leur plain dit sans autre prouvanche. A toutes ches coses, si comme eles sont deseure devisees, et cascune a parlui tenir loiaument et warder ai je obligie et oblige moi et mes oirs au dien et au capitre devantdis et a leur successeurs En tesmoignage de cheste cose et pour che ke che soit ferme cose et estaule je en ai baillie au dien et au capitre devantdis ches presentes lettres seelees de men propre seel. Et fu fait en l'an del incarnacion Nostre Seigneur Jhesu Crist mil deus chens quatre vins et I el mois de octembre.

<small>Scellé sur lacs de soie rouge du sceau rond de Jehan de Bains. Voir Demay, *Inventaire des sceaux de l'Artois et de la Picardie*, n° 1951.
Archives de la Somme, G, 1543, 1.— Cartulaire VI, f° 64, n° XLI.</small>

475

LITTERA DE EODEM.

Octobre 1281

Je Robers, sires de Bains, esquiers, fais savoir a tous chiaus ki sont et ki avenir sont ki ches presentes lettres verront ou orront ke Jehans de Bains esquiers..... mes home est venus pardevant moi comme pardevant sen seigneur plus prochain, et a recounut ke il.... a vendu bien et loiaument.... au dien et au capitre del Eglise Nostre-Dame d'Amiens..... toutes les dismes ke il avoit..... el teroir es appartenanches et en le vile de Arviler..... Lesquelles dismes vendues il tenoit de mi en fief comme de seigneur plus prochain, et je les tenoie en fief de mon seigneur Huon de Le Houssoie chevalier comme de second seigneur. Et chil me sire Hues..... Des queles dismes vendues li devant dis Jehans de Bains de se propre volente et comme loiaus venderres se dessaisi et desvesti et s'en issi a tous jours et les resigna et deguerpi en me main comme en main de seigneur plus prochain au preu et el non le dien et le capitre devant dis et leur successeurs en main morte. Et je, a le priere et a le requeste le devant dit Jehan, en saisi et ravesti et mis en tenauche et en possession le dien et le capitre devantdis des dismes deseur dites.....

A toutes ches coses, si comme eles sont deseure devisees, et a cascune a par lui tenir loiaument et warder obliia li devantdis Jehans de Bains par devant mi comme par devant seigneur plus prochain lui et ses oirs et tous ses biens au dien et au capitre devantdis et a leur successeurs..... Et je Robers deseur dis comme sires plus prochains cheste vente, si comme ele est deseur devisée, weil, gree loe et appruef et le conferme comme sires plus prochains et mi assent et amortis les dismes vendues devant dites au dien et au capitre deseurdis et a leur successeurs sans riens retenir i a mi ne a mes oirs ne homage ne serviche ne seignourie ne autre redevanche, et pramech loiaument ke je par raison de seignourie, donmage, de serviche ne d'autre redevanche es devantdites dismes riens ne reclamerai ; ne le dien et le capitre deseurdis ne leur successeurs ne aucun de leur part seur les devant dites dismes ne molesterai ne procuerrai ke il soient moleste ne traveillie par mi ne par autrui en court de chrestiente ne en court laie ne en autre manière. Ains leur en lairai goir et leur lairai tenir comme en main morte bien et en pais dore en avant. Et pramech a warandir les devantdites dismes au dien et au capitre deseurdis et a leur successeurs bien et loiaument contre tous chiaus ki a droit et a loi en vaurroient venir en le fourme et en le maniere deseurdites comme sires plus prochains. Et a toutes ches coses ai je obligie et oblige moi et mes oirs. En tesmoignage de lequele coses, et pour che ke che soit ferme cose et estaule a tousjours, je en ai baillie au dien et au capitre devantdis ches presentes lettre seelees de men propre seel. Che fu fait en l'an del Incarnation Nostre Seigneur Jhesu Crist mil deus chens quatre vins et un, el mois de octombre.

Archives de la Somme, G, 1543, 3. Scellé sur lac de soie rouge. Voir Demay, *Inventaire des sceaux de la Picardie*, n° 1943.
Cartulaire VI, f° 66, n° LXII.

476

LITTERA DE EODEM

Je Hues de le Houssoye, chevaliers fais savoir a tous chiaus ki sont et ki avenir sont ki ches presentes lettres verront ou orront ke comme Jehans de Bains esquiers ait vendu... au dien et au capitre del Eglise Nostre-Dame d'Amiens ..... toutes les dismes que li devantdis Jehans avoit el tereoir.... de Arviler, ... lesqueles dismes il tenoit en fief de Robert seigneur de Bains esquier, comme de seigneur plus prochain, et chil Robers les tenoit de mi en fief comme de secont seigneur et jo les tenoie en fief auvec men autre fief de mon seigneur Gillon de Bousincourt chevalier comme de tierch seigneur..... et chil me sire Gilles... Et li devant dis Robers esquiers cheste vente ait gree, loe, otriee et approuve..., si comme il est contenu plus plainement es lettres le devant dit

Octobre 1281

Robert ke je ai veues et oies ; je Hues chevaliers deseurdis cheste vente et chest amortissements de ches disme deseurdites weil, gre, loe et appruef ..

Le reste de la formule absolument semblable à celui de la charte de Robert ci-dessus.

Ce fu fait en l'an del Incarnation Nostre Seigneur Jhesu Crist mil deux chens quatre vins et I el mois de octobre.

<small>Scellé sur lac de soie rouge d'un sceau armorié. Catalogué par Demay, *Inventaire des Sceaux de la Picardie*, sous le n° 1936.
Archives de la Somme, Fonds du Chapitre, G 1543, 4, n° 3, Cartulaire VI, f° 69, n° XLIII.</small>

477

Littera de eodem

Octobre 1281

Je Gilles de Bousincourt, chevaliers, fais savoir a tous chiaus ki sont et ki avenir sont ki ches presentes lettres verront ou orront ke comme Jehans de Bains esquiers ait vendu.... au dien et au capitre del eglise Nostre-Dame d'Amiens...... toutes les dismes que li devantdis Jehans avoit el terroir de Arviler...; les queles dismes il tenoit en fief de Robert seigneur de Bains esquier comme de seigneur plus prochain, et chil Robers les tenoit en fief de mon seigneur Huon de le Houssoie chevalier comme de secont seigneur, et chil me sire Hues les tenoit de mi en fief auvec sen autre fief comme de tierch seigneur. Et je les tenoie en fief auvec men autre fief de noble home mon seigneur Guion de Chastellon conte de Saint Pol comme de seigneur souvrai...; et li devantdis me sire Hues chevaliers cheste vente ait gree, loe, otriee et approuve, et ait amorti les dismes devantdites au dien et au capitre... comme secont sires tant comme a lui en appartient, si comme il est contenu plus plainement es lettres le devant dit mon seigneur Huon ke je ai veues et oies ; je Gilles chevaliers deseurdis cheste vente et chest amortissement..... weil, gree, loe et appruef, et mi assent et amortis les dismes devantdites..... tant ke a mi en appartient.....

Le reste semblable à l'avant-dernière charte.

Et fut fait en l'an del Incarnation Nostre Seigneur JhesuCrist mil deux chens quatre vins et un, el mois de octobre.

<small>Scellé sur lac de soie rouge rouge d'un sceau en cire verte. Catalogué par Demay, *loc. cit.*, n° 1949.
Archives de la Somme, G, 1543, 5.</small>

478

LITTERA DE EODEM

Nous Guis de Chasteillon, chevaliers quens de Saint Pol, faisons savoir a tous chiaus ki sont et ki avenir sont ke comme Jehans de Bains esquiers ait vendu... au dien et au capitre del eglise Nostre-Dame d'Amiens toutes les dismes ke li devantdis Jehans avoit... el tereoir... de Arviler ki mouvoient de sen propre yretage....; les queles dismes il tenoit en fief de Robert de Bains esquier comme de seigneur plus prochain ; et chil Robers les tenoit en fief de Huon de le Houssoie chevalier comme de secont seigneur ; et chil Hues les tenoit en fief auvec sen autre fief de Gillon de Bousincourt chevalier comme de tierch seigneur ; et chil Gilles les tenoit de nous en fief auvec sen autre fief comme de souvrai seigneur..... Et li devant dis Gilles chevaliers nos hom cheste vente ait gree, loee, otroiee et approuvee, et ait amorti les dismes devantdites..... au dien et au capitre deseurdis et a leur successeurs comme tiers sires tant comme a lui en appartient, si comme il est contenu plus plainement es lettres le devantdit Gillon nostre home. Nous Guis, quens de Saint Pol deseurdis, cheste vente et chest amortissement... volons, greons, loons et approuvons, et nous i assentons et amortissons les dismes.....

Le reste de la formule comme dans la charte de Robert de Bains.

Che fu fait en l'an del Incarnation Nostre Seigneur JhesuCrist mil deus chens quatre vins et un el mois de novembre.

Novembre 1281

Scellé sur lac de soie rouge d'un grand sceau rond en cire blanche de 85 mill. de diamètre représentant un seigneur à cheval armé de pied en cap et galopant vers la droite. Légende : *S. Guidonis Comitis S^{ti} Pauli.* Contre-sceau de 40 mill. de diamètre, armorié, ayant pour légende : *Sigillum secreti mei.* Archives de la Somme, G, 1543, 6.

Cartulaire VI, f° 71 v°, n° XLVI.

479

LITTERA DE EODEM

Universis presentes litteras inspecturis officialis Ambianensis salutem in domino, Noveritis quod Robertus dominus de Bains, armiger, in nostra presentia constitutus (2) recognovit in jure coram nobis presentibus vocatis

3 Novembre 1281

et rogatis viris discretis magistris Radulpho de Villaribus, Jacobo dicto de sancto Lupo, Willermo de Warviller, Bernardo dicto Barbitonsore, Nicholao dicto Le Tonloier, Honorato dicto de Sancta Fide, Gregorio de Ailliaco et Johanne de Belvaco aperitore curie Ambianensis, clericis, quod sigillum presentibus litteris una cum sigillo curie Ambianensis appensum est sigillum ipsius Roberti et ipso eodem sigillo utitur et usus est, et quia ipse Robertus eodem sigillo litteras quas fecit et tradidit venerabilibus viris decano et capitulo Ambianensis ecclesie super venditione quam Johannes de Bains, filius quondam domini Drogonis dicti Vilain de Bains quondam militis, homo ipsius Roberti, fecit eisdem decano et capitulo in manu mortua de decimis quas ipse Johannes habebat in territorio et pertinenciis et in villa de Arviler, quas decimas ipse Johannes tenebat in feodum de dicto Roberto tamquam de domino propinquiori, sigillavit. Et promisit idem Robertus per suum juramentum coram nobis prestitum presentibus et vocatis personis predictis quod contra venditionem decimarum predictarum nec etiam contra formam et tenorem litterarum suarum predictarum ratione minoris etatis vel aliqua alia ratione aut aliquo alio modo non veniet in futurum, sed dictam venditionem et omnia que in dictis litteris suis continentur eisdem decano et capitulo firmiter tenebit et inviolabiliter imperpetuum observabit.

In cujus rei testimonium presentibus litteris sigillum curie Ambianensis una cum sigillo predicto dicti Roberti quod in ejus presentia vidimus et diligenter inspeximus, duximus apponendum.

Actum et datum anno Domini, millesimo CC° octuagesimo primo, feria sexta post diem animarum.

Cart. VI, f° 68 v°, n° XLIII.

480

LITTERA DE EODEM

8 Novembre 1281

Universis presentes litteras inspecturis officialis Ambianensis salutem in Domino. Noveritis quod Johannes dictus de Bains armiger, filius quondam domini Droconis Vilain de Bains, militis et domicella Johanna, ejus uxor, in nostra presentia constituti recognoverunt in jure coram nobis se..... vendidisse..... decano et capitulo Ambianensis ecclesie..... totas decimas quas ipsi armiger et domicella Johanna ejus uxor habebant..... in territorio et et pertinentiis ac villa de Arviler..... et quia dicta domicella Johanna uxor dicti Johannis venditoris in predictis decimis venditis dotalitium habere dicebatur, prefatus Johannes venditor eidem domicelle Johanne uxori sue dedit et concessit coram nobis in excambium sui dotalicii predicti totam terram et omnia ea que idem Johannes emit et habet in villis de Bolonia et de Hainviler et in territoriis et pertinentiis ipsarum villarum. Quod excambium dicta domicella Johanna gratanter accepit, juramento suo firmans illud esse sufficiens, dictum dotalitium in manu nostra ad opus dictorum decani et capituli ac eorum successorum spontanee resignavit penitus quictavit et dicte venditioni benignum prebuit assensum, promittentes tam dictus Johannes venditor quam ipsa domicella Johanna ejus uxor juramentis suis coram nobis corporaliter prestitis quod contra hujusmodi vendicionem non venient in futurum nec dictos decanum et capitulum aut eorum successores seu aliquem ex parte ipsorum super ea per se vel per alium nomine hereditatis. victus, elemosine, dotalicii seu donationis propter nupcias aut aliquo alio nomine, titulo sive modo sive aliqua alia ratione aliquatinus molestabunt nec molestari procurabunt in foro ecclesiastico vel seculari.... renunciantes in hoc facto sub prestita religione juramentorum omni auxilio juris canonici et civilis, exceptioni doli, fori beneficio restitutionis in integrum, exceptioni non numerate pecunie, non tradite, non solute et omnibus aliis exceptionibus, rationibus et barris que de jure vel de facto contra presens instrumentum possent obici vel proponi que eisdem Johanni venditori et Johanne ejus uxori ac eorum heredibus quantum ad hoc possent valere et dictis decano et capitulo aut eorum successoribus seu alicui ex parte ipsorum aliquod dampnum vel prejuditium generare.

In cujus rei testimonium presentes litteras confici fecimus et sigillo curie Ambianensis roborari.

Actum anno Domini M° CC° octuagesimo primo, mense novembri, feria quarta post diem animarum.

Archives de la Somme, Fonds du Chapitre, G 1543, 2, Cart. VI, f° 71, n° xlvii.

481

Littera de fourragio grangie de Megio

Janvier 1281 (v. st.)

Ego Hugo, major de Megio, notum facio universis presentes litteras inspecturis et visuris quod ego de assensu et voluntate Ysabelle, uxoris mee, pro nostra utilitate et evidenti neccessitate, bene et legittime, hereditarie et imperpetuum vendidi venerabilibus viris decano et capitulo Ambianensis ecclesie pro quadraginta quinque libris parisiensium, michi in bona et legali pecunia bene numerata ob ipsis ad plenum persolutis, totum forragium quod hereditarie percipiebam et habebam, singulis annis, in grangia dictorum decani et capituli apud Megium, et totum jus quod habebam aut habere seu reclamare poteram quocumque modo et quacunque ex causa in forragio prenotato. Quod quidem forragium tenebam in feodum cum alio feodo meo a decano et capitulo supradictis, et de dicto forragio et omni jure quod habebam et habere poteram in eodem, ut dictum est, in manu dictorum decani et capituli tamquam in manibus dominorum fundi ad opus eorum et eorumdem successorum nomine dicte venditionis, in presentia liberorum hominum ipsorum decani et capituli ad hoc specialiter evocatorum me dissaisivi, omni sollempnitate adhibita que in talibus de jure vel de consuetudine debet et consuevit adhiberi. Quam venditionem, ut dictum est, factam ego Hugo predictus promitto juramento meo prestito et me obligo eisdem decano et capitulo contra omnes juri et legi parere volentes garandire et observare fideliter et firmiter in futurum promittens sub ejusdem juramenti mei religione quod contra dictam venditionem de cetero non veniam nec dictos decanum et capitulum vel aliquem ex parte ipsorum super ea per me vel per alium aliquatenus molestabo nec molestari procurabo ; et ad premissa tenenda, adimplenda et observanda me et heredes meos obligo decano et capitulo memoratis. In cujus rei testimonium presentes litteras eisdem decano et capitulo tradidi sigillo meo proprio sigillatas.

Actum anno Domini M° CC° octuagesimo primo, mense januario, die lune ante Epiphaniam Domini.

Archives de la Somme, Fonds du Chapitre, Arm. V, liasse 18, n° 2, Cartul. VI, f° 77, n° LI.

482

Littera de casticiis

Philippus, Dei gratia Francorum rex, notum facimus universis tam presentibus quam futuris quod cum discordia mota esset inter nos ex parte una et decanum et capitulum ecclesie Ambianensis ex altera super diversis articulis, super eo videlicet quod quidam homines dicti capituli vendebant tiretanas prope ecclesiam Ambianensem in terra ecclesie vel capituli in prejudicium nostrum, prout ballivus noster Ambianensis asserebat, pro eo quod venditores earundem nobis consuetudines seu costumas propter hoc debitas non solvebant, decano et capitulo dicentibus quod homines sui dictas tiretanas in locis predictis consueverant vendere sine aliqua costuma libere et quiete. Item super eo quod dicti decanus et capitulum dicebant quod ipsi habebant justiciam de catallis in diversis domibus et diversis locis dicte civitatis Ambian*ensis* tam de mansionariis quam de extraneis, ballivo predicto pro nobis quod solum de mansionariis et de non extraneis asserente. Item super eo quod dicti decanus et capitulum dicebant quod casticie que fiunt et fieri debent a diversis personis in rivis aque Somone currentis per civitatem Ambianensem per diversos alveos ad molendina dicti capituli ab exclusa que dicitur Ravine usque ad locum qui dicitur Gondrain per ipsos solum fieri poterat et debebat, dicto ballivo dicente quod non per ipsos solum sed vocatis ad hoc gentibus nostris predicta fieri poterant et debebant. Tandem de consilio bonorum super primo articulo ita extitit ordinatum quod capitulum dicet husjusmodi venditoribus tiretanarum quod non placet ei quod vendant hujusmodi tiretanas in locis predictis sive similibus; immo capitulum prohibebit eis auctoritate propria propter honestatem ecclesie et reverenciam nostram quod eas non vendant in locis predictis sive similibus. Et si predicti homines sive aliquis ipsorum velint vendere dictas tiretanas in villa Ambianensi, quia pauperes sunt et de hoc vivunt, requirent ballivum vel locum ejus tenentem et majorem dicte ville ut eis locum assignent competentem ad vendendum dictas tiretanas vel faciant assignari. Et dictus ballivus vel locum ejus tenens et major assignabunt locum competentem vel facient assignari amicabiliter et bono modo sine fraude ubi poterunt vendere suas tiretanas salvo jure nostro et aliorum dominorum in predictis sicut habent

Février
1283
(v. st.)

in aliis mercaturis. Et si contingeret aliqua de causa locum eisdem assignatum mutari locus alius competens sibi assignabitur ut est dictum. Si autem homines dicti capituli propria voluntate sua vellent dimittere loca eisdem in civitate Ambianensium sufficienter assignata ad vendendum dictas tiretanas et redire ad loca ecclesie seu capituli ut ibidem venderent easdem, capitulum non permitteret, immo expellerent eos a locis superius noncupatis. Super secundo articulo sic extitit ordinatum quod ipsi decanus et capitulum habebunt in dictis domibus justiciam catellorum tantum modo, sive sint mansionarii sive extranei ibidem aliunde venientes, seu ibidem apponentes catalla, et habebit dictum capitulum hujusmodi jurisdictionem per clamorem et responsum et per arrestum in locis predictis secundum quod in aliis locis civitatis alii quam dictum capitulum habent justiciam de catellis inventum est servari. Super tercio articulo sic fuit ordinatum quod quandocumque casticia fuerit facienda in locis predictis videlicet haustaria ant planketa, vel pontes vel pali figendi vel stake apponende vel vergue faciende vel alie vel casticie vocabitur celarius seu custos molendinorum capituli et prepositus noster Ambianensis vel ejus locum tenens et de eorum licencia concorditer fient predicta secundum rationem et recipiet pro hiis unusquisque eorum peccuniam consuetam nec poterit unus casticiare seu licenciam dare nec alia predicta facere alio non vocato vel non sufficienter sub bonorum testimonio requisito. Si vero altera pars vel una dictarum partium sufficienter vocata vel requisita venire contempserit, altera pars que venerit perficiet vel faciet perfici in presencia bonorum bene et fideliter sine fraude illud quod incumbit faciendum et recipiet jus suum et altera pars suum si sibi placcierit et remanebit illud quod fecit in sua firmitate. Et si forte alterutra pars casticiet vel det licenciam in predictis altera parte vel gerente vices ejus non sufficienter vocata, quod factum erit non valebit sed poterit pars contempta opus quod sic factum erit auctoritate propria si voluerit, facere demoliri. Et nichilominus qui hoc fieri procuraverit parti non vocate ad emendam super hoc consuetam tenebitur. Poterit autem capitulum rivos et alveos per quos aqua ducitur ad molendina eorundem purgare seu purgari facere quociens necesse fuerit et viderit expedire. Necnon retrahere et si aliqua nociva emerserint per que cursus aque impediatur quoquo modo poterunt amovere seu facere amoveri sicuti dictum capitulum usque nunc consuevit. Ita tamen quod ea que fieri per gentes nostras et capituli sine consensu eorumdem non poterunt amoveri. Poterit eciam dictum capitulum molendina sua et ea que pertinent ad ipsa molendina reficere et reparare ac meliorare, palos figendo, stakas apponendo et alia faciendo que necessaria fuerint in predictis vel eciam oportuna, preposito nostro in predictis omnibus non vocato. Si tamen inter domos molendinorum capituli et viariam sive stratam nostram fuerit casticia a capitulo facienda vel novum solium apponendum, vocabitur prepositus noster propter licenciam hujusmodi operis concedendam : et si venerit bene quid, si vero non venerit, vel pro se non transmiserit sufficienter requisitus poterit nichilominus capitulum casticiare et perficere opus suum et sive prepositus noster venerit sive non, nullam pecuuiam exinde percipiet a capitulo memorato pro casticia hujusmodi vel novo solio faciendo secundum quod alias extitit ordinatum et est fieri consuetum. Et ista pax sive compositio ad articulos superius nominatos solummodo extendetur et alia in suo statu firmiter remanebunt. Et habebimus justiciam in aquis predictis quam hactenus habueramus et habebamus. Quod ut ratum et stabile permaneat in futurum presentibus litteris nostrum fecimus apponi sigillum salvo in aliis jure nostro et jure in omnibus quolibet alieno.

Actum Parisius anno Domini millesimo ducentesimo octagesimo tercio, mense februario.

<small>Original sur parchemin scellé du sceau et du contresceau du roi sur lacs de soie vert et rouge. Archives départementales de la Somme. Fonds du Chapitre, G, 1170, n° 16. Cartulaire VI, f° 44, n° xx.</small>

483

LITTERE DE REDDITU EMPTO APUD REVELLAM AB HUGONE DE FOURDINOI, ARMIGERO.

Je Hues de Fourdinoy esquiers, fiex jadis monseigneur Warin de Fourdinoi jadis chevalier, fais savoir a tous chiaus ki ches presentes lettres verront et orront ke je pour men propre pourfit apparissant et pour mi aidier del assentement et de le bone volente damoisele Oeudeline me femme et de mes oirs ai vendu bien et loiaument, yretaulement et perpetuelment, a homes honeraules le dien et le capitre del eglise d'Amiens pour trois chens lib. de parisis frans, les quiex deniers li diens et li capitres devantdit ont paie et delivre a mi eu franke mounoie loial et bien contee, des quix deniers je me tieng a paies a plain, et le quele mounoie j'ai mise et convertie en men propre pourfit, toute le

3 Avril
1283
(v. st.)

tere, toute le rente et tout che closement ke je avoie a Revele et el tereoir et es appartenanches de chele meisme vile en quelconkes lieu ou en quelcunkes coses ke che soit a camp et a vile tant en terages, rentes, chens, homes, relies, amendes, corvces, teres araules, mote capons, oublees avene, 'dons, ke en autres coses queles que eles soient. Et toute le droiture, tout liretage et toute le seignourie ke je avoie et pooie avoir, demander et reclamer es coses vendues devantdites en quelconkes maniere ke che fust, les quiex coses vendues je tenoie en fief et en homage du dien et du capitre devantdis et des coses vendues devantdites je me sui dessaisis nuement en le main du dien et du capitre devantdis comme en main de seigneur par devant les frans homes du dien et du capitre devantdis, chest asavoir par devant Thiebaut le maieur de Mes Jakemon de Faukemberge chitoien d'Amiens, Leurench le maieur de Saleu et Jakemon le Sek. Et cheste vente et les coses vendues devantdites, je pramet et sui tenus par le sairement de men cors ke ie i ai mis a tenir et a delivrer frankement de tous assenemens et de toutes obligacions et a warandir bien et loiaument au dien et au capitre devantdis comme loiaus venderres ad us et ad coustumes du pais contre tous chiaus ki a droit et a loi en vaurroient venir, et ke jamais ne veurai venir encoutre cheste vente ne reclamerai aucune cose es coses vendues devantdites ne en aucune de icheles, ne traveillerai, ne molesterai, ne destourberai, le dien et le capitre devantdis ne aucun autre de leur part ne ferai ne procuerrai estre moleste, ne empeekie, ne traveillie par mi ne par autrui seur les coses vendues devantdites ne seur aucune de icheles par raison de yretage, ne eskeanche, de vivre, de aumosne, ne par aucune autre raison. Et se li diens et li capitres ou leur commans ou aucuns de leur part avoient cous, paine, destourbier, ou damages en aucune maniere par le defaute de me delivranche et de me warandison je leur seroie tenus a rendre plainement par leur voir dit. Et renonche en chest fait a toute exception de mounoie nient nombree et nient contee et a toutes autres coses ki me pourroient aidier et au dien et au capitre devant dis nuire toute comme a cheste cose apartient Et a toutes ches coses devantdites tenir et aemplir et warder fermement oblige je mi et tous mes biens et mes oirs au dien et au capitre devantdis ad us et ad coustumes du pais. Et met tous mes biens et toutes mes coses en droit, en loi et en abbandon. Et pour che ke che soit ferme cose et estaule j'ai ches presentes lettres baillies au dien et au capitre devant dis seelees de men propre seel.

Che fu fait en l'an del Incarnation Nostre Seigneur JhesuCrist mil deus chens quatre vins et trois el mois de avril, lendemain de Paske flourie.

Cart. VI, f° 78 v°, n° LIII.

484

LITTERA DE EODEM.

Universis presentes litteras inspecturis officialis Ambianensis salutem in Domino. Noveritis quod Hugo de Fourdinoy, armiger, filius quondam domini Warini de Fourdinoy, quondam militis, et domicella Odelina, ejus uxor, recognoverunt coram nobis se pro communi utilitate sua..... vendidisse..... decano et capitulo Ambianensis ecclesie..... totam terram totumque redditum et omnia et singula que dicti Hugo et domicella Odelina ejus uxor habebant seu habere vel reclamare poterant apud Revellam et in territorio et pertinenciis ejusdem ville. Que quidam vendita idem Hugo tenebat in feodum de decano et capitulo supra dictis. Dictus vero Hugo armiger eidem domicelle Odeline uxori sue, que in predictis rebus venditis dotalicium habere dicebatur, dedit et concessit coram nobis in excambium sui dotalicii predicti medietatem totius terre et feodi quem idem Hugo emit a Hugone dicto de Harenis de Fourdinoy cujusmodi terra et feodus sunt apud Fourdinoy, apud Druolium et apud Sanctum Lodegarium. Quod excambium dicta domicella Odelina gratanter accepit juramento suo firmans illud esse sibi sufficiens, dictum dotalitium in manu nostra ad opus dictorum decani et capituli spontanea non coacta resignavit, penitus eisdem quietavit jure suo certiorata et dicte venditioni benignum prebuit assensum coram nobis. Promittentes tam dictus Hugo venditor quam ipsa domicella Odelina, ejus uxor, juramentis ab ipsis coram nobis corporaliter prestitis quod contra hujus modi venditionem non venient...... In cujus rei testimonium presentes litteras confici fecimus et sigillo curie Ambianensis roborari.

Actum anno Domini M° CC° octuagesimo tercio, mense aprili. In crastino dominice in Ramis palmarum.

3 Avril 1283 (v. st

Armoire V, liasse 52, n° VI. Scellée sur double queue de parchemin du sceau de Huon de Fourdrinoi. — V. Demay, 20.

Cart. VI, f° 80, n° LIV

485

Littera de eodem
(La pièce qui précède est de 1280, concernant la dîme de Chepoix.)

Février
1284
(v. st.)

Je Marcq de Honguerie, chevaliers, fiex mon redoubte segneur Andrieu duc de Honguerie et sire en partie de Croy deseur Somme, fais savoir a tous chiaus ki ches lettres verront et orront que je, de l'assentement et bonne volonte de mon segneur Felix de Honguerie mon aisne frere, ai done et otrie eritablement pour lame de mi a homes honerables le dien et le capitre de l'eglise d'Amiens chest a savoir deus sestiers de ble a prendre a mon champ du Masnil deseur Rokencourt que je possede frankement quant il aura ble, et deus sestiers davene quant il aura Et chest je ai restoure et renovele pour le don que je avoie fait et pour ce que je avoie pramis et warandi l'assentement de mon segneur Felix mon aisne frere; et por che que che soit ferme chose et estaule nous avons baillies ches presentes lettres seelees de nos deus propres seiaus. Che fu fait en l'an de grace M CC $\underset{\text{III}}{\text{XX}}$ et quatre el mois de fevrier.

Cartulaire VI, f° 42, n° xvii.

486

Littera de fiodo de Bertelessart juxta Croissi

Juin
1286

A tous chiaus ki che presentes lettres verront et orront Jo Robers de Biaumont, chevaliers, et Helvis de Moy me femme salut en Nostre Segneur. Sachent tout ke nous de no propre volente pour nostre pourfit cler apparent pour no damage eskiewer et par le consel de nos prochains amis avons vendu a tous jours yretaulement a homes honerables le dien et le capitre d'Amiens quant que nous aviemes ou poiemes avoir en quelconque maniere ke che fust el teroir de Bretelessart de les Croissi, lequel nous teniemes en fief de noble homme mon segneur Gobert chevalier, segneur de Dargies, pour XI chens livres et quarante livres de Parisis, les quels nous avons rechut des devant dis dien et capitre en bone monoie seke et loial et des quels nous nous tenons bien à paie daus, et enquitons aus et leurs successeurs a tous jours; le quele tere nous aviemes livree a ferme chascun an pour quarante wit livres de Parisis. Et est asavoir ke nous de nostre propre volente nous soumes dessaisi de tout le fief et le tere devant dite pour saisir les devant dis dien et capitre en le main le devant dit mon segneur Gobert a tenir et a posseir en main morte des devant dis dien et capitre et leurs successeurs. Et li devant dis me sires Gobers a nostre requeste et par nostre consentement en a saisi les devant dis dien et capitre a tenir a tous iours en le maniere ke il est deseure dit. Et prametons et avons pramis et a che nous obligons nous et avons obligie par nos sairemens et obligons nos oirs et nos successeurs quels ke il soient a warder et a tenir fermement sans nul debat toute le vente deseure dite, et ke nous les devant dis dien et capitre ne travellerons ne molesterons seur les coses devant dites ne chiaus qui de par aus le tenront ne par nous ne par autrui. Et prametions et obligons nous et nos oirs a warandir le devant dite tere a tenir en main morte, si comme il est deseure dit contre tous chiaus ki a droit et a loi porroient ou deveroient venir. Et sil avenoit ke li devant dit diens et capitres eussent cous ou damages par le defaute de nostre warandison, nous obligons nous et nos oirs a aus rendre et restablir. Et renonchons expresseement et par nos sairemens a toutes exceptions a toutes barres et a tous privileges par lesquels il porroient estre empeeekie en aucune maniere ke il ne tenissent bien et en pais les devant dis fief et tere de Breteles-chart, et toutes les appartenanches a tenir en main morte, a tous jours sans riens retenir daus et de leurs successeurs si comme il est deseure dit. Et quant as choses devant dites si comme eles sunt deseur dites et expressees tenir et aemplir nous obligons tous nos biens muebles et nonmuebles presens et avenir en quel lieu ke il porront estre trouvé. Et pour che ke che soit ferme chose et estable nous les avons baillie ches presentes lettres seelees de nos propres seaus.

Che fut fait en lan de grace mil deus chens quatre vins et sis el mois de juing.

Cart. VI, f° 59, n° 35.

487

LITTERA DE EODEM

A tous chiaus ki ches presentes lettres verront et orront Je Gobers, chevaliers sires de Dargies, salut en Nostre Segneur. Sachent tout ke par devant moi vinrent personalment me sires Robers de Biaumont chevaliers et madame Helvis se

Juin 1286

femme et reconnurent de leur propre volente, si comme il disoient, ke il avoient vendu a honmes honerables au doien et au capitre d'Amiens toute le tere ke il avoient ou pooient avoir ou teroir de Bretonessart de les Croissi et toutes les appartenanches de che lieu. Le quele il tenoient de moi en fief pour onze chens livres et quarante livres de parisis. Desques il se tinrent a paié par devant moi en bone monoie et seke. Et en quiterent les devant dis doien et capitre a tenir et a posseir des devant dis doien et capitre et leurs successeurs a tous jours et en main morte sans riens retenir, et s'en sunt dessaisi en me main comme en main de segneur. Et me requirent ke je ensaisesisse les devant dis doien et capitre. Et je a leur requeste ai saisi les devant dis doien et capitre de toute le tere devant dite et de tout le fief de Bretonessart et des appartenanches ke il tenoient de mi sans riens retenir, et wel, consent, gre et otroi ke li devant [dis] diens et capitres et leur successeurs tiengnent et posseent a tous jours yretablement en main morte quant ke li devant dis me sires Robers et me dame Helvi se femme tenoient de moi en le tere et ou fief devant dis, en le manière et en le fourme ke il est contenu es lettres ke li devant dit me sires Robers et me dame Helvis se femme ont baillies as devant dis dien et capitre seur chele vente. Et est ascavoir que je oblige moi et mes oirs et mes successeurs quels ke il soient a warandir le devant dite vente au dien et au capitre devant dis contre tous chiaus qui a droit et a loi vauroient ou deveroient venir. Et wel et otroi ke li dit diens et capitres tiengnent en main morte le terre et le fief et les appartenanches devant dis. Et leur quite toutes seignouries et toutes justiches et quant ke avoie ou pooie avoir es coses devant dites sans riens retenir auvec moi, et se li dit diens et capitres avoient cous ou damages par le defaute de me warandison, je et mi oir, et mi successeur leur seriemes tenu à rendre et restablir. Et quant as coses devant dites, si comme eles sunt deseure dites et expressees, tenir et aemplir je oblige tous mes biens muebles et non muebles presens et à venir en quel lieu ke il porront estre trouve. Et pour che ke che soit ferme cose et estable je ai baillie as devant dis dien et capitre ches presentes lettres seelees de men propre seel.

Che fu fait en lan de lincarnacion Nostre Segneur mil deux chens quatre vins et sis, el mois de juing.

Archiv. du départ^t de la Somme, F^{ds} du Chapitre G 1594, Cart. VI, f° 61, n° 37.

488

Littera de eodem

A tous chiaus ki ches presentes lettres verront et orront je Gobei s, chevaliers sires de Dargies, salut en nostre Segneur. Je fais savoir à tous ke comme me sires, Robers de Biaumont chevaliers et me dame Helvis de Moy se femme aient vendu à houmes honerables le dien et le capitre d'Amiens toute le terre ke il tenoient et avoient ou teroir de Bretelessart de les Croissi, lequele il tenoient de mi en fief pour onze chens et quarante livres de Parisis si comme il est contenu en leurs lettres et es miens delivrees as devant dis dien et capitre, je wel gre et octroi et a che oblige je moi et mes oirs et mes successeurs quels ke ils soient, ke se aucuns du lingnage as vendeurs retraioit par rescouse le dite tere de le main les devant dis dien et capitre par aucune raison, et ne fust mie tenus a rendre au dien et au capitre devant dis par droit ou par coustume de pais les onze chens livres et quarante livres de parisis de le vente devant dite pour che ke li denier ke nostres sires li rois et je avons pour l'amortir sunt contenu en le soume deseure dite, je et mi oir seriemes tenu a rendre et a paier che ke il fauroit des onze chens et quarante livres de le vente devant dite se li rescouers ne paioit tant Et pramech a warder les devant dis dien et capitre seur che sans coust et sans damage et a rendre as devant dis dien et capitre les onze chens et quarante livres s'il ne les ravoient du rescoueur ou che ke il en defauroit. Et quant a che je oblige moi et mes oirs et tous mes biens muebles et non muebles presens et a venir ou ke ils porront estre trouvé. Et en tesmoingnage de cheste cose faite je ai baillie as devant dis dien et capitre ches presentes lettres seelees de men propre seel.

Che fut fait en lan del Incarnation Nostre Segneur mil deus chens quatre vins et sis el mois de juing.

Cart. VI, f° 60, n° 36.

Juin 1286

489

Admortisatio feudi de Bretenlessart

Philippus Dei gratia Francorum rex. Notum facimus universis tam presentibus quam futuris quod cum decanus et capitulum Ambianense, titulo emptionis sicut

Août 1286

intelleximus, acquisierint totam terram quam Robertus de Bellomonte, miles, et Helvysis, ejus uxor, habebant et possidebant apud Bretenlessart juxta Croisiacum quam tenebant, ut dicebant, in feodum a dilecto milite et fideli nostro Goberto domino de Dargies, et idem Gobertus tenebat eam a nobis in feodum, ut dicebat, et quam emptionem idem Gobertus coram nobis voluit et approbavit, nos, ad requisitionem ipsius Goberti, militis nostri, premissa rata habentes et grata, volumus et concedimus quantum in nobis est quod predicti decanus et capitulum predictam terram teneant imperpetuum et possideant pacifice et quiete absque coactione aliqua vendendi aut extra manum suam ponendi, salvo in aliis jure nostro et jure quolibet alieno. Quod ut ratum et stabile permaneat in futurum presentibus litteris nostrum fecimus apponi sigillum.

Actum Parisius anno Domini M°. CC°. octogesimo sexto, mense augusto.

Scellé sur lac de soie vert et rouge du grand sceau de majesté en cire verte.
Archives du départ^t de la Somme, F^{ds} du Chapitre G 1594, Cart. VI, f° 62, n° 38.

490

LITTERA DOMINI EPISCOPI PRO LUMINARI BEATE KATERINE VIRGINIS.

Universis presentes litteras inspecturis Guil*lel*mus, miseratione divina Ambianensis episcopus, eternam in Domino salutem. Cupientes ut festum beate Katerine, virginis et martiris inter cleros precipue speciali prerogativa gaudentis in nostra Ambianensi ecclesia celebrius et devocius solito veneretur, volumus et de speciali gratia concedimus ut in die festivitatis ejusdem virginis sacrum corpus beati Firmini martyris ob devocionem et reverenciam supradicte virginis detegatur : volentes preterea ob utriusque excellenciam quod duo cerei ante dictum sanctum corpus, die festivitatis predicte virginis, accendantur qui consueverunt accendi seu illuminari quando corpus ejusdem incliti martiris detegitur in ecclesia memorata. In cujus rei testimonium, et ut hoc perpetuis duret temporibus presentes litteras fieri fecimus et sigilli nostri munimine roborari.

Datum anno Domini M° CC°. octogesimo sexto, die lune post festum Omnium Sanctorum.

Cart. IV, f° 159. Archives de la Somme, F^{ds} du Chapitre G 1060.
Scellé sur queue de parchemin du sceau ogival de Guillaume de Mâcon portant légende à moitié détruite. Petit contre-sceau rond représentant la Vierge portant l'enfant Jésus et legende *Contra's G. Ambian. epi.*

491

LITTERA DE CENSIBUS DE BOUCHART EMPTIS PRO FESTO BEATE KATERINE.

8 Mars 1286 (v. st.)

Universis presentes litteras inspecturis officialis Ambianensis salutem in Domino. Noveritis quod Maria Boulete, Asselina Boulete et Marga dicta Boulete, sorores, filie quondam Jacobi Boulete, in jure coram nobis recognoverunt se perpetuo et hereditarie vendidisse viris venerabilibus magistro Radulpho de Bernardi Prato et domino Bartholomeo de Lavania, canonicis Ambian., pro XLII libris parisiensium sibi ad plenum a dictis canonicis in pecunia numerata plenarie persolutis, sexaginta decem solidos parisiensium annui census quem habebant dicte sorores et percipiebant supra quoddam tenementum situm Ambianis retro molendinum de Bouchart, quod fuit quondam Terrici Monioth, et est modo domini Drogonis de Ambianis, militis, et quod tenementum tenetur a viris venerabilibus decano et capitulo Ambianensi, sub annuo censu perpetuo et hereditarie ab ipsis canonicis et eorum successoribus tenendum et possidendum. Promittentes dicte Maria, Asselina et Marga, sorores, juramentis suis corporaliter prestitis coram nobis, quod contra dictam venditionem decetero non venient nec dictos canonicos, heredes seu successores eorumdem super dicto censu annuo ratione victus, excadencie, elemosine, paupertatis seu aliquo alio nomine in foro ecclesiastico seu seculari per se vel per alium aliquatenus molestabunt nec molestari procurabunt, imo dictam venditionem contra omnes juri et legi parere volentes, ad usus et consuetudines civitatis Ambianensis garandizabunt, et ad premissa omnia tenenda, adimplenda et firmiter observanda, prout superius sunt expressa, dicte Maria, Asselina et Marga, sorores, se, suos heredes et omnia bona sua mobilia et immobilia, presencia et futura obligaverunt expresse coram nobis et quantum ad premissa dicte sorores renunciaverunt expresse coram nobis privilegio crucis indulte et indulgendo omni decepcioni et lesioni, excepcioni dicte pecunie non numerate et non solute et omnibus aliis excepcionibus tam juris quam facti, que contra presens instrumentum possent obici seu proponi et que dictis canonicis et eorum successoribus possent nocere et dictis sororibus seu eorum heredibus modo aliquo prodesse. Quibus actis, dicti magister Radulphus de Bernardi Prato et dominus B. de Lavania coram nobis officiali Ambianensi personaliter constitutis, dictos sexaginta decem solidos parisiensium annui census perpetuo et hereditarie in puram elemosinam dant et concedunt, et se dedisse et concessisse recognoverunt predictis decano et capitulo ad distribuendum in choro ecclesie Ambianensis, quolibet anno, in festo beate Katerine virginis. In cujus rei testimonium presentes litteras confici fecimus et sigillo curie Ambianensis roborari.

Datum et actum anno Domini M° CC° octuagesimo sexto, mense marcio, sabbato ante dominicam qua cantatur *Occuli mei* per R. Anglicum.

Cart. IV, f° 159 v°.

492

Littera de eodem

13 Août 1287

Je Jehans, escuiers, fiex mon segneur Willaume de Daminois chevaliers, a tous chiaus ki ches presentes lettres verront et orront salut. Comme li devant dis me sires Willaumes mes peres ait vendu hiretaulement et perpetuelment bien et loialment a homes honerables et discres le dien et le capitre d'Amiens pour trois chens et soissante lb. de parisis tout le grain, tout l'ablai et toutes les coses ke il avoit et prendoit ou pooit avoir ou prendre hyretaulement tous les ans en le grange des devant dis dien et capitre ki siet a Bertaucourt en Mareskievetere et en ses dismes frankement de toutes exactions obligacions et redevanches quel ke il soient, et quelconque droit il avoit ou pooit avoir ou reclamer es choses devant dites en quelconque maniere et de quelconque cause ke che fust sans riens retenir de droit audit mon segneur Willaume ou a ses hoirs, et li dis me sires Willaumes des choses deseure dites se soit dessaisis en le main les dis dien et capitre auvec le dien et le capitre devant dis et leurs successeurs sollempneument si comme il est contenu es lettres le devant dit mon segneur Willaume seelees de sen propre seel ; je fais connute chose a tous ke je Jehans devant dit fiex et hoirs le dit mon segneur Willaume, pour xx lb. de tournois dont mes gres est plainement fais, wel, gree, loe et aprueve le vente devant dite, et mi consench comme hoirs propres ledit mon segneur Willaume. Et pramech en bone foi qui contre cheste vente devant dite des ore en avant je ne venrai ne les devant dis dien et capitre ne leurs successeurs par mi ne par autrui ne molesterai ne ne ferai molester par raison d'aumosne, de vivre, de escanche, diretage, ne par autre cose quel ke che soit, en court laie ne en court de crestiente. Et saucun droit javoie es dites choses quel ke che fust, je le quite expresseement des maintenant au dien et capitre devant dis et nuement sans riens retenir a mi des choses deseure dites. Et a che je oblige mi et mes hoirs. Et quant a che je renonche a tous privileges et a toutes excepcions de droit et de fait qui pourroient estre propose contre chest present justement et ki mi et mes hoirs pourroient aidier et valoir et as devant dis dien et capitre et leurs successeurs nuire. En tesmoingnage de la quele cose je ai fait faire ches presentes lettres et seeler de men propre seel. Et est a savoir ke je Jehans devant dis reconnois ke li seaus dont cheste presente lettre est seelee est mes propre seaus dont je use en present, Che fu fait en l'an de grace mil deus chens quatre vins et sept ou mois d'aoust. le merkedi devant le mi aoust, presens maistre Gilebert de Saint Pierre, mon segneur Adan dAbbevile, mon segneur Phelippe Lorfevre capelain en l'eglise dAmiens, Symon le bourguegnon, Robert Lengles notaire de le court d'Amiens et pluseurs autres.

Cartulaire VI, f° 64, n° xl.

493

De emptione grani quod habebat dominus Guillermus de Daminois apud Bertaucourt in grangia capituli

Universis presentes litteras inspecturis officialis Ambianensis salutem in Domino. Cum dominus Williermus dictus de Daminois, miles, et domina Emma, domina ville de Cokerel in parte, ejus uxor, coram nobis vendiderint et recognoverint se vendidisse, necessitate evidenti eos ad hoc urgente, meliorem et utiliorem contractum sibi facere non valentes, per propriorum corporum suorum juramenta cum tertia manu fidedignorum hec affirmantes, bene et legitime, hereditarie et imperpetuum viris venerabilibus decano et capitulo Ambianensis ecclesie pro trecentis et sexaginta libris parisiensium sibi a dictis decano et capitulo in bona et legali pecunia bene numerata persolutis, totum granum, totum abladium, et omnia et singula que ipsi dominus Williermus et domina Emma, ejus uxor, habebant et percipiebant hereditarie, singulis annis, in grangia dictorum decani et capituli sita apud Bertaucourt in Mareskina terra, et in decimis eorumdem, libere et absolute ab omnibus exactionibus, obligationibus, et redevanchiis quibuscumque, et quicquid juris habebant et habere seu reclamare poterant in predictis quocumque modo et ex quacumque causa, nichil juris sibi et eorum heredibus in eisdem retinentes. Et de predictis rebus venditis dicti dominus Williermus et domina Emma in manu dictorum decani et capituli ad

13 Août
1287

opus eorumdem et eorum successorum se sollempniter dissaisiverint, et totum jus quod habebant in eisdem in dictos decanum et capitulum transtulerint prout in litteris curie Ambianensis super hiis confectis plenius continetur ; noveritis quod in nostra propter hoc presencia personaliter constitutus Johannes de Daminois, armiger, filius et heres dicti domini Williermi, militis, dictam vendicionem, ut dictum est, factum de premissis, voluit, laudavit et approbavit, et eidem vendicioni expresse consensit tamquam heres militis memorati. Et totum jus, si quod dicto Johanni competit aut competere potuit causa quacumque in premissis, dictis decano et capitulo et eorum successoribus penitus et in perpetuum quitavit, nichil juris de cetero sibi retinens in eisdem. Promittens dictus Johannes, juramento suo corporaliter prestito coram nobis, quod contra hujusmodi vendicionem seu quitacionis nomine, seu racione victus, elemosine, sustentationis, paupertatis, excadencie, seu aliqua alia causa de cetero non veniet, nec dictos decanum et capitulum seu eorum successores modo aliquo in foro ecclesiastico vel seculari per se vel per alium molestabit nec molestari procurabit ; immo tanquam heres dicti militis dictus Johannes predictam vendicionem pro viginti libris turonensium sibi a dictis decano et capitulo, seu eorum mandato persolutis prefatis decano et capitulo et eorum successoribus ad usus et consuetudines patrias perpetuo et hereditarie tenetur garandire. Et ad omnia premissa tenenda et adimplenda, prout superius sunt expressa, dictus Johannes se et omnia bona sua mobilia et immobilia, presencia et futura ubicumque sint vel poterint inveniri, obligavit expresse coram nobis. Et quantam ad hec dictus Johannes expresse renunciavit omni privilegio crucis indulte et indulgende, omni decepcioni, omni lesioni, minori etati, beneficio restitutionis in integrum et omnibus aliis exceptionibus et cavillacionibus tam juris quam facti que contra presens instrumentum possint obici seu proponi et que dictis decano et capitulo et eorum successoribus modo aliquo possent nocere et ipsi Johanni seu ejus heredibus prodesse. In cujus rei testimonium presentes litteras confici fecimus et sigillo curie Ambianensi roborari.

Datum anno Domini M° CC° octogesimo septimo, die mercurii ante Assumptionem Beate Marie Virginis (per Robertum Angelicum).

Archives de la Somme, F^ds du Chapitre G 1588[2].

Scellé sur double queue de parchemin d'un sceau en cire blonde représentant une porte surmontée d'une arcature trilobée. Légende : Sigillum curie Ambianensis. Contre-sceau rond, 21 millimètres de diamètre, représentant un oiseau déployant ses ailes. Légende : Secretum. L'original de l'acquisition se trouve sous la même cote.

Cartul. VI, f° 62, v° n° xxix.

494

LITTERA BALLIVI SUPER TESTAMENTUM ILLUSTRIS DOMINI FELICIS DE CROY DE HONGUERIE

A tous chiaus qui ches presentes lettres verront et orront Willaumes de Hangest, baillis d'Amiens salut. Conme plais fust meus pardevant nous et pardevant les houmes le roy es assizes d'Amiens de noble dame me dame Guigone de le Chambre, dame en partie de le tour d'Allevard en Dalphinel, conme feme veve de feus noble segneur Felix de Honguerie chevalier et aisne fiex noble prince mon segneur Andrieu duc de Honguerie, et aussi conme ayant le deseur dite dame veve le bail de ches trois enfant Antoine, Andrieu et Jehan de Honguerie desaagies et meneur d'aage le deseur dite dame veve et meneur assistes de maistre Lienard le Secq qui leur fu baille par jugement pour deffendre leur droit d'une part, et de monsegneur Marcq de Honguerie chevalier sire en partie de Croy deseur Soume et d'Araines et puisne frere de feus segneur Felix deseur dit d'autre part, seur che que li procureres le dame veve et trois meneur devant dis avoit offert a prouver que le seigneur Marcq leur oncle devoit paier a houmes houneraules et discres le dien et le capitre d'Amiens chienc chens livres de parisis, les quiex deniers leur avoit estes doune par le darreine volonte contenue au testament de devant dit feus segneur Felix pour estre desparti par aus a fondation et oueuvre pieux; che que me sire Marcq nia devoir disant que le quittanche pour les partie de segnouries de Croy et d'Araines que il avoit achate de feus segneur Felix son frere estoit finable et generale et avoit estee conferme par son neveu le segneur Antoine aisne fiex de son frere, a quoi li procureres les devant dis veve et meneurs avoit respondu que le quittanche devant dite estoit finable tant seulement pour les parties de segnouries de Croy et d'Araines ains nient pour les droits sis el teroir de Guyancourt conme est contenu aus lettres de monsegneur Marcq qui le soubmetoie a paier le devant dite chienc chens livres de par. et pour le confermation ne pooit estre valable estant pour lors le segneur Antoine desaagies et bail, che qui dure encore. Sachent tout que toutes les lettres veues que les tesmoins ois et toutes les raisons proposees d'une partie et d'autre et raportees en jugement en l'assize d'Amiens devant les houmes le roy, il fu di en l'assize et par jugement des houmes le roy que li procureres le dame veve Guigone de le Chambre et de ches trois enfant meneurs assistes de maistre

28 Juin
1290

Lienard le Secq devant dis avoit bien prouve s'entente contre le devant dit mon segneur Marcq pour les devant dis veve et meneurs. Et fu chis jugemens fais en l'assize qui fu a Amiens lan M CC et IIII vins et dis le lundi apres le feste Saint Barnabe apostre en la presence de nous par mon segneur Willaume Tirel chevalier, segneur de Pois, monsegneur Pierron de Milli chevalier, Symon de Croy, Renaut de Canapes, de rieu de Bartangle et Jehan Godri houmes le roy. Et che certefions a tous par le teneur de ches presentes lettres seelees du seel de le baillie d'Amiens qui furent faites l'an de grace mil deus chens quatrevins et dis le merkedi devant la Saint Pierre et la Saint Pol apostres..

Cartul. VI, f° 103 v°, n° LXXIV.

495

LITTERA DE CONCORDIA FACTA INTER CAPITULUM ET VILLAM AMBIANENSEM SUPER PLURIBUS ARTICULIS

26 Juin 1291

A tous chiaus qui ches presentes lettres verront et orront Willaumes de Hangest baillis d'Amiens salut. Nous faisons savoir à tous que par devant nous conme par devant justice sunt venu houme houneraule et discres li doiens et li chapitres d'Amiens d'une part, et li maires et li esquevin de le devant dite vile pour aus et pour leur conmune d'autre part. Et connurent que conme plusiur debat fussent meu entre aus seur plusiurs articles chi apres contenus, a le partefin par le consel de bone gent il s'acorderent en le fourme qui s'ensieut. Est asavoir que du mur de le posterne la ou l'en cuelle le cauchie vers Nostre-Dame dont debas estoit entre les devant dites parties, il est acorde que li doiens et li chapitres pueent et porront toutes les fois que il leur plaira le devant dit mur abatre et faire nouvel. Li quiex murs nouviaus fais se conportera a lingne de l'areste du mur qui maintenant iest a coumenchier d'icelui mur qui joint au chimentiere de saint Mikiel a venir a lingne droit au res du parement les le piler qui est entre le bare et le vies porte, et d'icelui parement, le devant dit piler mis hors et oste, droit à l'estel de le maison chele la ou li orfevres soloit manoir. Et pueent encore li doiens et li chapitres faire un mur qui ira d'ichel estel droit a lingne a l'areste du grant piler qui est en coste luis du moustier Nostre-Dame, le plus prochain de le dite maison, et par tele condicion que li devant dit doien et chapitres doivent faire u devant dit mur en chel endroit la ou le tournele est maintenant une maisonchele de wit pies de haut et de sept pies de le dedans oeuvre a no pie ou a pie saulaulle et sera ichele maisonz faite dedens l'espoisser du mur et sera ichele maisons au maieur et as esquevins et le tenront comme leur en le maniere que il tenoient l'autre. Derequief li maires et li esquevins d'Amiens devant dis pueent et porront des ore en avant castichier ou faire castichier et refaire le castiche des lentree du pont du kay tout ainsi conme li kays se conporte droit au lieu la ou le tournele soloit etre et de chele tournele repairier droit a l'estel de le maison Jehan Grimaut qui est outre le maison Fremin le Cardonnier, et d'autre part le kay par devers le maison Derieu Maleerbe, li dit maires et esquevins pueent et porront castichier ou faire castichier des l'entrée du pont a aler droit a le flasque si avant conme droite lingne puet porter droit du lieu la ou le tournele sieut estre a venir droit a le flasque, et che pueent il et porront faire sanz prendre congie ne sans paller ent au dien ne au chapitre. En tele maniere que pour chest acort il ne court en prejudice au doien ne au capitre des autres liex la ou il doivent estre apele a castichier en le devant dite vile. De requief conme li maires et li esquevin d'Amiens devant dis eussent fait fichier piex decha le pont du kay en le riviere, li devant dit maires et li esquevin connurent par devant nous que che ne pooient il faire sans paller ent as devant dis doien et chapitre, et pour che que che ne pooient faire sanz paller en tas devant dis doien et chapitre il despichierent che que il i avoient fait et vaurrent et s'acorderent que pour chose qui en ait este fait que il ne court en nul prejudice au doien ne au chapitre ne a aus en nul pourfit en tanz a venir. Derequief il est acorde que toutes les fois que li devant dit maires et esquevin prenderont l'iaue ou feront prendre pour refaire leur ponz par quoi li muelin du capitre s'estent et en soient huisens, li dit maires et esquevin renderont le festaige des muelins au doien et au chapitre devant dis. Derequief conme li doiens et li chapitres se dieusissent de che que li maires et li esqueviu avoient pris ou fait prendre l'iaue devant le pont de Longeiaue pour refaire le pont qui cheus estoit il fu acorde par devant nous que che qui fait en estoit demouerroit duques a donc que li ponz fust fais En tele maniere que pour chose qui en fust fait il ne seroit tourne en prejudice de l'une partie ne de l'autre ne que ou tanz a avenir li maires et li esquevins ne sen peussent aidier. Derequief conme li doiens et li chapitres essent pris ou fait prendre bestes qui estoient as bourgois d'Amiens es marres de Longeiaue et li maires et li esquevins disoient que faire ne le pooient il fu acordé par l'assentement des parties que chele prise ou ches prises seroient mises a nient en maniere que il ne tournast a prejudice a l'une partie ne a l'autre, et fust tout aussi conme se le prise ou les prises neussent onques este faites, sauve le droiture de chascune partie en autres coses. Derequief conme li doiens et li chapitres se dieusissent du maieur et des esquevins de che que il destourboient et empeechoient leur houmes de saint Morisse a che que il ne menaissent leur vakes, leur chevaus, leur polainz et leur asnes es marais de le caruee, il fu acorde que li houme devant dit pueent et porront mener leur vakes, leur chevau, leur polainz et leur asnes es mares devant dis, sauf che que leur vakes il ne pueent ne doivent mener u bout du mares par de la tout ainsi conme li fosses le porte qui vient de Betricourt droit a le Soume. Et toutes ces choses en le fourme et en le maniere que eles sunt par chi deseure dites et escrites a les devant dites parties promis et creante par devant nous à tenir bien et loiaument sans aler encontre et a che fermement tenir et warder ont il obligie tous leur bienz muebles et non muebles presens et a venir et especiaument li devant dit doien et chapitres tout leur temporel pour estre justichie par tout sanz mesfait. Et nous en tesmongnaige et en garnissement des choses deseur dites avons ches presentes lettres seelees du seel de le baillie d'Amiens sauf le droit le roy et l'autrui. Qui furent faites l'an de grace M II° IIII^{xx} et onze le mardi apres le Nativité de le feste saint Jehan Baptistre.

VIe cartulaire, f° 85, n° 58.
Archives de la Somme, Fonds du Chapitre, G 1171, n° 1.

496

LITTERA BAILLIVI DU FAUCHILLAGE.

6 Février
1291
(v. st.)

A tous chiaus ki ches presentes lettres verront et orront Willammes de Hangest, baillus d'Amiens, salut. Comme plais fust mus par devant nous et par devant les hommes le roy es assizes d'Amiens de houmes honeurables et discres le dyen et le capitle del eglise Nostre-Dame d'Amiens d'une part et de mon segneur Jehan de Polainvile d'autre part seur che ke li procureres le dyen et le capitle devant dis avoit offert a prouver pour les devant dis dyen et capitle contre le devant dit mon segneur Jehan ke li devant dis dien et capitles sont en bone saisine que toutes les persones ki sont couchant et levant es lius dedens le chité d'Amiens la ou il ont justice de catel sunt frans par le raison des liex la ou li dyens et capitles ont justice de catel, de le coustume des estalaiges, des cauchiers et de le coustume des estalaiges des fauchilles et especiaument que il ont este resaissi des prises que li serjans dudit monsegneur Jehan a fait du fauchillage, pourquoi il requeroient estre resaisi de le prise du fauchillage que li dis me sire Jehans a pris ou fait prendre u liu dont veue a este faite. Me sire Jehans leur nia. Sachent tout que les temoins ois et toutes les raisons proposees d'une partie et d'autre et raportees en jugement en l'assizes devant les houmes le roy, il fu dit en l'assizes et par jugement les houmes le roy que li procureres le dyen et le capitre devant dis avoit bien prouve sentente contre le devant dis mon segneur Jehan pour les devant dis dien et capitre. Et fu chis jugemens fais en lassize qui fu a Amiens lan M CC IIII^{xx} et onze le lundi apres le feste Saint Martin en iver en le presenge (sic) de nous par monsegneur Willaume Tirel chevalier segneur de Pois, monsegneur Pierron de Milli, chevalier, Simon de Croy, Renaut de Canapes, Derieu de Bartaugle et Jehan Godri houmes le roi et che certefions nous a tous par le teneur de ches presentes letres seelees du seel de le baillie d'Amiens, qui furent faites lan de grace M CC IIII^{xx} et onze le merkedi apres le candelier.

Cartul. IV, f° 160 v°; VI, f° 78, n° LII.

497

DE DECIMA D'ARVILER.

Nous Guis de Chastellon chevaliers, quens de saint Pol, fasons savoir à tous chiaus ki sont et ki avenir sont que nous de notre propre volente pour notre pourfit cler et apparant par le conseil de nos prochains amis avons vendu bien et loiaument a toujours yretaulement a tres noble dame Marguerite de Sicile, feme a mon segneur Charles quens de Valois, pour sis chens livres de parisis des quiex deniers nous nous tenons a bien paie et soumes bien paies en boine mounoie bien contes et bien nombree, chest a savoir toute la partie des dismes que nous avions ou povions avoir et reclamer el teroir et es appartenanches et en le vile de Arviler ki mouvoient de notre propre yretage dont autre partie des deseur dites dismes fu jadis vendue a homes honeraules le dien et le capitre d'Amiens par Jehan de Bains escuiers men home et dont nous avions gree et amortie la vente come sire souvrain et pour ches coses avons renonchie et renonchons par nos sairement a tout che ke nous pouvions reclamer des dismes

18 Avril 1292

deseurdites fu en tout fu en partie et nous soumes desaisi de tout che ki nous restoit des dismes deseurdites en le main de la dame devant dite sans plus rien retenir ne houmage ne segnourie ne autre redevanche. Ne la dame devant dite ne ses successeurs ne aucun de sa part ne molesterons ne procuerons ke il soient moleste ne travellie par nous ne par autrui en court de crestiente ne en court laie ni en autre maniere; ains la lairons goir et la lairons tenir en pais dore en avant; et a che avons nous obligie nous et nos oirs. En tesmoignage de lequele cose et pour che ke che soit ferme cose et estaule a tous jours nous Guis quens de Saint Pol deseurdis avons baillie a medame Marguerite de Sicile devant dite ches presentes lettres seelees de nostre seel. Che fu fait en lan de grace mil deus chens quatre vins et douze, el mois daoust le lundi devant le feste saint Bernart.

Cartul. VI, f° 32 v°, n° vi.

498

Littera de eodem.

28 Août 1292

Nous Marguerite de Sicile, feme a mon segneur Charles quens de Valois, faisons savoir à tous chiaus ki sont et ki avenir sont que feus noble chevalier Felix de Honguerie notre cousin jadis segneur en partie de Croy deseur Soume et aisne fiex de tres noble prince Andrieu de Honguerie notre chier oncle fu dechede soubitement en la flour de son aage et non sans soupechon de mal engin laissant a che monde sa veve avoec trois petis enfans et considere que le deseur dit chevaliers etoit notre cosin tant par medame Marie de Honguerie notre chiere mere que par mon segneur Charles, roy de Sicile, mon tres redoubte pere, nous meus de bonne volente a le loenge et por le service de Dieu et de la Vierge Marie et en acroissemens de biens fais en sainte eglise et por le remede et pourffit de lame de feus notre chier cosin Felix de Honguerie par lassentement et bonne volente de mon segneur Charles quens de Valois devant dis avons donne et otrie bien et lauyaument a tous jours yretaulement a homes heneraules et discres au dien et au capitre del eglise d'Amiens toutes les dismes que nous avions ou pouvions avoir ou reclamer el teroir et es apartenanches et en la vile de Arviler que nous avions achatees du segneur Guis de Chastellon por et avoec lassentement de mon segneur le vesque d'Amiens la fondation dune messe perpetuelle en leglise du devant dis capitre por le repos de lame de notre devant dis cosin. Volons que la deseur dite messe par nous fondee et ordonnee estre diste et celebree chacun jour a perpetuite en la capelle que on dit mon segneur saint Jehan Baptiste des que sera restablie, et jusques a lors sera celebree au grand autel de Nostre Dame par le capelains de le devant dite eglise avoec le luminaire et tout ce qui sera necessaire pour bien accomplir la presente fondation por laquelle nous avons fait che don. Et por ches coses nous avons renonchie et renonchons par nos serrement es devandites dismes et nous soumes dessaisis du tout et avons amortis en le main du dien et du capitre deseurdit sans rien retenir ne houmage ne segnourie ne autre redevanche; et pramechtons ke es dismes donnees deseurdites jamais riens ne reclamerons par nous ne par autrui por cose de douaire, dyretage, dacqueste ne (por) autre cose quiconques ele soit; et le deseurdis dien et capitre ne aucun de leur part ne molesterons et ne procuerons ke il soit moleste ne travaille ne par nous ne par autrui en court de crestiente ne en court laie ne en autre maniere, ains leur lairons goir et leur lairons tenir en pais dore en avant et a che avons nous oblige nous et nos oirs en temoignage de le quelle cose et por que che soit ferme cose et estaule nous Charles quens de Valois et nous Marguerite de Sicile, feme du devandit quens de Valois, avons baille au dien et au capitre deseur dis ches presentes lettres seelees de nos deux seiaus. Che fu fait en lan del Incarnation Nostre Segneur Jhesu Crist mil deus chens quatrevins et douze, el mois daoust le joeusdi devant la feste de le decollation Saint Jehan Baptistre.

Cartul. VI, f° 33, n° VII.

499

Cum decanus et capitulum ecclesie Ambianensis conquererentur quod major et scabini Ambianenses minus juste et sine causa rationabili quemdam servientem ecclesie ceperant et tenebant nec eum reddere vel recredere volebant ex parte ipsorum pluries requisiti; quare petebant dicti decanus et capitulum ipsos majores et scabinos compelli ad liberandum vel saltem recredendum servientem predictum, dictis majore et scabinis ex adverso dicentibus se dictum servientem juste cepisse et tenere cum de nocte inventus fuisset post pulsationem campane ad ignitegium in loco suspecto armatus cirothecis balene et deferens ensem suum. Et ideo dicerent dicti major et scabini se non debere compelli ad reddendum

18 Février
1292
(v. st.)

vel recredendum dictum servientem, donec per consuetudinem ville delictum emendaverit antedictum, auditis hinc inde propositis, ordinatum fuit per curiam quod emenda prius a dicto serviente gagiata liberabitur sed emendam ipsi major et scabini requisiti a curia remiserunt. Et fuit expresse dictum quod non fuit nec est intentionis curie quod si dicti decanus et capitulum vel singulares canonici pro necessaria vel honesta causa miserint servientes extra villam vel in villam de nocte, emenda a dicto serviente facta ad consequentiam trahatur. Anno Domini M° CC° nonagesimo secundo, feria quarta ante festum Cathedre sancti Petri.

Fuerunt hec adducta de Parlamento *Parisius* (1).

Cart. IV, f° 160, v°.

500

LITTERA DE EMPTIONE DECIME DE GRATEPANCHE QUE FUIT EMPTA POST MORTEM MAGISTRI HUGONIS DE FEUKERIIS QUONDAM DECANI, DECANATU VACANTE.

Mai 1293

Je Guifrois, li maires de Gratepanche, fais savoir a tous chiaus qui ches presentes lettres verront ou orront que je ai vendu bien et loiaument, perpetuelment et a tous iour del assentement de men oir au capitre del eglise d'Amiens, le dienc vacant, comme en main morte pour sis vins livres de parisis que li devantdis capitres men a paie plainement en bone mounoie loial bien contee et justement nombree, de coi je me tieng bien a paies tout a plain, toute le disme que je avoie el tereoir et es apartenanches de le vile de Gratepanche, et toute le droiture qui ami apartenoit par le raison de le disme devant dite, chest a savoir le sisime partie de toute le grosse disme du tereoir devantdit, de le quele sisime partie vendue on rent a mon segneur le vesque damiens tous les ans I mui de grain moitie ble moitie avene a le mesure d'Amiens. Lequele disme vendue je tenoie en fief de Hawy de Gratepanche come de segneur plus prochain auveques autre cose que je tieng de li. Et le dite Hawis le tenoit en fief auvec sen autre fief de mon segneur Jehan de Fransures, chevalier, comme de secont segneur. Et chil me sire Jehans de Fransures le tenoit en fief auveques sen autre fief de mon segneur Renaut de Dargies, chevalier comme de tierc segneur. Et de le devant dite disme vendue et de toute le droiture que je i avoie et pooie avoir me sui je

(1) Le mot *Parisius* est d'une encre effacée, mais il est impossible de savoir si elle l'a été accidentellement.

dessaisis en le main de le dite Hawy comme en main de segneur plus prochain pour saisir ent et ravestir le capitre devant dit comme en main morte. Et pramech par le foi de men cors que je i ai mise que contre cheste vente je ne venrai dore en avant, ne le devant dit capitre, ses successeur ne aucun de leur part seur cheste disme vendue dore en avant ne molesterai ne empeekerai ne par autrui molester ne empeekier ne ferai, ne riens jamais ni reclamerai ne par autrui reclamer ne ferai, ains leur warandirai le dite disme vendue contre tous chiaus qui a droit et a loi en vaurroient venir comme me loial vente faite en main morte. Et a che tenir et a emplir oblige je mi et mes oirs. Et renonche tant comme ad coses devant dites a toute aieue de droit et de fait, a toutes exceptions de barat, de trikerie, de dechevanche des deniers devantdis nient nombres nient paies nient rechus, a toute lesion et a toute deception et a toutes autres coses closement qui a mi ou a mes oirs porroient aidier et au capitre deseurdit nuire et qui porroient estre dites ou proposees contre ches presentes lettres et contre le fait qui dedens est contenus. Et pri et requier a le devant dite Hawy de cui je tenoie le disme vendue devant dite en fief auvec autre cose que je tieng de li comme de segneur plus prochain, si comme dit est, que ele weille saisir et ravestir le capitre devant dit de le disme vendue devant dite comme en main morte ; et que ele se weille assentir a cheste vente et amortir tant comme en li est le disme vendue devant dite au preu et au pourfit du capitre deseure dit. Et je Hauuys deseuredite le dessaisine de le dite disme vendue faite du devant dit Guifroy men home ai rechute en me main, et ai saisi de le devant dite disme vendue le capitre devant dit comme en main morte. Et le vente et l'amortissement deseure dis wel, gre et otroi, et amortis le disme vendue devantdit au capitre deseure dit comme sires plus prochains. Et ai requis au devantdit mon segneur Jehan de Fransures chevalier, de cui je tieng loumage que je avoie es coses deseurdites, que il le vente et l'amortissement de ledite disme vendue weille greer et otrier et amortir le dite disme vendue comme secons sires. Et je Jehans de Fransures chevaliers deseur dis le markie, le vente et l'amortissement de le disme vendue deseure dite weil, gree et appruef et amortis le dite disme vendue au capitre deseuredit comme secons sires... Et ai requis au devant dit mon segneur Renaut de Dargies, chevaliers, men segneur, de cui je tieng et tenoie che que je avoie en le disme vendue deseure dite, que il weille le vente et l'amortissement de le disme vendue devantdite greer et otrier comme tiers sires et amortir le dite disme vendue au capitre devant dit. Et je Renaus de Dargies chevaliers deseure dis le vente et lamortissement de le dite disme vendue, si comme il est par devant dit, weil, gre et mi assench et amortis le dite disme vendue au capitre devantdit comme tiers sires. Et en tesmoignage de toutes ches coses, si comme eles sont deseure dites et devisees, je Guifrois li maires deseurdis ai seelee cheste lettre de men propre seel comme venderres et ai requis a le dite Hawy, dé cui je tieng et tenoie le devant dite disme vendue si comme dit est, que ele mesit sen seel a cheste lettre. Et je Hawis devant dite a le requeste du devant dit Guifroy men home et en confirmations des coses deseuredites ai mis men propre seel a cheste lettre comme premiers sires, et ai requis au devantdit mon segneur Jehan de Fransures chevalier, men segneur de cui je tenoie, que il a cheste lettre mesist sen seel comme secons sires. Et je Jehans de Fransures chevaliers devantdis a le requeste de le dit Hawy et dudit Guifroy ensement a cheste lettre ai mis men propre seel comme secons sires, et ai requis au devantdit mon segneur Regnaut de Dargies chevaliers men segneur que a cheste lettre vausist metre sen seel. Et je Renaus de Dargies chevalier deseuredis, a le requeste des devant dis Guifroy et Hawy de cui il tenoit et de men segneur Jehan de Fransures chevalier men home, en confermement des coses deseure dites ai mis á cheste lettre men propre seel comme tiers sires.

Che fu fait en lan de grace mil deus chens quatre vins et treze el mois de may.

Arch. départ. de la Somme, G. 2142. Cartul. VI, f° 105, n° LXXV.
3 sceaux ronds de cire verte sur double queue de parchemin, le premier de 52 millim. de « Renaut de Dargies escuier » avec contresceau de. 25 c. semblable, voir Demay n° 287, le second de 35 m. de « Jehan de Fransur », le 3° de 35 m. de Haouis le Normande, voir Demay n° 365.

501

LITTERA OFFICIALIS DE EODEM.

9 Mai 1293

Universis presentes litteras inspecturis officialis Ambianensis salutem in Domino. Noveritis quod coram nobis constituti Guiffridus, major de Gratepanche et domicella Oda, ejus uxor, recognoverunt se hereditarie vendidisse capitulo Ambianensis ecclesie, decanatu vacante, pro sexies viginti libris parisiensium sibi a dicto capitulo plenarie persolutis omnes decimas quas dicti Guiffridus et Oda habebant et habent apud Gratepanche et in territorio dicti loci ab ipso capitulo perpetuo et hereditarie tenendas et possidendas, et quia dicta domicella

Oda dicebat se habere dotalicium in dictis decimis dictus Guiffridus dedit dicte domicelle Ode in excambium sui dotalicii predicti tria jornalia et dimidium terre ipsius Guiffridi si*te* in territorio de Gratepanche in duabus pechiis, quarum una continens duo jornalia et dimidium sita est inter terram Berneti ex parte una et terram Johannis Polart ex altera, et alia continens unum jornale sita est juxta terram Mathei de Hailles et terram Johannis Clerici, cujus modi excambium dicta domicella Oda gratanter accepit et renuntiavit omni juri quod habebat et habet in decimis supra dictis. Et promiserunt dicti Guiffridus et domicella Oda juramentis suis corporaliter prestitis quod contra hujusmodi vendicionem de cetero non venient nec dictum capitulum, ejus successores nomine victus, acquestus, elemosine, excadencie, paupertatis, causa quacumque in foro ecclesiastico seu seculari per se vel per alium aliquatenus molestabunt nec molestari procurabunt in futurum, sed dictas decimas eidem capitulo et ejus successoribus contra omnes jur*i* et legi parere volentes ad usus et consuetudines patrie tenentur garandire; renunciantes expresse dicti conjuges quantum ad hoc coram nobis omni deceptioni, omni lesioni, beneficio epistole divi Adriani, omnibus aliis exceptionibus et cavillationibus ac barris tam juris quam facti que contra presens instrumentum obiti possent seu proponi et que dictis conjugibus possent prodesse et dicto capitulo nocere.

In cujus rei testimonium presentes litteras confici fecimus et sigillo curie Ambianensis roborari.

Datum anno Domini M° CC° nonagesimo tercio, sabbato post Ascensionem Domini, per R. Aug...

Cartul. VI, f° 107, n° LXXVI.

502

LITTERA REGIS PRO ACQUISITIS A XL SEX ANNIS ET CITRA.

Philippus Dei gratia Francorum rex, notum facimus universis tam presentibus quam futuris nos quasdam litteras sigillo dilecti nostri magistri Evrardi, dicti Porion, canonici Suessionensis sigillatas prout in prima facie apparebat vidisse formam que sequitur continentes. Nos Evrardus dictus Porions, canonicus Suessionensis, deputatus et missus ab illustrissimo principe Philippo Dei gratia rege Francorum, ad financias recipiendum pro ipso domino rege et nomine ipsius super feodis, retrofeodis, censivis et allodiis ab ecclesiasticis personis,

Juillet 1293

domibus religiosis, universitatibus et ignobilibus in ballivia Ambianensi a quadraginta sex annis citra acquisitis. Notum facimus universis quod nos recipimus a viris venerabilibus decano et capitulo beate Marie Ambianensis octoginta quinque libras et decem solidos parisiensium, occasione quarumdam rerum retrofeodalium ab eisdem decano et capitulo, titulo emptionis acquisitarum, primo pro quodam feodo sito apud Noiele et in ejusdem ville territorio juxta villam de Kierrieu, in censibus, redditibus, terris arabilibus, corveis, justicia, dominio et pro omnibus aliis quibuscumque que habebat aut habere poterat dominus de Kierrieu in feodo predicto. Item pro omni terragio et dominio quod habebat et habere poterat Balduinus de Puchanviler in trecentis et viginti quatuor jornalibus terre arabilis site in territorio de le Vicongne, in triginta quatuor partibus caponum, viginti tribus solidis parisiensium, annui census, assignatis super diversis peciis terre in territorio predicto, etiam pro omni justicia et omnibus aliis pertinentibus ad dictum feodum, que omnia et singula predicta vendidit et deliberavit dictus Balduinus decano et capitulo supradictis. Item pro omni redditu avene quam habebat annuatim dominus Gobertus de Dargies, ratione avoerie super hominibus de Noevile acquisito predicto domino Goberto, militi, a decano et capitulo predictis titulo emptionis. Item pro quatuordecim jornalibus terre arabilis in una pecia sitis in loco ubi dicitur a le haye du Tilloi, que acquisierunt predicti decanus et capitulum Eustacio, dicto Le Diale et ejus uxori titulo supradicto. Item pro omni feodo quod emerunt Renaudo, dicto de Contres, vaasseur, sito in territorio de Revele et omnibus aliis pertinentibus ad eumdem feodum quod tenebat a domino Theobaldo de Tilloi, milite. Item pro sexaginta solidis annui census acquisitis ab eisdem Miloni dicto Rabuisson, civi Ambianensi que debebant dicto Miloni quolibet anno occasione cujusdam domus site Ambianis, decanus et capitulum memorati. Item pro tribus solidis parisiensium et sex caponibus annui census acquisitis magistro Warino, dicto Rapine, olim canonico de Rua ab eisdem titulo emptionis : dictos autem tres solidos et sex capones capiebat annuatim dictus magister Warinus super tribus domibus capituli supradicti, fructus quorum exitus et proventus unius anni fuerunt ad valorem viginti septem librarum et XV solidorum parisiensium, annui redditus legitime estimati. In cujus rei testimonium presentibus litteris finationem hujusmodi pro domino rege, et nomine ipsius recipientes sigillum nostrum duximus apponendum. — Datum Suessionum anno Domini millesimo ducentesimo nonagesimo tertio, die martis in vigilia beati Johannis Baptiste. — Nos autem finationem hujusmodi ratam et gratam habentes, eam quantum in nobis est, volumus, laudamus ac eciam approbamus, concedentes quod prefati decanus et capitulum et successores eorum predicta omnia, prout superius sunt expressa, sub valore predicto teneant et imperpetuum possideant absque coactione vendendi, vel extra manum suam ponendi, salvo in justicia et aliis jure nostro et jure quolibet alieno. Quod ut firmum et stabile permaneat in futurum presentibus litteris nostrum fecimus apponi sigillum.

Actum apud Folleyam in Leon. Anno Domini M° CC° nonagesimo tercio, mense julii.

Cartul. VI, f° 46, n° XXI.

503

LITTERA REGIS SUPER QUADAM MELLEIA FACTA IN VICO INTER DOMOS CANONICORUM ET ECCLESIAM ULTRA PORTAM ARQUETI.

Philippus, Dei gratia Francorum rex, universis presentes litteras inspecturis salutem. Notum facimus quod cum justicia melleiarum et casuum consimilium in quadam via que est inter ecclesiam Ambianensem et domos canonicorum que vadit recte ad portam que vocatur Porta del Arquet, decano et capitulo Ambianen*sibus* olim per judicium curie nostre adjudicata fuerit et virtute dicti judicii, dicti decanus et capitulum niterentur justiciare quamdam melleiam factam in dicto vico inter domos canonicorum et ecclesiam ultra portam Arqueti, majore et scabinis se opponentibus et dicentibus quod per dictum judicium nullam habebant justitiam dicti decanus et capitulum extra dictam portam Artequeti, tandem dicto viso judicio et audito ballivo Ambianensi qui supra dictum locum fuerat, adjudicata fuit dictis decano et capitulo saisina justicie melleie facte in loco predicto. In cujus rei testimonium presentibus litteris nostrum fecimus apponi sigillum.

10 Décembre 1293

Actum Parisius die jovis post festum hiemale s^{ti} Nicholai, anno Domini M° CC° nonagesimo tercio.

Cartul. VI, f° 47, n° XXII.

504

LITTERA REGIS DE EODEM.

Juillet 1294

Philippus, Dei gratia Francorum rex, notum facimus universis tam presentibus quam futuris quod cum Reginaldus Dumes armiger pro nostro servicio faciendo vendiderit et justo titulo venditionis concesserit decano et capitulo ecclesie Ambianensis quicquid habebat et possidebat in villa de Vallibus in Ambianensio, et in territorio ejusdem, sive sit in terris arabilibus, campiparte, caponibus et cerothecis, sive sit in aliis quibuscumque, que omnia estimata fuerunt valere in annuo redditu octo libratas terre ad Parisienses, que quidem predicta dictus Reginaldus tenebat de domno Blangiaci, et dominus Blangiaci de domino de Poiz, domnus autem de Poiz a nobis in feodum, nos dictam venditionem ratam et gratam habentes, volumus et concedimus intuitu pietatis et ob remedium anime nostre et animarum antecessorum nostrorum quod prefati decanus et capitulum pro se et ecclesia sua predicta in augmentationem reddituum suorum omnia et singula supradicta, sicut superius continentur, tenere possint et perpetuo possidere pacifice et quiete, sine coactione aliqua vendendi vel extra manum suam ponendi, salvo tamen in omnibus aliis jure nostro et jure quolibet alieno. Quod ut firmum et stabile permaneat in futurum, presentibus litteris nostrum fecimus apponi sigillum. Actum apud abbaciam monialium juxta Pontisaram anno Domini millesimo ducentesimo nonagesimo quarto, XC° IV°, mense Julio.

Scellé sur lac de soie verte et rouge du grand sceau de majesté. Arch. dép. de la Somme, Fonds du Chapitre. Armoire VI, liasse 26, n° 3; Cartul. VI, f° 110, v°, n° LXXVII.

505

HEC SUNT QUE FUERUNT ACQUESITA TEMPORE MAGISTRI JOANNIS DICTI DE BOURS DECANI.
LITTERA DE EMPTIONE FEODI QUEM HABEBAT REGINALDUS DE MES ALMIGER
APVD VALLES IN AMBIANENTO.

Août 1294

Je Renaus de Mes, escuiers, fais savoir à tous chiaus qui ches presentes lettres verront ou orront que jai vendu bien et loiaument, perpetuelment et a toujours a homes honnerables et discres le dien et le capitre del eglise Nostre-Dame d'Amiens conme en main morte, pour wit vins libres de parisis que li devant dit diens et capitres men ont paiie plainnement en bone mounoie loial bien contee et justement nombree, de coi je me tieng bien apaiies tout a plain, tout che que je avoie a Vaus en Aminois et el teroir de Vaus et effies joiguans, chest assavoir vint journeus de tere en une pieche entre Bartangle et Vaus en Aminois joignant au kemin de Naours dune part, et au fief Jehan Heudebier dautre part et au fief Jehan d'Amiens que il acata jadis a Jehan le Lonc et trois journeus davesnes qui joignent au fief Symon le prevost, derekief en le tere Enart Malin qui monte a quinze journeus ou la entour en pluiseurs pieches le terage : en le tere Jehan de Latre qui contient treze journeus le terage, en le tere Mahieu Griffet ou il a chienc journeus le terage, en le tere Mahieu Waignet en quatre journeus le terage, en le tere Marien le Clake en onze journeus le terage, en le tere Enmeline Flourie en quatre journeus le terage et un capon de chens le capon au noel, en le tere Jehan Mannier en trois journeus le terage, en le tere Jehan Mahieu en deus journeus le terage, en le tere Wilart Marfu en VI journeus le terage, en le tere Ysabel Sabine en deus journeus le terage, en le tere Pierron Malin au puch de Friacourt en sept journeus le terage, en le tere Ysabel Tienlebien en deus journeus et demi le terage, en le tere les enffans Jakemon Morel jadis en deus journeus le terage, en le tere Pierre Malin qui siet au piere de Naours en trois journeus le terage, en le tere Marien Bustine en quatre journeus le terage, derekief deux capons et uns wans de quatre deniers chascun an au Noel que Guiffrois de Cavellon doit de le tere que il tenoit de mi qui joint as vint journeus deseurdis et a le tere Fremin le Jumel. Et toutes ches coses sont el teroir de Vaus ou effies joignans. Et sont tenu li devant dit diens et capitres a paiier chascun an au prestre de Vaus deus sestiers de soile par le raison de l'aumosne men pere, que je tenoie en fief de Manessier de Blangi escuier conme de seigneur plus prochain. Et li dis Manessiers le tenoit en fief de mon seigneur Willaume de Pois chevalier conme de secont seigneur. Et des devant dites coses vendues et de toute le droiture que je i avoie et pooie avoir me sui je dessaisis en le main dudit Manessier conme en main de seigneur plus prochain pour saisir ent et ravestir le dien et le capitre devant dis conme en main morte. Et pramech par le foi de men cors que je i ai mise que contre cheste vente je ne venrai dore en avant, ne les devant dis dien et capitre, ses successeurs ne aucun de leur part seur ches coses vendues dore en avant ne molesterai ne empeeskerai ne par autrui molester ne empeeskier ne ferai, ne riens jamais ni reclamerai ni par autrui reclamer ni ferai, ains leur warandirai les dites coses vendues contre tous chiaus qui a droit et aloi en vauroient venir conme me loial vento en main morte. Et a che tenir et a emplir oblige je mi et mes oirs et tout men yretage et renonche tant conme as coses devant dites a toute aieue de droit et de fait, à toutes excepcions de barat, de trikerie et de dechevanche des deniers devant dis nient nombres nient paiies et nient recheus, a toute lesion et a toute decepcion et a toutes autres coses closement qui a mi ou a mes oirs porroient aidier et as deseurdis dien et capitre nuire et qui porroient estre dites et proposees contre ches presentes lettres et le fait qui est dedens contenus. Et pri et requier au devant dit Manessier de cui je tenoie les coses devant dites en fief conme de seigneur plus prochain, si conme dit est, que il veuille saisir et ravestir les devant dis dien et capitre des coses devant dites vendues conme en main morte ; et que il se veuille assentir a cheste vente et amortir tant conme en li est les coses vendues devant dites au preu et au pourfit du dien et du capitre devant dis. Et je Manessiers deseurdis le dessaisine des coses vendues faite du devant dit Renaut men honme ai rechute en me main et ai saisi des devant dites coses vendues le dien et le capitre devant dis conme en main morte, et le vente et lamortissement devant dis weul, gre et ottroi, et amortis les coses devant dites vendues au dien et au capitre deseurdis conme sires plus prochains, et ai requis audevant dis mon seigneur Willanme de Pois chevalier de cui je tieng lonmage que je avoie es coses deseurdites vendues que il le vente et l'amortissement des devant dites coses vendues veulle greer otrier et amortir conme secons sires. Et je Willanmes sires de Pois chevaliers deseurdis le markie, le vente et l'amortissement des coses deseurdites vendues veul, gre et appruef, et amortis les coses devant dites vendues au dien et au capitre deseurdis conme secons sires et en tesmoignage de toutes ches coses si conme eles sont deseur dites et devisees je Renaus de Mes deseurdis ai seeles cheste lettre de men propre seel comme venderres, et ai requis le dis Manessier de cui je tenoie les coses devant dites vendues, si conme dit est, que il meche sen seel a cheste lettre. Et je Manessiers devant dis a le requeste du devant dit Renaut men honme et en confirmacion des coses devant dites ai mis men propre seel a cheste lettre conme premiers sires et ai requis au devant dis mon seigneur Willanme de Pois chevalier men seigneur de cui je tenoie que il a cheste lettre mesist sen seel conme secons sires. Et je Willaumes de Pois chevaliers devant dis a le requeste dudit Manessier ét dudit Renaut enssement a cheste lettre ai mis men propre seel comme secons sires, et prie et requier a nostre souverain priuche mon seigneur Phelippe roy de Franche que il veule ct consenche cheste vente et cheste amortissement deseurdis et en veule donner lettre seelee de sen noble seel et les coses deseurdites amortir a toudis a me requeste. Che fu fait en l'an de grace mil deus chens quatre vins et quatorze el mois d'aoust.

Arch. départ. de la Somme, F^{ds} du Chapitre, arm. VI, liasse 26, n° 3. Cartul. VI, f° 108, n° LXXVII.

506

ANNO DOMINI M° CC° NONAGESIMO QUARTO IN CRASTINO ASSUMPTIONIS.

Beate Marie misit Reverendus Pater Dominus G., Dei gratia Ambianensis episcopus, magistro Johanni de Burgis decano Ambianensis ecclesie quandam litteram parentem sigillo suo sigillatam per quam mandavit eidem quod ipse decanus citaret presbyteros curatos ecclesie sancti Jacobi Ambianensis ut ipsi personaliter comparerent coram dicto domino episcopo dicta die hora nona cum quadam littera quam super facto oratorii beguinarum dicebantur habere et ad obicienda responsuri. Super quo capitulum deliberacionem habuit pleniorem et ordinatum fuit concorditer in capitulo quod dictus decanus citacionem non faceret supradictam, et quod adiretur episcopus et ostenderetur ei quod citatio hujus modi ut pote de subditis inmediate et pleno jure capitulo fieri non debebat, quod factum est ipsa die per dictum decanum de mandato dicti capituli presentibus magistris Reg. penitentiario, magistris Jacobo de Normannis, Theobaldo de Castellione et Domino Bartholomeo de Laveigna canonicis ecclesie Ambianensis, quo audito dominus episcopus a citatione hujusmodi cessavit et acquievit dictis supradicti decani, et consensit quod capitulum vocaret dictos presbyteros coram se et faceret de ipsis dicto domino episcopo justicie complementum.

Cartul. II, f° 355, n° 395.

16 Août 1294

507

Veschi chiaus ki ont este au restlavissement du fauchillage ke Jakes Maillos a fait au procureur le dien et le capitle d'Amiens de deux fauchilles ke il prist

19 Septembre 1294

par raison d'estallage et du fauchillage, chest asavoir en le maison ki est demisele Anne Guiepine le quele maisons siet enchoste le rue ke on apele Aubert Ascolons et que on apele dame Gile Biauvarlete, une fauchille, le quele maisons est franke de fauchillage, et tous chiaus ki en chele maison mainnent en le chite d'Amiens et d'une fauchille ke il restauli que il avoit pris de cheli ki maint en le maison deseure dite devant le beffroy a un estal, chest asavoir Mahiu le Monnier capelain d'Amiens, sire Engerran de Saint Martin, li maires de Saint Muerisse, Jakes li Ses, Jehans Poitevins, Jehans Hanepiaus, Robers de Doullens, Pieres Guepins, Thumas Dales, Souplis li Normans, Jehans Devaus, Symon Borguegnons, Jehans Bescochies. Che fut fait en l'an de grace M CC° IIII^{xx} et XIIII el septembre, le diemenche devant le Saint Mahiu.

Cartul. IV, f° 161.

508

Décembre 1294

Universis presentes litteras inspecturis frater Thomas, prior prioratus Beate Marie de Altifago Rothomagensis dyocesis, ordinis Sancti-Ebrulfi, Lexoviensis dyocesis, salutem in Domino. Cum nos haberemus vel nos habere diceremus, singulis annis, in festo Omnium Sanctorum, sexaginta solidos parisiensium annue pensionis super decimis de Nigella hospitalis, Ambianensis dyocesis, pertinentibus vel spectantibus ad archidiaconum Pontivi in ecclesia Ambianensi, ratione archidiaconatus sui predicti, et dicta pensio esset nobis multipliciter inutilis ac etiam sumptuosa, utpote a nobis longinqua et remota, magnisque laboribus et sumptibus et custibus annis singulis requirenda, nos attendentes et considerantes utilitatem et commodum eclesie nostre, volentes ipsius ecclesie nostre conditionem facere meliorem, habito super hoc tractatu et deliberatione sepe ac sepius, dictam pensionem vendidimus, de assensu et voluntate abbatis et conventus nostri Sancti-Ebrulfi predicti, venerabilibus viris decano et capitulo Ambian. pro quinquaginta libris parisiensium nobis solutis et legitime numeratis, et de quibus nos tenemus pro pagatis, quam pecunie summam convertimus in alios redditus nobis et ecclesie nostre utiliores et eciam meliores. Et nos abbas et conventus Sancti-Ebrulfi predicti venditioni seu alienationi predicte, ex causis predictis facte, habito super hoc tractatu sepe ac sepius, consentimus et ratam habemus, ac eciam approbamus, promittentes nos et ego prior predictus quod contra venditionem istam per nos vel per alios non veniemus in futurum, renunciantes quantum ad hoc omnibus exceptionibus et barris que contra venditionem hujus modi possint opponi et specialiter beneficio restitutionis in integrum, lesioni ipsius ecclesie et juri quod cavetur quod res Ecclesie immobiles alienari non possunt et eciam juri quod cavetur quod bona ecclesie alienata illicite vel distracta ad jus et proprietatem ipsius ecclesie revocentur et litteris super hoc impetrandis seu eciam impetratis, et generaliter omnibus exceptionibus, rationibus et causis tam juris quam facti per quas posset hujus modi venditio impediri seu eciam annullari. Promittimus eciam quod nos trademus dictis decano et capitulo, litteras Ordinarii nostri seu dyocesani de concessu et approbatione venditionis predicte quocienscumque a dictis decano et capitulo super hoc fuimus requisiti et eis videbitur expedire. Et ut predicta sint rata et firma nos abbas et conventus predicti et ego prior predictus sigilla nostra presentibus duximus apponenda.

Datum anno Domini M° CC° nonagesimo quarto, mense decembri.

Cartul. VI, f° 111, n° LXXVIII.

509

DE EODEM.

Universis presentes litteras inspecturis Guillelmus, permissione divina Rothomagensis archiepiscopus, salutem eternam in Domino Ihu XPO. Noveritis quod nos venditionem factam venerabilibus viris et discretis decano et capitulo Ambianensibus a religioso viro priore prioratus Beate-Marie de Altifago nostre dyocesis, interveniente ad hoc assensu et auctoritate abbatis et conventus s^{ti} Ebrulfii Lexoviensis dyocesis, intelligentes et fidedignorum testimonio dictam venditionem cedere in utilitatem ecclesie Beate-Marie predicte et religiosorum predictorum, de quaquidem venditione fit mentio in litteris quibus nostre presentes littere sunt annexe, ac etiam omnia contenta in eisdem litteris hiis annexis rata habemus eis auctoritatem et assensum prestantes : et ea presentis scripti patrocinio quantum in nobis est confirmamus. In cujus rei testimonium et munimen sigillum nostrum presentibus duximus apponendum.

3 Avril
1295
(1294, v. st.)

Datum Rothomagi, sabbato in vigilia Paschæ, anno Domini M° CC° nonagesimo quarto.

Cartul. VI, f° 111 v°, n° LXXIX.

510

DE EODEM.

30 Septembre 1295

Guilllelmus, miseratione divina Ambianensis episcopus, dilectis filiis decano et capitulo Ambian*ensibus* salutem in Domino sempiternam. Cum vos emeritis a religioso viro priore prioratus Beate-Marie de Altifago Rothomagensis dyocesis, sexaginta solidos parisiensium annue firme seu annue pensionis quos archidiaconus de Pontivo in ecclesia Ambianensi qui pro tempore fuisset singulis annis in festo Omnium Sanctorum pro decima Nigelle hospitalis ad dictum archidiaconum, ratione archidiaconatus de Pontivo pertinentibus dicto priori vel prioratui, ut dicebatur, reddere tenebatur, prout in litteris factis super emptione predicta, sigillatis sigillis dicti prioris necnon et abbatis et conventus monasterii Sancti-Ebrulfi, Lexoviensis dyocesis, cui monasterio prior prioratus predicti subesse dignoscitur, plenius continetur, noverint universi quod in nostra presentia constitutus Guillelmus, archidiaconus in ecclesia Ambianensi predicta voluit et concessit et consensit se et successores suos archidiaconos Pontivenses qui pro tempore fuerint teneri et reddere debere vobis vel mandato vestro dictos sexaginta solidos perpetuo singulis annis in festo Omnium Sanctorum sicut dictos sexaginta solidos ipse archidiaconus et predecessores sui archidiaconi Pontivenses dicto priori vel prioratui reddere tenebantur. Et ad hoc, de auctoritate nostra et assensu nostro, idem archidiaconus se et successores suos archidiaconos Pontivenses et archidiaconatum suum predictum in nostra presencia perpetuo obligavit. Nos igitur in hoc attendentes et considerantes utilitatem vestram et ecclesie vestre faciendi dictam obligationem de archidiaconatu suo et successoribus suis, cum ipsam sine auctoritate nostra et assensu nostro minime facere potuisset prout superius est expressum, assensum nostrum et auctoritatem nostram dicto archidiacono prebuimus et prebemus, ipsamque obligationem auctoritate nostra ordinaria laudamus, approbamus et ratam habemus ac etiam confirmamus. In cujus rei testimonium sigillum nostrum presentibus duximus apponendum.

Datum anno Domini millesimo ducentesimo nonagesimo quinto, die Veneris in crastino beati Michaelis.

Cartul. VI, f° 112, n° LXXX.

511

Universis presentes litteras inspecturis Garnerus, divina permissione abbas Corbeiensis, totusque ejusdem loci conventus salutem in Domino sempiternam. Cum inter nos ex parte una et venerabiles viros decanum et capitulum Ambianensis ecclesie ex altera super quadam quantitate decime seu portionis decime, quam dicti decanus et capitulum in territoriis de Foilliaco et de Albeigniaco se habere dicebant controversia verteretur; noveritis quod inter nos et dictos venerabiles viros pro bono pacis est unanimiter ordinatum ac etiam concordatum : quod nos pro quantitate decime seu portionis decime quam dicebant predicti decanus et capitulum in dictis territoriis ad ipsos pertinere, tenemur reddere et solvere apud Foilliacum infra Natale Domini quolibet anno perpetuo dictis decano et capitulo septem modios et octo sextaria bladi, videlicet de blado decimarum territoriorum predictorum quatuor modios et quatuor sextaria siliginis et duodecim modios avene ad mensuram Corbeyensem. Et ad hec nos et bona nostra obligamus. In cujus rei testimonium sigilla nostra presentibus litteris duximus apponenda. Datum anno Domini millesimo ducentesimo nonagesimo quinto, mense octobri.

Octobre 1295

<small>Scellé sur lacs de soie tricolore blonde, verte et rouge de deux sceaux ogivaux, l'un, celui de gauche, sceau de l'Abbé le représentant debout crossé et mitré ; légende fruste où l'on ne distingue plus que Gar. Dei. gr... atis ; contre-sceau rond de 13 millimètres de diamètre représentant une cigogne portant dans son bec une crosse verticale accostée de deux clefs ; légende : † Secretum abbatis Corbeie. Le grand sceau avait 56 millimètres de hauteur sur 39 de large ; le sceau de droite est le sceau de l'abbaye de Corbie représentant saint Pierre debout, et ayant pour légende : Sigillum Conventus Corbeiensis ecclesie ; hauteur 80 millimètres ; largeur 58 m. Contre-sceau rond représentant un corbeau ; légende : † Signum Corbeie.
Archives de la Somme, G 1800 ; Cartul. VI, f° 115, n° LXXXIII.</small>

512

LITTERA PRO DECIMIS DE ROBORETO.

Universis presentes litteras inspecturis decanus et capitulum Ambianensis ecclesie salutem in Domino. Noveritis quod nos accepimus et nos accepisse recognoscimus perpetuo et hereditarie et ad perpetuam annuam firmam a reli-

26 Septembre 1299

giosis mulieribus abbatissa et conventu de Hispania, Cisterciensis ordinis, Attrebatensis diocesis, omnes minutas decimas quas tenuit ad firmam temporalem magister Firminus, quondam curatus ecclesie B^{ti} Johannis de Roboreto, tam in alliis, canabis, linis, oleribus, fenis, cepis, et in omnibus aliis fructibus quorumcumque seminum fuerint quas dicte religiose habent seu habere debent vel possunt in curtillis, clausis et aliis locis quibuscumque apud Roboretum, apud Wionval, apud Vaux, apud Malum Tortum et subtus Montem Cauberti, et supra Summonam, pro octo libris parisiensium dictis religiosis seu earum mandato, a nobis in festo Omnium Sanctorum reddendis ac solvendis. Nec est omittendum quod omnes grossas decimas quas habent dicte religiose sibi retinuerunt in campis predictis et in prato earumdem quod vocatur Le Beket. Et est sciendum quod si in locis predictis nova clausa seu nove masure de cetero fieri contigerit, vel aliquo eorumdem locorum, dicte abbatissa et conventus in eisdem novis clausis et masuris de novo constructis decimas sibi retinent et habebunt sicut antea haberi consueverunt. Et si dicte religiose per defectum solutionis nostre custus facerent aut dampna incurrerent, in premissis ea omnia reddere promittimus bona fide, et reddere tenebimur religiosis supradictis. Et ad hoc nos et successores nostros obligamus In cujus rei testimonium presentibus litteris sigillum nostrum duximus apponendum. Datum anno Domini M°. CC°. nonagesimo nono, die Sabbati post festum beati Mathei Apostoli.

Charte en cursive du xiv° siècle ajoutée à la fin du Cartulaire II, f° 352, v°.

513

De Molendino de Fontanis

Charte omise à sa date

20 Avril 1268

Universis presentes litteras inspecturis officialis Ambianensis in Domino salutem. Noveritis quod Johannes dictus Molendinarius, filius Roberti, et Maria, ejus uxor recognoverunt coram nobis. se hereditarie vendidisse imperpetuum bene et legittime viris venerabilibus decano et capitulo Ambianensi pro octies viginti libris parisiensium sibi libris persolutis omnia que habebant, tenebant et possidebant de dictis decano et capitulo in molendino de Fontanis subtus Catheu, sito ante domum Patri (*sic*) Fabri : dicta vero Maria, uxor ipsius Johannis, que in premissis venditis dotalicium dicebat se habere, coram nobis recognoscens et juramento firmans quod huic venditioni spontanea non coacta benignum prebebat assensum et quod a dicto Johanne, marito suo, sufficiens et sibi gratum receperat excambium videlicet medietatem peccunie venditionis predicte et quamdam domum sitam apud Fontanas juxta molendinum predictum, dictum dotalicium in manu nostra ad opus decani et capituli predictorum spontanee resignavit. Promittentes juramentis corporaliter prestitis tam dictus Johannes quam dicta Maria ejus uxor quod contra hujusmodi vendicionem decetero non venirent nec dictos decanum et capitulum aut aliquem ex parte ipsorum super ea per se vel per alium nomine dotalicii, hereditatis, acquestus, elemosine, victus, assignamenti seu aliquo alio nomine aliquatenus molestarent nec molestari procurarent. In cujus rei testimonium presentes litteras confici fecimus et sigillo Ambianensis curie roborari. Actum anno Domini M° CC° LX° octavo, mense aprili, feria sexta post Quasimodo.

Cartul. VI, f° 99, n° LXXI.

514

De contractu Radulphi Wichart et Aelidis uxoris ejus (1).

Omnibus ad quos littere presentes pervenerint. G. decanus Belvacensis in Domino salutem. Noveritis quod nos litteras sigillatas sigillo venerabilis viri J. predecessoris nostri inspeximus continentes ista verba :... (Voir le texte de la charte de 1212, t. I, n° 141).

Nos vero transcriptum istarum litterarum ad instantiam predicti Enardi capitulo Ambianensi tradidimus et proprio sigillo fecimus sigillari.

xiiie siècle

Cartul. I, f° 147 v°, n° CCXIV; II, f° 180 v°, n° CLXXIII; III, f° 126, n° CLX; IV, f° 76, n° CLXI; V, f° 62, n° LXXI.

515

(De Poulainville et Flesserolles).

A tous chiaus ki ches presentes lettres verront ou orront, je Jehans chevaliers sires de Nouvion et je Colaie dame de Nouvion, feme dudit mon seigneur Jehan chevalier, salut en Nostre Seigneur. Sachent tout ke nous de no propre volente pour nostre pourfit cler apparant et pour no damage eskiever par le conseil de nos prochains amis, avons vendu bien et loiaument a toujours

Novembre 1300

yretaulement a honme honneraules le dien et le capitre d Amiens pour certain pris, sil est asavoir le denier vint et sis deniers tant conme juste pris porra monter, des quels deniers nous nous tenons a bien paie et sonmes bien paie en bone mounoie bien contee et bien nombree, tout che ke nous aviemes, fust par raison daqueste dyretage ou en quelconques maniere ke che fust a Polainvile et a Flaisseroles et es teroirs et es appartenanches des dis lieus soit en dismes, en muelins, en chens, en justiche haute et basse, en teres waaignaules et en quelconques maniere ke che fust. Et nous en sonmes dessaisi du tout en le main de noble honme mon seigneur Jehan, seigneur de Beeloy, de cui nous teniemes sans moien les coses deseur dites pour saisir ent les devant dis dien et capitre d Amiens perpetuelment et yretaulement a tenir et a possesser en main morte. Et avons renonchie et renonchons par nos seremens a tout che ke nous porriemmes reclamer es coses desus dites vendues fust en tout ou en partie. Et prametons par nos seremens ke es coses desus dites vendues jamais riens ne reclamerons par nous ne par autrui pour cause dyretage, daqueste, de douaire, de vivre, ne par autre cause quiconques ele soit, ains vuarandirons perpetuelment au dien et au capitre deseur dis toutes les coses deseur dites vendues et chascune dicheles bien et loiaument conme loial vendeur contre tous chiaus ki a droit et a loi en vaurroient venir. Et a toutes ches coses oblijons nous, tous nos oirs et tous nos successeurs et tous nos biens et les biens de nos oirs et de nos successeurs muebles et inmuebles presens et avenir Et prions et avons prie audit mon seigneur Jehan de Beeloy ke il, en le maniere deseur dite, en voelle saisir le dien et le capitre deseur dis. Et je Jehans, chevaliers sires de Beeloy, a le prière et a le requeste dudit mon seigneur Jehan de Nouvion et de me dame Colaie se feme et à leur dessaisine en ai saisi et ravestu le dien et le capitre devant dis de toutes les coses deseur dites en le fourme et en le maniere deseur dites et conme en morte main. Et voel, otrie, conferme et amortis toutes les coses devant dites vendues en le fourme et en le maniere kil est deseur dit sans riens reclamer. Et ai requis et requier a noble dame me dame Margerite dame de Fieffes, de cui je tiens lonmage ou les honmages ke je avoie es coses deseur dites vendues, ke ele le vente et lamortissement deseur dit voelle greer otrier et amortir conme secons sires. Et je Margerite, dame de Fieffes, veue le markie, le vente et lamortissement desus dis voel, gree et approuve conme secons sires. Et ai requis et requier a tres noble honme mon seigneur Jehan vidame d Amiens seigneur de Pinkegny, chevalier, men chier seigneur, de cui je tiens et tenoie che ke je avoie es coses deseur dites vendues, ke il voelle greer le vente et lamortissement deseur dis et otrier au dien et au capitre deseur dis conme tiers sires. Et je Jehans vidames d'Amiens chevaliers, sires de Pinkegny, devant dis, le vente et lamortissement deseur dis et toutes les coses deseur dites voel, gre, otrie et les amortis sans riens retenir au dien et au capitre deseur dis, et leur otroi et quite tout che ke j'ai ou porroie avoir et quankes je porroie reclamer es coses desus dites vendues conme premiers, moiens, secons et tiers sires et en quelconques maniere ke che fust; et en ai saisi le dien et le capitre deseur dits en le fourme deseur dite, et pramech ke es coses deseur dites vendues jamais riens ne clamerai ne en tout ne en partie. Et a che oblije je mi et mes oirs et mes successeurs. Et en tesmoignage de toutes ches coses si conme eles sont deseur dites et devisees, nous Jehans de Nouvion, chevaliers et Colaie se feme deseur dis, avons seelees ches presentes lettres de nos propres seyaus conme vendeur. Et avons requis audit mon seigneur Jehan de Beeloy, chevalier, ke il mesit sen seel as dites lettres. Et je Jehans de Beeloy, chevaliers deseur dis, a le requeste des devant dis mon seigneur Jehan de Nouvion chevalier et me dame Colaie se feme, et a le confirmacion des coses deseur dites, ai mis men propre seel a ches presentes lettres conme premier sire. Et ai requis a me dame Margerite de Fieffes deseur dite ke ele a ches lettres mesist sen seel conme secons sires. Et je Margerite deseur dite, a le requeste dudit mon seigneur Jehan de Beeloy chevalier, ai mis men propre seel a ches lettres, comme secons sires, en confirmacion des coses deseur dites, et ai requis audit mon seigneur Jehan seigneur de Pinkegny et vidame d'Amiens chevalier ke il a ches lettres vausist metre sen seel. Et [je] Jehans sires de Pinkegny chevaliers deseur dis, a la requeste me dame Margerite dame de Fieffes deseurdite et a le confirmacion de toutes les coses de seur dites, ai mis men seel as presentes lettres deseur dites.

Che fu fait en l'an de grace mil et trois chens el mois de Novembre.

Scellé sur double queue de parchemin de trois sceaux qui subsistent seuls des cinq annoncés ; celui de Jean de Nouvion, de Colaie sa femme et de Marguerite de Fieffes. (V. Dumay, n°* 522, 523 et 313).
Archiv. départ. de la Somme. G 2557 — 1.
Cartul. VI, f° 100, n° LXXII.

516

LITTERA DE EODEM.

24 Mars 1300 (v. st.)

Universis presentes litteras inspecturis officialis Ambianensis salutem in Domino. Noveritis quod in nostra presentia personaliter constituta nobilis mulier domina Colaya, domina de Nouvion, uxor nobilis viri domini Johannis militis, domini de Nouvion, recognovit se propria voluntate et pro utilitate sua evidente et ad evitandum dampnum suum, ac de consilio proximorum amicorum suorum bene et legitime, perpetuo et hereditarie vendidisse una cum predicto Johanne marito suo, venerabilibus viris decano et capitulo Ambianensi pro certo precio videlicet denarium pro viginti sex denariis usque ad summam justi precii, de quibus denariis dicte venditionis ipsa domina tenet se et dictum dominum Johannem maritum suum ad plenum pro pagatis et de quibus ipsa et ejus maritus sunt bene persoluti in bona pecunia bene computata et juste numerata, quicquid ipsa domina et ejus maritus habebant racione acquestus, hereditatis aut alio quocunque modo hoc esset, apud Polainvile et apud Flaisseroles et in territoriis et pertinenciis dictorum locorum tam in decimis, molendinis, censibus, justicia alta et bassa et terris arabilibus, quam alio quocunque modo et se dissaisierunt dicta domina et ejus maritus omnino de premissis venditis in manu nobilis viri domini Johannis militis domini de Beeloy, de quo ipsi venditores sine medio tenebant premissa vendita, ad saisiendum de eisdem memoratos decanum et capitulum perpetuo et hereditarie tenenda et in manu mortua possidenda sicuti prefata domina Colaya uxor prefati domini Johannis omnia et singula supradicta asseruit coram nobis esse vera ; recognoscens et juramento suo firmans quod huic venditioni spontanea non coacta suum benignum prebebat assensum pariter et consensum, et quod a dicto domino Johanne marito suo pro premissis venditis sufficiens et sibi gratum receperat excambium, videlicet totam terram quam idem dominus Johannes maritus ejus habet apud Bourdon et in territorio et pertinenciis dicti loci. Et mediante hujus modi excambio, quicquid juris ipsa habebat aut habere poterat in premissis venditis, tam ratione dotalicii, hereditatis et acquestus quam alia quacumque ratione, ante dictis decano et capitulo et eorum successoribus, penitus et imperpetuum quittavit atque quittat coram nobis ; et renunciat omnino juri suo in premissis et quolibet premissorum ; promittens ipsa domina Colaya, juramento prestito corporali super sacrosancta ewangelia Dei tacta ab eadem coram nobis, quod contra hujusmodi venditionem et quittationem de cetero non veniet, nec et dictos decanum et capitulum vel eorum successores super premissis seu aliquo premissorum per se vel per alium aliquo nomine, titulo sive modo in foro ecclesiastico vel seculari aliquatenus molestabit nec molestari procurabit, nec in premissis venditis seu aliquo eorumdem, nomine dotalicii, victus, acquestus, elemosyne, hereditatis, excadentie, neccessitatis, assignamenti, legati, dotis, seu donationis propter nuptias, aut aliquo alio nomine, aliquid in posterum reclamabit, sed premissa vendita, memoratis decano et capitulo et eorum successoribus contra omnes juri et legi parere volentes ad usus et consuetudines patrie bona fide garandizabit. Expresse renuncians prefata domina sub religione prius prestiti juramenti quantum ad premissa omnia et singula, omni auxilio juris canonici et civilis, omni exceptioni doli mali, fori, fraudis, beneficio et auxilio Velleyani, omni lesioni et deceptioni, juri dicenti generalem renunciationem non valere, omni circonventioni vis et metus et rei sic non geste et sine causa, omni actioni in dolum rem et personam, exceptioni temporis et persone, copie presentium, editioni libelli, exceptioni non numerate pecunie non solute et non recepte, et generaliter et specialiter omnibus aliis exceptionibus, deffensionibus, barris et rationibus juris et facti que possent obici seu proponi contra hoc presens instrumentum et contenta in eodem et que sibi possent prodesse et dictis decano et capitulo et eorum successoribus obesse seu nocere. In cujus rei testimonium presentes litteras confici fecimus et sigillo curie Ambianensis roborari presentibus domino Renero dicto Bourjois presbitero, Ingerranno dicto Favet et magistro Stephano de Matiscone et pluribus aliis testibus ad hoc vocatis et rogatis. Actum anno Domini millesimo trecentesimo mense marcii in vigilia annunciationis dominice. Per p. de Villa Regia.

Archiv. départ. de la Somme. G 2557 — 3.
Cartul. VI, f° 102, n° LXXIII.

517

COPIA.

Universis presentes litteras inspecturis... Jacobus, permissione divina monasterii Sancti-Martini-de-Gemellis Ambianensis humilis abbas, totusque ejusdem loci conventus eternam in Domino salutem. Cum nos habeamus et possideamus

26 Juin
1301

plures terras arabiles et nemora sita in territorio Dameilli cum jurisdictione omnimoda et sepe contingerit et contingat quod nos malefactores et delinquentes ibidem capiebamus et capi faciebamus nec tamen aliquem locum habebamus ibidem competentem in quo possemus hujusmodi delinquentes commode facere custodiri seu eciam incarcerari, et propter hoc nos humiliter et diligenter venerabilibus viris dominis nostris decano et capitulo Ambianensis ecclesie supplicaverimus ut ipsi nobis et successoribus nostris perpetuo concederent in nostro managio Dameilli sito in territorio de Dury totalem justiciam bassam cum vicecomitatu mediante, sufficienti recompensatione eisdem ob hoc a nobis facienda ; et ipsi decanus et capitulum audita et intellecta nostra justa supplicatione et honesta et evidenti utilitate sua et eorum capituli considerata et pensata prehabitoque diligenti et solenni tractatu sæpe et sæpius in suo capitulo qui in alienationibus et concessionibus perpetuis rerum ecclesiasticarum fieri consuevit, nobis totam bassam justiciam et vicecomitatum in dicto managio nostro Dameylli, prout se comportat ex omni parte et secundum quod fossato veteri distinguitur et clauditur, perpetuo tradiderint et concesserint communi assensu eorumdem interveniente possidendam et habendam, mediantibus duobus modiis avene bone et legalis ad mensuram Ambianensem sibi vel eorum mandato et successoribus suis apud Dury hereditarie singulis annis in festo Purificationis beate Marie Virginis a nobis reddendis et solvendis una cum decem solidis parisiensium in quibus nos eisdem tenemur et in futurum solvere tenebimur ipsis vel eorum mandato et successoribus suis singulis annis pro managio supradicto ; voluerint etiam et concesserint nobis memorati decanus et capitulum quod si nos dictam domum tenuerimus seu aliquis nostrum qui eandem tenuerit possimus vel possit molere et furniare ubicumque nobis placuerit. Ita tamen quod si nos dictam domum alii tradiderimus ad firmam sive censam aut aliter quoquo modo, tunc ille qui maneret in dicta domo ad molendinum eorum de Saleu molere teneretur et ubi placuerit eidem poterit furniare ; et si contigeret quod nos vel serviens aut servientes nostri qui pro tempore fuerint caperemus aliquos malefactores vel delinquentes quicumque fuerint ratione alte justicie vel basse in nemoribus sive terris vel rebus et locis aliis nostris in quibus nos altam justiciam vel vicecomitatum habere dinoscimur, quocienscumque hoc esset, sepedicti decanus et capitulum voluerint et concesserint nobis quod nos hujusmodi malefactores vel delinquentes adducere seu adduci facere valeamus si voluerimus in dicto managio nostro ibidem incarcerandos ac eciam puniendos prout nobis vel mandato nostro videbitur expedire. Ita tamen quod si judicatum exequtione indigeat, in locis quibus nos justiciam habere dinoscimur exequtioni deducatur, hoc addito quod idem decanus et capitulum in predicta domo altam justiciam et quicquid ex ea vel ob eam sequi et provenire debeat aut possit secundum patrie consuetudinem, videlicet in casibus in dicto managio contingentibus et accidentibus, in eodem sibi et successoribus suis retineant, noverint universi quod nos abbas et conventus supradicti considerata et pensata diu inter nos evidenti utilitate nostra et monasterii in premissis, habitaque super hiis in capitulo nostro sepe et sepius deliberatione diligenti, dictam bassam justiciam cum vicecomitatu et omnibus aliis supradictis a memoratis decano et capitulo recepimus, mediante recompensatione supradicta reddenda et solvenda eisdem vel eorum mandato et successoribus suis singulis annis hereditarie in termino dicte Purificationis a nobis in solidum et a successoribus nostris; quam recompensationem predictam promittimus eisdem decano et capitulo et eorum successoribus ac eorum mandato solvere in termino supradicto secundum modum et formam superius pretaxatas. Et ad premissa omnia et singula tenenda et adimplenda nos et successores nostros et omnia bona nostra et bona monasterii nostri mobilia et immobilia, presencia et futura quocunque loco existencia jam dictis decano et capitulo et eorum successorum ac eorum mandato specialiter obligamus, expresse renunciantes quantum ad premissa omni juris auxilio canonici et civilis, exceptioni doli mali, fori, fraudis, omni lesioni, deceptioni, beneficio restitutionis in integrum, juri dicenti generalem renunciationem non valere et omnibus aliis exceptionibus et defensionibus, barris et racionibus que de jure vel de facto possint obici seu opponi contra hoc presens instrumentum et contenta in eodem, et que nobis aut successoribus nostris possint prodesse et dictis decano et capitulo vel eorum ecclesie aut successoribus dampnum aut prejudicium imposterum generare. In quorum omnium testimonium et munimen presentes litteras tradidimus eisdem decano et capitulo sigillorum nostrorum munimine roboratas. Datum et actum anno Domini M° trecentesimo primo, mense junii die lune post Nativitatem beati Johannis Baptiste.

Cartul. VI, f° 114.

518

A tous chiaus ki ches presentes lettres verront ou orront Pierres de Houssoy, diens, et li capitres de leglise Nostre Dame d'Amiens salut en Nostre Segneur.

1303

Sachent tuit que nous, veans et considerans le pourfit de nostre eglise, de nous et de nos sussesseurs canonnes de le dite eglise, avons baille a perpetuel cens de quinse mine d'avaine et demie a le mesure de cateu et de dis et wit et demi capons par an a Jehan Hasart, a Simon Debonaire, a Jehan Grigoie, a Mahieu le Sueur et a Jehan Poionnier, nos homes manans au Sauchoy, quinse journeus et demi de tere ou la entour tout en une pieche seans u teroir de Fontaines u coste devers le Sauchoy; les ques quinse journeus et demi de tere dessus dit sont parti, devise et bourne bien et loiament, si conme il ont reconut par devant nous, par le gre et par le volente des homes dessus nonmes; des queles parties ils se tinrent pour paie li uns contre l'autre en le maniere quil est chi apres devise, chest assavoir que li dis Jehans Hasars a des quinse journeus et demi de tere dessus dis a se partie trois journeus et quatre verges de tere, a lequel tere il met et ajouste une mine de tere joignant a le tere Pierron du Viler d'un coste et de l'autre coste a le tere Robin le Boquellon et aboute a le tere Simon Feret d'une part et de l'autre part a le voie du galet; li dit Simons Debomaires a de le dite tere baille a cens a se partie trois journeus et quinse verges de tere, a lequele tere il met et ajouste demie mine de terre joignant à le tere Remi de le *Mart* d'un coste et d'autre et aboute a le terre Jehan Katel d'une part et de l'autre part a le tere Colart *Renet*; li dis Jehans Grigoies a de le dite tere baille a cens a se partie trois journeus et douse verges de tere, a le quele tere il met et ajouste une mine de tere joingnant a le tere Pierron de Langlet d'un coste et de l'autre coste a le tere Maroie Grigoie et aboute a le tere qui fu Jehans Fouquerie d'une part et de l'autre part a le haie le dit Jehan Grigoie; li dis Mahieu li Surres a de le dite tere baillie a cens a se partie deus journeus et demis et dis et sept verges, a lequele tere il met et ajouste vint verges de tere que on appele le closel du Sauchoy joingnant a le tere Mahieu Grigoie d'un coste et de l'autre coste a no tere et aboute a le tere Ysabel Peronnier d'une part et de l'autre part au kemin qui va du Sauchoy a Biauvais; et li dis Jehan Peroniers a de le dite tere baillie a cens a se partie trois journeus et quarante verges de tere, a lequele tere il met et ajouste un journel de terre qui siet u mont Galon joignant a le tere les enfans............ (1) d'un coste et de l'autre coste a le terre Jehan De Lis et aboute a le tere du Fay d'une part et de l'autre part a le terre Jehan... (2) He... (3), les quels teres mises et ajoustees sient u teroir du Sauchoy et sont et seront desore en avant. . . . . . .
. . . . (4)

(1, 2, 3, 4) Passages illisibles, l'encre ayant presque disparu.

et deveront disme et tenrront dore en avant yretaulement a tous jours li *home* dessus nomme et leur oir le dit censel et les teres mises et ajoustees... jointes ensemble et accensees par le perpetuel cens de quinse mines et demie d'avoine a le dite mesure et de dis et demi capons devant dit a rendre chascun an des bonmes dessus nommes et de leurs hoirs et leurs successeurs dore en avant yretaulement a nous dien et capitre et a nos successeurs canones d'Amiens au terme du Noel et ainsi d'an en an quinse mines et demie d'avaine et dis wit capons et demi a chu meisme terme ; et sil avenoit, que Dix ne vuelle, que li home dessus nommes, leur hoir ou leur successeurs ou aucun d'eus laissaissent ou laissat se partie de le devant dite terre baillie a cens pour le dite *cense*, avons le tere que li defalant avoit mise et ajouste, et le dite cens demeourroit a nous conme le tere que avons.................. (1) aveuques se partie de le tere baillie a cens devant dite. Lequele cense, si comme elle est devant dite, nous sonmes tenu a garandir bien et loiament et le prametons ad homes dessus nomes, a leurs oirs et a leurs successeurs contre tous chiaus qui a droit et a loy en vaurroient venir ad us et ad coustumes du pais, et de che avons nous hobligie et obligons nous et nos successeurs canones d'Amiens ; et pour che que che soit ferme cose et estaule, nous avons baillie ad hommes dessus nommes ches presentes lettres seelées de no propre seel donnees l'an de grace mil trois cent et trois.

Cartul. VI, f° 115.

519

Compositio cum Urbe.

A tous chiaus qui ches presentes lettres verront ou orront Denis d'Aubengni, ballis d'Amiens, salut. Conme debas et controversie fuissent meu ou peussent mouvoir entre honnerables houmes et discres le dien et le capitre et les canounes de leglise Nostre-Dame d'Amiens d'une part et le maieur en tant conme maieur et prevost et les esquevins de le vile d'Amiens pour toute le conmunite de le dite vile d'autre part seur pluiseurs articles chi apres nonmes ; chest asavoir seur che ke li dit dyens et capitres voloient faire 1 parvis en leur tere pour leur eglise amender pardevant le dite eglise et oster 1 puis qui estoit en leur tere et en leur justiche, si conme il disoient ; les dis maieur et esquevins debatans et disans au contraire, que che ne pooient faire pour che que

9 Février 1304 (v. st.)

(1) Passage illisible, l'encre ayant presque disparu.

li dis pus estoit en le tere et ou quemin le roy, ou quel puch et quemin tou chil de le vile d'Amiens et du pays avoient quemun usage et aaisement de traire au dit puch et d'aler et venir el dit quemin, dont che seroit gries et damages a le vile et au pays doster ledit puch et d'empeechier le dit quemin en faire le dit parvis si conme il disoient; derekief seur che que li dit diens et capitres se doloient de pluiseurs prises que li dit maires et esquevin avoient fait en leur cloistre et que il avoient ale arme parmi le dit cloistre en brisant et empeekant les libertes et les franquises de leur cloistre el grief et el prejudice dans et de leur eglise, ce que faire ne pooient ne ne devoient li dit maires et esquevin si conme li dit diens et capitres disoient, par coi il requeroient que che fust adrechie et amende; les dis maieur et esquevins disans au contraire que riens navoient pris el cloistre, anchois avoient pris conme prevos el portal Saint-Martin-as-Jumiaus qui est liex sains 1 malfaiteur escape de leur tere et sievy pour cas de murdre ou de rapt dont le counissanche appartient au roy et a aus par le raison de leur prevoste si conme il maintenoient, lequel lieu sain il avoient restauli, par coi asses en avoient fait, si quil n'estoient tenu a plus faire ent si conme il disoient. Et avoec che ausi disoient et maintenoient li dit maires et esquevin que se il avoit ale arme el cloistre quand li maistre de le court fureut a Amiens pour le pais d'Engletere, si fu che pour le vile warder et pour oster le periex qui grant i estoient et pour le sauvete des dis maistres dont il en i avoit plente a ostel el devant dit cloistre si conme le duc de Bourgoigne et de Bretaingne et autres grans segneur, et ne mie pour acquerre justiche ne droit el dit cloistre, par coi riens n'avoient meffait si conme il disoient; derekief avoec che ce dausissent encore li dit diens et capitres que arreste avoient li dit maires et esquevin Gillon de Wadencourt entre le cloistre et leglise la ou il avoient justiche et segnourie si conme il disoient, et li dit maires et esquevin desissent que che qu il en avoient fait il fisent conme prevos au quemendement du balli d'Amiens de par le roy li quel a le counissanche des deffences des armes et pour che que li dis Gilles voloit aler jouster hors de le vile contre le deffence du dit ballieu au quel commandement li dis maires conme prevos l'avoit arreste, riens n'avoit meffait si conme il disoient. Sachent tout que de tous ches debas et de toutes ches coses les parties se sunt mises du tout du haut et du bas el dit et en l'ordenanche de honnerables honmes et sages segneur Guillame de Hangest adonc tresorier nostre segneur le roy, et de Guillame Thibout adonc baillieu d'Amiens, le quele cose il prisent en aus a le priere et a le requeste des dites parties et dirent et pronunchierent leur dit par devant nous les parties presentes, en le fourme et en le maniere qui après s'ensieut : Chest a savoir que li puis sera ostes par moi Denis d'Aubegni balli d'Amiens, et li parvis sera fais a mouvoir de largueche a ligne du parement du piler qui est par devant le maison maistre Paris adonc maistre escole d'Amiens en venant a droite ligne a quatre pies et demi a le mesure du pie de Guillame Thibout deseur dit pres du bousne qui est entre le puch et ledit parvis, et de longueur a mouvoir du dit lieu a aler a droite ligne dusques au bousne qui est devers saint Fremin le Confes. et sera fais li dis parvis de six pies de hauteur tout en tour au pie de le vile tant seulement et nient plus, tout ainsi ke le cauchie se comporte. Et est a savoir que li dit diens et capitres ne pueent ne ne porront des oremais en avant en tans a venir faire cose ne faire faire par coi li quemins qui est et sera entre les dis parvis et leglise d'une part et le maison au dit maistre escole et les autres maisons des canonnes d'autre part soit estrechies ne empeechies haut ne bas ne en nule autre maniere quele que ele soit ou puist estre. Derekief il dirent que pour cose que li dit maires et esquevin conme maires ou conme prevos fesissent adonc el dit cloistre ne el dit portal ne en l'arrest du dit Gillon qui fu fais el dit quemin ne pour lacort qui soit fais du dit puch et parvis tant conme a cas de justiche et de segnourie puet appartenir grief ne damages ne prejudices ne avantaiges nest engenres ne acquis ne ne sera ne puet estre en tans present ne en tans a venir a lune partie ne a l'autre en propriete ne en saisine, et sera conte pour nient chou que li dis maires conme prevos ou conme maires fist el dit cloistre el dit portal et el dit quemin es cas desseur dis. Et toutes ches coses deseure dites dirent et pronanchierent li dit sires Guilliames et Guilliames Tybous tout d'un acort et d'un assentement par devant moi en le presence des parties et par lassentement de leurs procureurs estaulis a chou, les queles parties accepterent bonement leur dit en le fourme et en le maniere deseur dites sans debat et sans constrainte nule. Et pramisent et eurent en convent les dites parties par lobligation de tous leurs biens temporeux a estre justichie par le gent le roy, que le dit et lacort dessus dis, en le fourme et en le maniere que il est dit et acorde, il tenront fermement et tous jours et que jamais encontre ne venront et que les parties en bailleront lettres seelees de leur seaus li uns a lautre de tenir et warder le dit et lacort dessus dis en le fourme et en le maniere que devant est dit. En tesmoignage et en fermete des coses dessus dites nous Denis d'Aubegny, ballis d'Amiens, deseur dis, avons mis le seel de le baillie d'Amiens a ches presentes lettres sauf le droit le roy et l'autrui en toutes coses. Che fu fait en lan de grace mil trois cens et quatre le mardi apres les octaves de le Purification Nostre Dame. Et a gregneur scureté li dit traiteur i ont mis leur seaus, est a savoir sires Guilliames et Guilliame Tybous avoec le seel de le baillie qui mis i est. Fait en lan et el jour deseur dis.

Archives de la Somme, G 1172 I. — Scellé sur double queue de parchemin du sceau du bailliage d'Amiens avec contresceau et du sceau de Guillaume Thibout. Voir DEMAY, *Sceaux de Picardie*, n°s 804, 847, 1031.

Cartul. VI, f° 112 v° n° LXXXI.

520

BULLA CIRCA JUS ANNUALIUM.

16 Mars 1319

Johannes episcopus, servus servorum Dei, ad perpetuam rei memoriam. Quoniam nonnullis ecclesiis a longis retro temporibus fuerat observatum ut fructus primi vel secundi aut alicujus cujuscunque sequentis anni beneficiorum vacantium in eisdem defuncto vel fabrice aut ecclesiis vel personis habentibus anualia de consuetudine, privilegio vel statuto applicabantur in totum ; ita quod illi qui hujusmodi beneficia canonice obtinebant, et ad quos de jure alias fructus ipsi spectare debebant, nil percipiebant ex fructibus memoratis, unde illud incongruum sequebatur, quod in ecclesiis in quibus beneficiati erant ad impendendum servitium debitum non poterant commode residere : Nos de illo remedio super hiis providere volentes per quod hii et illi in fructuum predictorum perceptione participent, et ecclesie debitis servitiis non fraudentur, de fratrum nostrorum consilio duximus statuendum quod illi qui dictos fructus sibi hactenus integre vendicabunt ex privilegio, consuetudine vel statuto nichil ex eis ultra summam pro qua unumquodque benefitiorum ipsorum consuevit in decime solutione taxari pretextu cujus privilegii, consuetudinis vel statuti quovismodo percipiant, sed ipsius summe perceptione duntaxat sint omnino contenti totali residuo predicta obtinentibus benefitia remansuro nisi forsitan illi qui fructus ipsos soliti fuerant, ut prefertur, cum integritate percipere pro se malent ipsum habere residuum et obtinentibus ipsa benefitia summam dimittere memoratam, quo casu, quod maluerint, illis recipiendi relinquimus optionem. Et licet dilecti filii abbas et conventus monasterii Sancti-Martini de Gemellis Ambianensis, ordinis sancti Augustini, quibus sicut ipsi nobis significare curarunt, fructus, redditus et proventus primi anni prebendarum vacantium in ecclesia Ambianensi ex specialibus concessionibus canonice sibi factis et ex consuetudine antiqua debentur, hujusmodi fructus, redditus et proventus primi anni prebendarum predictarum, cum vacant, non residente in dicta ecclesia beneficiato cui juxta statutum nostrum predictum pars ex ipsis fructibus ipsarum prebendarum debeatur ex integro, se debere percipere asseverent, tamen dilecti filii decanus et capitulum ejusdem ecclesie Ambianensis asserentes se debere non residenti benefitiato in dicta ecclesia cui altera partium dictorum fructuum, reddituum et proventuum juxta constitutionem a nobis super hoc editam deberetur, si vellent in ipsa ecclesia Ambianensi ad impendendum ibi servitium debitum residere, in perceptione dictorum fructuum, reddituum et proventuum subrogari, seque in hoc benefitiato succedere memorato, propterea abbatem et conventum predictos impediunt quominus percipiant integre hujusmodi annalia prebendarum ipsarum Ambianensis ecclesie supradicte ; quare iidem abbas et conventus ad nostram providentiam recurrentes nobis humiliter supplicarunt ut providere super hoc eis, de salubri remedio, per nostre declarationis oraculum dignaremur; nos igitur ipsorum abbatis et conventus supplicationibus inclinati, de fratrum nostrorum consilio, declaramus quod nostro intentionis nunquam extitit, nec existit quod capitulo alicujus ecclesie quicquam accrescat in casu quo benefitiatus ipsius ecclesie in ea non residet ad debitum servitium impendendum, cum, cessante causa, cessare debeat pariter quod urget. Nulli ergo omnino hominum liceat hanc paginam nostre declarationis infringere vel ei ausu temerario contraire. Si quis autem hoc attemptare presumpserit, indignationem omnipotentis Dei et beatorum Petri et Pauli apostolorum ejus noverit incursurum.

Datum Avinione XVII Kalendas Aprilis, Pontificatus nostri anno tertio.

Cartul. VI, f° 28.

521

LITTERA OFFICIALIS AMBIANENSIS DE REVOCATIONE ET ADNULLATIONE CITATIONIS ET AMONITIONIS CELERARII ECCLESIE AMBIANENSIS.

Omnibus hec visuris officialis Ambianensis salutem in Domino. Cum nos auctoritate nostra ordinaria occasione et ad instanciam Johannis dicti Climont clericum se dicentis moneri fecerimus et mandaverimus cevelarium capituli

13 Juin 1323

Ambianensis ut quedam bona ad dictum Johannem pertinencia predictum cevelarium seu ex parte aut mandato ejusdem capta levata et importata minus juste, ut dicebat idem Johannes, eidem Johanni idem cevelarius redderet et deliberaret seu reddi et deliberari faceret indilate ; alioquin ipsum cevelarium quem in scriptis excommunicabamus excommunicatum a nobis mandaverimus publice nunciari, nisi causam efficacem allegaret idem cevelarius coram nobis ; quam si allegaret aut eciam absens esset, ipsum citari fecerimus et mandaverimus coram nobis Ambianum ad feriam terciam post diem beati Barnabe apostoli contra dictum Johannem dictam causam allegatam ostensurun et juri coram nobis pariturum dictoque clerico super premissis et premissa tangentibus responsurum, prout hec et alia in monitione et citatione nostris predictis plenius continentur, dicto capitulo super hoc conquerente et dicente dictum cevelarium esse canonicum dicte Ambianensis ecclesie et sic exemptum à jurisdictione nostra et per consequens dictas monitionem et citationem non valuisse nec valere nec tenuisse etiam aut tenere, et post monitionem et citacionem predictas ad noticiam nostram dictum celerarium esse canonicum dicte Ambianensis ecclesie et de hoc nobis constet, quod tamen impetrationis dictarum monicionis et citacionis tempore non constabat. Inde est quod nos dictas monicionem et citacionem pro nullis et infectis habemus et haberi volumus et ex causa. In cujus etc°..... Datum anno Domini M° CCC° vicesimo tercio die lune post diem beati Barnabe Apostoli.

Cartul. II, f° 353, n° ccc m1xx ix. Cartul. V, feuillet préliminaire.

522

(Camons-Rivières).

19 Juillet 1331

Sachent tous que quant nous Galeran de Vauls, bailli d'Amiens alames par les yaues de le rivière de Somme pour oster et faire oster les empeechemens du quemin du roy nostre en le dicte rivière environ l'ascension l'an de grace mil CCC XXXI. Nous aviemes ordene entre les autres coses que li deans et capitles d'Amiens abaisseroient le sueil du ventaile de Camons et osteroient les sueils de le penne de Ravine et de Durianme et des autres qui a auls sont a maintenir pour cause de leurs molins si comme on dist. Et de che leur eussons fait commandement et ledit deans et capitles en disant les dis seuls avoir este de anchiennete en lestat que nous les trouvames et que che seroit grans gries, prejudices et damages de auls et de leurs molins se lidit sueil estoient mue ne oste, nous aient supplie et requis que aler vausissons au lieu, et les dis suels laissier en lestat que trouves les aviemes. Nous, eue seur che deliberation, avons este auls lieus dessus dis et avons trouve que se li sueil demouroient che ne seroit une trop grans prejudice au cours de le dicte rivière, pourquoi nous avons ottroie et acorde as dis dean et capitle que se aucuns des dis seuls eut este oste ou mue de puis le dicte ordenance et commandemens, quil soient remis et que li dit sueil demeurchent en lestat que nous les trouvames si *com*me dit est, tant *com*me il plaira au roy nosire et a nous sans porter prejudice au roy nosire ne a autrui.

Donne lan de grace mil CCC. trente un le venredi prochain devant le Magdale*ne*.

Cartul. VI, f° 104 v° n° LXXIV.

523

(CAMONS).

A tous chiaus qui ches presentes lettres verront ou orront, Galerans de Vauls baillius d Amiens salut. Comme li ventailes de Camons eust mestier de reparacion, le quelle appartient au dean et capitre de leglize d Amiens, et par nostre commandement y eust on fait mettre ouvriers a che que les nes et les marcaandizes peussent par leur endroit comme par le quemin de lyaue aler et venir seurement, sans damage des nes et des marcaandizes et pour le cause de le reparation li quemins fust occupes, par quoi nes ne marcaandizes ni pooient courre ne passer, et pour ledit empeechement plus*ieurs* marcheans et naviuers par lyaue se fussent trait par devers nous, en nous monstrant que se nous faisiemes aouvrir une penne que on nomme le penne d'Oissel les marcaandizes et navel porroient par la aler et venir, lesdis dean et capitre disans que par la li quemins ne fu onques ne navoit este et que che leur seroit prejudices et damages pour leur pesche. Sachent tous que nous, considerans lempeechement des nes et des marcaandizes, avons fait aouvrir ledite penne d'Oissel par chertaine imposicion de sis deniers d'un navel, lequele sera mise en depost a baillier au pourfit de chelli a qui il appartenra, et nest mie nostre intencion que les coses dessus dictes ainsi faites portent ou puissent porter prejudice as dis dean et capitle en temps avenir en saisine ne en propriete, au roy ni as

12 Mai 1333

marchans dessus dis. En tesmongnage des coses dessus dictes nous avons seele ches lettres du seel de le baillie dAmiens faites le vigile de lAscension lan de grace mil CCC. trente et trois.

<small>Cartul. VI, f° 104 v° n° lxxiv bis.</small>

524

Compositio per dominum Cardinalem de Monte-Favencio anno Domini M° CCCXXXVII facta super nonnullis questionibus et debatis inter dominum Johannem Chercemont, tunc episcopum, ex una parte et decanum et capitulum Ambianense, ex altera.

In nomine Domini, Amen. Hoc est transumptum per me notarium publicum subscriptum sumptum ex quibusdam litteris originalibus reverendissimi in X^{po} patris ac domini domini Bertrandi, miseracione divina Sancte-Marie-in-Aquiro diaconi cardinalis, Apostolice Sedis nuncii, sigillo ejusdem sigillatis ac manu et subscripcione Duranti Barionis, clerici Sancti-Flori, publici auctoritate apostolica notarii, signatum et subscriptum, sanis et integris ac omni vicio et suspicione, prout prima facie apparebat, carentibus, quarum tenor sequitur in hec verba.

In nomine Domini, Amen. Universis presentes litteras seu instrumentum publicum inspecturis, Bertrandus, miseracione divina Sancte-Marie-in-Aquiro diaconus cardinalis, Apostolice Sedis nuncius, salutem et sinceram in Domino caritatem. Rex pacificus, creator omnium Jhesus-X^{ps} viam nobis pacis et tranquillitatis ostendens, ad mundum veniens per suos angelos pacem bone voluntatis hominibus nunciavit in mundo existens, pacem apostolis quamcumque domum introeuntibus predicari precepit, post resurrectionem ad mundum rediens pacem suis discipulis contulit dum ad eos clausis januis intraret, de mundo exiens in suo ultimo testamento pacem suam dedit, et eciam relinquit perpetuo observandam, nobis eam sub precepto imponens cum dixit : « Hoc est preceptum meum ut vos invicem diligatis. » Hinc est quod dudum in Romana curia existentes audivimus plures et diversas dissenciones, controversias et discordias, satore zizanie instingante, suscitatas fuisse inter venerabilem in X^{po} patrem dominum Johannem Dei gratia episcopum, ex parte una, et venerabiles et discretos viros decanum et capitulum Ambianense, ex altera, in grande ipsius ecclesie dispendium et jacturam. Cumque processu temporis Sanctissimus Pater et dominus noster dominus Benedictus, divina providencia Papa duo decimus, reverendum in X^{PO} patrem dominum Petrum, Dei gracia titulo Sancte-Praxedis presbiterum, et nos Bertrandum predictum, Sancte-Marie-in-Aquiro diaconum cardinales, pro magnis et arduis negociis ad regna Francie et Anglie destinasset, prefatus episcopus pro se, ex parte una, et discretus vir magister Firminus de· Quoquerello, utriusque juris professor, canonicus Ambianensis, pro decano et capitulo ejusdem ecclesie, ex altera, ad nos Bertrandum, cardinalem predictum, personaliter accesserunt, a quibus audivimus nedum ipsos in premissis perseverare discencionibus et discordiis, verum eciam quam plures alias pacis emulo procurante inter eos quod dolentes referimus exortas fuisse ex quibus verissimiliter timebantur multa scandala et discrimina provenire. Nos igitur Bertrandus, cardinalis predictus, cupientes hujusmodi discensionum et controversiarum sopire materias, eosdemque in pacis et tranquillitatis fervore paterna benivolencia confovere, volentes eciam ejusdem domini Jhesu-X^{PI} imitari exempla et implere precepta, considerantes insuper quam bonum et quam jocundum est habitare fratres in unum, eosdem episcopum et canonicum quibus supra nominibus, quantum que Deo potuimus salutaribus monitis et persuasionibus caritativis induximus quatenus ad pacem et concordiam viis et modis quibus possent melius et commodius quantum in eis esset condescendere et declinare curarent; quiquidem episcopus et canonicus, monitis nostris et persuasionibus humiliter annuentes, premissa pro posse suo promiserunt se facere, nobisque habitis super eis deliberacione cum capitulo et aliis de quibus esset expediens et quod hujusmodi tangebat negocium celeriter respondere, consequenter autem dum essemus in abbacia Sancti-Fusciani-in-Nemore, ordinis Sancti-Benedicti, prope Ambianum constituti, dictus episcopus pro se, ex parte una, et venerabiles et discreti viri magistri Reginaldus de Fiefes, decanus, Stephanus de Brecencuria, archidiaconus Ambianensis, Droco de Marchia, archidiaconus Pontivensis in dicta ecclesia Ambianensi, Nicholaus de Atrio, precentor, Guillermus de Croy, scolasticus, Nicholaus Jourdain, Robertus de Croy, Guillermus de Freavilla, Petrus de Vermencone, Hugo Rebe, Guido Kiereti, et predictus Firminus de Coquerelo, dicte Ambianensis ecclesie canonici pro capitulo ejusdem ecclesie et ipsum representantes capitulum, ex parte altera, ad nos personaliter accesserunt, quos eciam sollicite monuimus et efficaciter induximus ut ad pacem et concordiam omnino condescenderent et se totaliter inclinarent, taliterque in eis caritatis et tranquillitatis posset de cetero vigor fervescere et perseverare sicut decebat unio et ydemptitas animorum. Qui quidem episcopus, ex parte una, et prefati decanus et capitulum, seu singulares persone dictum representantes capitulum, ex altera, monitis nostris predictis et exortacionibus pleue obedire volentes, eaque effectum (*sic*) mancipare, habitis per eos ibidem diligenti super premissis deliberacione et tractatu, se hinc inde per omnia submiserunt voluntati et ordinacioni domini cardinalis college nostri predicti et nostre super omnibus dissencionibus, controversiis et discordiis quas habebant ad invicem ; inde nos super ipsis in compromissarios arbitratores seu amicabiles compositores unanimiter et concorditer eligendo, et in nos totaliter compromittendo, hoc excepto quod super articulis objectivis hinc inde propositis et traditis in Romana curia non intendebant compromittere, nec compromittebant sicut nec poterant sine licentia domini nostri Pape, promittentes sub pena quingentarum marcarum argenti solvendarum per partem inobedientem, medietatem videlicet parti obedienti et aliam medietatem camere domini nostri Pape stare, et realiter obedire super premissis dicto et voluntati domini cardinalis college nostri predicti et nostre absque contradictione et reclamacione quacunque ; volentes eciam quod si hujusmodi compromissum durare posset usque ad festum Nativitatis Domini futur*um* proximo cum potestate prorogandi ipsum terminum, si nobis videretur expediens, prout hec in litteris seu instrumentis inde confectis dicebatur plenius contineri. Nos itaque Bertrandus, cardinalis predictus, suscepto in nos pro nobis et domino cardinali predicto in ejus absencia hujusmodi compromisso, audientes plures et diversas interdicti, suspensionis et excommunicationis sentencias, necnon moniciones, inhibiciones et mandata, de quibus plenius fiet mencio inferius, per dictum episcopum et officiales suos in decanum et capitulum predictos et quosdam alios eorum subditos et adherentes eisdem, et e converso per dictum decanum et capitulum in quosdam officiales et subditos dicti episcopi latas fuisse et promulgatas, que quidem dissencionum et controversiarum hujusmodi fomite ministrabant, eos duximus affectuose rogandos ut dictas sentencias, moniciones, inhibiciones, mandata et processus, ac omnia inde secuta revocare et anullare vellent ad finem que melius et commodius de pace et concordia inter se facienda loqui possent ad invicem et tractare. Tunc vero prefatus episcopus cum suis consiliariis, ex una parte, et decanus et supranominate persone dictum representantes capitulum, ex parte altera, separatim secedentes ad partem, habita per eos hinc inde matura deliberacione super hiis et tractatu, existentes coram nobis in ecclesia dicti monasterii, nobisque super hoc complacere volentes, omnes et singulas interdicti, suspensionis et excommunicationis sentencias, necnon moniciones, denunciaciones, inhibitiones et mandata per eos quomodolibet latas, factas et promulgatas ac processus quoscunque et omnia ob id vel ex inde secuta a tempore mote inter eos controversie usque ad tempus presens, absque tamen prejudicio juris et juridictionis utriusque partis, penitus revocarunt, cassarunt et adnullarunt, easque cassas, nullas et irritas nunciarunt et pro nullis et infactis habuerunt et haberi voluerunt ac si nunquam late, facte aut promulgate fuissent. Et ad majorem corroboracionem premissorum, postquam ingressi fuimus Ambianum, et per dictos episcopum, decanum et capitulum honorabiliter recepti, idem episcopus, ex parte una, et decanus et capitulum predicti, ex parte altera, ad sonum campane, in capitulo Ambianensi congregati predicta omnia et singula ratificaverunt, approbaverunt, et eciam innovarunt, prout per ipsos et per notarios qui inde instrumenta receperant, nobis postea extitit facta fides. Demum cum prefatus dominus cardinalis collega noster qui jam a dicta civitate distabat, et nos Bertrandus cardinalis predictus pluribus magnis et arduis negociis prepediti ad tractandum personaliter de pace et concordia super principalibus dissencionibus et controversiis commode attendere nequiremus, venerabili in X^{po} patri domino Johanni Dei gracia episcopo Attrebatensi, ac venerabili et religioso viro fratri Bertrando, priori prioratus Sancti-Martini-de-Campis, ordinis Sancti-Benedicti Parisius, viris utique magne circonspectionis et consilii presentibus coram nobis duximus committendum ut super premissis dissencionibus et controversiis cum episcopo, decano et capitulo predictis et aliis deputandis ab eis tractare haberent sollicite eosque, in quantum possent, ad pacem et concordiam reducere et quod in premissis facere possent prefato domino cardinali, college nostro et nobis fideliter referre curarent. Qui quidem episcopus Attrebatensis et prior premissa per nos sibi commissa studiosa sollicitudine intendentes, receptis in scriptis pluribus et diversis articulis ab utraque parte traditis super quibus, ut dicebant, erat contencio inter nos (*sic*), habitis que per eos super hujusmodi dissentionibus et controversiis et aliis in predictis articulis contentis, pluribus et diversis tractatibus cum episcopo et decano et capitulo predictis et aliis deputatis ab eis, demum ipsos episcopum, ex parte una, et decanum et capitulum predictos, ex parte altera, super premissis dissencionibus et controversiis, favente pacis actore, ad invicem concordarunt per modum et formam contentam in quodam rotulo pergameni per dictum Attrebatensem episcopum, absente dicto priore, quem jam ex certis causis absentare oportuerat, nobis exhibito et tradito in presencia partium predictarum. Deinde cum partes ipse, videlicet dictus episcopus Ambianensis, ex parte una, et decanus ac supra nominate persone dictum representantes capitulum Ambianense, ex altera, essent in nostra presencia personaliter constitute, nobis humiliter supplicarunt ut dictam concordiam inter eos, ut premittitur, factam videre, eamque per pronunciacionem nostram et auctoritatem ad perpetuam rei memoriam confirmare, corroborare et ratificare personaliter dignaremur. Nos autem Bertrandus, cardinalis predictus, tam propter absenciam domini cardinalis, college nostri predicti, qui jam a dicta civitate Ambianensi certis ex causis recesserat, in quem, ut premittitur, una nobiscum super premissis compromissum fuerat, tum eciam propter alia magna et ardua negocia quibus eramus nimium occupati, ad hujusmodi pronunciacionem et alia certa hec facienda aliquatenus procedere non possemus, prefatum dominum cardinalem et nos istis et aliis racionabilibus causis super premissis penes dictos episcopum, decanum et capitulum duximus probabiliter excusandos, ipsi vero excusaciones nostras hujusmodi admittere nolentes ; sed pocius vehementer instantes et ostendentes scandala et discrimina que inde poterant exoriri asseruerunt se nichilominus, post recessum domini cardinalis predicti, in nos solum et in solidum compromisisse et de novo exhabundanti compromiserunt in presencia nostra, modo et forma quibus antea in dictum dominum cardinalem et in nos compromiserant : hoc excepto quod tempus primi compromissi artatum fuit ad festum Omnium Sanctorum proximo futurum quod quia non fuit potestas prorogandi adjecta pars eciam pene que in primo compromisso debebat applicari camere domini nostri Pape, applicaretur fabrice Ambianensis ecclesie ; de quibus omnibus in absentia nostra factis per Laurencium Pikais, Pictavensem et Johannem Daulle, Ambianensis diocesis apostolica et imperiali auctoritate notarios publicos, qui de premissis instrumenta receperant, nobis fecerunt fieri promptam fidem rursus nobiscum instantes suppliciter ut ad dictam pronunciacionem et ad alia circa hec facienda procedere dignaremur. Nos itaque Bertrandus, cardinalis predictus, attendentes quod si ipsos totaliter dimitteremus, pejora forsan prioribus discrimina sequi possent, videntes quod cultus divinus minuebatur, dum sic controversiis et contencionibus intendebant, consumebantur inaniter bona ecclesiastica que in utilitatem ecclesiarum et usus pauperum essent pocius expendenda, aliaque multa incommoda sequerentur, istis et aliis causis favorabiliter inclinati susceptis in nos dictis compromissis ultimo in nos factis, dictam concordiam, pacificacionem seu composicionem in prefato rotulo pergameni contentam in quam quidem per prefatum Attrebatensem episcopum, ipsi episcopus, ex parte una, et decanus et capitulum Ambianense, ex altera, in capitulo Ambianensi ad sonum campane congregati ipsa die concordati fuerant, ut dicebant, vidimus, legimus, seu legi et publicari fecimus, ac omnia et singula in prefato rotulo contenta, ipsis partibus presentibus, audientibus, volentibus et humiliter postulantibus coram nobis; quibus sic lectis et per ipsas partes auditis et diligenter intellectis, eedem partes ad omnia et singula in ipso rotulo contenta ibidem coram nobis et testibus a notariis infra scriptis amicabiliter convenerunt, seque unanimiter concordarunt per eundem modum per quem et secundum quem inter eos prius in suo capitulo, coram dicto Attrebatensi episcopo, ut dictum est superius, fuerat concordatum, quam pacificacionem et concordiam presentibus inseri fecimus et est talis.

Incipit concordia capituli ecclesie Ambianensis.

Cum plures controversie mote fuissent inter episcopum, ex parte una, et decanum et capitulum Ambianense, ex altera, super quibus varii et diversi articuli hinc inde traditi fuissent, quorum articulorum nobis primo, pro parte dicti capituli, traditorum tenor talis est : Super eo quod idem decanus et capitulum conquerebantur super omnibus et singulis infra scriptis, et primo super hoc quod dicebant quod magister Johannes Gomars, officialis dicti episcopi Ambianensis, decanum et capitulum et singulares canonicos ejusdem ecclesie monuerat, licet de facto in capitulo Ambianensi in quo ipsi decanus et capitulum soli et in solidum habebant et habent omnimodam juridictionem spiritualem et temporalem, et fuerunt et sunt, a tempore cujus principii memoria non existit, in possessione vel quasi exercendi in dicto capitulo et in claustro omnimodam juridictionem spiritalem et temporalem, ut Honoratum de Attrebato, clericum, qui Petrum dictum Lemoine, servientem dictorum decani et capituli, notorie occiderat et in claustro, et Johannem Monniot, eciam clericum, de quibusdam homicidiis suspectum, qui larem suum fovebat in claustro dictorum decani et capituli, propter homicidia supradicta per ipsos decanum et capitulum detentos eidem officiali redderent de dictis homicidiis puniendos. Alioquin ipsos decanum et capitulum suspendit, et interdictas et suspensas denunciavit, et singulares canonicos excommunicavit, seu excommunicatos denunciavit. — Item, et super eo quod dicebant quod idem officialis, ex commissione sibi facta ab eodem episcopo, ut dicebat, ad dictam ecclesiam Ambianensem inter chorum et altare ejusdem ecclesie eosdem decanum et capitulum, ex causis predictis et ex quibusdam aliis, ut dicebant, interdicit et suspendit a divinis, et singulares canonicos, videlicet, Reginaldum decanum, Stephanum archidiaconum, Nicholaum precentorem, Guillelmum scholasticum, Lambertum de Divione, Nicholaum Jourdain, Simonem de Sancto Presto, Firminum de Coquerello, Petrum Pomelli, Theobaldum de Sarginis, Robertum de Croiaco, Guillelmum de Freanvilla et quosdam alios ejusdem ecclesie canonicos excommunicavit, interdictos, suspensos et excommunicatos denunciavit, et ibidem denunciari mandavit, ac in pluribus ecclesiis civitatis et diocesis Ambianensis. — Item et super eo quod dicebant quod idem officialis ipsos decanum et capitulum monuit et moneri fecit sub pena excommunicationis et centum marcarum argenti, passagio Terre sancte applicandum, ut ipsi decanus et capitulum quamdam monicionem quam contra eundem fecerant revocarent; alioquin ipsos quos in ipsa monicione, ut asserebat, excommunicabat, mandabat de facto excommunicatos publice nunciare. — Item et super eo quod dicebant quod idem officialis curatos Sanctorum Mikaelis, Remigii, Jacobi, Sulpicii Ambianensis et Mauricii prope Ambianum, necnon et quosdam alios capellanos et clericos in dictis ecclesiis servientes, ipsis decano et capitulo pleno jure subjectos excommunicavit, et excommunicatos denunciari mandavit. Insuper et quod parochianos dictarum ecclesiarum dictis decano et capitulo pleno jure subjectarum, omnes et singulos sigillatim monuit, seu moneri fecit eisdem et cuilibet eorumdem, sub excommunicacionis pena, et viginti librarum parisiensium, ne ipsi et eorum aliquis a curatis eorum predictis seu aliquo eorum, aliqua reciperent ecclesiastica sacramenta, nec confiterentur aut participarent aliqualiter cum eisdem, neque eciam ad eorum parochiales ecclesias accederent, seu audirent divina officia in eisdem, sed pocius ad ecclesias et curatos parochialium ecclesiarum dicto episcopo subjectarum, si vellent, accederent ibidem ecclesiastica sacramenta recepturi. — Item, et super eo quod dicebant quod dictus Ambianensis episcopus per Hugonem de Colonia, procuratorem seu commissarium suum, ejus vice et nomine et speciali mandato sibi per ipsum episcopum facto, monuit eosdem decanum et capitulum quatenus privilegia, exempciones, indulgencias, prescripciones seu ordinaciones, si quam vel si quas haberent, virtute quorum seu quarum possent seu poterant supradictos Honoratum de Attrebato et Johannem Monniot, clericos detentos, ut dicebant, per eosdem capere et captos in eorum carcere detinere aut procedere contra eos ac cytatum officialem Ambianensem, et quare idem Ambianensis episcopus contra ipsos decanum et capitulum procedere, seu ipsos compellere ad restitucionem dictorum clericorum non posset, certa die per eum expressa exhibere curarent ad hoc peremptorum terminum prefigendo super hiis modum et formam, ordinacionem bone memorie dominorum Bonifacii et Benedicti summorum pontificum excedendo et contra illas faciendo. — Item et super eo quod dicebant quod idem Ambianensis episcopus universis et singulis personis ecclesiasticis sibi subditis per suas patentes litteras precipiendo mandavit quatenus ipsos decanum et capitulum et singulares canonicos supra nominatos et eorum quemlibet, auctoritate sua et acanone et auttoritate provincialium et sinodalium statutorum suspensos, interdictos et excommunicatos, ut dicebat, singulis diebus dominicis et festivis, dum eos divina officia contigeret celebrare, et major adesset populi multitudo, in eorum ecclesiis nunciarent et facerent nunciari, et inhibuit eisdem ne cum ipsis participarent quoquomodo. — Item et super eo quod dicebant quod idem Ambianensis episcopus venerabilem virum magistrum Stephanum de Brecencuria, archidiaconum et canonicum Ambianensem ipsis decano et capitulo pleno jure subjectum citare et evocari fecit peremptorie et personaliter ad certam diem tunc expressam responsurum eidem episcopo ad obicienda et mandata ejus personaliter auditurum. — Item et super eo quod dicebant quod dictus episcopus, per certos executores sibi super quadam gracia a Sede Apostolica concessa deputatos, ut videlicet ab omnibus ecclesiasticis secularibus et regularibus, eorumque personis non exemptis posset petere, exigere et repetere caritativum et moderatum subsidium pro ipsius oneribus facilius supportandis, moveri procuravit et fecit dictos decanum et capitulum, ac si non fuissent exempti, quatenus eidem episcopo, vel procuratori suo dictum subsidium, quod ad mediam decimam taxatum extitit, per eosdem infra trium mensium spacium integraliter persolverent. — Item et super eo quod dicebant quod dictus officialis Ambianensis Berengarium, curatum Sancti-Sulpicii Ambianensis, ipsis decano et capitulo, racione dicte cure pleno jure subjectum, monuit et sub pena excommunicationis mandavit eidem ut quibusdam monicionibus et mandatis per quemdam subdelegatum a quodam judice auctoritate apostolica delegato contra quamdam mulierem, ad instantiam cujusdam rectoris non pareret, et si paruisset pro non parito haberetur, et idem officialis nichilominus per suos nuncios visus fuit et mandavit quod littere monitorie et mandata in dicta ecclesia Sancti-Sulpicii ab ipsius episcopi juridictione libera et immuni publicarentur. — Item et super eo quod dicebant quod idem officialis Ambianensis et quidam rector et promotor curie Ambianensis de ipsius officialis mandato thorum matrimonii Petri Loffage et Colaie de Curcellis qui solemnitates matrimoniales in parochia Sancti-Remigii eisdem decano et capitulo pleno jure subjecti, per quemdam alium sacerdotem benedici fecerunt, licet ad ipsum rectorem, de consuetudine antiqua, pertineret benedictio dicti thori. — Item et super eo quod dicebant quod prefatus Ambianensis episcopus religiosum virum fratrem Radulphum de Villaribus, canonicum monasterii Sancti-Acheoli, et in Ambianensi ecclesia prebendam Sancti-Acheoli deservientem, et in claustro Ambianensi commorantem et degentem, necnon et Hugonem de Nancrayo, capellanum Sancti-Johannis de Roboreto in Abbatisvilla, Guilbertum Caligarii, capellanum in ecclesia Ambianensi, ipsis decano et capitulo pleno jure subjectos, et Johannem Daulle, clericum et notarium ipsorum decani et capituli, monuit et mandavit eisdem, licet de facto quod infra certi temporis spacium sibi emendam facerent de quibusdam injuriis quas per ipsos et eorum quemlibet sibi factas et illatas dicebat. — Item et super eo quod dicebant quod idem Ambianensis episcopus dictum Johannem Gomart, Willardum et Johamem Poli, per ipsos decanum et capitulum et eorum auctoritate excommunicatum absolvit de facto, eosdemque de facto mandavit publice nunciari. — Item et super eo quod dicebant quod venerabilis vir et religiosus Aluardus, abbas monasterii Sancti-Laurencii juxta Leodium, qui se gerebat pro vicario dicti Ambianensis episcopi in remotis agentis communicatus fuit una cum aliis vicariis dicti episcopi et quibusdam gentibus ejusdem, quod idem abbas supradictos Reginaldum de Fieffes, decanum, Stephanum archidiaconum Ambianensem, Droconem archidiaconum Pontivensem, in Ambianensi ecclesia canonicos Amb., ad sinodum que in crastinum celebrari debebat non admittere ad faciendum ea que racione dignitatum et officiorum suorum, in dicta sinodo, secundum morem dicte ecclesie facere consueverant, nec in crastinum admittere voluit, ymo expresse admittere recusavit. — Item et super eo quod dicebant quod dictus Ambianensis episcopus decanum et capitulum, ac precentorem dicte Ambianensis ecclesie de facto monuit et mandavit eisdem ut Johannem Frutier, presbiterum, qui in monasterio Sancti-Martini ad Gemellos, eisdem decano et capitulo pleno jure subjecto, abbati et conventui ejusdem notorie violencias intulerat, pro hujusmodi violenciis et injuriis eisdem decano et capitulo et eorum juridictioni soli et in solidum subjectum quem idem episcopus asserebat per ipsos decanum et capitulum detineri et eorum esse carceri mancipatum eidem episcopo restituerent et deliberarent ; alioquin ipsos et precentorem predictum excommunicatos declarabat et mandabat excommunicatos palam et publice nunciari. — Item et super eo quod dicebant quod officialis predictus Ambianensis Matheum dictum Le Vielle, baillivum predictorum decani et capituli Ambianensis, cubantem et commorantem sub districtu et juridictione eorumdem, et in claustro Ambianensi, monuit et moneri fecit ut idem baillivus Johannem, Walterum et Oudardum dictos de Fontanis, subditos et justiciabiles dictorum decani et capituli coram se non adjournaret. — Item et super eo quod dicebant quod dictus Ambianensis episcopus procuravit et fecit quod pater dicti Honorati de Attrebato detenti per eosdem decanum et capitulum occasione supradicti homicidii et delicti per eum commissi in claustro predicte ecclesie ab ipsis decano et capitulo et eorum commissarium deputatum ad procedendum contra ipsum Honoratum occasione dicti delicti, prout justicia suaderet, ad Remensem curiam appellavit, idemque pater ad suggestionem et expensis ipsius episcopi causam appellationis prosecutus fuit et prosequitur et impedit et impedivit quominus contra dictum Honoratum procedatur, eodem episcopo procurante et expensas solvente prefatas, prout hec et alia in articulis in Romana curia traditis pro parte ipsorum decani et capituli particulariter et in genere ad quos se referunt continentur. Que omnia et singula supradicta dicti decanus et capitulum facta et attemptata fuisse dicebant per ipsos episcopum et officialem et eorum ministros, contra eorum notoriam possessionem, privilegia, libertates, exempciones, consuetudines, prescripciones, observantias, juridictionem et jura, necnon contra ordinacionem, voluntatem, inhibicionem et decretum bone memorie dominorum Bonifacii VIII et Benedicti XI, Romanorum Pontificum, secundum quod per tenorem eorum dicebat liquide apparere, parte dicti episcopi contrarium asserente. Super quibus omnibus et singulis supradictis sic fuit inter partes predictas in nostra testium et notariorum subscriptorum, ut premissum est, presencia existentes amicabiliter concordatum. Primo videlicet quod omnes sentencie, moniciones, inhibiciones, denunciaciones, mandata et processus, quicumque facti fuissent hinc et inde occasione premissorum, a tempore mote presentis controversie in Romana curia vel alibi, contra predictas et alias quascumque personas, et quicquid secutum erat ex eis, seu occasione eorundem, sicut fuerant nuper revocate et adnullate per eos in presencia nostra, ut superius continetur ; item exhabundanti, pro revocatis, cassatis, nullis et irritis per ipsas partes hinc inde habite et nunciate fuerunt ac si nunquam facte fuissent. Ita quod nulla controversia super hoc remuneret absque tamen prejudicio quocumque in possessione et proprietate, vel alio quoquo modo. — Deinde quod canonici, capellani et vicarii, quiquidem capellani et vicarii residebunt in officio ecclesie Ambianensis, necnon familiares et domestici dictorum decani et capituli et canonicorum sine fraude morantes ubicumque in civitate vel domibus ecclesie extra civitatem, necnon abbates monasteriorum Sancti-Acheoli, Sancti-Martini-ad-Gemellos, ac persone regulares in dictis monasteriis existentes, necnon curati et capellani intra vel extra civitatem Ambianensem, ipsis decano et capitulo pleno jure subjecti, et quorum institucio et destitucio solum et in solidum ad dictos decanum et capitulum noscitur pertinere, una cum duabus personis honestis dictis capellanis et curatis deservientibus, sive substitutis eorumdem, ita tamen quod principales et substituti in simul hac prerogancia seu in immunitate non gaudeant ubicumque deliquerint, videlicet in quacumque parte civitatis et diocesis Ambianensis, si capientur per gentes episcopi, sive in facto presenti, sive non presenti et per quascumque personas capiantur et ad eos quomodolibet pervenerint, cum dicte gentes fuerint requisite per capitulum seu de mandato ejusdem, teneantur dictum malefactorem seu malefactores reddere sine mora, ut de ipso seu ipsis justiciam faciant, prout eis videbitur faciendum. Et e contra si officialis Ambianensis, sigillifer, promotor vel receptor, seu alii familiares et domestici cum ipso episcopo vel cum prevocatis, vel in ejus domibus commorantes sine fraude, necnon curati et capellani dicto episcopo pleno jure subjecti cum duabus honestis personis, ut supra, in claustro deliquerint et per gentes dictorum decani et capituli capiantur, sive in facto presenti, sive non, vel qualitercumque ad ipsos pervenerint, eciam si per alios capti fuerint, cum requisiti fuerint per gentes episcopi, vel de mandato suo, eis·restituentur indilate, ut supra, et facient justicie complementum, prout fuerit rationis. — Item si aliqui habentes domicilium in claustro qui non sint de gentibus supradictis, deliquerint extra claustrum et capientur extra per gentes episcopi, siquidem in facto presenti, dicto episcopo remanebunt, et de eis faciet justicie complementum : Si autem in facto non presenti et requisiti fuerint per decanum et capitulum, seu de

Hic incipit cedula concordie jurisdictionis Claustri.

mandato eorumdem, restituentur eisdem sine mora ut supra. — Item econtra et per eandem viam, si aliqui in civitate vel diocesi, extra claustrum, in juridictione episcopi commorantes, qui non sunt de gentibus supradictis, deliquerint in dicto claustro, cujus designacionem communi consensu fieri volumus, et capiantur in presente delicto, remanebunt decano et capitulo supradictis et de ipsis facient justicie complementum ; si autem non capiantur in presenti delicto, cum requisiti fuerint per decanum et capitulum, seu de mandato eorum, restituentur eisdem ut supra, excepta tamen subjectione quam dictus episcopus habet in ecclesia Sancti-Nicholay et domibus ad ipsum spectantibus. Non est tamen intentionis nostre quod si gentes decani et capituli veniant in terra dicti episcopi et mittantur facere explecta justicie in prejudicium juris seu juridictionis dicti episcopi, quin dictus episcopus suum jus seu juridictionem possit defendere et procedere contra eos, prout est fieri consuetum, et e contra si gentes episcopi veniant in claustro dictorum decani et capituli et mittantur facere explecta justicie in prejudicium juris, seu juridictionis dictorum decani et capituli, quin dicti decanus et capitulum jus suum seu juridictionem possent defendere et procedere contra eos, prout est fieri consuetum. — Item super eo quod dicebant dicti decanus et capitulum quod dictus episcopus faciem beati Johannis Baptiste que paucis diebus in anno populo cum reverentia solebat ostendi pluries et frequenter nimis honorifice ostendit et ostendi fecit. — Item et super eo quod idem episcopus ut thesaurarius dicte ecclesie teneatur per deputatos suos pulsari facere campanas ad horas canonicas et alias, prout decanus et capitulum ipsius ecclesie ordinarent, dicti deputati frequenter extra ordinarie et alias negligenter eas pulsant. — Item et super eo quod dicebant quod idem episcopus, ut thesaurarius dicte ecclesie, tenetur omnia luminaria eisdem ecclesie necessaria ministrare ; tamen ipsa luminaria minus decenter et de cera insufficienti ministrat, seu ministrare facit : super istis tribus articulis concordatum et ordinatum fuit quod super ipsis et eorum singulis, dictus episcopus remediabit prout debebit. — Item super eo quod dictus episcopus recusavit et recusat solvere eisdem decano et capitulo quasdam summas pecunie quas sibi solvere consuevit certis ex causis, concordatum et ordinatum fuit quod dictus episcopus solvet illud quod debet et est paratus solvere. — Item super eo quod dicebant quod dictus episcopus recusabat solvere archidiaconis Ambianensi et Pontivensi in ecclesia Ambianensi emolumenta eis proveniencia, racione emendarum, contemptuum seu contumaciarum, in suis archidiaconatibus, concordatum et ordinatum fuit quod omnia eisdem restituerentur debita, tamen ut supra proximo. — Item et super eo quod dicebant quod idem episcopus fructus prebendarum quas magistri Firminus de Coquerello in ecclesia Sancti-Nicholay, Johannes Monachi et Petrus de Vermencone in ecclesia Beati-Firmini canonici obtinent, post presentem controversiam motam arrestari mandavit et'fecit, concordatum et ordinatum fuit quod restituentur per dictum episcopum salvo jure procu*racionis* si partes contendere voluerint. — Item et super eo quod dicebant quod dictus episcopus, post presentem controversiam motam, arrestari mandavit et fecit fructus capellanie quam obtinet magister Guillelmus de Freauvilla, canonicus Ambianensis, in villa de Friscans, Ambianensis diocesis, concordatum et ordinatum fuit quod dictus episcopus graciam faciet quam poterit et que videbitur eidem. — Item super eo quod dicebant quod dictus episcopus, post presentem controversiam motam, presentaciones dictorum decani et capituli et singulorum canonicorum dicte Ambianensis ecclesie ad ecclesias in quibus jus obtinent patronatus, admittere recusabat, concordatum et ordinatum fuit quod admittantur, prout fuerit rationis, sicut ante controversiam motam est fieri consuetum. — Item super eo quod dicebant quod dictus episcopus nolebat reddere racionem jocalium in thesauraria Ambianensi existentium decano et capitulo prelibatis, concordatum et ordinatum fuit quod ipse faciet, et jam se facturum obtulit, dum tamen ea que capitulum seu singulares persone capituli habuerunt, reddant similiter et reponant. — Item super eo quod dicebant quod dictus episcopus capellanum Sancti-Sulpicii Ambianensis, in suo carcere sine causa detentum, licet pluries requisitus, eisdem restituere recusavit, concordatum et ordinatum fuit quod restituetur quantum fuerit rationis. — Item super eo quod dicebant quod dictus episcopus, seu gentes sue, homines laicos eisdem decano et capitulo subjectos coram se ad judicium evocabant, et requisiti eis remittere recusabant, concordatum et ordinatum fuit quod scietur qualiter id consuevit fieri et illud servetur. — Item super eo quod dicebant quod dictus episcopus clericos per dictos decanum et capitulum beneficiatos et alios eorum subditos recusabat ad ordines promovere, concordatum et ordinatum extitit quod dictus episcopus hujusmodi clericos promovebit ad ordines prout est fieri consuetum. — Item super eo quod dicebant quod dictus episcopus, post dictam controversiam motam, fructus capellanie magistri Firmini de Parvovillarum dictis decano et capitulo pleno jure subjecti arrestari mandavit, concordatum et ordinatum fuit quod remediabitur de licentia baillivi Ambianensis coram quo processus pendebat. — Item super eo quod dicebant quod dictus episcopus Thomam de Parvo villarum, famulum dicti magistri Firmini cubantem et morantem in claustro Ambianensi, in suo carcere sine causa detentum ad examen dictorum decani et capituli remittere recusavit pluries requisitus, dicente officiali predicti episcopi, ex alia parte, quod non fuerat requisitus, concordatum et ordinatum fuit quod ex hoc nullum esset dictis decano et capitulo prejudicium generatum. — Item super eo quod dicebant quod dictus episcopus religiosum virum fratrem Radulphum de Villaribus electum in abbatem monasterii Sancti-Acheoli prope Ambianum, eisdem decano et capitulo pleno jure subjectum, per ipsos confirmatum, benedicere recusavit, concordatum et ordinatum fuit quod dictus episcopus eum electum et confirmatum benedicet. — Item secuntur articuli pro parte dicti episcopi nobis traditi, et concordia super ipsis facta et habita inter partes. Primo, conquerebatur episcopus supradictus quod dicti decanus et capitulum juridictioni ipsius episcopi et ad ipsum notorie pertinentem, ut dicebat, tam de jure quam de consuetudine a tanto tempore obtenta cujus memoria hominum in contrarium non existit, in omnes et singulas personas cujuscumque status non exemptas civitatis et diocesis Ambianensis, in quacumque parte moram facientes et in loco quem pars capituli claustrum appellat, usurpando Honoratum de Attrebato qui in dicto loco claustri dicebatur delinquisse, et Johannem Monniot, clericos supradictos eidem episcopo subjectos ceperant propter causas productas, et in suis carceribus diu detinuerant, et adhuc eos detinebant, in dicti episcopi et sue juridictionis ordinarie prejudicium et gravamen, quos recusaverunt restituere gentibus dicti episcopi, licet debitis loco et tempore, cum instanter fuissent super hoc requisiti, concordatum et ordinatum fuit inter partes predictas in nostra, testium et notariorum subscriptorum presencia constitutas quod unus de incarceratis restitueretur episcopo, sine mora, pro bono pacis, per ipsum puniendus vel purgandus, alter vero ipsis decano et capitulo remanebit pro suis demeritis per eos puniendus. Quantum vero ad casus futuros, si emergerent, quid servari debeat, in similibus superius est subscriptum et de consensu partium concordatum in articulo qui incipit : Deinde quod canonici, etc. — Item quod predictus episcopus videns decanum et capitulum de quibus supra in sue juridictionis turbacione duricie permanere, de mense marcii, anno tricesimo sexto, misit magistrum Johannem Gomardi, legum professorem, sacerdotem tunc officialem suum Ambianensem, cum litteris monitoribus sigillo curie sigillatis, qui accessit ad locum capituli, et ipsos caritative requisitos monitis et exortationibus verbo tenus, post in scripto monuit canonice que predicta attemptata in prejudicium dicti episcopi ad statum pristinum revocarent, expressum illata gravamina detencionis clericorum et usurpacionis juridiccionis exprimendo, cumque processum sibi injunctum per dictum episcopum, loco capituli penitus non exempto, ut dicebat, per Hugonem de Colonia Ambianensis curie promotorem, mandaret et faceret publicare pluries in capitulo congregato et coadunata turba capitulum facientes, inimico hominum suadente, dictum officialem et doctorem arrestando et detinendo in dicto capitulo incluserunt, parte dictorum decani et capituli contrarium asserente; concordatum et ordinatum fuit quod omnis rancor, injuria, et pene que ex inde possent subsequi penitus sint abolite. — Item super eo quod dictus episcopus conquerebatur de quadam muliere que Sancta vocabatur, uxorem Hugonis Maillart, camerarii ipsorum decani et capituli cui idem officialis antequam matrimonium cum dicto Hugone in facie ecclesie solempnizaret inhibuerat ne cum ipso vel aliquo alio contraheret, donec de morte primi mariti sui sufficienter certificata fuisset, ipsaque, non obstante predicta inhibicione, cum dicto Hugone contraxit, concordatum et ordinatum fuit quod ipsa dicto officiali gagiaret emendam que taxaretur per dominum Attrebatensem episcopum, et ibidem in presencia nostra idem episcopus Attrebatensis remisit eandem. — Item super eo quod quidam clericus qui dicebatur falsarius litterarum apostolicarum, qui sine aliquo presenti delicto captus fuerat per gentes ipsorum decani et capituli, concordatum et ordinatum fuit quod redderetur Episcopo indilate. — Item super eo quod dicebat dictus episcopus quod dictus decanus et capitulum, supradicti, turba coadunata, dum predicte sentencie canonici et hominis, prout moris est, aggravate in ecclesia Ambianensi publicarentur, pulsatis campanis, ut amplius censura ecclesiastica timeretur, hostia turris seu campanilis cum malleis ferreis et magna violencia confregerunt, jura, juridictionem ejusdem episcopi et immunitatem ecclesiasticam, ut dicebat, temere violando, et cum scandalo plurimorum quemdam Johannem Couchi tunc servientem dicti episcopi et licet campanas pulsantem violenter capientes, et a commisso officio educentes, diro carceri tradiderunt, nec ipsum, eidem requisiti, reddere voluerunt, parte dictorum decani et capituli contrarium asserente, concordatum et ordinatum fuit quod totum esset remissum, salvo jure utriusque partis, retenta domini Regis voluntate, cum partes in parlamento super juridictione turrium litigarent, ne caderent in emendam. — Item cum episcopus predictus conquereretur quod dicti decanus et capitulum bona intestatorum in sua juridictione et territorio degentum capiebant et ordinabant de eis prout eis videbatur expedire, in grave dampnum et prejudicium ipsius et sue ordinarie juridictionis, ipsis decano et capitulo asserentibus ad ipsos de antiqua consuetudine notoria pertinere, concordatum et ordinatum fuit quod quelibet pars utatur jure suo, remota novitate, videbitur et absque prejudicio. — Item cum dictus episcopus conquereretur quod ipsi decanus et capitulum ipsum impediebant quominus in gradibus ante chorum ipsius ecclesie posset libere juridictionem exercere quam ad se dicebat pertinere, dictis decano et capitulo contrarium dicentibus, et quod ad ipsos solum et in solidum juridictio in locis predictis pertinebat, et cum super gradibus ante chorum duntaxat esset in foro seculari contencio inter eos, concordatum et ordinatum fuit quod tota lis et questio que erat de presenti tolleretur et explectum ad nichilum apponeretur absque prejudicio quocumque, et utatur quelibet pars jure suo de cetero. — Item cum eciam de clausura cujusdam porte dicte Ambianensis ecclesie et gradibus ejusdem dictus episcopus conquereretur, concordatum et ordinatum fuit quod fieret super hoc quod esset rationis. — Item super eo quod dictus episcopus conquerebatur quod curati ipsis decano et capitulo subjecti nolebant mandata officialis Ambianensis exequi, concordatum et ordinatum fuit quod curati capitulo subjecti exequentur mandata officialis Ambianensis prout est fieri consuetum. — Item super eo quod idem episcopus conquerebatur quod curati decano et capitulo predictis subjecti recipiebant excommunicatos et sepeliebant eos, ministrando eis ecclesiastica sacramenta et ecclesiasticam sepulturam, ipsis decano et capitulo dicentibus hoc se nescire, nec credere, concordatum et ordinatum fuit quod non recipiantur de cetero et punientur per capitulum recipientes. — Item et super eo quod idem episcopus conquerebatur quod decanus Ambianensis quasdam candellas ad ipsum episcopum pertinentes, ut dicebat, receperat, concordatum et ordinatum fuit quod videatur inquesta et secundum eam judicetur vel statim perficiatur. — Item super eo quod idem episcopus conquerebatur quod precentor ipsius ecclesie quasdas candelas oblatas ad altare beati Jacobi receperat quas ad se pertinere dicebat, concordatum et ordinatum fuit quod restituerentur. — Item extitit eciam concordatum cum plures alii articuli fuissent hinc inde in diversis curiis propositi atque dati, insuper de pluribus attemptatis et explectis indebite factis, et una pars de alia conquereretur quod dicti articuli et omnia explecta seu processus habiti et facti occasione eorumdem, sive in curia Romana sive in parlamento, sive in alia quacumque curia, ex nunc adnichilentur, et pro nullis et infactis habentur ac si nunquam facti fuissent et in posterum in illis causis seu in aliis preteritis, presentibus, vel futuris, de quibus articuli facti non fuerunt, quelibet pars custodiat jura sua. — Item fuit inter ipsas partes protestatum quod per predicta vel aliquod predictorum privilegiis munimentis, ordinacionibus apostolicis, consuetudinibus et aliis juribus quibuscumque in ceteris causis seu articulis ad eos pertinentibus nullatenus derogetur. — Item fuit concordatum quod una pars contra aliam super premissis, vel aliquo premissorum non possit acquirere aliquid jus in futurum in possessione, vel saisina, et si se insaisinaverit de facto aliqua parcium pro nulla et infacta habeatur et ex nunc habetur, nec de dicta saisina poterit se juvare ; et fuit actum quod si aliquid est declarandum in premissis circa limitatem claustri, vel alia. in premissis stabitur declaracioni nostre Bertrandi cardinalis predicti, si de facili adiri poterimus, alioquin declaracioni Attrebatensis episcopi supradicti, quibus articulis pro parte qualibet supradictam nobis traditis suas querimonias continentibus ac rotulo pergameni predicto concordiam super ipsis articulis unanimiter inter ipsas partes factam continente, lecto de verbo ad verbum, coram nobis in presencia parcium predictarum, ipsis petentibus cum instantia et requirentibus, ut nos prout ipsi se concordaverant et adhuc concordabant prout in dicto rotulo erat scriptum pronunciaremus, diceremus, diffiniremus et arbitramur. Nos enim attendentes quod licet multis et arduis negociis pro quibus eramus ad partes istas per Sedem Apostolicam destinati occuparemur quam plurimum, ac curiis innumeris et excogitacionibus continuis circa illorum expedicionem excitaremur circa id tamen ferventi desiderio anelamus que ad divini nominis gloriam ac divini cultus augmentum et profectum fidelium animarum cedere dinoscuntur : Idcirco ut subductus inter partes predictas radicitus dicidiorum vepribus et litigiorum auffractibus pacis, transquillitatis admodo inter partes prenominatas perpetuo vigeat fervor caritatis extuet animorum et idemptitas perseveret, et causis predictis caritative compulsi, de voluntate dictarum parcium unanimi et concordi, partibus ipsis personaliter coram nobis existentibus et interrogatis, per nos sepius si in et de contentis in dictis rotulis erant bene concordes et de predictis contenti ipsisque respondentibus sic fuisse in premissis et de presenti esse plene concordes, XPI nomine invocato, premissa omnia et singula prout et quemadmodum superius scripta sunt et in inserta virtute submissionis predicte seu compromissi ultimo in nos facti pronunciavimus, pronunciamus, dicimus, diffinimus, et arbitramur, ipsis que et eorum singulis, quantum ad nos virtute potestatis nobis attribute pertinet, auctoritatem nostram interponimus pariter et decretum et eisdem assentibus, ipsasque approbamus et ratificamus, pronunciantes et recipientes ea omnia et singula, prout acta sunt et concordata, fieri, teneri et compleri ac perpetuo inviolabiliter observari sub pena in dicto compromisso contenta et superius expressata in singulis capituli laudi, compromissi et pronunciacionis hujusmodi si contra factum fuerit committenda et ibidem dictus episcopus pro se et suis successoribus ac vice et nomine ecclesie sue Ambianensis, ex parte una, et decanus et prenominati canonici dictum capitulum Ambianense representantes ac facere et representare volentes, deliberacione prehabita diligenti et precedente tractatu ac maturo consilio, ut dixerunt, premissis omnibus et singulis, ut superius scripta sunt et inter ipsas concordata et per nos pronunciata, dicta et arbitrata concorditer et unanimiter acsenserunt, eaque omnia et singula emologaverunt, laudaverunt, approbaverunt, ac grata, rata et firma habere voluerunt et habere perpetuo promiserunt, et in nullo contra facere vel venire quacumque racione, causa seu modo, de jure, vel de facto, verbo, vel opere, per se vel per alium, seu alios, vel per interpositam personam, nomine suo vel alieno, sub pena predicta et bonorum suorum ac ecclesie Ambianensis, et eciam capituli, et sub refusione dampnorum et expensarum, me infrascripto notario publico recipiente pro omnibus et singulis quorum interest vel interesse potest in futurum, et ad cautelam solempnitatis stipulante adicientes eedem partes (1) se nec aliquam ex ipsis nichil unquam opposituras seu allegaturas de jure vel de facto per que premissa in totum vel in partem cassari vel infringi, seu tolli possent, aut aliqualiter revocari, profitentes se in nullo foro deceptos per dolum, fraudem, circumventionem, seu machinationem alicujus persone, et ad majorem premissorum firmitatem renunciaverunt dicte partes omni juri canonico et civili, scripto et non scripto, usui, foro, consuetudini et privilegio, et omni beneficio, ac omni exemptioni et remedio juris et facti, per que quem seu quas contra premissa seu eorum aliquod facere vel venire posset aut in aliquo se juvare, volentes nichilominus quod hujusmodi renunciatio generalis tantum valeat ac tantum habeat efficatie et vigoris ac si omnibus casibus juris canonici et civilis ex quorum seu alicujus ipsorum renunciatione expressa presens concordia

---

(1) A partir de cet endroit l'original de la charte existe aux archives de la Somme, G. 653, n° 4, et c'est lui que nous reproduisons.

atque nostra pronunciatio hujusmodi firmius vallari seu roborari possent, per ipsas partes renunciatum extitisset sigillatim, specialiter et expresse, et essent hic singulariter numerati ; renunciationem hujusmodi generalem valere volentes et ex eorum certa sciencia approbantes, de quibus omnibus et singulis supradictis partes predicte videlicet dictus episcopus, ex parte una, et decanus ac supranominati canonici Ambianenses dictum representantes capitulum, ex parte altera, sibi et cuilibet ipsarum parcium pecierunt et requisierunt fieri publica instrumenta per Durantum infrascriptum notarium, sic bona et efficacia atque firma sicut dittari, fieri et ordinari possent seu poterunt semel vel pluries, facti substancia non mutata per aliquem seu aliquos sapientes, seu de consilio eorumdem apposicione nostri sigilli, seu sigillorum, una cum signo et subscriptione dicti subscripti notarii roboranda, que eisdem et cuilibet eorumdem ad simplicem ipsorum instantiam duximus liberaliter concedenda.

Acta fuerunt hec in abbacia Sancti-Martini-ad-Gemellos, ordinis Sancti-Augustini, Ambianensis, in camera quam inhabitabamus ibidem anno ab Incarnatione Domini M° III^{mo} tricesimo septimo, die decima septima mensis octobris, indictione quinta, pontificatus prefati Sanctissimi Patris et Domini nostri domini Benedicti divina providencia Pape duodecimi anno tercio, presentibus testibus predicto venerabili in XPO patre domino Johanne Dei gracia episcopo Attrebatensi et religioso viro Arvaldo abbate nonasterii Sancti-Laurencii juxta Leodium, ac discretis viris magistris Bernardo Hugonis, thesaurario Albiensi, Johanne Gomardi, canonico Laudunensi, Philippo de Montibus, Johanne Rouselli, Petro Talverii, Petro de Malobodio et Balduino de Liguiaco, milite, ac Laurencio Pyquais, et Johanne Daulle, publicis notariis ad premissa vocatis specialiter et rogatis.

Et ego vero Durantus Bariovis clericus Sancti-Flori, publicus auctoritate apostolica notarius, anno, die, indictione, pontificatu et loco quibus supra, supplicationibus, petitionibus et responsionibus supradictis, per dictos dominos episcopum, ex parte una, et decanum et capitulum Ambianense, ex altera, dicto domino meo domino Bertrando Dei gracia Sancte-Marie-in-Aquiro diacono cardinali, factis ac compromisso predicto per ipsas etiam ultimo in se facto, dictorumque articulorum querimonias ipsarum partium continentium traditioni ac eorum receptioni, necnon supradicti rotuli pargameni prefatam concordiam continentis exhibitioni et traditioni ejusdemque receptioni, visioni, lectioni et publicationi factis in presencia dictarum parcium ac concordationi super contentis in eo ut premissum est facte inter ipsas partes coram dicto domino meo cardinale, atque pronunciationi et interpositioni per ipsum dominum meum cardinalem ad requisitionem dictarum partium factis, necnon emologationi et approbationi super premissis et eorum singulis per dictas partes incontinenti factis ac promissionibus et renunciationibus omnibus aliis et singulis suprascriptis dum sic ut premittitur inter partes predictas coram dicto domino meo cardinale et per eundem plenarie agerentur una cum dictis testibus presens interfui, de quibus omnibus et singulis notam recepi quam dictatam et ordinatam de sapientum consilio, non mutata tamen facti substancia, prout conventum fuerat inter partes predictas, inserendo in ea, ut premittitur dictum rotulum pargameni aliis dicti domini mei cardinalis negociis occupatus per deputatum meum scribi feci. Et hic me subscribens eandem notam in hanc publicam formam redegi, signoque meo quo dicta auctoritate utor supra in duabus juncturis hujusmodi instrumenti et hic post hanc meam subscriptionem in fidem et testimonium omnium et singulorum premissorum signavi de voluntate prefati mei domini cardinalis per supradictos dominos episcopum, ex parte una, et decanum et capitulum. Ambianense, ex altera parte, debite requisitus. Et nos Bertrandus miseratione divina Sancte-Marie-in-Aquiro diaconus cardinalis predictus, apostolice Sedis nuncius, ad majorem fidem et corroborationem ac testimonium omnium premissorum et cujuslibet eorumdem, presentibus litteris seu publico instrumento manu dicti notarii signato superius in duabus ipsius juncturis hinc inde juxta signum prefati notarii, et hic proximo in pendenti sigillum nostrum ad requisitionem dictorum episcopi, decani et capituli duximus apponendum (1). Et ego Johannes Daulle, clericus Ambianensis diocesis publicus apostolica et imperiali auctoritate notarius quia presens transumptum, etc.

Cartul. VI, f° 1, n° I.

525

Arrestum parlamenti pro Capitulo quod homines et justiciabiles suos de ballivia Viromandie et aliunde possent trahere ad suum auditorium ambian.

Philippus, Dei gratia Francorum rex, universis presentes litteras inspecturis salutem. Notum facimus quod cum certa lis penderet coram nostro Viromandensi baillivo in suis assisiis apud Montemdesiderii, inter procuratorem nostrum

1340

(1) Là se termine la pièce originale.

dicte baillivie ex parte una ac decanum et capitulum ecclesie Ambianensis ex altera, super contentis in cedula inferius inserta et quia dicta lis non multum nobis utilis dicto baillivo videbatur, ipse baillivus dictique decanus et capitulum curie nostre supplicassent ut super dicto debato seu lite dicta curia ordinaret secundum tenorem certe cedule per eosdem communi assensu dicte curie tradite cujus tenor sequitur in hec verba : Comme proces et erremens fust meus par devant le baillif de Vermendois es assises de Montdidier entre le procureur du roy nostre sire de la dicte baillie d'une part, le doyen et le chapitre de l'église Nostre-Dame d'Amiens d'autre part, sus ce que li dessus dit doyen et chapitre disoient et maintenoient eus estre en saisine et possession de si long temps qu'il n'est memoire du contraire, de traictier et faire traictier toutes les personnes demourans en leurs villes leur justiciables ou bailliage de Vermendois et ailleurs, à leur auditoire à Amiens, pardevant leur baillif et hommes jugens en leur court, et la absoldre ou condempner tant de cas criminelz comme de civilz, toutes foiz et quantesfois que li cas si sont offert et par pluiseurs fois si sont offert, le procureur de nostre dit seigneur de la dicte baillie disant et maintenant le contraire, et que faire ne le povoient ne devoient, et que amender devoient li dit doyen et chapitre au roy nostre sire, ce que traictie avoient ou fait traictier ou bailliage d'Amiens hors des metes du bailliage de Vermendois les habitans en leurs villes ou bailliage de Vermendois, et sus ce commissaires baillies entre les parties et aient eu les diz doyen et chapitre recreante par plusieurs fois sus les choses dessus dictes tant de monseigneur Fauvel de Waudencourt, quant de monseigneur Robert do Charny ou temps que il ont este baillif. Sus ce a este accordé, sil plaist à vous, Messeigneurs representans la personne du roy nostre sire, que li dessus dit doyen et chapitre traictent et puissent traictier les habitans en leurs dictes villes en leur auditoire à Amiens si comme dessus est declairie, tant sauf que se il ychiet appel du jugement fait à Amiens par les diz baillif et hommes, que li diz appeaulz sera devolus es assises à Montdidier par devant le baillif de Vermendois, et sil y a condempnation de cas criminel, l'execution sera faite ou bailliage de Vermendois et es metez ou li deliz aura este faiz, et se es diz plaiz qui seront faiz à Amiens, comme dit est, eschiet a faire aucuns commandemens, adjournemens, contraintes, sommations ou autres esploiz quelconques ou pour la deppendance des diz plaiz, faire se pourront à Amiens par les sergens de labbaillie de Vermendois et de la prevoste de Montdidier par commissions des baillifs de Vermendois et prevos de Montdidier ou de leur lieutenant sans auctorité du baillif d'Amiens tout aussi comme se ce fust en labbaillie de Vermendois et prevoste de Montdidier, et y sera on tenu de obeir sanz difficulte comme se ce fust en labbaillie et sanz fraude, et que par mi ce ne soient empetrées en riens les appellations qui seront faites du dit chapitre....

Curia nostra de voluntate et assensu procuratoris generalis ac etiam advocati nostrorum, visa dicta cedula ac contentis in eadem, voluit, approbavit et ratifficavit contenta in cedula predicta et ordinavit ut contenta in dicta cedula sic de cetero observentur. In cujus rei testimonium presentibus litteris nostrum fecimus apponi sigillum. Datum Parisius in parlamento nostro die XXVII* novembris, anno domini millesimo CCC* quadragesimo.

Cartul. II, f° 353 v°, n° ccciiixx xi.

526

Universis presentes litteras seu presens publicum instrumentum inspecturis Guillermus de Pistoya jurisperitus sacerdos et Hugo Parvi dyaconus, canonici ecclesie Ambianensis, a partibus subscriptis super questione, controversia et debato infrascriptis electi concorditer et assumpti salutem in domino sempiternam.

Cum pridem inter honorabiles viros dominos nostros decanum et capitulum ecclesie Ambianensis ex parte una, et venerabilem virum dominum Jacobum Parvi licentiatum in legibus, dicte Ambianensis ecclesie prepositum et canonicum ex altera, questio, controversia et debatum mote fuissent seu moveri et oriri sperarentur super eo quod dicti domini decanus et capitulum dicebant et asserebant omnes et singulas decimas minutas omnium nascencium et nutritorum apud Longamaquam in domo videlicet seu managio dicti domini prepositi atque ortis et gardinis hujusmodi domus seu managii que idem dominus prepositus ratione dicte sue prepositure tenet et possidet in dicta villa de Longa Aqua et pertinenciis ejus ad se pertinuisse et spectasse pertinere et spectare, ac fuisse et esse in possessione quieta et pacifica hujusmodi decimas minutas in ipsis domo seu managio hortis et gardinis levandi, percipiendi et habendi soli et in solidum jure suo prefato domino preposito pro jure dicte sue prepositure contrarium asserente et dicente se ipsam prepositurum domum suam seu managium hortos et gardinos predictos ad eum racione sue preposlture predicte ut prefertur in dicta villa de Longa aqua spectancia et pertinencia fuisse et esse in possessione pacifica et quieta libertatis et immunitatis predictarum ; tandem dicte partes pro bono pacis et concordie inter eos sicut decet fratres et concanonicos nutriendo nos Guillermum et Hugonem prefatos ut audiremus, examinaremus, et videremus raciones et jura dictarum parcium quibus uti ad suam intentionem fundandam vellent ipsasque partes juxta proposita, probata et producta ad pacem et concordiam induceremus hujusmodique questioni et discordie imponeremus seu procuraremus dari et imponi finem, elegerunt concorditer et etiam assumpserunt. Nos igitur electi prefati, juribus et racionibus parcium earumdem propositis et allegatis coram nobis ac dictis et deposicionibus certorum testium hinc et inde productorum juratorum et examinatorum testium more et in scriptis redactis, visis, discussis et examinatis et pensatis, diligenter ipsis partibus presentibus dicimus pronunciamus et declaramus ut adhinc et deinceps prefatus dominus prepositus et ejus imposterum in hujusmodi prepositurum successores quam diu tenebit et tenebunt ad suam manum propriam, domum seu managium ortos et gardinos predictos a solucione et prestacione dictarum minutarum decimarum superius petitarum fore et esse debere quictos, liberos et immunes ; cum vero predicta domus seu managium, orti et gardini erunt et tenebuntur in aliena manu ipsis dominis decano et capitulo seu prebendario inibi per eos instituendo minute decime superius memorate secundum morem et consuetudinem dicte ville solventur ; neutram dictarum partium in expensis in presenti causa factis et arreragiorum solucione certis consideracionibus pro bono pacis et concordie condempnantes atque per premissa utrique parti super hujusmodi discordia silencium perpetuum imponentes parochiali ecclesie de Longa aqua et quolibet alieno juribus semper salvis. Ordinantes nichilominus et ordinando addentes quod minute decime ante dicte que provenient et provenire poterunt de dictis domo seu managio ortis et gardinis usque ad annum integrum a data presentium numerandum sint, maneant et teneantur atque leventur sub manu honorabilis viri domini R. de Croyaco dicte Ambianensis ecclesie ad presens decani per quem vel deputatum ab eo de ipsis minutis decimis pro dicto anno duntaxat disponi et ordinari libere poterit prout sibi videbitur expedire in eo tantum quo videlicet hujus domus seu managium in manu aliena remaneret. Quibus sic peractis statim mox et in continenti antequam ad alios actus procederetur, dicte partes videlicet domini decanus et capitulum ex una parte et dictus dominus prepositus ex alia parte in quantum potuit et debuit premissa omnia et singula prout superius dicta pronuntiata, declarata, acta, gesta et scripta sunt, ratificaverunt, approbaverunt, et amologaverunt (sic) specialiter et expresse. In quorum omnium fidem et testimonium ac pleniorem roboris firmitatem nos electi memorati presentes litteras nostras hujusmodi nostrum dictum, pronunciacionem, declaracionem continentes per magistrum Johannem Coyspelly notarium publicum infrascriptum scribi et in publicam formam redigi mandavimus et sigillorum nostrorum appensione una cum signo et superscripcione dicti notarii muniri, sigillis nichilominus dictorum dominorum decani et capituli atque prepositi in signum ratificacionis, approbacionis et amologacionis predictarum appositis eisdem litteris seu appensis. Actum et datum Ambian*is* in capitulo seu loco capitulari dicte Ambianensis ecclesie dominis decano et canonicis capitulantibus et capitulum tenentibus, die vicesima quarta mensis decembris anno domini M˚ CCC^{mo} sexagesimo nono indictione octava, pontificatus sanctissimi Patris et domini nostri domini Urbani superna providentia pape quinti anno octavo presentibus dominis Jacobo Cuparii, Petro Mercarii presbyteris in predicta Ambianensi ecclesia beneficiatis et Johanne Baisart apparitore predictorum dominorum testibus ad premissa vocatis specialiter et rogatis.

Cartul. II, f˚ 354, n˚ cccxcii.

527

COMPOSITIO INTER REVERENDUM PATREM DOMINUM JOHANNEM DE GRANGIA TUNC EPISCOPUM ET POSTEA CARDINALEM AMBIANENSEM, EX PARTE UNA, ET DECANUM ET CAPITULUM AMBIANENSE, EX ALTERA, ANNO M˚ CCC˚ LXXV˚ FACTA, ET PER DOMINUM JOHANNEM ROLAND, EPISCOPUM SUCCESSOREM CONFIRMATA.

Johannes, miseracione divina episcopus Ambianensis, notum facimus universis per presentes nos vidisse, legisse et tenuisse quoddam publicum instrumentum non viciatum, non caucellatum nec in aliqua parte sui abolitum, continens quamdam amicabilem concordiam, composicionem atque pacem factas et initas inter reverendissimum patrem ac dominum dominum Johannem tunc episcopum Ambianensem, nunc vero sacrosancte Romane ecclesie cardinalem, una ex parte, et venerabiles et discretos viros decanum et capitulum ecclesie nostre Ambianensis, ex altera, super nonnullis questionibus et debatis motis

13 Mars
1377
(v. st.)

inter eos et aliis speratis verissimiliter moveri tam de tempore predecessorum ipsius domini cardinalis, quam eciam de tempore suo, signis et subscripcionibus discretorum virorum magistrorum Nicholai Chaudardi, canonici Parisiensis, apostolica et imperiali (*sic*) Matisconensis diocesis, et Hugonis Lupi de Nivernis predictis apostolica auctoritatibus notariorum publicorum signatum, sigillisque predictis reverendissimi in XPO Patris et capituli sigillatum, cujus tenor sequitur de verbo ad verbum in hunc modum : In nomine Domini, Amen. Anno nativitatis Domini millesimo trecentesimo septuagesimo quinto, mensis januarii die tercia, indictione XIII, pontificatus sanctissimi in XPO Patris et domini nostri domini Gregorii superna providente clemencia pape XI^{mi} anno V°. Noverint universi presens instrumentum publicum inspecturis quod in nostrum notariorum publicorum et testium subscriptorum ad hoc specialiter vocatorum et rogatorum presenciam reverendus in XPO pater et dominus dominus Johannes, Dei gracia episcopus Ambianensis, ex parte una, et venerabiles et circumspecti viri domini decanus et capitulum ecclesie Ambianensis, ex parte altera, super nonnullis litibus, questionibus et debatis motis inter eos, et aliis speratis verissimiliter moveri tam de tempore predecessoris ipsius domini episcopi quam eciam de tempore suo, ad infrascriptam amicabilem concordiam, composicionem atque pacem pro se ecclesia et successoribus suis imperpetuum, retentis tamen auctoritate et licentia curie Parlamenti, seu alterius regie in casibus in quibus fuerint requirende, matura deliberacione prehabita, communicatoque consilio amicorum communium unanimiter et concorditer descenderunt convenciones, promissiones, pacta et transactiones facientes et ineuntes ad invicem, modo et forma inferius distinctis et particulariter annotatis, et hujusmodi scripture publice testimonii fideliter commendatis : In primis siquidem super eo quod dicti domini decanus et capitulum volebant de novo habere officialem pro quadam jnridictione spirituali quam se habere dicunt exercenda, concordatum fuit et est quod ipsi domini decanus et capitulum uterentur juridictione sua spirituali sub nomine decani et capituli, vel commissarii ipsorum et sub sigillo decani et capituli eorumdem. — Item super eo quod ipsi domini decanus et capitulum volebant habere juridictionem spiritualem virtute composicionis facte per bone memorie dominum Bertrandum de Monte-Favencio sancte Romane ecclesie cardinalem, in personam magistri Colardi Carpentarii ea ratione quod dicunt dictum Colardum esse carpentarium fabrice ecclesie et de robis eorum et morari in quodam molendino ecclesie absque locagio, et quia defert aliquociens ante ipsos quandam virgam in processionibus solempnibus faciendis, licet non sit eorum familiaris alius quam, ut dictum est, nec moretur in loco quo possint habere juridictionem spiritualem, nec sit serviens pro eorum juridictione temporali exercenda. Et licet esset non tamen ad ipsos juridictio predicta pertineret, dictus Colardus per officiarios dicti domini episcopi in casu presentis delicti et in juridictione temporali domini episcopi et spirituali perpetrati fuit captus, concordatum fuit et est quod explectum factum in personam dicti Colardi reputabitur et ex nunc reputatur pro non facto absque tamen prejudicio cujuscumque juris parcium earumdem. Et quoad juridictionem dictorum decani et capituli in familiares suos servabuntur compositiones in casibus futuris. — Item super eo quod dicti domini decanus et capitulum volebant habere juridictionem spiritualem et temporalem in parvisio ecclesie, concordaverunt partes ipse ac concordant quod remanebit juridictio spiritualis et temporalis ipsis dominis decano et capitulo in dicto parvisio modo consimili quo habent in claustro suo. — Item super eo quod dicti domini decanus et capitulum dicebant se habere juridictionem spiritualem et temporalem in illa parte vici que est ante ecclesiam Beati-Firmini confessoris ecclesie Ambianensi contigua, bournis lapideis limitata et protensa a primo portali curie seu domus episcopalis usque ad angulum dicti parvisii versus villam Ambianensem, necnon et in habitantibus in domibus edificatis et edificandis in illa parte situatis, concordaverunt et concordant dicte partes quod ipse reverendus pater dominus Ambianensis episcopus et ejus successores habebunt deinceps juridictionem spiritualem et temporalem tam in domibus edificatis et edificandis quam in vico ipso in omnes indifferenter, exceptis incolis et habitatoribus dictarum domorum sine fraude. In quos duntaxat tam existentes in eisdem domibus quam infra limites dicti vici a parte dicte ecclesie Ambianensis et eciam in alios in quos ratione aliarum composicionum ipsis dominis decano et capitulo competit juridiqtio, decanus et capitulum predicti easdem juridictiones spiritualem et temporalem habebunt. Insuper habebit fabrica dicte ecclesie Ambianensis locagia, census et redditus dictarum domorum, et ipsi decanus et capitulum juridictionem racione fundi terre pro edificando, demoliendo, mensurando et similibus vel aliis tangentibus dictum fundum terre, et ex pacto expresso dictus dominus Ambianensis episcopus, vel ejus successores in dicta parte vici non poterunt facere poni pilorium, scalam vel cadavera mortuorum. — Item super eo quod dicti decanus et capitulum dicebant se habere juridictionem spiritualem in duabus domibus contiguis quarum una dicitur Ad Leonem, et alia ad Portam confrontatis cum aqua Hoqueti et cum orto domus episcopalis, et cum vico publico quo descenditur de ecclesia Sancti-Firmini-Confessoris ad dictam aquam Hoqueti, in quibus domibus ad presens morabatur Johannes dictus Vaquier et Johannes Hochecorne, cambarii, et eciam in quadam alia domo sita in vico magno Sancti-Dyonisii in qua morabatur quondam magister Johannes Visex, et. nunc moratur dictus Robertus de Molanis ecclesie Ambianensis capellanus, confrontata a parte dextra cum domo magistri Guillelmi, majoris curie promotoris, et a sinistra cum domo domini Petri Dautun, eciam dicte ecclesie Ambianensis capellani, concordatum fuit et est quod ipsi domini decanus et capitulum habebunt juridictionem spiritualem in dictis domibus quamdiu exempti per composiciones vel persone ecclesiastice habitabunt easdem. Si vero persone laicales non exempte eas inhabitent, juridictio spiritualis hujusmodi dicto domino episcopo remanebit, reservato jure ipsis decano et capitulo quod in juridictione temporali dictarum domorum se habere pretendunt. — Item super eo quod dicti decanus et capitulum dicebant se habere juridictionem spiritualem et temporalem in duabus domibus in quarum una confrontata cum domo curati Sancti-Mikaelis et cum quodam stabulo domus episcopalis nunc moratur Matheus Muchemble, et in alia que fuit Roberti Kirieti, canonici Ambianensis, confrontata a parte dextra cum vico publico et a sinistra cum domo magne hospitalarie Ambianensis, ad presens moratur magister Johannes Fauqueti, Ambianensis ecclesie canonicus et precentor, concordaverunt dicte partes et concordant quod dicti decanus et capitulum habebunt juridictionem spiritualem et temporalem in dictis domibus secundum quod in domibus claustri sui. — Item super eo quod memorati decanus et capitulum volebant habere juridictionem spiritualem et temporalem in certis domibus adherentibus muris ecclesie Ambianensis a parte dextra in quibus tassetarii commorantur, et quod omnes ille domus gauderent ea libertate qua claustrum, concordatum fuit et est quod ipsi decanus et capitulum in dictis domibus habebunt juridictionem spiritualem et temporalem ut in claustro. — Item super eo quod dicti decanus et capitulum prohibuisse dicebantur eorum curatis ut mandata decanorum christianitatum non exequerentur contra composiciones factas bene tamen intellectas, super quo lis pendebat in casu novitatis, concordaverunt partes ipse et concordant quod hujusmodi casus novitatis et omnia inde sequta habebuntur et ex nunc habentur pro non factis, et quoad execucionem mandatorum domini episcopi Ambianensis.

vel gencium suarum servabuntur composiciones predicte. — Item super eo quod dicti decanus et capitulum, non est diu, miserant magistrum Johannem Coispelli, notarium suum, pro faciendo quamdam inquestam contra curatum de Fontanis quam fecisse dicebatur in juridictione spirituali dicti domini episcopi, placuit dictis partibus quod per presentem concordiam dictus casus habeatur pro non facto ac si nullatenus contigisset. — Item super eo quod ipsi decanus et capitulum pretendebant se habere juridictionem spiritualem et temporalem in capella, domo et platea Sancti-Laurencii in suburbiis civitatis, concordatum fuit et est quod ipsi decanus et capitulum in dictis locis habebunt juridictionem spiritualem et temporalem secundum quod in claustro. — Item concordaverunt dicte partes et concordant quod in causa de stoquis affixis in riparia veniente de Morolio Ambianos per dictos decanum et capitulum in prejudicium ipsius domini episcopi, ut dicebat, baillivi episcopi et capituli ibunt supra locum et prestitis juramentis facient prout hactenus consuetum est observari, et si qua reparanda fuerint reparari, et casus novitatis super hoc propositus adnullabitur et habebitur pro non facto. — Item super eo quod dicti decanus et capitulum traxerant ipsum dominum episcopum coram gubernatore Ambianensi in casu novitatis pro eo quod officialis Ambianensis volebat cognoscere de pollucione sanguinis et verberacione cujusdam in et de cimiterio ville de Camons factis, concordatum fuit et est quod hujusmodi casus novitatis cum omnibus explectis suis habebitur pro nullo et non facto, et quelibet pars conservabit jus suum in futurum. — Item super eo quod decanus et capitulum antedicti traxerant dictum dominum episcopum coram gubernatore predicto in casu novitatis et executores testamenti bone memorie Johannis, episcopi Ambianensis, ultimo defuncti, eo quod ipsi volebant et nittebantur quamdam tumbam super corpus ipsius defuncti episcopi in ecclesia Ambianensi ponere, ad quod seu ad quem casum novitatis dicti executores et procuratores dicti domini episcopi opposuerunt se, concordaverunt dicte partes et concordant quod dicta tumba situabitur absque prejudicio, lesione vel deturpacione ecclesie, et erit presens magister fabrice, si voluerit, ne fundamenta ecclesie ledantur, et officialis Ambianensis propter reverenciam funeris predecessorum dicti domini nunc Ambianensis episcopi, et casus novitatis cum omnibus explectis ante et post subsecutis habebitur pro non facto, et remanebit jus parcium predictarum in omnibus et per omnia in statu in quo erat antequam fieret mencio de situacione vel collacione dicte tumbe. — Item concordaverunt dicte partes et concordant quod baillivi eorum, sicut in articulo precedente faciente mentionem de stoquis affixis in reparia veniente seu descendente de Morolio dictum est, facient reparari in brevi, et in statu debito teneri aperturam excluse de Ravine que juxta composiciones antiquas debet esse quatuordecim pedum semper habens aperte versus Camons calceiam firmam et versus Ambianum debet casticiari solummodo palo et virga, ita quod in parte versus Ambianis due sunt aperture, una magna per quam navigium transeat, et alia modica per quam navelli piscatorum transeant. — Item concordatum est ut de rupturis riparie de Longa Aqua dicti baillivi provideant ut reparentur. — Item de via per quam itur ad campanas ut dictus dominus episcopus habeat claves, concordatum est ut fiat quod est fieri consuetum. — Item super eo quod prenominati decanus et capitulum prohibuisse dicebantur curatis suis contra consuetudinem antiquam, ne ipsi colligerent a parrochianis suis obolos Sancti-Firmini qui debent solvi in festo Penthecostes per parochianos et aportari per decanos in synodo, concordaverunt et concordant ut fiat quod est fieri consuetum. — Item super eo quod dicti domini decanus et capitulum nitebantur habere juridictionem spiritualem tam in duabus domibus contiguis granariis cotidiane capituli juxta portellatam claustri ab una parte et ab alia domui quondam Firmini dicti Le Rous quarum una a parte domus dicti Firmini Furnus Capituli vulgariter appellatur quam in molendinis suis et domibus pertinentibus ad dicta molendina existentibus in civitate Ambianensi, concordaverunt et concordant partes ipse quod hujusmodi spiritualis juridictio in domibus et molendinis prelibatis remanebit dicto domino episcopo pleno jure, et ad eum ejusque successores in perpetuum pertinebit, salvo ipsis decano et capitulo jure in temporali juridictione domorum et molendinorum predictorum in qua episcopus nichil petit. — Item super eo quod dicti decanus et capitulum conquerebantur de ipso domino episcopo qui eis solvere distulerat et differebat C XVI libras et octo solidos in quibus sibi teneri asseritur annuatim pro certis obitibus et festis, et duos modios bladi super molendino de Hoqueto, et sexaginta solidos pro respicio sancti Firmini, et quadraginta octo solidos super censibus ipsius domini episcopi de Divite Burgo percipiendos singulis annis, placuit et placet ipsi domino episcopo quod solvantur predicta pro tempore suo tam pro terminis preteritis quam futuris secundum quod fuerunt soluta de tempore inmediati predecessoris sui. — Item de paramento serico quod tenetur facere sicut predecessores sui fecerunt hactenus ad ecclesie ornatum, pro quo in jocundo adventu suo duos pannos aureos attulit qui sibi restituti fuerunt sub spe ut faceret fieri et muniri cum armis suis hujusmodi paramentum quod adhuc non fecit super quo conquerebantur decanus et capitulum supradicti, respondit idem dominus episcopus quod faciet super hoc prout in jocundo adventu suo ex devocione in mente sua concepit. — Item super eo quod conquerebantur de ipso domino episcopo decanus et capitulum prelibuti quia moveri fecerat et mandaverat curatos et capellanos eisdem decano et capitulo ad plenum subjectos ut sibi solverent caritativum subsidium ad quod dicebant eos non teneri cum nullam haberet juridictionem vel potestatem in eisdem, concordatum fuit et est quod ipsi decanus et capitulum providebunt in hoc ad utilitatem fabrice ecclesie Ambianensis juxta intencionem ipsius domini episcopi sibi dictam. Et propterea moniciones, appellaciones et alia subsequta inde habebuntur et ex nunc habentur pro non factis. — Item super eo quod conquerebantur ipsi decanus et capitulum quod idem episcopus adhuc non receperat cum beneficio inventarii jocalia, ornamenta et libros thesaurarie ecclesie Ambianensis prout tenetur ut thesaurarius et sui predecessores fecerunt, placuit ipsi domino episcopo quod fiat modo et forma quibus reperietur fuisse factum de tempore predecessorum suorum. — Item super eo quod dicti decanus et capitulum conquerebantur quod dominus officialis Ambianensis qui nunc est, moneri mandavit et fecit de facto Matheum de Coquerello, Hugonem Reybe et Johannem de Lilleriis, canonicos Ambianenses, et Johannem Chin, diaconum tunc vicarium ecclesie, coegit coram se respondere, et super eo quod dominus Petrus de Spagniaco tunc officialis Ambianensis fecit coram se respondere, emendare et emendam usque ad valorem XV^m francorum solvere dominum Petrum de Antono alias mercherii capellanum et subditum decani et capituli predictorum, et eciam super capcione et incarceracione Raynaudi Bete famuli fabrice qui faciebat in ecclesia fossam quondam magistri Gaufridi Fullonis, canonici Ambianensis, factis per gentes ipsius domini episcopi, concordaverunt et concordant dicte partes quod hujusmodi quatuor actus et explecta per eos sequta et emende solucio habeantur pro non factis, sine prejudicio jurium parcium earumdem. — Item super eo quod conquerebantur decanus et capitulum sepedicti quod gentes ipsius domini episcopi impediebant dictos decanum et capitulum quominus veruchiamam cujusdam modice platee site in calceya de Camons in qua homines loci de Camons subditi ipsis decano et capitulo tamquam in re et juridictione decani et capituli consueverunt reponere fimos suos potuerint et possint reparare, et super eo quod gentes ipsius domini episcopi in hujusmodi platea et supra eam projecerant purgamenta alvei aque et fossatorum propinquorum ; et eciam super eo quod gentes ipsius domini episcopi faciebant figi pallos in terra capituli versus bournam de Camons contra composicionem antiquam et nichilominus super stoquis fixis in ripa aque per Oudardum Machuardi hominem domini episcopi super quas edificavit domum novam, quod facere non poterat, cum sit locus infra metas de Ravine et de Gondrain, concordatum fuit et est per partes ipsas quod baillivi eorum super hujusmodi quatuor casibus providebunt modo et forma quibus in articulo mencionem faciente de stoquis affixis in riparia veniente de Morolio Ambianis noscitur superius concordatum. Ceterum actum fuit et concordatum inter dictas partes et solenni stipulacione vallatum quod per quoscumque actus vel explecta futura judiciaria vel alia neutra parcium predictarum per quemcumque lapsum temporis possit acquirere possessionem vel saisinam contra aliam in prejudicium superius concordatorum, nec jus suum in prejudicium alterius crescere quomodolibet, vel eciam augmentare per prescripcionem quamcumque introducendam de novo ; ymo voluerunt, concesserunt, concordaverunt et ordinaverunt quod actus et explecta universa et singula quecumque, et quocienscumque, quomodocunque et qualitercumque facta deinceps sint nulla, irrita et inania, et habeantur simpliciter pro infectis, nec possint partes se juvare de eis in judicio vel extra ; ymo tamquam non admissibilia per quoscumque judices in parlamento vel in aliis curiis ecclesiasticis seu secularibus repellantur et talia dicantur, pronunciantur, reputentur premissa universa et singula inprescriptibilia quoad quamlibet parcium predictarum et quoad aliqua opponenda vel proponenda contra ea voluerunt dicte partes, et concesserunt expresse ex nunc prout ex tunc sibi fore perpetuum silencium impositum, et quoscunque viam, aditum seu audienciam judiciarias, vel alias denegatas. Item ut corpus ecclesie representatum per eos, cum in majori fuerint unitate, majori eciam sospitate fruatur ac quantum fuerit possibile per eos futuris obvietur periculis, et cujusvis discordie vel dissencionis materia extirpetur et adnulletur ex toto, voluerunt et concesserunt dicte partes quod officialis et baillivus dicti domini episcopi, pro parte sua, et cellerarius et baillivus dictorum decani et capituli, tociens quociens, de novo orientur alique discenciones vel debata pro infra octo dies ad tardius super locum teneantur personaliter se transferre et de actu vel explecto veritatem inquirere, et tam vigore presentis composicionis quam aliarum factarum temporibus retroactis, aliisque juribus parcium claris et notoriis absque fraudibus maliciis et cautelis non facto verbo alterutri parcium predictarum reparanda, confestim facient reparari jura parcium in suis consciencii et suarum animarum periculum faciendo juste et fideliter conservari. Item predicti nominati vel alii in posterum nominandi jurabunt super sancta Dei evangelia, presentibus domino episcopo, vel vicariis suis, et decano et capitulo supradictis quod in presenti compromissione pro tanto bono pacis et concordie sibi facta procedent quocienscumque casus exegerint rite, juste et fideliter jus suum unicuique parcium conservando, non declinando ad unam partem vel aliam prece, precio, favore vel odio, metu vel timore cujuscumque dampni, ymo si alter ipsorum pro parte sua quascumque fraudem vel maliciam cognosceret, quantumcumque in secreto sibi dictum extiterit, illud socio suo poterit, debebit et tenebitur revelare nec eidem aliquatenus adherebit vel consenciet quovismodo ; item voluerunt et concesserunt dicte partes quod si premissa de novo concordata per eos essent in aliquo contraria aliis compositionibus antea factis, quod quantum ad illa censeatur ab hujusmodi compositionibus recessum ac derogatum eisdem duntaxat. Quantum vero ad alia universa et singula, ipse compositiones, necnon transactiones, sive privilegia, munimenta, prescripciones, usus, consuetudines et alia jura dictarum parcium et cujuslibet earum, semper salva et in omnibus et per omnia, non obstante concordia supradicta, sint et maneant in statu in quo erant antequam presens composicio facta foret. Has autem pacem, concordiam, composicionem, pactionem, tractatum amicabiles, omniaque et singula suprascripta promiserunt, spoponderunt et pollicite sunt dicte partes una alteri per stipulacionem solennem a parte parti factam, nobis notariis infrascriptis et quolibet nostrum tanquam publicis personis stipulantibus et recipientibus pro omnibus quorum interest vel intererit aut interesse poterit quomodolibet in futurum se ratas, gratas et firmas, rata, grata et firma habere, tenere et servare pro se et successoribus suis imperpetuum, et nunquam contra facere, dicere vel venire per se vel alium seu alios publice vel occulte quovis quesito colore, nec contra faciendi, dicendi aut veniendi licentiam petere, nec petita et obtenta uti, nec fraudem, deceptionem, circumvencionem aut cavillationem intervenisse pretendent, vel allegabunt, nec restitutionem in integrum postulabunt in judicio vel extra, nec aliquo juris canonici et civilis suffragio, usu, more et consuetudine adversus premissa vel premissorum aliqua se juvabunt, nec aliquid procurabunt, dicent vel facient per que omnia in publico instrumento contenta vel eorum aliquo in toto vel in parte infringi, cassari, in dubium revocarive valeant aut quomodolibet adnullari sub ypotheca et obligacione omnium bonorum suorum ecclesiasticorum et successorum eorundem, mobilium et immobilium, presencium et futurorum, cum refusione expensarum propterea faciendarum in judicio vel extra a parte parti solvendarum, et ita tenere attendere et servare. Idem reverendus pater dominus Ambianensis episcopus, pro parte sua et ecclesie sue ponendo et tenendo manum ad pectus, pontificali more, et pro parte capituli Ambianensis, venerabiles et discreti viri domini et magistri Robertus de Croyaco, decanus, Jacobus Parvi, prepositus, Johannes Fauqueti, precentor, Raymbaudus de Joco, cantor, Guillelmus de Longavalle, penitenciarius, Andreas Peregrini, magister Johannes Hurelli, magister in sacra pagina, Lucianus de Seus, Hugo Lupi et Gerardus de Encra, sacerdotes, ponendo manus ad pectus, ut est consuetudinis sacerdotum patrie hujus ; et Hugo Reybe, Petrus Buticularii, Hugo Parvi et Laurencius de Albello, dyaconi, et Matheus de Coquerello ac Johannes Fratris, subdyaconi, dicte ecclesie Ambianensis canonici, in suo capitulo seu capitulari loco presentes, capitulantes et dicte ecclesie capitulum representantes, supra sancta Dei Evangelia juraverunt. Ad cujus geste rei certitudinem pleniorem et robur perpetue firmitatis, prelibati dominus episcopus, decanus et capitulum petentes per nos notarios publicos infrascriptos de premissis fieri sibi unum et plura tot quot habere voluerint publicum et publica instrumentum et instrumenta consimilia mandaverunt et fecerunt ea suorum sigillorum appensionibus communiri. Quibus sigillis appensis aut non, seu fractis, abolitis sive demptis, nichilominus hujusmodi publicum instrumentum seu instrumenta publica inde confecta et conficienda, stabilia in sua firmitate maneant et perdurent.

Acta fuerunt hec Ambianis in capitulo, seu capitulari loco dicte ecclesie Ambianensis, anno, die, mense, indictione et pontificatu quibus supra, presentibus venerabilibus et circumspectis viris dominis et magistris Guidone Floris, canonico Parisiensi, religioso Johanne de Espedona, priore prioratus de Aquaria prope Andegavis decretorum doctore, Johanne de Baugenciaco, in utroque jure licenciato officiali Ambianensi, Johanne Accardi et Pasquerio de Monte, civibus Ambianensibus, baillivis dominorum episcopi, decani et capituli predictorum, Johanne de Bouberch, advocato in curia seculari, Johanne Coispelli et Guillelmo majoris, Ambianis degentibus notariis publicis et pluribus aliis testibus vocatis et rogatis ad premissa.

Sequuntur subscriptiones predictorum notariorum, et primo subscripcio magistri Nicholay Chaudardi.

Et ego Nicholaus Chaudardi, clericus Matisconensis dyocesis, publicus apostolica et imperiali auctoritate notarius, nuncque Parisiensis canonicus, in capitulo Ambianensi propter hoc specialiter congregato, transactionibus, convencionibus, obligacionibus, pactionibus, juramentorum prestacionibus, ac omnibus aliis suprascriptis, dum sic inter partes fierent et agerentur una cum venerabili viro magistro Hugone Lupi, notario publico, et testibus suprascriptis presens fui, eaque vidi et audivi et in publicam formam recepi. Et una cum nota et alio simili instrumento collacionem ac per alium scribi feci, et manu propria me subscripsi, signoque meo signavi consueto in testimonium premissorum cum sigillorum appensione parcium predictarum, anno, die, mense, indictione et pontificatu quibus supra ad premissa et eorum singula vocatus specialiter et rogatus.

Deinde subscripcio magistri Hugonis Lupi.

Ego vero Hugo Lupi de Nivernis clericus, publicus apostolica autoritate notarius, premissis composicioni, transactioni, tractatui, convencionibus, promissionibus, obligacionibus, pactis et juramentorum prestacionibus, et aliis omnibus et singulis, dum prout scripta sunt et narrata superius, per memoratos reverendum patrem dominum episcopum, decanum et capitulum Ambianense agerentur et fierent, una cum venerabili viro magistro Nicholao Chaudardi, notario publico, et testibus suprascriptis presens fui anno, die, mense, indictione, pontificatu et loco sepedictis, eaque in notam publicam recepi, atque presenti publico instrumento ob meum circa alia prepedium ex hujusmodi nota sumpto et aliena manu scripto subscripsi me manu propria, et redigendo in hanc publicam formam, signum quo utor in instrumentis publicis a me confectis una cum sigillis dictorum dominorum episcopi, decani et capituli ad eorum mandatum et requisitionem in testimonium sic geste rei apposui consuetum.

Nos vero Johannes, episcopus Ambianensis supradictus, attendentes quod lites et dissenciones pravis actibus aditum preparant, rancores, et odia suscitant, illicitis motibus ausum prebent, ex quibus scandala gravia quam plurima subsecuntur, ut igitur subductis inter nos et dictos decanum et capitulum radicitus dissidiorum et discordiarum vepribus, pacis tranquillitas vigeat, caritatis fervor exestuet, concordie unitas invalescat ac perseverent in Domino ydemptitas animorum, supradictam pacem et amicabilem concordiam pro nobis et ecclesia nostra Ambianensi, approbamus, gratas, ratas, firmas ac in perpetuum valituras habentes confirmamus, et eciam, si opus sit, de novo ipsas .... facimus et concedimus per presentes, promittentes sub ypotheca et obligacione omnium bonorum ecclesie nostre Ambianensis, predictam pacem, concordiam, composicionem, pactionem et tractatum amicabiles, ratas, gratas et firmas habere et in perpetuum observare, et in contrarium non venire. In cujus rei testimonium presentibus sigillum nostrum duximus apponendum. Datum Parisius, in domo quam inhabitamus, anno Domini millesimo trecentesimo septuagesimo sexto, die decimatercia mensis marcii, pontificatus sanctissimi in XPO patris et domini domini Gregorii predicti divina providencia Pape XI^{mi} anno septimo. Et nos Guillelmus de Longavalle, decanus, Jacobus Parvi, prepositus, Johannes Fauqueti, preceutor, Raymbaudus de Joco, cantor, Johannes de Lileriis, Gerardus de Encra, Johannes Hurelli, Johannes Coyspelli, Lucianus de Seus, Robertus Gardelli, Milo Tiessardi, Johannes Radulphi, Henricus Hauchepie, presbyteri, Hugo Reybe, Hugo Parvi, Petrus Buticularii, Laurencius de Albello, diaconi : Matheus de Coquerello, Johannes Fratris, et Johannes de Albello, subdiaconi, dicte ecclesie Ambianensis canonici presencialiter residentes, de mane ad sonum campane, ut moris est, ad capitulum convocati et in nostro capitulo seu capitulari loco preseutes, capitulantes et dicte ecclesie Ambianensis capitulum facientes, visis et diligenter inspectis approbatione, gratificatione, ratificatione confirmatione, et si opus sit, de novo factione reverendi in XPO patris et domini domini Johannis, nunc episcopi Ambianensis supradicti, cujusdam pacis et amicabilis concordie facte per reverendissimum in XPO patrem et dominum dominum cardinalem, tunc episcopum Ambianensem, ex una parte, et nos, ex altera, ipsas approbamus, ratificamus ao in perpetuum valituras habentes confirmamus, et si opus sit, de novo easdem munimus et facimus ac concedimus per presentes, promittentes sub ypotheca et obligacione omnium bonorum ecclesie nostre presencium et futurorum, predictas pacem, concordiam, compositionem, pactionem et tractatum amicabiles, ratas, gratas et firmas habere, et in perpetuum observare et in contrarium non venire. In cujus rei testimonium presentes litteras sigillo dicti patris reverendi nunc episcopi Ambianensis sigillatas, sigillo ecclesie Ambianensis fecimus eciam appencione muniri. Anno Domini M° trecentesimo LXXVII°, die sexta mensis mayi, indictione XV^a, pontificatus sanctissimi in XPO patris ac domini nostri domini Gregorii divina providentia pape undecimi anno septimo.

Signum : G. DE WALLY.

Archives départ. de la Somme, G. 653, 11. Scellé sur cordonnet de soie verte du sceau du Chapitre et du sceau de l'évêque portant un contre sceau.
Le texte de l'original vidimé se trouve G. 653, n° 8, scellé sur lac de soie verte d'un sceau ogival en cire rouge de Jean Rolland ; à droite sur lac de soie vert-jaune du sceau ogival du Chapitre d'Amiens en cire blanche.
Cart. VI, f° 16, n° 1 (1).

528

REVOCATIO CITATIONIS

Universis presentes litteras inspecturis officialis Ambianensis salutem in Domino sempiternam. Notum facimus quod cum nos citaverimus et citari mandaverimus venerabilem virum dominum Johannem de Liliers canonicum ecclesie Ambianensis auctoritate nostra ordinaria coram nobis certa die ad instantiam partis compariturum, super qua citatione venerabiles et discreti viri decanus et capitulum ecclesie Ambianensis predicte ad quorum noticiam devenerat, conquerebantur dicentes hoc per nos fieri non debere, ex eo quod eorum concanonicus prefate ecclesie erat ; et quia predictus dominus Johannes de Liliers se esse prefate ecclesie canonicum coram nobis tunc non allegaverat, quod nunc pro parte predictorum dominorum decani et capituli nobis allegatur hinc est quod nos predictam citationem et sequelas inde pro nullis et infectis reputamus et ex causa sine tamen prejudicio cujuscunque. Datum sub sigillo curie Ambianensis die xx^a mensis octobris anno Domini M° CCC° septuagesimo nono.

20 Oct.
1379

NOTA (2). — Precedentes copias duarum litterarum officialis Ambianensis facientium pro exemptione nostra contra episcopum Ambianensem et ejus officiales. Super quo plures alie in thesauro conservantur.

Cartulaire V, verso du feuillet préliminaire.

(1) Corrections à faire d'après l'original dans le texte du cartulaire et omises par erreur :
p. 100, 9e ligne, Dautum au lieu de Dautun ;
p. 101, 12e ligne, Ambianis au lieu de Ambianos ;
p. 103, 21e ligne, Lileriis au lieu de Lilleriis ;
26e ligne, Bece au lieu de Bete ; p. 104, 7e ligne, Goudrain au lieu de Gondrain.

(2) Cette note s'applique aussi à la charte n° 521 de 1323, reproduite plus haut p. 71.

529

LITTERA UNIUS PREBENDE SACERDOTALIS ET VICARIALIS NUPER FUNDATE PER MAGISTRUM
RADULPHUM DAILLY

11 Août 1389

. Clemens, episcopus, servus servorum Dei, ad perpetuam rei memoriam. Ad illa libenter intendimus et partes nostre solicitudinis adhibemus per que fidelium ultime voluntates in illis presertim que divini cultus augmentum respiciunt executioni debite demandantur. Nuper si quidem pro parte dilectorum filiorum Guillermi majoris et Jacobi Dambremeu clericorum in civitate Ambianensi commorantium, executorum testamenti quondam Radulphi de Alliaco, archidiaconi Cameracensis, clerici camere apostolice, nobis exposito quod idem Radulphus condens de bonis suis ad eum ratione persone sue spectantibus in sua voluntate ultima testamentum, ac inter cetera asserens quod habuerat et tunc habebat affectionem et devotionem fundandi et ordinandi unam prebendam perpetuam sacerdotalem et vicarialem in ecclesia Ambianensi, ac volens omnino eandem impleri, nonnulla de bonis suis tunc expressa pro redditibus unius prebende talis emendis ac sub modis, oneribus et valore per executores predictos declarandis et ordinandis dimiserat et legaverat pro remedio anime sue ac parentum et benefactorum suorum quodque executores predicti pro complendis premissis redditus annuos usque ad summam centum librarum parisiensium emerant et ipsos amortizari fecerant, et quod ipsi et dilecti filii capitulum ipsius ecclesie Ambianensis super fundatione et institutione dicte prebende sub certis modis, conditionibus et oneribus invicem concordarant, Nos modos, conditiones et onera ipsa diligenter inspici fecimus et aliqua eis addi. Quare pro parte dictorum executorum nobis fuit humiliter supplicatum ut unum canonicatum in eadem ecclesia Ambianensi in qua certus canonicorum numerus canonice noscitur institutus de novo creare ac prebendam ipsam inibi instituere, necnon modis, conditionibus et oneribus hujusmodi cum eisdem eis additis robur confirmationis adicere ac statuere, et ordinare quod collatio dictorum canonicatus et prebende ad executores hac vice primaria et deinde ad capitulum supradictos perpetuo pertineret de benignitate apostolica dignaremur. Nos itaque hujusmodi supplicationibus inclinati unum canonicatum ultra dictum numerum in ecclesia ipsa creamus, ac predictam prebendam sub modis, conditionibus et oneribus ipsis ac dictis additis in ea instituimus, ac modos, conditiones et onera ipsa et eadem addita rata et grata habentes, illa auctoritate apostolica ex certa scientia confirmamus et presentis scripti patrocinio communimus ac statuimus et eciam ordinamus quod collatio et provisio dictorum canonicatus et prebende ad executores hac vice primaria, deinde vero ad capitulum perpetuo pertineant, supradictos tenores autem dictorum modorum, conditionum, onerum et additorum tales sunt Cum venerabilis vir magister Radulphus Dailli voluerit in suo testamento de bonis suis in ecclesia Ambianensi fundari unam prebendam sacerdotalem et vicarialem sub valore, conditionibus et oneribus atque modis per suos executores declarandis, ut plenius per tenorem sui testamenti constat, et attentis bonis sue executionis ejus executores disposuerunt et voluerunt hujusmodi prebendam dotari de centum libris annui redditus, cum facultates et bona ipsius ad hoc ordinata non viderentur ad majorem summam se extendi posse redditumque predictum centum librarum annui redditus acquisierunt executores predicti titulo justo et admortizationem hujusmodi redditus impetraverunt pro fundatione et dotatione dicte prebende, videlicet quadraginta librarum annui census vel circiter super certis tenementis atque domibus et locis in civitate Ambianensi situatis, necnon domum de Vaussore versus Royam cum certis pratis, nemoribus, aquis et pertinentiis aliis ejusdem estimatis et traditis per cameram compotorum ad sexaginta libras annui redditus vel circiter super qua quidem prebenda in predicta ecclesia habenda, instituenda et fundanda inter eosdem executores ex una parte, et capitulum ejusdem ecclesie, ex altera, tractatum extitit in modum qui sequitur et in formam : Primo quod de cetero et imperpetuum alicui ydoneo sacerdoti et in ordinem sacerdotalem actu promoto conferatur, et nulli alteri, quocunque privilegio non obstante; item quod omnes et singuli redditus, census, domus, terre, prata, nemora, jura, libertates et jurisdictiones ipsius regantur, ministrentur et recipiantur per capitulum Ambianensis ecclesie, vel eorum cevelarium aut alium certum ab eis commissum sumptibus et expensis rationabilibus reddituum et censuum predictorum, vocato ad hoc prebendato si in ecclesia personaliter residens fuerit, vel ejus procuratore, si quem Ambiani residentem in ejus absentia propter hoc dimiserit vel ordinaverit capitulo vel cevelario notificatum specialiter in traditione firme seu cense, domus, terrarum et possessionum predictarum et in estimatione reparationum, ac dum contigerit aliquos processus agendo vel deffendendo pro conservatione jurium domus et reddituum predictorum moveri ut ad hoc interesse et vacare valeat, si voluerit. Item quod anno quolibet capiantur per dictum capitulum in et super dictis quadraginta libris census annui sesdecim libre parisiensium primitus et ante omnia pro salario unius vicarii qui loco unius aliorum vicariorum in ecclesia Ambianensi pro servitio ecclesie per capitulum institutorum et ordinatorum officiabit et offitium vicarii faciet et deserviet continue velut alii vicarii, et poterit prebendatus infra triduum a tempore adepte possessionis dicte prebende ad dictum vicariatum presentare capitulo duos de vicariis magnis ferialibus dicte ecclesie quos maluerit, quorum unum dictum capitulum recipiet ad offitium vicariatus antedictum, et qui pro dicto offitio et servitio recipiet et habebit annuatim sesdecim libras parisiensium ante dictas, et quia de anno in annum solent vicarii dicte ecclesie in festo beate Marie Magdalene mutari vel renovari, prebendatus poterit quolibet anno, in dicto termino presentationem dicti vicarii sub forma predicta renovare, alioquin videlicet triduo post possessionem adeptam lapso, vel lapso dicto termino beate Marie Magdalene, providebitur per capitulum de vicario pro illo anno qui sesdecim libras predictas percipiet et habebit. Item tenebitur prebendatus residentiam in dicta ecclesia continuam facere personalem, quocunque privilegio non obstante et per seipsum tres missas celebrare qualibet ebdomada in capella sub honore beati Michaelis in ecclesia Ambianensi constituta, videlicet diebus lune, mercurii et veneris, et recipiet ipse prebendatus pro qualibet missa duos solidos super residuo dictarum quadraginta librarum censuum capiendos. Item quod si sit vel interveniat defectus per dictum prebendatum, pro aliqua die, missa illa sit obmissa, crastina die sequenti restaurabitur per dictum prebendatum, vel per aliquem de vicariis ferialibus dicte ecclesie, si hoc facere possint et velint; qui pro qualibet missa sic restaurata tres solidos percipiet super dictis fructibus per cevelarium, quorum trium solidorum ille qui missam restaurabit duos solidos ad ejus usum proprium habebit et alii duodecim denarii ad opus aliorum vicariorum ferialium remanebunt. Si vero absens fuerit prebendatus, nec resideat in benefitio, capitulum pro tempore sue absentie de aliquo ydoneo capellano pro dictis tribus missis celebrandis et continuandis teneatur providere, qui duos solidos duntaxat recipiet pro qualibet missa prout supra. Item anno quolibet et singulis annis capientur tam super residuo dictarum quadraginta librarum census quam super omnibus et singulis fructibus, redditibus et emolumentis dicte domus et terre de Vaussore et pertinentiis ipsius viginti septem libre parisiensium convertende et applicande in cotidianis distributionibus ad opus prebendati, si eas residendo et deserviendo in ecclesia, prout alii canonici facere consueti sunt, lucrari velit pro qualibet die decem octo denarii, scilicet in matutinis tres denarii, in magna missa sex denarii et in vesperis quatuor denarii, et qualibet aliarum horarum diei unus denarius, ita tamen quod qualibet die qua fient in choro ecclesie missa vel vigilie mortuorum, in eis presens adesse tenebitur prout alii canonici, aut perdet pro vigiliis duos denarios et pro missa duos denarios de dictis suis distributionibus deducendos. Si vero contingat prebendatum in aliqua dictarum horarum deficere, privabitur distributione illius hore, videlicet in matutinis tribus denariis, in magna missa sex denariis et in vesperis quatuor denariis, et in ceteris horis pro qualibet uno denario, nisi justa et rationabili causa valeat excusari, registrabunturque et scribentur defectus seu marantie hujusmodi per eum vel eos qui sunt vel erunt per capitulum instituti seu deputati ad alias marantias ecclesie registrandas, quorum scripture stabitur in hac parte. Que quidem marantie per dictum prebendatum commisse applicabuntur ad opus capituli, et inter canonicos ipsius ecclesie presentes in celebratione obitus dicti magistri Radulphi Dailli quolibet anno certa die in ecclesia Ambianensi celebrandi manualiter et equaliter distribuentur quolibet anno et dividentur, cum quibus canonicis prebendatus ille, si presens adest in dicti obitus celebratione participabit, hoc adjuncto quod si aliquibus annis vel temporibus contingat per capitulum fieri vel concedi gratia canonicis dicte ecclesie de non residendo per mensem vel plus aut minus, eadem gratia uti poterit prebendatus ipse nullas distribuciones perdendo dicta gratia durante; residuum vero quod supererit de censibus, redditibus, domo, terris et aliis emolumentis universis antedictis, primitus demptis de eisdem sesdecim libris pro vicario sesdecim libris pro missis et vigintiseptem libris pro distributionibus hujusmodi integre pertinebit ad prebendatum, si residentiam continuam et personalem fecerit, et non alias, deductis de residuo hujusmodi sumptibus et misiis rationabilibus et necessariis pro regimine et defensione dictorum reddituum et locorum necessaria reparatione factis et appositis, ut est dictum, alioquin illo residuo privabitur illo anno, quod residuum pro tertia parte applicabitur illo casu ad opus capituli, primitus inde factis reparationibus necessariis dictorum locorum illo anno apparentibus, et due partes dicti residui custodientur et convertentur in redditibus acquirendis et non alias ad augmentationem prebende hujusmodi, et hoc donec fuerit equalis in distributionibus cotidianis et grossis fructibus aliarum prebendarum ecclesie Ambianensis antedicte, et dum dicta prebenda in equali valore fuerit, totum residuum hujusmodi ad opus capituli casu predicto applicetur. Et hiis mediantibus que ad divini servitii augmentum dictique capituli utilitatem, honorem et commodum fieri videntur, prebendatus ille cum suis bonis et familia ac omnibus redditibus et possessionibus predictis participabit franchisiis, libertatibus, exemptionibus et privilegiis aliis capituli predicti, habitumque canonici in ecclesia habebit atque sedem in dextera parte post presbiteros diaconos et associabitur in offitio majoris altaris ecclesie sicut ceteri canonici presbiteri, celebrando missas pro se ibidem et aliis canonicis septimanarie cum onere et honore ; participabit etiam cum aliis canonicis et sicut alii in antiphonis beate virginis Marie de novo institutis et processionibus sabbatinis quibus dicitur *Inviolata,* et in primis obsequiis defunctorum corporum in dicta ecclesia faciendis sicut alii canonici, in ceteris autem quibuscunque commodi et honoris cum aliis canonicis nullam participationem habendo vel reclamando, nisi de speciali gracia vel aliqua alia nova occasione sibi fieri vel concedi contingat. Nulli ergo omnino hominum liceat hanc paginam nostrorum creationis, institutionis, confirmationis, statuti et ordinationis infringere vel ei ausu temerario contraire. Si quis autem hoc attemptare presumpserit indignationem omnipotentis Dei et beatorum Petri et Pauli apostolorum ejus se noverit incursum.

Datum Avinione III° Idus Augusti, pontificatus nostri anno undecimo.

Original scellé sur lac de soie rouge et jaune de la bulle en plomb.
Archives départ. de la Somme, G. 922, n° 2. Cartul. VI, f° xxv, n° 1.

530

Après
1373

Super hoc quod bone memorie defunctus Johannes Cerchemont dudum episcopus Ambianensis querimoniam fecit contra nos decanum et capitulum pro eo quod palos figi feceramus in reparia descendente in Hocqueto juxta viam qua tenditur de haya Martini Le Viel ad Camons in quadam plathea quam nos de capitulo dicebamus ad nos pertinere, nosque episcopus aliam querimoniam fecerimus contra dictos decanum et capitulum eo quod ipsi operarios nostros dictam ripariam mundantes capi fecerant, et inde nos decanus et capitulum conquesti fuimus de dicto domino episcopo eo quod gentes sue repariam de Hoqueto eradicaverant pallos quos in reparia ipsa vel in plathea ipsa supradicta invenerunt quorum occasione postmodum emisse fuerunt hinc inde plures appellationes ad parlamentum et alibi tractatum est quod nos episcopus assignavimus ipsis decano et capitulo unam platheam absque impedimento cursus dicte reparie nostre et tenore presentium assignamus vel quamdam platheam sitam arcu sive plica in reparia de Hocqueto junctam et contiguam vie que ducit de haya Martini Le Viel apud Grappin de directo contra unam pechiam prati religiosorum Sancti-Martini-ad-Gemellos in Ambianis ordinis Sancti-Augustini spectantem ex alia parte vie existenti, et continet dicta plathea a parte reparie eundo recta linea de stoccis ad buta dicte plathea (sic) existentibus vel de uno ad alium, centum quinque pedum, et a parte de vie in modum arcus seu testudinis, etiam de uno dictorum frocorum ad alium centum quindecim pedum, et de transverso dicte plathee circa medium ejusdem et in laciorem partem habet latitudinis quindecim pedes vel circa, et a qualibet parte ipsius latitudinis eundo ad stoccos predictos paulatim restringitur secundum viam predictam, in qua plathea habitantes de Camons subditi nostri decani et capituli ponent fimos suos; nosque decanus et capitulum in homines nostros si ibi vel eciam alibi in terris nostris in quibus juridicionem temporalem habemus delinquant et in eadem plathea sicut premittitur assignata capiantur, et eciam homines dicti domini episcopi si in ipsa plathea subditis nostri capituli injurientur et ibidem in presenti delicto capiantur juridicionem habemus. In omnibus autem aliis casibus juridicio ad nos episcopum in dicta plathea assignata omnimodo pertinebit. In plathea vero de qua erat contencio juridicio in omnibus casibus ad nos episcopum pertinebit, ita tamen quod quando reparia mundabitur immundicie ipsius reparie possint projici in illa plathea assignata secundum quod in aliis locis.

Cartul. VI, n° 32.

531

Compositio Celestinorum habita inter Dominum Episcopum Ambianensem et dominos Decanum et Capitulum Ambianense.

Johannes, miseratione divina Ambianensis episcopus, decanusque et capitulum ecclesie Ambianensis, et frater Petrus, prior provincialis provincie Francie, ordinis Sancti-Benedicti, vulgariter nuncupati ordinis Celestinorum, universis presentes litteras inspecturis salutem in Domino. Quoniam ad ea que per religionis et devotionis fervorem pertinere noscuntur ad divini cultus augmentum

24 Mars 1400

mentem nostram cum jubilo cordis applicare debemus, et serenissimus princeps dominus noster Francorum rex ac illustris dominus dux Aurelianensis ejus frater, et nonnulli ex ejusdem regis consiliariis, tam zelo devotionis inflammati quam pro remedio animarum suarum, predecessorum, benefactorum et amicorum suorum, ad laudem et honorem Dei, beateque genitricis Marie, et beati Anthonii, tociusque curie celestis, quoddam monasterium ordinis Celestinorum predicti in civitate Ambianensi fundaverint atque construxerint, et ipsum dotaverint, nobisque humiliter fecerint supplicari quatinus in hoc nostrum prebere vellemus assensum, litteras nostras super hoc eis concedendo; hinc est quod nos Johannes episcopus, decanusque et capitulum ecclesie Ambianensis prefati, cordis affectu desiderantes dictam civitatem Ambianensem viris ecclesiasticis repleri et maxime religiosis in quibus resplendeat abstinencie sanctitas, puritas vite et ardor caritatis, per quorum preces et merita ira Dei si, quod absit, in dicte civitatis habitatores incideret, valeret pacificari, volumus et consentimus per presentes quod in dicta civitate Ambianensi monasterium dicti ordinis jam inceptum perficiatur, edificetur et construatur cum omnibus sibi necessariis officinis, in quo Deo cum humilitate valeant famulari, cum limitationibus, reservationibus ac modificationibus infrascriptis. Primo, quod fratres conversi, oblati sive donati ejusdem monasterii seu ordinis sint exempti a jurisdictione nostra episcopali, secundum et in quantum exempti sunt secundum eorum privilegia : volumus tamen quod remaneat nobis episcopo et successoribus nostris in dicta ecclesia monasterio et limitibus ipsius in aliis personis juridictio episcopalis omnimoda et ejusdem exercicium, excepto quod in dicto monasterio nec limitibus ejusdem tribunal seu judicialem sedem, carceres vel custodiam non collocabimus. Item quod religiosi ipsius monasterii eorumque successores de locis et terris per eos juste acquisitis et adquirendis, decimas illis ad quos prius spectabant et tenebantur illi a quibus dicta loca et terre acquisite fuerunt seu imposterum acquirentur, solvere tenebuntur, exceptis de ortis suis ipsi monasterio contiguis. Item quod fratres predicti quorumcumque in diocesi Ambianensi defunctorum cadavera infra dictum monasterium seu limites ejusdem ad sepulturam admittere non poterunt, nisi per defunctum, vel per alium cui hoc a jure conceditur ibidem sine fraude sepulturam electam fuisse constiterit, et nisi de statu inhumandorum, scilicet quod non sint excommunicati vel interdicti per officialem nostrum aut proprium curatum ipsorum inhumandorum, ut est moris, fuerint competenter certifficati ; ita tamen quod officialis vel curatus super hoc requisiti tenebuntur infra sex horas post requisitionem hujusmodi eos testificare, *alias* post ad sepeliendum procedere valeant dicti fratres. Medietatem autem emolumentorum provenientium ibidem ex funeralibus omnium personarum apud dictum monasterium ut premittitur sepeliendarum, ad nos episcopum, decanum et capitulum et mensam nostram episcopalem, conjunctum et divisum de jure vel consuetudine pertinentem eis recipere permittimus : aliam medietatem nobis et successoribus nostris expresse reservantes, ac eciam sic quod in dicto monasterio non erit aliqua immunitas quoad personas que non erunt de dicta religione, nec aliquibus personis cujuscumque sexus existant, sacramenta ecclesiastica aut alia ad officium curati duntaxat pertinencia valebunt ministrare absque licencia nostra aut officialis nostri, vel proprii eorum curati preterquam fratribus conversibus donatis et familiaribus eorumdem. Volumus insuper dictos religiosos conversos seu donatos et familiares predictorum religiosorum teneri excommunicatos et interdictos a nobis et aliis in vita et in morte evitare, cum eis notificatum fuerit. Super premissis igitur ac ceteris que non expresse concessimus, jure nostro ecclesie nostre conjunctim et divisim et quolibet alieno semper salvis et specialiter ac expresse reservatis et non ultra nec aliter supplicationibus ante dictis inclinati, nostrum consensum, ut dictum est, adhibemus. Et nos frater Petrus, prior generalis prefatus premissa omnia et singula per dictos reverendum patrem dominum episcopum, venerabilesque decanum et capitulum ecclesie Ambianensis ut premittitur ordinata, approbamus, gratificamus et ratificamus, et cum gratiarum actionibus amplexantes eadem cum et sub specificatis qualitatibus, limitationibus, exceptionibus et modificationibus et reservationibus premissis, salvis tamen in aliis casibus privilegiis, libertatibus et exemptionibus, ordini, locis, monasteriis, rebus et bonis dicti ordinis a sancta sede Apostolica concessis, recipimus et humiliter acceptamus, promittentes bona fide, nomine quo supra et sub hypotheca et obligatione bonorum dicti monasterii, premissa omnia et singula prout per dictos reverendum Patrem, venerabilesque dominos decanum et capitulum ordinata fuerunt, tenore et inviolabiliter observare, et in nullo contra venire quomodolibet in futurum, ac eciam quam primum poterimus omnia et singula supradicta per Sedem Apostolicam facere confirmari, et infra biennium postquam Sedi Apostolice fuerit provisum de pastore, binas litteras apostolicas ubi presens littera de verbo ad verbum inseratur expediri unam videlicet episcopo Ambianensi pro tunc existenti et aliam decano et capitulo predictis ; et infra dictum biennium eorumdem Celestinorum expensis Ambianis reddi. In quorum omnium et singulorum fidem et testimonium nos Johannes, episcopus, decanusque et capitulum ecclesie Ambianensis, et nos frater Petrus prior prefati presentes litteras sigillorum nostrorum fecimus appencione muniri.

Datum anno Domini millesimo quadringentesimo, inditione nona, mensis februarii die quinta decima, ab electione domini Benedicti ultimo in Papam electi anno septimo, per nos decanum et capitulum ac provincialem supradictos, et per nos episcopum anno quo supra, die vicesima quarta mensis marcii.

Et ego Michael Bonnart, clericus Rhotomagensis diocesis, publicus apostolica auctoritate notarius ac curie spiritualis Ambianensis juratus qui anno, inditione, die, mense, et electione predictis, in capitulo ecclesie Ambianensis capitulantibus et capitulum tenentibus ac facientibus in eodem venerabilibus et circumspectis viris dominis et magistris Laurencio de Albello, decano, Ingerranno de Sancto-Fusciano, preposito, Hugone Le Cauderonnier cantore, Johanne Fabri, Johanne Radulphi, Evrardo de Contheyo, Nicolao Chauveti, Johanne de Monchy, Jacobo de Mansoguichardo, Johanne de Rayneval, Hugone Lupi, presbyteris : et Philippo Majoris, dyacono, canonicis dicte ecclesie, ibidem propter hoc ad sonum campane, more solito, congregatis, dum omnia et singula in litteris suprascriptis contenta, ut premittitur, per dominos decanum et capitulum ac fratrem Petrum Gueronti, priorem provincialem Celestinorum predicte consencientibus ad hec religiosis viris fratribus Jacobo Canis, priore de Chascis Gauffrido, Michaelis, suppriore Genill*ini*, Guimond Avinionensis et Galtero de Villari, procuratore domus Sancte-Crucis prope Auffeum montem, Suessionensis diocesum, religiosis dicti ordinis Celestinorum ibidem presentibus, consentirentur, concordarentur, ratificarentur que et approbarentur una cum venerabili viro magistro, Nicolao de Martroya, notario infrascripto, ac reverendo in XPO patre et domino domino Johanne, miseratione divina episcopo Aptensi, fratre Johanne Tirelli, priore Fontis-Nostre-Domine in Valesio, Cartusiensis ordinis dicte Suessionensis diocesis, Johanne Waubert, Johanne Boitel et Guillermo de Semita Helye, Ambianis degentibus testibus ad hoc vocatis specialiter et rogatis, presens fui eaque sic fieri vidi et audivi, presentibus litteris signum meum solitum una cum signo et subscriptione dicti notarii, de mandato dominorum decani et capituli ac provincialis prioris predictorum hic me subscribens apposui in evidentius testimonium premissorum. Et quia ego Nicolaus de Martroya, diaconus de Lulliaco Ambianensis diocesis oriundus, publicus apostolica et imperiali auctoritate notarius, ac curie spiritualis dominorum decani et capituli ecclesie Ambianensis juratus notarius, premissis omnibus et singulis in litteris supra scriptis contentis dum sicut premittitur anno, indictione, die, mense et electione predictis, in dicto capitulo ecclesie Ambianensis prelibate capitulantibusque ibidem dictis dominis et magistris, per dominos decanum et capitulum, ac fratrem Petrum priorem provincialem predictos, consentientibus ad hec dictis religiosis viris ibidem presentibus agerentur, dicerentur, consentirentur, concordarentur, ratificarentur et approbarentur una cum magistro Michaele Bonnart, notario predicto, necnon et testibus supradictis ad hoc vocatis et rogatis, presens fui, eaque modo premisso fieri vidi et audivi. Idcirco presentibus litteris, de mandato dominorum decani et capituli dicte ecclesie ac prioris provincialis predictorum, signum meum consuetum una cum signo et subscriptione dicti notarii hic me subscribente, apposui rogatus in horum testimonium et requisitus. Et quia ego Michael Bonnart, notarius suprascriptus anno et die vicesima quarta mensis marcii supradicti, Parisius ubi dictus reverendus pater dominus episcopus Ambianensis premissa omnia et singula in dictis litteris contenta concordavit, concessit, approbavit et ratificavit presens fui una cum reverendo in XPO patre et domino domino Johanne, Dei gracia Aptensi episcopo, ac magistris Nicholao *Cauv*ache, canonico Ambianensi, et Gabriele Bront, curato de Capite Caleti, Rothomagensis diocesis, testibus ad hoc vocatis specialiter et rogatis, eaque sic fieri per dictum dominum episcopum Ambianensem vidi et audivi. Idcirco presentibus litteris signum meum solitum, de mandato dicti domini episcopi, hic me subscribens apposui in majus testimonium premissorum.

Cartul. VI, f° 28 v°, n° III.

532

CONPOSICION FAITE ENTRE LE EVESQUE D'AMIENS PHILEBERT ET LE CHAPITLE D'AMIENS

A tous ceulx qui ces presentes lettres verront Philebert par la grace de Dieu evesque d'Amiens, Et nous doyen et chapitle de leglise dudit lieu d'Amiens salut. Comme pluiseurs proces, questions et discors soyent longtemps ameus entre nous evesque et noz predecesseurs evesques d'Amiens, d'une part et nous doyen et chapitle dautre pour pluiseurs cas, entreprises et exploits de justice

26 Septembre 1416

que disiens estre fait et advenus sur les juridicions, drois et seignouries lun de lautre, dont desja estiens en cause et proces tant en demandant comme en deffendant au siege du bailliage dAmiens et en aultres cours et entre aultres choses. Sur ce que nous evesque ou aucuns noz predecesseurs nous estions complains desdiz doyen et chapitle, Jehan de Bertangle et aultres dont il avoyent empris le garand pour ce quil avoient fait estancques ou escluses et mis estocs es rieux et cours deaue de Clenquain et de Gondehaut. — Item de ce que Pierre Le Bleu ou autres au commendement ou sceu des diz de chapitle avoyent peschié ou fosse de Saint Morice. — Item de ce que Jaque de le Croy et autres sergens et officiers des diz de chapitle avoient prins Bauduin Sere sergent de Chastelet ou coeur de la dite eglise entre la closture vers les chayeres et le grant austel. — Item de ce que par ledit Jehan de Bartangle et aultres dont lesdiz de chapitle avoyent emprins le garand avoit este faicte une estanque ou escluse au molin de Bayart. — Item de ce que aucuns des gens et officiers desdiz de chapitle avoient leve les vergeux qui avoient este tenduz par les pesqueurs de nous evesque ou noz predecesseurs audessoubz des molins de Happetarte et Arondel et de ce que lesdiz de chapitle avoient fait nettier, haudraguier et mettre au net un rieu ou fosse nomme Le Boec dit arvette qui se prend a le penne dessoubz le bocquet de Saint-Achoeul en alant vers le bourne de Camons et en estoient en cause lesdiz de chapitle messire Pierre Caignet, Mahieu Cauffourier canone dicelle eglise et pluiseurs habitans de Camons et de Longueaue. — Item sur ce que nous doyen et chapitle nous estiens complains dudit Monseigneur levesque ou ses predecesseurs et pluiseurs leurs gens et officierz, pour ce qu'il avoient prins et fait prisonniers ouvriers qui faisoyent une maison emprez le parviz de ledite eglise au lez devers leglise Saint Fremin. — Item de ce que le predecesseur dudit Monseigneur levesque, son official et officiers avoient cité ou fait citer en ladicte eglise messire Jehan Ninart no concanoine ad requeste de Gerard de Belestre et sa femme. — Item de ce que ledit Monseigneur levesque ou aucun son predecesseur avoit fait faire un nouvel fosse es prez qui sont au devant de Grappin prenant au fosse que on nomme le fosse du Boec dit arvette et venant a le riviere qui va au hocquet, lequel fosse nous disions estre en notre grant prejudice et de noz molins. — Item de ce que maistre Robert le Josne bailli et aultres officiers dudit Monseigneur levesque avoyent leve vergeux audessoubz desdiz molins de Happetarte et Arondel. — Item de ce que Pierre Waubert cheppier et aultres officiers daucun des devanciers dudit Monseigneur levesque avoyent prins et arreste prisonnier en ladicte eglise audessoubz du lectrins un nommé Robin le Roy. — Item de ce que messire Gille Drouvin, chanoine de ladicte eglise, avoit este amonnestez par les gens et officiers dudit Monseigneur levesque ou ses predecesseurs. — Item de et pour ce que pluiseurs merchiers et marchaus avoient mis au senne leurs denrees a estal dedans ladicte eglise ou grant prejudice et escandle du divin service et de la fabrique dicelle eglise. Aux queles complaintes et aux executions dicelles chascune de nous parties, et noz gens et officiers dont nous avons emprins le garand et deffense, s'est opposé, veuillant chascune poursievir et soustenir sa cause comme à son droit. Savoir faisons que nous parties dessus dictes, par grant et meure deliberacion que nous avons eue sur les choses dont dessus est faicte mencion avec pluiseurs sages noz conseillers, desirans paix concorde et amour nourrir entre nous et noz subjiez et eschiever toute matere de plait et proces, considerans que nous sommes gens deglise qui vivre devons en paix et bonne union et monstrer aux aultres bonne exemple, et que pluiseurs des diz proces sont de petit effect, et si ne volons emprenire sur les juridicions lun de l'autre mais garder et aidier à garder a chascun ce que lui doit appartenir, nous sommes accordé et accordons que tous les proces dessus declairiez et leurs deppendences et les œuvres et exploiz dont ils s'estoient et sont enseiviz ou cas quil plaira a la court de parlement pour les proces ci-dessus declairiez qui y pendent et au procureur du roy a Amiens pour les procens qui sont devant Monseigneur le bailli d'Amiens ci-dessus declairiez aux quelz il est adjoint, sont reputez et les reputons pour non advenus sans despens et sans amende prenre li uns sur lautre et sans ce que pour chose qui en soit fait ou advenu aucune de nous parties nous en puissions aidiers ores ne pour le temps a venir en saisine ne en propriete, mais nous et noz successeurs useront dores en avant chascun de noz droiz, juridicions et justice ainsi quil appartenra par raison et selon les traictiez, accords et compositions que nous et noz predecesseurs avons et ont eu ensemble, lesquelz sont et demœurent en leur forche, robœur et vertu, non obstant ceste present traictie et accord et chose qui soit advenu des choses dont dessus est faicte mencion, et quant ad ce tenir, enteriner et acomplir sans aler contre nous avons obligie et obligions lun envers lautre les biens et temporel de nous evesque et de noz successeurs et ceulx de nous doyen et chapitle noz successeurs et de ledicte eglise. En tesmoing de ce nous avons mis noz sceaulx a ces lettres.

Donne a Amiens le vingt sixieme jour du mois de septembre lan mil CCCC et seze.

533

De numero jornaliorum (sic) ad cellarium spectantium (1).

Numerus jornaliorum (sic) terrarum ad celarium (2) capituli Ambianensis spectancium in territoriis de Folies et Boucheurel (3).

Ad Vaucellum ultra Boucherrel II jornalia et dimidium.

Ad campum de Spina III jornalia.

Ad campum qui dicitur Soirot (4) VIII jornalia et XX virgas Willermus de Arviler tenet.

Ad campum qui dicitur Corvee IIII jornalia XXVIII virgis minus.

Ad curtillum juxta viam vitis IIII^{xx} virgis IV minus.

Item ad atrium de Boucherrel de novo IV jornalia VII virgas minus que vendidit Restaudus.

Apud Folies. Ad vivum Marchais IV^{xx} virge.

Ad viam de Arviler IIII jorn. XVI virgas minus que emit Dominus Walo de Sarthon.

Ad locum qui dicitur Lonviler jornale et dimidium.

Ad Marchasium qui dicitur trente pois LXVII virgas.

Summa jornalium XXX jorn. XX virgis minus.

De istis jornalibus tenet Willermus de Arviler prenominatus VIII jornalia et XXV virgas usque ad XV annos quolibet anno pro IIII libris parisiensium reddendis celerario.

Cartul. Ier, f° 107, n° 118.
Cartul. II, f° 351 v°, n° CCCLXXXII.

534

De censu pertinente ad canonicos sacerdotes apud Duri.

Fratres de Duri dicti grangiarii *scilicet* Petrus, Robertus, Willermus et Johannes debent singulis annis in festo Sancti Nicholai in hyeme canonicis ecclesie Ambianensis presbyteris sex solidos communis monete currentis pro terra que dicitur campus de Laies quam ipsi tenent.

Cartul. II, f° 352 v°, n° CCCLXXXVI.

---

(1) Titre au II° Cartulaire seulement.
(2) II° Cartul. Cellarium.
(3) II° Cartul. Bocheurel.
(4) II° Cartul. Soiraut.

535

DE HOMAGIO THOME MAJORIS DE VILLARI IN BOSCHAGIO.

Dominus Thomas maior de Villari in Boschagio tenet xii jornalia et dimidium terre vel circiter in territorio de Viler sita : de Domino Johanne de Bussi milite in feodum et idem Johannes tenet illud feodum de ecclesia Ambianensi.

Cartul. II, f° 352 v°, n° CCCLXXXV.

536

In territorio toto de Betembos capitulum Ambianense capit de novem garbis duas, religiosi de Gardo capiunt quatuor, religiosi vero Sancti-Geremari de Flavaco unam garbam cum dimidia et curatus dicti loci de Betembos percipit unam garbam cum dimidia.

II° Cartul., f° 354 v°, n° 394.

CHARTES OMISES

537

SCRIPTUM DE MEGIO.

Ego Ingelrannus, decanus, et capitulum Ambianensis ecclesie tam presentibus quam futuris notum facimus querelam que inter nos et Walterum (1) de Megio maiorem ecclesie nostre vertebatur in hunc modum sopitam esse quod in tribus molendinis que apud Megium inter nos et ipsum communia erant, terciam partem molture annone domus sue quam liberam se debere habere asserebat, ad jus nostrum pertinere recognovit. Si autem annonam propriam nostram in eisdem molendinis molere voluerimus, similiter idem Gualterus terciam partem molture habebit. Stagnum etiam quod partim terram nostram partim terram Hugonis de Perrosel occupaverat, pro qua parte terre, videlicet Hugonis, predictus

1183

(1) II°, III° et IV° Cartul. : Gualterum.

Gualterus Hugoni singulis annis IIII^{or} solidos persolvebat, ecclesie nostre in pace dimisit, ita quod predictum censum IIII^{or} solidorum annuatim persolvemus, et calceiam stagni proprio sumptu nostro reparabimus. Nassa vero molendini communis erit nobis et Gualtero. Si autem propter incrementum aque, vel alia de causa alius exitus aque quam per molendinum factus fuerit, si nassa apponatur, similiter communis erit. Avenam etiam que pro areis in maresco factis annuatim persolvitur, totam ad jus nostrum pertinere recognovit. Panes etiam altaris et Nativitatis domini, pro quibus, terminis constitutis, prepositis nostris panem providere et capones nostros sine sumptu nostro adducere debebat, nobis dimisit; et ipse a predicta conventione liber remansit. Nos autem corveias quas a tempore domini Radulphi (1) bone memorie quondam decani nostri sub annuo censu XX^{ti} solidorum receperat, hereditario jure eidem habendas concessimus. Furnum etiam predicte ville et unam cambam que antecessores Gualteri ab antiquo tenuerant ad jus suum hereditarium pertinere recognovimus, ita quod nec furnum aliud nec cambam aliam in predicta villa preter ejus assensum alicui edificare licebit, salvo ecclesie censu trium solidorum quem pro furno in festo beati Firmini, singulis annis persolvit, furragium etiam granee nostre quod antecessores nostri patri Gualteri sub annuo censu XII^{im} denariorum concesserant, quando quasdam parvas consuetudines quas in granea nostra habebat impositionem videlicet excussorum et omnes segetum nostrarum quisquilias ecclesie nostre dimisit, ad jus suum pertinere recognovimus. Gualterus autem pro bono pacis medietatem furragii michi decano concessit, quamdiu predictam villam sub censu tenebo, ita quidem quod cum censivam ville dimisero, totum furragium Gualtero et heredi suo remanebit. De controversia autem que inter nos et predictum Gualterum super quodam hospite et dilatatione virgulti ejusdem Gualteri vertebatur, in concanonicos nostros Robertum cancellarium, Ricardum de Gerborredo (2 , Gerardum de Beeloi, magistrum Gaufridum de Abbatisvilla et Hugonem militem prepositum de Corbeia in hunc modum compromisimus, quod ipsi rei veritatem diligenter inquirerent, et si aliquam injuriam ex parte Gualteri super hoc cognoscerent, ipse consilio eorum injuriam emendaret, sin autem de predicta querela in pace remaneret.

Actum est hoc anno dominice incarnationis M° C° LXXX°, III° et a capitulo nostro approbatum.

Cartul I, f° 55, n° LVIII, II, f° 86, n° LVIII, III, f° 66, n° LIX, IV, f° 40, n° LX.

(1) IIe, IIIe et IVe Cartul. : Radulfi.
(2) IIe, IIIe et IVe Cartul. : Gerberroi.

538

CONCORDANTIA INTER EPISCOPUM ET CAPITULUM AB EPISCOPIS ANGLIE.

Omnibus XPI fidelibus presens scriptum visuris S[tephanus] Dei gratia Cantuariensis archiepiscopus, totius Anglie primas et sancte Romane ecclesie cardinalis, W. Londoniensis, E. Eliensis, E. Herefordensis et H. Linc[olniensis], eadem gratia episcopi, salutem in Domino. Cum inter venerabilem fratrem E. episcopum et capitulum Ambianense contentio orta fuisset super quadam consuetudine ecclesie sue quam a multis temporibus observatam idem capitulum asserebat, in nos tandem fuit a partibus compromissum; proposito autem [per] capitulum coram nobis quod cum hac usi fuerint consuetudine ut post sententiam latam a capitulo in malefactores suos, episcopus vel ejus officialis monicione premissa sine difficultate qualibet eos excommunicatos denuntiaret, et idem capitulum quandam nobilem mulierem pro delicto quod commiserat contra eos excommunicationis sententia innodassent, episcopus rogatus ab eis ut eam denuntiaret, hoc facere recusavit, dominus autem episcopus proposuit ex adverso quod ei de hujusmodi consuetudine non constabat, et cum ipsa mulier cautionem offerret de parendo juri coram ipso, et etiam ad metropolitanum appellaret, non fuit ei visum quod, salva conscientia, ad denuntiationem posset procedere contra illam. Conquestus est autem coram nobis quod cum capitulum cessasset contra ipsum, in gravem ipsius injuriam et scandalum, sanctorum corpora deposuerunt, quod sicut dicebat contra episcopum Ambianensem nunquam prius a capitulo fuerat attemptatum. Capitulum autem super usu predicte consuetudinis obtulit in continenti coram nobis probationem, aditiens etiam quod super eo quod sanctorum reliquias deposuerant ad consilium nostrum domino episcopo emendarent. Nos igitur super usu consuetudinis supradicte capituli testes recepimus qui jurati dixerunt se sepius vidisse et interfuisse quando post sententiam latam a capitulo in malefactores suos, ad peticionem suam episcopus qui pro tempore preerat, eos excommunicatos denuntiavit, nulla coram ipso episcopo cause cognitione prehabita. Omnes autem interrogati utrum reo offerente cautionem de parendo juri coram episcopo, viderint nichilominus episcopum ad denuntiationem procedentem, dixerunt se nullatenus quod hoc viderint meminisse. Provisum est autem a nobis ut reliquie elevarentur et in locum suum restituerentur, et de consilio nostro

Vers 1216

prepositus nomine capituli domino episcopo emendavit sine prejudicio utriusque partis in posterum, quod sanctorum corpora ita deposuerant contra ipsum. Cum itaque per depositiones testium nobis manifeste liqueret quod predicta consuetudine usi fuerint, decrevimus eos ejusdem consuetudinis usu gaudere, et episcopo injunximus ut illos permitteret uti ea, salva questione proprietatis. Verumtamen hanc sententiam nostram ad eum casum quo reus ante denuntiationem offerret cautionem de parendo juri coram episcopo, nequaquam duximus extendendam, quia super illo casu nichil probatum fuerat coram nobis. In hujus autem rei testimonium presenti scripto in modum cyrographi confecto ad petitionem partium sigilla nostra duximus apponenda.

Cartul. I, f° 111 v°, n° cxxviii.

539

26 Septembre 1295

Anno domini M° CC° nonagesimo quinto in crastino beati Firmini martyris, ordinatum et concessum fuit in capitulo generali Ambianensi quod omnes canonici qui recepti fuerint solvent unam capam sericam infra primum annum quo illi portionem suam recipient. Debet ista capa valere decem libras ad minus.

Cartulaire II, f° préliminaire 8 v°.

540

Universis presentes litteras inspecturis Guillermus decanus et capitulum Ambianensis ecclesie salutem in Domino. Si predecessorum nostrorum facta commendanda nos edocent qui quantum potuerunt ad augmentationem cultus divini in ecclesia Ambianensi pro suis temporibus, non est dubium, laboraverunt; nimirum si facti exponentia, que est rerum efficax magistra, nos moveat, non ad ea que laudabiliter per ipsos ordinata fuerunt ac etiam disposita removenda sed ad adiciendum circa ea quedam cum reverendi in Xpisto patris ac domini, domini S., Dei gratia Ambianensis episcopi, consilio que decentia fuerint et honesta. Cum autem bone memorie dominus Evrardus quondam Ambianensis episcopus de communi assensu et voluntate capituli Ambianensis servicium matris ecclesie Ambianensis et honorem ampliando et pro utilitate publica tocius dyocesis Ambianensis tres personatus in ecclesia Ambianensi constituisset precentoriam videlicet, magisteriam scolarum et penitentiarum, ordinans inter

cetera quod juriditio puerorum communis esset precentoris et cantoris et communi
consilio reciperent in choro pueros, et quod uterque posset ejicere delinquentem
una cum quibusdam aliis ordinationibus, adiciens specialiter et expresse quod si
quid ad ipsorum officia adiciendum esset consilio dicti domini episcopi et capituli
disponeretur, sicut in inde pridem factis litteris hec et alia plenius continentur;
notum facimus universis quod tractu temporis postmodum facti experientia
didicimus quod in choro ecclesie Ambianensis aliquociens pueri multi per dictos
cantorem et precentorem vel eorum procuratores recepti fuerunt et quasi in-
distincte minus ydonei male moriginati nulla premissa examinatione competenti
de vita, moribus et conversatione nullatenus primitus inquisita, de quibus et pro
quibus scandala in ecclesia provenerunt, cultus divinus fuit pluries impeditus,
cum nec ad servitium faciendum essent habiles nec discendi servicium curam
aliquam haberent. Et idcirco cum reverendi in XPO patris ac domini domini
S., Dei gratia Ambianensis episcopi, predicti consilio, in nostro generali capitulo
more solito congregati deliberatione provida unanimiter duximus circa precen-
torie et cantorie hujusmodi officia adiciendum in hunc modum ad cultus divini
et statum puerorum hujusmodi in choro nostro venientium reformandum quia
numerus decem puerorum chori nostri a modo et in posterum ad numerum octo
puerorum reducatur. Qui ecclesie Ambianensi servient debite, sicut est fieri
consuetum, quod que aliquis ad dictum numerum seu in numero predicto de cetero
non recipiatur a cantore seu precentore predictis vel eorum ambobus nisi prius
examinatus per nos decanum et capitulum fuerit, et de ejus vita, moribus et
conversatione fuerit inquisitum et eisdem vel eorum procuratori a nobis seu ex
parte nostra fuerit presentatus; verum quia pueros habiles et ydoneos ad dictum
servitium intendimus ordinare ac etiam presentare, dignumque sit et congruum
ut ipsi favore prosequantur et honore in nostro generali capitulo ad perpetuam
memoriam provide duximus statuendum quod dicti octo pueri per decanum et
capitulum, ut dictum est, presentati, insimul morabuntur cum uno magistro eis
per decanum et capitulum deputando, qui eos in cantu instruet et in bonis moribus
et servitio ecclesie exercendo ac etiam faciendo. Quibus magistro et pueris
decanus et capitulum vite necessaria congrue ministrabunt plus vel minus
secundum temporis exigentiam et simul cum dicto magistro dicti pueri semel in
anno robis ejusdem coloris ad sumptus decani et capituli induentur. Preterea
nigras cappas de quolibet termino in terminum in festo omnium Sanctorum et
unum superlicium anno quolibet habebunt, per magistrum vero eorum vestes,

linee et calciamenta, prout opus fuerit, ministrabuntur eisdem. Et extra domum communem ubi habitabunt magister et pueri predicti non comedent illi nisi tantum qui vocati fuerint a decano seu aliquo canonicorum Ambianensis ecclesie, et tunc cum magistro eorumdem, vel nisi vocati fuerint ab aliquo prelato principe vel canonico ecclesie cathedralis Remensis tamen provincie, et tunc non absque decani ecclesie Ambianensis, si presens fuerit, vel decano absente, canonici ebdomadarii licentia speciali. Nec est omittendum quod dicti octo pueri pro canonicis ecclesie Ambianensis qui in sacris non fuerint servient ecclesie. Et ipsi canonici pensionem consuetam dari ab ipsis pueris pro ipsis servientibus celerario ecclesie persolvent in expensis dictorum puerorum convertendam. Hec autem in nostro generali capitulo ad honorem Dei, virginis gloriose et augmentationem cultus divini adicimus, statuimus et tenore presentium concorditer perpetuo tenenda et observanda in ecclesia Ambianensi ordinamus supplicantes reverendo in Xpisto patri ac domino domino Symoni, Dei gratia Ambianensi episcopo, predicto quatenus in premissis omnibus et singulis suum consilium et consensum prebeat, eaque omnia et singula sua auctoritate ordinaria laudare, approbare et confirmare dignetur. In quorum omnium testimonium et munimen presentes litteras ad perpetuam rei geste memoriam confici fecimus et sigilli nostri capituli munimine roborari.

Acta fuerunt hec in nostro generali capitulo anno domini M° CCC° vicesimo quarto in crastino festi beati Firmini martyris. Et nos ... Symon, miseratione divina Ambianensis episcopus, attendentes et considerantes quod suprascripta per dilectos filios nostros decanum et capitulum nostre Ambianensis ecclesie facta et ordinata fuerunt et sunt ad laudem Dei, beate virginis ejus matris et cultus divini augmentum, ad supplicationem dictorum decani et capituli, predicta omnia laudamus, volumus et approbamus, eaque nostra auctoritate ordinaria confirmamus. Quod ut firmum et stabile permaneat presentibus litteris una cum sigillo dicti capituli sigillum nostrum duximus apponendum.

Cartulaire III, f° 210, u° cccx.

541

26 Septembre 1324

Universis presentes litteras inspecturis Guillermus decanus et capitulum Ambianensis ecclesie salutem in Domino. Licet possibilitas humana non sufficiat ut opera altissimi creatoris competenter valeat revereri, decet tamen ministros ecclesie ut in exhibendis ecclesiasticis sacramentis omnem quam possunt reverentiam adhibeant humiliter et ostendant ac suorum corda subditorum ad devotionem promoveant. Eapropter noverint universi quod nos in nostro generali capitulo more solito congregati quasdam sollemnitates et reverentias circa exhibitionem extreme unctionis in ecclesia Ambianensi perpetuis temporibus observandas cum aliis pridem consuetis sollemnitatibus in speciali fieri et servari statuimus ac etiam ordinamus que inferius continentur : quod videlicet extreme unctionis sacramentum cum omni reverentia et honore ministretur, et quod quandocumque et quocienscumque aliquis veniet ad querendum capellanum pro infirmo ut sibi unctionem hujusmodi ministret, intret ille veniens vel nuntius ecclesiam Ambianensem et campanam que est in medio ecclesie Ambianensis que dicitur campana magistri Le Breton notabiliter pulset ut capellanum vel capellanos ex debito sui officii ad hec deputatos cicius habeat. Quibus capellanis injungimus et precipimus, ubicumque fuerint, sine difficultate statim ad sonum dicte campane ad ecclesiam accedere et injunctum sibi officium reverenter exercere, et, ut in pulsatione dicte campane sciat populus fidelis et cognoscat quod pro infirmo pulsatur ut recipiat extremam unctionem, et ut tunc populus devotione motus devotas fundat pro infirmo preces ad Dominum ut ad salutem corporis et anime sibi proficiat hujusmodi sacramentum sibique valeat in remissionem peccatorum, ut vero orantes hujusmodi premium tanti boni feliciter consequantur et statutum nostrum debitum sortiatur effectum reverendo in Xpisto patri ac domino domino S., Dei gratia Ambianensi episcopo, tenore presentium humiliter supplicamus et devote quatenus ipse premissa omnia et singula laudare, approbare et confirmare dignetur, et cuilibet oranti pro infirmo predicto, qui tamen tunc vel, infra octo dies post fuerit in statu gratie relaxationem decem dierum de injunctis sibi penitentiis misericorditer largiatur. In quorum omnium testimonium et munimen presentes litteras ad perpetuam rei geste memoriam confici fecimus et sigilli nostri capituli munimine roborari.

Acta fuerunt hec in nostro generali capitulo anno domini M° CCC° vicesimo quarto in crastino festi beati Firmini martyrys. Et nos Symon, miseratione divina Ambianensis episcopus, quia statutum predictum est ad reverentiam exhibitionis dicti sacramenti conditum et plurimum corpori et anime infirmi cui debuerit exhiberi salubrium, idcirco statutum hujusmodi volumus, laudamus et approbamus, et quantum in nobis est nostra ordinaria auctoritate confirmamus. Et ut populus ad orandum pro infirmo hujusmodi facilius se inclinet, cuilibet ut supra oranti qui tunc in statu gratie erit vel fuerit post infra octo dies de injunctis sibi penitentiis decem dies misericorditer relaxamus. Quod ut firmum et stabile permaneat presentibus litteris una cum sigillo dicti capituli sigillum nostrum duximus apponendum.

Cartulaire III, f° 211 v°, n° cccxi.

542

COMPOSICIO SUPER QUODAM PANNO SERICO OBLATO PER REGINAM ANGLIE.

12 Septembre 1326

Universis presentes litteras inspecturis, vicarii generales in spiritualibus et temporalibus reverendi in XPO patris ac domini Johannis, Dei gracia Ambianensis episcopi, necnon Guillermus, decanus et capitulum Ambianensis ecclesie, salutem in Domino. Notum facimus quod questione suborta inter nos vicarios predictos dicti reverendi Patris nomine, ex una parte, et nos decanum et capitulum prefatos, ex altera, super quodam panno serico oblato, sive dato, per illustrissimam mulierem dominam Johannam nunc reginam Anglie, in ecclesia Ambianensi, quem nos vicarii predicti quo supra nomine dicebamus et asserebamus ad dictum dominum episcopum pertinere et spectare ex eo et pro eo quod oblatus sive datus fuerit a dicta regina ad majus altare dicte ecclesie et in presentia sanctuarii vultus beati Johannis Baptiste, et statim post ostensionem dicti sanctuarii factam dicte regine, cujus sanctuarii et altaris oblationes saltem post missam celebratam ad dictum reverendum patrem pertinere noscatur; nobis decano et capitulo secus et in contrarium dicentibus et asserentibus dictum pannum ad nos ad opus et nomine ecclesie memorate spectare et pertinere ex eo et pro eo quod dicta regina dictum pannum donavit dicte ecclesie et pro ornamentis in dicta ecclesia faciendis et super hoc suam voluntatem per se seu ejus partem vel mandatum declaraverat, tandem vias discordiarum volentes penitus amputare, nos vicarii predicti quidquid juris dicebamus et asserebamus nos habere in panno predicto, nosque decanus et capitulum, quidquid juris in ipso panno quomodolibet vendicabamus, pro bono pacis et concordie unanimiter contulimus et conferimus magne discretionis viro domino Johanni Cherchemont cancellario Francie per presentes, hinc inde volentes quod idem cancellarius dictum pannum possideat et habeat titulo cessionis antedicte sine prejudicio aut gravamine neutre partis : itaque omnia et singula predicta, dicta, facta et habita per dictam reginam et que nos partes predicte asserimus et diximus super venditione panni predictam tanquam infectam et pro infectis penitus et omnino prout extunc et extunc prout ex nunc habeantur, neutrique partium propterea jus novum acquiratur et antiquum sive sit in petitorio seu in possessorio jure ledatur nunc sed ..... antiquum, salvum, sanum et integrum remaneat ac si predicta vel eorum aliqua dicta, facta vel habita quomodolibet non fuissent. In quorum testimonium et munimen presentibus litteris sigilla nostra duximus apponenda. Datum anno Domini millesimo trecentesimo vigesimo sexto, die Veneris post festum nativitatis beate Marie Virginis.

· Cartul. VII, f° 6 v°.

543

Abbas Ursi Campi et prior Sancti Eligii Noviomensis, omnibus [ad] quos littere iste pervenerint, salutem in Domino. Noverit universitas vestra quod cum Th., archidiaconus Ambianensis, venerabilem patrem E., Ambianensem episcopum, super quibusdam que dicebat suum archidiaconatum pertinere, coram bone memorie Innocencio, summo pontifice, reconvenisset et dicte cause de communi assensu partium auctoritate apostolica nobis fuissent commisse, prefati episcopus et archidiaconus coram nobis composuerunt in hunc modum : Dictus archidiaconus non potest cognoscere de causis sui archidiaconatus nisi cum officiali episcopi, in ipsius episcopi curia, et non alibi in urbe Ambianensi. Et si dissencio fiat inter archidiaconum et officialem episcopi et ipsum episcopum, vel ad ejus procuratorem generalem, refertur, si episcopus absens esset. In absentia vero archidiaconi, clericus suus sedere poterit cum officiali episcopi ad audiendum, non ad cognoscendum, scilicet ut videat si jus domini sui servetur. Et si archidiaconus per suum archidiaconatum transierit, audire poterit causas et terminare eas, preter criminales, matrimoniales et alias spirituales. Ab ipso autem poterit appellari ad curiam Ambianensem. In notoriis autem et manifestis excessibus, potest locum supponere interdicto, et si aliquem excommunicaverit vel suspenderit vel locum interdixerit, sentencias excommunicacionis, suspensionis et interdicti ipsius archidiaconi poterit relaxare episcopus, sine cause cognicione, pro sua voluntate, aut ejus officialis, si episcopus fuerit extra episcopatum. Si archidiaconus sentencias a se latas relaxaverit, penas tamen nullatenus remittere poterit, nisi de assensu episcopi vel ejus officialis, si episcopus absens fuerit.

In causis motis vel destitis .... per archidiaconatum suum, potest partibus diem prefigere in curia Ambianensi, ita quod certificet officialem de die et actis ; in aliis autem causis non, presens autem in civitate nullo modo citare poterit. In emendis autem archidiaconatus sui, terciam habebit partem. Poterit tamen episcopus vel ejus officialis bona fide diminuere vel ex toto remittere emendam sicut viderit expedire. Nichil tamen poterit retinere episcopus de emendis de quo archidiaconus suam non habeat terciam. De successoribus et bonis intestatorum nichil habebit archidiaconus. Cum autem certis temporibus ordines celebrentur, cum tempus appropinquaverit, accedere debet archidiaconus ad episcopum, si commode fieri potest, vel ad ejus officialem in civitate qui certificabit eum si generales ordines celebrare debeat episcopus et ubi. Ordinandos autem examinabit archidiaconus usque ad presbyteros, nihilominus tamen episcopus eos quos voluerit examinabit. Si vero archidiaconus absens fuerit, poterit committere vices suas cui voluerit in clericis examinandis, sed episcopus si suum voluerit clericum adhibebit. Solus episcopus dabit licenciam predicandi cum istud ei soli liceat ex concilio Lataranensi IIII, pro celebrato. Episcopus decanos instituet et destituet prout viderit expedire, vocato tamen archidiacono, si fuerit in diocesi, ad consilium impendendum qui contradicere non poterit ordinacioni episcopi, nisi tantum sufficientem et manifestam ostendat Decanus autem jurabit se jura archidiaconi servaturum et mandatis ejus debitam obedienciam exibebit. Decime autem et altaria ad ordinacionem solius episcopi pertinebunt; sede vacante, si que beneficia vacaverint, futuro episcopo reservabuntur conferenda. De proventibus episcopalibus quos archidiaconus sede vacante receperit, restituet episcopo ducentas libras parisiensium, quamvis multo majorem summam ex eis perceperit. Episcopus potest clericos consecrare, archidiacono non vocato. De predictis sic ordinat episcopus, de tanta sibi juridictione addendi vel minuendi et interpretacione, si super aliquo predictorum vel aliis adjungendis dubitacio emerserit, usque nunc durat ordinacio episcopi. Ordinacione ergo ista coram nobis, presente archidiacono, lecta et plenius intellecta, eam per omnia acceptavit promittens quod ubicumque vellet episcopus petere confirmatio..... (*sic*).

Cartulaire III, f° 212 v°, n° III°XII.

544

Coppie de le fondation des quatre messes que Pierre du Bus et demoiselle Jehane Boistelle, sa femme, jadis père et mère de maistre Robert du Bus, jadis canonne d'Amiens, ordonnèrent a dire perpetuelment chascune sepmaine en léglise parroissial de Saint-Remi en Amiens par l'un des vicaires du cuer de l'église d'Amiens faisant continuele et personele résidence en l'église d'Amiens et non par quelque autre capelain ou prestre et comment si tost que le vicaire qui est ordonné a dire les quatre messes dessusdittes est boute hors de se vicairie ou quil le laisse, que de fait sans aultre sentence ou évocation il est privés de dire les quatre messes dessusdictes et y doivent doien et capitle d'Amiens commettre un aultre de leurs dis vicaires faisant résidence comme dit est.

Universis presentes litteras inspecturis capitulum ecclesie Ambianensis, decano ipsius absente et in remotis agente, salutem in Domino sempiternam. Noveritis nos a discreto et honesto viro Johanne du Bus, civi Ambianensi, anno Domini millesimo CCC^{mo} octuagesimo octavo, die penultima mensis martii, in capitulo nostro Ambianensi, habuisse et recepisse litteras fundationis et dotationis cujusdam cappellanie quam olim fundavit in ecclesia Ambianensi venerabilis vir Petrus du Bus quondam, magno sigillo ecclesie Ambianensis in viridi cera, una cum dicti Petri du Bus et Johanne Boitele ejus uxoris sigillis de cera rubea in alba cera inpressis et laqueis sericis viridibus in pendenti sigillatas, quarum quidem litterarum tenor de verbo ad verbum integraliter sequitur et est talis. Universis presentes litteras seu presens publicum instrumentum inspecturis, Petrus du Bus, advocatus curie secularis, et Johanna Boitele, conjuges, cives Ambianenses, salutem in Domino et post cursum vite labilis gloriam ineffabilem vite permanentis. Dum statum conditionis humane statum habere instabilem et ea que visibilem habent essentiam tendere visibiliter ad non esse intra pectoris claustra revolvimus, non imprudenter agere credimus si terrena pro celestibus et peritura pro mansuris conamur felici commertio commutare. Dum insuper nos habundasse et habundare in hoc transitario seculo corporalibus delitiis memoramur non indigne, qualiter reficiemur in mente perempni futuro seculo cogitamus, non ignorantes apostolum dicentem : « Qui parce seminat parce et metet et qui seminat in benedictionibus de benedictionibus et metet vitam eternam ». Dum etiam meditatione assidua nostro in animo deducimus quod inter cetera que post dissolutionem corporis ad delictorum sequendam veniam profitiunt animabus summe prodest sanctorum attestatione patrum hostie illius salutaris oblatio quam instituit in sue passionis memoriam Dominus noster Jhesus XPC, circa illam ut frequentetur habundantius et proinde divini numinis cultus augeatur, nostra resedit et residet voluntas concors, unanimis et consensus. Ea propter nos ipsi conjuges, et si oporteat ego, ipsa conjunx, de licentia et auctoritate ipsius viri mei michi liberaliter concessa et a me gratanter accepta, non coacti, non seducti, non errantes in jure vel in facto, sed gratuita et spontanea voluntate et ex nostra certa scientia, pro salute et eterna requie animarum nostrarum et animarum parentum, filiorum et filiarum antecessorum et benefactorum nostrorum, fundamus, ordinamus, facimus, constituimus et stabilimus in parrochiali ecclesia Sancti-Remigii Ambianensis venerabilibus viris dominis decano et capitulo ecclesie Ambianensis pleno jure subdita unam cappellaniam perpetuam quatuor missarum singulis ebdomadis, seu quatuor missas perpetuas per singulas ebdomadas, singulis annis in eadem ecclesia parrochiali a presbytero vita et moribus commendato, imperpetuum dicendas et celebrandas sub modo, forma, expressione verborum, conditionibus, modificationibus, retentionibus et voluntatibus inferius distincte ac particulariter declaratis et expressis, quas per singulas litterarum harum clausulas, si fuerit opus, volumus pro repetitis haberi. Et quia spiritualia sine temporalium subsidio diutius manere non possunt dignumque est ut qui altari servit de altari vivat, nos, ipsi conjuges, pro dote et nomine dotis dicte cappellanie, seu quatuor perpetuarum missarum, et pro aliquali sustentatione sacerdotis in ipsa capellania, seu quatuor missis perpetuis, pro tempore instituendi et ponendi de nostris temporalibus bonis et acquestis nostris ex nunc damus, donamus, concedimus, cedimus et assignamus, donatione pura et simplici ac irrevocabili habita inter vivos, pro nobis, heredibus et successoribus nostris imperpetuum, dicte capellanie perpetue, seu quatuor missis perpetuis, ac sacerdoti in ea seu in eis instituendo pro tempore et ponendo viginti octo libras annui et perpetui redditus censualis solvendas in tribus terminis anni, Natalis videlicet Domini, Pasche ac Sancti-Petri-ad-vincula festivitatibus, juxta morem censuum dicte civitatis, solvendo quolibet termino tertiam partem dictarum viginti octo librarum amortisandarum, si non sint, nostris sumptibus et impensis ; quas habemus et percipimus, habere et percipere consuevimus, scilicet octo libras supra duas domos contiguas cum pertinentiis suis sitas in dicta civitate, vico qui dicitur de Mes, confrontatas ab uno latere cum parvis domibus Leonardi du Hangart, et ab alio latere cum domo domicelle Jacobe Wagnette, et a parte anteriori cum calceya publica, et a posteriori parte cum domo que fuit Roberti du Hangart, sita in vico ad linum, quas ambas domos ad presens tenent et morantur in eis Petrus de Fontana et ejus uxor, hujusmodique ambe domus ad alium censum non tenentur nisi ad tres solidos et tres capones dumtaxat, et viginti libras supra domum Rubei Cigni et pertinentiarum ejus, sitam in predicta civitate, vico qui vulgariter nuncupatur Ad Frommages, quam tenent ad presens et inhabitant Leonardus du Hangart et ejus uxor, confrontatam a parte una cum domo Johannis de Lille, boulengarii, et ab altera parte cum domo Petri Darras, civis Ambianensis, et a parte anteriori cum calceya publica dicti vici, et a parte posteriori habet exitum in vico des Vergiaux et confrontatur cum domo Thome le Cordier, que est de hujusmodi tenemento, et cum domo Petri Clabaut, draperii, et ultra hujusmodi viginti libras onus non habet domus ipsa alterius census, nisi quatuor solidos et quatuor capones tantum modo. Insuper transtulimus et transferimus ex nunc, pro nobis heredibus et successoribus nostris, modo et forma quibus melius potuimus et possumus et quibus intelligi melius potest, ad perpetuam firmitatem in cappellaniam hujusmodi, seu quatuor missas, et in sacerdotem qui pro tempore fuerit in eis institutus et etiam deputatus, dictas viginti octo libras parisiensium censuales et reddituales et quamlibet earum partem cum suis juribus et pertinentiis universis et omnes actiones reales et personales, utiles et directas, civiles et pretorias, reique persecutorias, sive in rem scriptas, nobis ambobus conjugibus seu alteri nostrum heredibus et successoribus nostris competentes et competituras et que competebant et competere poterant et vise erant competere nobis et ipsis heredibus et successoribus nostris in eisdem, ut amodo et deinceps hujusmodi cappellania seu quatuor misse perpetue et cappellanus seu presbyter in ea vel in eis instituendus, tamquam veri domini et possessores, proprietarii dictarum viginti octo librarum, et procuratores in rem suam possint pro eis agere et experiri, in juditio stare et alia facere que possunt agere veri domini de re sua propria et que poteramus ante confectionem presentium litterarum ; exuentes, divestientes, spoliantes et dissaizientes nos pro nobis, heredibus et successoribus nostris de dictis xxviii libris et pertinentiarum ac jurium earumdem atque hujusmodi cappellaniam, seu iiii^{or} missas perpetuas, et cappellanum seu presbyterum in eis pro tempore instituendum et ponendum ac pro ipsis et eorum vice et nomine magistrum Godefridum de Wally, auctoritate apostolica et imperiali notarium publicum infrascriptum presentem et tanquam publicam et autenticam personam stipulantem et recipientem, per realem et manualem traditionem et receptionem cujusdam virge investientes et saisientes quantum licet et possumus, tam de jure quam de consuetudine, sine juris prejuditio alieni, spondentes, promittentes, pollicentes et juramentis propriis supra sancta Dei evangelia manibus nostris prestitis firmantes quod fundationem, dotationem, donationem, cessionem, translationem, dissaizinam et saisinam et alia omnia supradicta nullo umquam tempore infringemus, irritabimus, anullabimus, revocabimus aut cassabimus, nec infringi, irritari, anullari, revocari aut cassari faciemus, nec aliquid dicemus aut procurabimus, publice vel occulte, per quod premissa vel premissorum aliqua immutentur, varientur aut minorem obtineant roboris firmitatem, salvis tamen retentionibus, modificationibus, conditionibus, ordinationibus, voluntatibus et aliis de quibus supra fuimus expresse protestati et que secuntur, prout ecce : in primis siquidem ut nostris temporibus dicta cappellania nostra melius offitietur, seu dicte quatuor misse, perfectius et ordinatius juxta votum nostrum celebreutur et ut bonum principium nostrum forma sit de bono in melius continuandi in futurum, nos, ipsi conjuges, fundatores, retinuimus et reservavimus, retinemus et reservamus per presentes nobis ambobus et alteri nostrum superviventi administrationem plenariam dictarum xx^{ti} viii^{to} librarum censualium et redditualium per nos supra ipsi cappellanie seu quatuor missis donatarum, non derogando tamen in aliquo donationi, cessioni, translationi et aliis prenarratis, ut, quamdiu nos ambo vel alter nostrum vitam duxerimus in humanis, valeamus et possimus dictas xx^{ti} viii^{to} libras petere, exigere et levare ac pro ipsis, si opus fuerit, agendo et deffendendo vice tamen et nomine hujusmodi cappellanie, seu quatuor missarum perpetuarum, in judicio stare et ipsam cappellaniam de dictis redditibus officiari, seu dictas iiii^{or} missas, singulis ebdomadis celebrari facere per quem maluerimus sacerdotem et alia peragere que necessaria fuerint et etiam oportuna, absque eo quod de administratione hujusmodi nos vel alter nostrum dictis dominis decano et capitulo aut cuicumque alteri teneamur reddere rationem, hoc salvo quod si ultimus nostrum supervivens sibimet contrarius et adversus propria commoda laborans in faciendo hujusmodi missas celebrari et premissis aliis observandis dolum, fraudem, negligentiam seu torporem committeret, poterunt ipsi domini decanus et capitulum eundem superstitem per captionem et retentionem dictorum reddituum et al*iorum* debite cogere et compellere, seu cogi et compelli facere, ad observationem premissorum et suppletionem et emendationem omnium deffectuum per eum commissorum ; quod si forte contingerit interim alterum nostrum a seculo migrare, ille qui remanebit superstes in capite anni et deinceps singulis annis quamdiu vivet, pro consorte defuncto fieri fatiet obitum solennem, cum diacono et subdiacono, in dicta ecclesia parrochiali Sancti-Remigii et pro eo tradet et solvet curato dicte ecclesie decem solidos qui hoc modo dividentur : sacerdos qui ad hostium cancelli recommendabit defunctum, ut moris est, et missam celebrabit habebit quinque solidos, diaconus duos solidos, subdiaconus duos solidos et clericus ecclesie denarios xii^{cim}, nobis autem duobus cum Domino placuerit de medio sublatis, mox statim et incontinenti cessent et extingantur administratio predicta et omnia presenti capitulo contenta et ad hujusmodi cappellaniam, seu iiii^{or} missas, et ad presbyterum in eis pro tempore instituendum hujusmodi administratio dictarum xxviii$^{to.}$ librarum, eo ipso, sine ministerio hominis, judicis vel pretoris, revertatur, uniatur et consolidetur, nec heredes aut successores nostri aliquam possessionem vel saisinam in contrarium pretendere possint quovismodo nec de ea aliqualiter in juditio vel extra se juvare sed omnia supra et infra contenta presentibus suum plenum et expeditum ex tunc sortiantur effectum. Item volumus et ordinamus quod predicta cappellania nostra sit sacerdotalibus et maneat perpetuo iiii^{or} missis ebdomadis singulis onerata et sacerdos qui pro tempore fuerit in hujusmodi cappellania institutus celebret hoc ordine incipiendo post obitum nostrum amborum dictas missas, videlicet feria secunda de Sancto Spiritu, feria quarta et feria sexta de Requiem et sabbato de Beata Virgine Maria, quodque ipse sacerdos, cum indutus fuerit vestibus sacris pro missa celebranda, antequam missam incipiat, venire ad hostium cancelli dicte parrochialis ecclesie Sancti-Remigii et nos fundatores nominatim ac animas nostras populo ut orent pro nobis recommendare juxta datam sibi a Deo prudentiam teneatur. Item volumus et ordinamus quod dicta nostra sacerdotalis cappellania uni ex vicariis sacerdotibus dicte Ambianensis ecclesie facienti in ea continuam et personalem residentiam, et nulli alteri, perpetuo conferatur, quodque si idem vicarius sacerdos cui de hujusmodi cappellania pro tempore fuerit provisum desineret esse vicarius dicte ecclesie aut culpa sua vel alia causa expelleretur ab eadem seu non faceret in ipsa Ambianensi ecclesia continuam et personalem residentiam, in casibus hujusmodi et quolibet ipsorum ipso facto sine sententia seu declaratione alia dicta cappellania nostra privatus sit et ab ea depulsus, possitque et valeat de ipsa alteri vicario sacerdoti fatienti in eadem ecclesia personalem residentiam libere provideri. Item volumus et ordinamus quod heres noster propinquior et antiquior prima vice post obitum nostrum vicarium dicte Ambianensi ecclesie sacerdotem et in ea personaliter residentem dictis dominis decano et capitulo habeat presentare, in aliis vero vaccationibus collatio et omnimoda dispositio ipsius cappellanie institutio et destitutio cappellani ad ipsos decanum et capitulum in communi servatur, que prelibavimus spectabit et pertinebit imperpetuum pleno jure, qui vicarius sacerdos dictam cappellaniam obtinens in sue provisionis exordio coram ipsis dominis decano et capitulo curato et matriculariis dicte ecclesie Sancti-Remigii jurabit presentem ordinationem nostram servare atque singulis annis in generali capitulo festi beate Marie Magdalene in manibus dominorum ipsorum decani et capituli, ad instar capellanorum misse aurore hujusmodi cappellaniam resignabit. Cui si bene egerit de novo providere, aut si male de eadem cappellania aliter ordinare poterunt domini decanus et capitulum supradicti. Tenebitur etiam dictus vicarius sacerdos tali hora celebrare quod possit in dicta Ambianensi ecclesia divinis offitiis jugiter interesse. Item volumus et ordinamus quod idem vicarius sacerdos hujusmodi cappellaniam tenens et possidens curam, sollicitudinem et diligentiam habeat petendi, levandi, exigendi et recipiendi ac in juditio et extra contra quascumque personas deffendendi dictas xxviii^{to} libras censuales propriis custibus, sumptibus et expensis et cum eas aut partem ipsarum receperit, id totum quod habuerit statim sine dilatione ulla realiter tradat et assignet celerario dicte Ambianensis ecclesie qui pro illo tempore fuerit quem ad hoc deputamus distribuendum et solvendum ipsi cappellano vicario et aliis per celerarium eundem in modum qui sequitur : ipse namque celerarius de hujusmodi peccunia cum levata et exacta sibique tradita et assignata fuerit, singulis diebus dominicis solvet et tradet dicto vicario sacerdoti pro iiii^{or} missis, si ipsas in ebdomada preterita celebraverit, pro qualibet missa, duos solidos parisiensium per modum et similitudinem cotidianarum distributionum que in ecclesiis cathedralibus largiuntur existentibus canonicis horis. Et, si forsan in celebratione hujusmodi missarum vel partis earum defecerit, pro qualibet missa quam obmiserit in ultionem sue negligentie duos solidos parisiensium tradentur ab eodem celerario matriculariis dicte parrochialis ecclesie Sancti-Remigii ut ipsi per sacerdotem alium missas neglectas et obmissas suppleri et celebrari in eadem ecclesia fatiant annuntiando eas modo et forma superius expressatis. Tradet insuper et solvet idem celerarius eisdem matriculariis qui pro tempore fuerint singulis annis in tribus terminis consuetis censuum civitatis videlicet Nativitatis, Pasche et sancti Petri ad vincula sexaginta solidos parisiensium, solvendo quolibet termino xx^{u} solidos. Quorum quidem sexaginta solidorum decem solidi erunt curati dicte ecclesie et alii decem solidi dictorum matriculariorum ut libentius elaborent, et restantes xxx solidi erunt fabrice et luminari ipsius parrochialis ecclesie pro interesse suo ut in dictis missis celebrandis dicto cappellano vicario de ornamentis, libro, calice ac lumine provideatur et de clerico adjutore. Preterea cum pro primo nostrum obeunte ordinatum supra sit anniversarium a supervivente quamdiu superstes fuerit solvendum, cum ambo decesserimus solvet et tradet idem celerarius de peccunia antedicta singulis annis dicto curato xx^{ti} solidos parisiensium pro duobus obitibus nostris quolibet in die suo singulis annis cum diacono et subdiacono fatiendis, in utroque quorum decem solidi dividentur modo et forma quo superius de primo obitu noscitur declaratum; qui celerarius pro labore suo recipiendi et distribuendi memoratam peccuniam de ea ad utilitatem suam xx^{ti} solidos annuatim percipiet et habebit. Quod si forte contingeret imposterum, quod tamen non speramus, cappellanum et curatum ac matricularios predictos aut quoscumque alios super distributione dicte pecunie aut aliis tangentibus servitium ejusdem cappellanie contra ipsum celerarium aut alium habere querimoniam, illam coram ipsis dominis decano et capitulo et non alibi proponi volumus et etiam terminari, quem celerarium ad solvendum aliquid de super ordinatis coartari nolumus sicut nec justum foret nisi prius constiterit illum peccuniam recepisse. Verum quia qui fert onus, ut levius perferat sentire debet et commodum, volumus et ordinamus ut dictus vicarius presbyter dictam cappellaniam obtinens quem supra onerasse meminimus de cura, sollicitudine et diligentia levandi, exigendi et deffendendi dictas xx^{ti} viii^{to} libras, quemque etiam oneramus et volumus onerari ut impositiones et taillias ; si que predictis xxviii^{to} libris censualibus futuris temporis imponantur, et alia incombentia onera que inexcogitabilia sunt supportet et solvat si aliter evadere non possit, totam restantem summam dictarum xxviii^{to} librarum, que solutis premissis omnibus ad summam xliiii^{or} solidorum ascendere potest, habeat et percipiat de manu dicti celerarii in capite anni pro labore suo et expensis quas subibit plus vel minus in uno anno quam in alio in litibus et persecutione comissi sibi offitii et forsan habebit subire, nec dictam restantem peccuniam propter hoc admittat si forsitan in uno vel pluribus annis pro premissis expensis aut onera non subiret. Demum quia previdere futuros eventus et eis providere divinum potius est quam humanum, si pro tempore contingeret nobis tamen fundatoribus de medio sublatis, dictas xxviii^{to} libras reddituales in totum non solvi vel in tantum diminui aut magnis et gravibus oneribus propter lites, incendia, guerras vel aliter onerari quod dicte misse in numero pretaxato solvi et alia superius ordinata in totum compleri non possent, sed esset necessitas diminutionem faciendi aut in premissis seu aliquo premissorum forent aliqua dubia et obscura aut inportabilia, eisdem dominis decano et capitulo diminuendi de numero missarum predictorum perpetuo vel ad tempus et alia moderandi dubia et obscura declarandi et interpretandi, importabilia tollendi seu modificandi, prout eis placuerit et ipsorum conscientiis quas super hoc oneramus videbitur expediens, plenam et liberam facultatem tenore presentium elargimur ; promittentes bona fide premissa omnia et singula, prout superius scripta sunt et narrata, rata, grata et firma habere, tenere et servare perpetuo et nunquam per nos vel interpositam personam contrafacere, dicere aut venire nec conveniendi licentiam petere nec aliquid aliud procurare tacite vel expresse quovis quesito colore per que vel per quod premissa vel premissorum aliqua, in toto vel in parte, irritari, cessari, adnullarive valeant infringi aut quomodolibet immutari, sub ypotheca et obligatione omnium bonorum nostrorum heredum et successorum nostrorum, mobilium et immobilium seque moventium, presentium et etiam futurorum ; renuntiantes spetialiter et expresse omni exceptioni doli mali, vis, metus, circumventionis, deceptionis et fraudis, in factum actioni, conditioni sine causa vel ob causam seu turpem causam, juri dicenti donationem excedentem summam quingentorum aureorum non valere nisi actis publicis fuerit insinuata, omnibusque privilegiis et gratiis impetrandis, usibus, statutis, consuetudinibus et juribus canonicis et civilibus, cavillationibus et barris, quibus nos vel alter nostrum, heredes et successores nostri adversus premissa vel premissorum aliqua possemus nos juvare aut aliquid infringere de premissis et specialiter juri dicenti generalem renuntiationem non valere nisi precesserit specialiter. Sic nos Deus adjuvet et hec Sancta Dei euvangelia que tetigimus manibus nostris. Demum obsecramus, in Domino requirimus, et rogamus suppliciter et obnixe ipsos dominos decanum et capitulum ac eorum celerarium qui nunc est pro temporeque fuerit, ut in spe remunerationis eterne quam inde pro laboris qualitate et quantitate non dubium assequentur, premissa omnia, prout superius scripta sunt et narrata, in quibus eos non onerare sed potius honorare ac eorum ecclesiam sublimare credimus, gratanter acceptare, confirmare, approbare, servare, servarique mandare dignentur et velint, ac sigilli sui munimine facere roborari. In quorum omnium testimonium et fidem clariorem presentes litteras nostras per infrascriptum notarium publicum scribi et in publicam formam totiens quotiens opus erit pro nobis et ipsis dominis decano et capitulo et aliis quorum intererit redigi fecimus et sigillorum nostrorum appentionibus communiri. Et nos decanus et capitulum ecclesie Ambianensis, inspectis et auditis dictis litteris ipsarumque serie atque forma intellectu pleno collectis et in capitulo nostro recensitis maturaque deliberatione discussis, piam, salubrem, providam et honestam ordinationem prenominatorum Petri du Bus et domicelle Johanne Boitele conjugum dignis in domino laudibus commendantes bonamque voluntatem quam ad nos et ecclesiam nostram se habere operis evidentia demonstrant in recte considerationis examine deducentes, atque hiis et aliis ceteris considerationibus sibi in hiis que honeste possumus complacere cupientes, eorum supplicationi et requisitioni benignius inclinati, premissa omnia et singula in suprascriptis litteris facta, ordinata et contenta omni eo jure, modo et forma quibus melius possumus, ratifficamus, approbamus, confirmamus, auctorizamus et ut firma et stabilia sint et maneant perpetuo presentis scripti nostri patrocinio ex certa scientia nostra cum appensione sigilli ecclesie nostre communimus salvo jure nostro et quolibet alieno. Actum et datum Ambianis in capitulo seu capitulari loco ecclesie Ambianensis in quo presentes erant venerabiles et circumspecti viri domini et magistri, Guillelmus de Longa Valle, decanus, Raymbuudus de Joco, cantor, Johannes Hurelli, magister in sacra pagina, Gerardus de Encra, Robertus Gardelli, Millo Tiessardi, Martinus de Prato, Johannes Coispelli, Lucianus de Seus, Hugo Lupi, Egidius Batelli, Guillelmus de Villemontoir, presbyteri, Petrus Buticularii et Hugo Parvi, diaconi, Matheus de Coquerello et Johannes Fratris, subdiaconi, dicte ecclesie Ambianensis canonici capitulantes et capitulum fatientes, die nona mensis februarii, anno dominice incarnationis millesimo trecentesimo septuagesimo octavo, indictione secunda, presentibus discretis viris dominis Eustachio Roche, Johanne Carnificis alias de Belvaco, et Hugone Molet dicte ecclesie Ambianensis perpetuis capellanis, Johanne du Bus et Colardo Plantehaye, in seculari curia procuratoribus, Johanne Labe alias Walot, clerico ac Johanne Baisardi, camerario dictorum dominorum decani et capituli, testibus ad premissa vocatis specialiter et rogatis. Et ego Godefridus de Wailly, clericus Ambianensis diocesis, publicus apostolica et imperiali auctoritate notarius, fundationi, ordinationi, constitutioni censuum et reddituum, assignationi, donationi, cessioni et translationi, dissaizitioni et saizitioni conventionum, conditionum et voluntatum retentioni et appositioni, supplicationi, requisitioni, juramentorum prestationi, ratificationi, approbationi, confirmationi, auctorizationi, et aliis premissis omnibus et singulis, dum tam per Petrum et Johannam conjuges quam decanum et capitulum predictos agerentur et fierent, prout superius scripta declarata sunt et narrata, una cum prenominatis testibus, loco, die, mense, anno et indictione quibus supra presens fui eaque ad requisitionem, voluntatem et mandatum conjugum, decani et capituli predictorum in notam recepi, scripsi et in hanc publicam formam manu propria redegi signumque meum quo utor in instrumentis a me confectis una cum sigillis Petri et Johanne ac decani et capituli prenominatorum in testimonium sic geste rei apposui consuetum. In cujus rei testimonium sigillum nostrum ad causas presentibus litteris duximus apponendum. Datum Ambianis anno Domini millesimo CCC^{mo} octuagesimo octavo, die xv^a mensis aprilis.

Lobit du dit Pierre du Bus se doit faire chascun an le premier jour dapvril. Et lobit de demoiselle Jehane, sa femme, se doit faire le vi^e jour daoust.

Cartulaire II, fol. 356, n° cccIII^{xx} xvI.

545

De villa de Crescy (1).

In villa de Creissi (2) sunt XLII curtilli et dimid. Ex his curtillis XLII et dimid. sunt quadraginta et dimid. de justicia Prepositi, reliqui duo de justicia ecclesie, et unusquisque curtillorum debet in festivitate sancti Firmini III den., in natali II den. et II capones, excepto uno qui debet III capones, et unusquisque curtillorum debet in Nativitate III *panes* quos habet Prepositus, exceptis predictis duobus curtillis qui sunt de justicia ecclesie quorum omnes proventus spectant ad ecclesiam. Debet etiam unusquisque curtillorum in martio VI den. de fossato, et IIII^{or} minas avene ad cumulum, exceptis duobus quorum uterque debet tres minas. De vinagio etiam debet unusquisque curtillorum, in festo beati Remigii, unum sextarium vini, et in Epiphania alium, ad precium quod carius invenitur (3) in prenominatis diebus ad Conteium sive ad Cresseium, et preter sextarium vini debet unusquisque I den.. Sciendum etiam quod unus supradictorum curtillorum non persolvit nisi medietatem reddituum quos alii debent. De Froco etiam supradicte ville summa est XXXIII d. De clausulis XVII d. et ob. et XVII capones, et XVII minas avene. Preter supradictos curtillos est unus curtillus qui debet II sol. Sciendum etiam quod unusquisque equorum qui invenitur in junctura debet in F.VIII d. de corveia. De prato vero unusquisque

(1) IIIe Cartul.: Cresci ; IVe Cartul.: Croissi. (3) IIIe Cartul.: Inveniatur.
(2) IIe, IIIe et IVe Cartul.: Cresci.

equus II d., unaqueque vacca I d., pulli vero equorum et vaccarum, si annum habuerint, obolum, persolvunt singuli. Sciendum etiam quod IIII^{or} partes furnorum sunt ecclesie, et quinta prepositi. In cista molendini habet ecclesia V partes et molendinarius VI^{tam} excepto quod de communi multura habet molendinarius pro pane suo singulis diebus boistellum unum quorum decem faciunt minam. Quando reparatur molendinum duos boitellos habet molendinarius, medietatem frumenti et medietatem ordei, de quibus tantum molere quod molendinum sit legitimum molentibus. Sciendum etiam quod singulis hebdomadibus debet molendinarius molere de proprio secunda feria unum boitellum frumenti antequam aliquid ibi molatur. Molentes etiam debent de XIII^{im} boitellis unum pro moltura. Sciendum etiam quod molendinarius sextam partem molarum debet emere, ecclesia autem reliquas quinque, et omnia que ad edificium molendini pertinent, excepto quod molendinarius sumptu suo proprio quicquid ad fabricam molendini pertinet debet facere. In granea habet maior pro messe sua XV minas frumenti rasas, et XV minas ordei ad cumulum. Debet etiam excussores legitimos ponere in granea qui fidelitatem faciant ecclesie, et de novem mensuris debent habere decimam. Sciendum etiam quod de masura presbiteri debet presbiter duas minas avene et II capones et XII den.; preterea quando annona mensuratur, habet prepositus unum sextarium avene, et quando adducitur....

Cartul. I, f° 53 v°; II, f° 85 v°; III, f° 65 v°; IV, f° 39 v°, n° LIX.

546

REGISTRUM BEATE MARIE AMBIANENSIS.

I. DE JURE QUOD HABEMUS IN ECCLESIA SANCTI MICHAELIS (1).

In ecclesiis Sancti-Michaelis et Sancti-Remigii habet mater ecclesia Ambianensis impositionem sacerdotum et duas partes oblationum omnium, exceptis missis privatis, et visitationibus, et baptismo, et exceptis candelis, quas omnes habet in festivitate sancti Michaelis et sancti XPOphori. in ecclesia Sancti-Michaelis mater ecclesia, excepta quadragesima candela.

(1) Les titres de la série des paragraphes suivants ne figurent qu'aux III° et IV° cartulaires.

II. DE ECCLESIA SANCTI-REMIGII.

In ecclesia vero Sancti-Remigii habet mater ecclesia in festo sancti Remigii omnes candelas, in Purificatione vero beate Virginis, in utraque ecclesia Sancti-Remigii scilicet et Sancti-Michaelis medietatem candelarum.

III. DE ECCLESIA SANCTI-LAURENTII-EXTRA-MURUM.

In ecclesia etiam Sancti-Laurentii-extra-murum que nullum parrochianum habet, tanquam in propria capella habet mater ecclesia impositionem capellani, et omnes candelas in festo sancti Laurentii, et capellanus cum sacerdotibus predictarum ecclesiarum Sancti scilicet Remigii et Sancti-Michaelis habet beneficium a matre ecclesia, unusquisque in partitionibus quas O nominamus, novem scilicet diebus ante Nativitatem Domini, singulas metretas vini, quas Esteuz nominamus, et in sollempnitatibus procurationibus habet panem et carnem, et vini tantum quantum supra dictum est, et in die Absolutionis panem similiter et vinum et unam plaiz. Preter etiam duos sacerdotes, Sancti scilicet Michaelis et Sancti-Remigii, habet capellanus Sancti-Laurentii in granea matris ecclesie que est ad caput Sancti-Laurentii unum modium frumenti et IIII^{or} [sextarios (1)] pisarum (2) ad mensuram cellarii mensuratam secundum consuetudinem ementium et vendentium.

IV. DE ECCLESIA SANCTI-JACOBI.

In ecclesia etiam Sancti-Jacobi, habet similiter ecclesia impositionem sacerdotis et medietatem omnium oblationum, exceptis visitationibus et baptismo ; omnes etiam candelas in festo sancti Jacobi, et medietatem in Purificatione Beate Virginis.

V. DE ECCLESIA SANCTI-SULPICII.

In ecclesia etiam Sancti-Sulpicii habet similiter mater ecclesia impositionem sacerdotis, et duas partes omnium oblationum, exceptis missis privatis et visitationibus et baptismo : medietatem etiam omnium candelarum in Purificatione Beate Virginis.

VI. DE ECCLESIA SANCTI-MAURICII.

Similiter in ecclesia Sancti-Mauricii illud idem jus habet mater ecclesia quod habet in ecclesia Sancti-Sulpicii, et preter hoc etiam quod sacerdos Sancti-Mauricii singulis annis persolvit X sol. monete publice.

---

(1) Ce mot ne figure qu'au Ier Cartul. en marge d'une écriture cursive.

(2) IVe Cartul. : Pisorum.

VII. De jure servientium nostrorum.

Servientes etiam predicte matris ecclesie, pincerna scilicet et pistor et tres coqui habent in novem partitionibus ante Natale quas O nominamus, et in omnibus particionibus ejusdem nominis, excepto in festo sancti Augustini, unum estou vini ; in die etiam Nativitatis dominice et in festo sancti Stephani, et in festo sancti Johannis, in unoquoque sextarium vini ; in die Innocentium dimidium sextarium; in octabis Nativitatis dominice, unum sextarium ; in partitione caponum, quinque capones ; in capite quadragesime, duos sextarios vini ; in partitione anguillarum, L^a minutas anguillas ; in die Absolutionis quantum unus canonicus accipit in pane et vino et plaiz. Preter hoc etiam illi qui coquine presunt, unam plaiz singuli, et tres solidos pro capitibus piscium. In Pascha etiam dimidium sextarium vini unusquisque servientium accipit, et in die Pentecostes similiter dimidium sextarium. In herbagio unum arietem unusquisque similiter accipit, et in villis que ad cellarium pertinent si vocati presentes fuerint ad herbagium colligendum, unusquisque habet de procuratione VI denar. In villis etiam predictis si ad submonitionem ecclesie in aliqua granearum servicium suum exhibuerint, pro servicio suo debent habere XXII^{os} sextarios frumenti et duos pisarum, et modium ordei ad mensuram cellarii mensuratam secundum consuetudinem vendentium et ementium. Si autem submoniti non fuerint, non minus recipient predictam mensuram annone. In festo etiam sancti Martini, debent habere duos sextarios vini. In minuta etiam decima colligenda debent habere II^{os} solidos pro calciamento si presentes fuerint. Sacerdos etiam Sancti-Mauricii in granea que est ad magnum pontem accipit duos modios ordei et duos modios avene, III sext. minus, et dimidium modium frumenti, et dimidium modium siliginis, et duos sextarios pisarum (1) et de stramine secundum quantitatem segetis quam receperit. Sciendum etiam quod custos granee qui est ad caput Sancti-Laurentii, VI denarios habet pro procuratione quando mensuratur annona. Custos etiam granee de Grantpont VI denar. pro procuratione in mensuratione annone.

VIII. Quid debet episcopus in duobus festis sancti Firmini.

In natali sancti Firmini martyris debet episcopus canonicis LV panes et modium vini et semis, et tres porcos, et careiam lignorum, et ûnum sextarium

(1) IVe Cartul.: Pisorum.

salis et unum sextarium cervisie; in inventione ejusdem martyris, tantumdem; in die Absolutionis LV panes et duos modios vini et centum et quinque plaiz et careiam lignorum et unum sextarium salis, et XX^{ti} solidos.

IX. De censibus molendinorum.

In festo sancti Johannis Baptiste, de molendino de Clencain XVI solid. et unum sextarium vini. — De Baiart XXV solid. et II sextar. vini. — De Taillefer XX solid. et I sextar. vini. — De Formentel (1) XV sol et unum sextar. vini. — Grerniers (2) XV sol. et I sextar. vini. — Passavant (3) XX sol. et II sextar. vini. — De Ratier XV sol. et I sext. vini. — De Bucart (4) XVI sol. et I sext. vini. — De Troxart (5) XV sol. et I sext. (6). — De Becquerel (7) I sextar. vini.

In Nativitate Domini, de molendino de Taille fer II sext. vini. — De Baiart II sext. vini. — De duobus molendinis de Passavant (8) IIII sext. vini. — Grerniers (9) II sext. vini. — Formentel (10) II sext. vini. — Ratiers II sext. vini. — Troxarz II sext. vini.

X. De censibus anguillarum.

Census Anguillarum in capite jejunii.

De exclusa de Camonz, habent canonici (pro eo solvuntur hereditarie XXVI sol) matris ecclesie II C. de bordellis et I C. de darnis. — De Ravina XV C. de bordellis (11). — De Grapin XV C. de bordellis et V C. de darnis (pro Ravina et Grapin solvuntur XXX sol., firma est annua). — De duabus clausuris Geroldi filii Avecin (12) X C. de bordellis (queratur de clausuris illis). — De Passavant I C. de bordellis et. I C. de darnis. (Passavant passe arriere debet XXIII sol.; firma est). — De Baiart I C. de bordellis (debet III sol. pro bordellis; firma est). — De Rochiario in vigilia beati Firmini C. Roches (queratur de hoc). — (Item exclusa de Fouenchamp debet pro eodem XXX sol.; firma est).

Cartul. I, f° 113, n° cxxxi à cxliii; II, fol. 1 ; III, f° 15 ; IV, f° 6 (13).

---

(1) IVe Cartul.: Fremeptel.
(2) IIIe et IVe Cartul.: Greniers.
(3) IVe Cartul.: Passeavant.
(4) IIIe et IVe Cartul.: Boucart.
(5) IIe, IIIe et IVe Cartul.: Toxac.
(6) IIe, IIIe et IVe Cartul.: Vini.
(7) IVe Cartul.: Bekerel.
(8) IVe Cartul.: Passeavant.

(9) IIIe Cartul.: Gerniers ; IVe Cartul.: Greniers.
(10) IVe Cartul.: Fourmentel.
(11) IIe, IIIe et IVe Cartul.: Et VC. de darnis.
(12) IVe Cartul.: Avechin.
(13) Au IVe Cartulaire les cens des moulins et des anguilles se trouvent au f° 15.

Iste sunt ecclesie quorum presbiteros capitulum Ambian. presentat episcopo.

Ecclesie de Cresciaco — de Gaudiaco — de Vallibus juxta Montem Desiderii — de Rouvroi, villa episcopi — de Bello forti — de Sancto-Medardo in Calcheia — de Chiliaco — de Louencort (Ubi ecclesia Ambianensis percipit duas partes minute decime et in Nativitate Domini, in Purificatione et in Pascha, et in festo sancti Martini in hieme, duas partes oblationum ; et duas partes candelarum. In majori decima tertiam partem de qua unus modius frumenti et unus modius avene presbitero solvuntur. Presbiter etiam tam ex parte laici qui duas partes habet in decima quam ex parte ecclesie de communi habet tres modios frumenti et unum avene. Habet etiam ecclesia in Natali, de censu IIII^{or} capones et IIII^{er} panes et IX denarios de domo domini Ebrardi militis, de domo presbiteri unum panem et unum caponem) — de Tilloloi — de Polan vile — de Vilers in Boschagio (Dominus Thomas major de Villari in Boschagio tenet XII jornalia et dimidium terre vel circiter in territorio de Vilers sita, de domino Johanne de Buissi milite in feodum. Et idem Johannes tenet illud feodum de ecclesia Ambianensi.

Fratres de Duri dicti grangarii, scilicet Petrus, Robertus, Willelmus, Johannes debent, singulis annis, in festo sancti Nicholai in hieme, canonicis ecclesie Ambianensis presbyteris VI sol. communis monete currentis, pro terra que dicitur campus de Laies quam ipsi tenent) — de Montonviler — de Blangi — de Bus — de Gamignicort — de Stella — de Mollancort — de Sancto-Ylario — de Mautort — de Sancto-Joanne-in-calceia apud Abbatisvillam — de Bertaucort — de Maioch et de Crotois (1) — de Tormont.

Cartul. I, f° 115, v°.
Cartul. II, f° préliminaire de tête.

XI. De censibus per totam civitatem.

A porta Sancti-Petri usque ad Sanctum-Mauricium per circuitum extra villam summa totius census XXIII sol. et VIII denar., et XVI capones.

A porta Sancti-Petri Durelmum usque ad portam Magni Pontis, summa totius census LXXIII sol. et IIII denar. et XXXe VIII^{to} capones.

(1) IIe Cartul. : Cressiaco, Gaudeiaco, Roveroi, Calceia, Chilliaco, Lowecort, Tilloloy, Polainvile, Motonviler, Bussi, Gamegnicort, Mollaincort, Hillario, Mayoch, Crotoi.

A porta Magni Pontis usque ad Passavant (1), summa totius census XLVI sol. et X den. et LVIII capones.

A rivo de Passavant (2) usque ad rivum de Clencain, VI libr. et VIIII sol. et tres obolos et VII^{xx} capones II minus, de qua summa persolvuntur in festo sancti Firmini de duabus cambis XXX solid.

A rivo de Clencain usque ad rivum Merdelonis, summa totius census : LXVI sol. et VIII den. et obolum et IIII^{xx} capones et XII..

A ponte Lapideo usque ad Sanctum-Martinum, summa totius census XXVIIII solid. et IIII den. et ob. et XXXV capones de qua solvuntur in festo sancti Firmini pro furno X solid.

A cruce usque ad matrem ecclesiam et usque ad forum ex alia parte XVIIII sol. et VIII den. et XLI cap.

In foro et per omnes vicos usque ad portam Sancti-Firmini, et a porta Sancti-Firmini usque ad Verziaus (3), summa totius census IIII libr. et XV sol. et III den. et VI^{xx} capones.

A foro usque ad portam Sancti-Michaelis et usque ad portam Longe Macerie per omnes vicos, summa totius census VII libr. et XI sol. et V den. et IIII^{xx} capon. II minus. De qua solvuntur in festo sancti Firmini pro furno claustri XL sol. decem vero pro terra Firmini de Camons (4) et Guermundi (5) Lescaude.

Extra muros civitatis, summa totius census : VI libr. et XIII sol. et III den. et XI^{xx} cap. et VIII...

Sciendum est etiam quod de caiagio redduntur C sol., in festo sancti Firmini XL sol. In Natali Domini XXX sol et in Pascha XXX sol. In molendino de Taille fer (6) habet ecclesia duas partes arche, et heres qui pastum Landrici persolvit, terciam, qui nobis de hoc feodo et alio quod (6) tenet de ecclesia hominagium debet et relevamentum.

De omnibus proventibus molendini de Formentel (8) habet mater ecclesia V^{que} partes ; molendinarius vero tantum modo sextam partem.

De molendino de Besquerel (9) habet ecclesia medietatem proventuum. Molendinarius medietatem alteram et asinum.

(1 et 2) IVe Cartul.. Passe avant.

(3) IIe et IIIe Cartul.: Verjeaus ; IVe Cartul.: Verjeax.

(4) IIIe Cartul.: Camonz.

(5) IIIe et IVe Cartul.: Guermondi.

(6) IIe, IIIe et IVe Cartul.: Queru.

(7) IIe, IIIe et IVe Cartul.: Taillefer.

(8) IVe Cartul.: Fourmentel.

(9) IIe et IVe Cartul.: Becquerel ; IIIe : Bekerel.

Sciendum etiam quod in prato de Forest et de Franquevile (1) nullus habet aliquid juris preter canonicos.

In villa Sancti-Mauricii summa minuti census ; in festo sancti Firmini XXV sol. et VII den. et ob. et in Nativitate Domini XXXIIII sol., 1 den. minus, et VIIII^{xx} capon. et V et una gallina. In molendinis etiam ejusdem ville habent canonici duas partes, et molendinarii terciam, pro quo debent ecclesie hominagium et relevamentum (2).

De ecclesia et villa de Camons.

In ecclesia de Camons (3) habent decanus et canonici in tribus sollempnitatibus Nativitatis, Purificationis, et Pasche, duas partes et sacerdos terciam, ita quod de duabus partibus quas habent decanus et canonici habet decanus duas partes et canonici terciam. Similiter in omnibus decimis minutis per annum inter decanum et canonicos et sacerdotem eadem debet esse partitio. Sacerdos autem debet canonicis pro synodo IIII den., et decanus habet hospitem unum qui in nullo respondet alicui nisi decano, et de censu persolvit VI den. et II capon. De censu etiam debet sacerdos canonicis IIII den. et II capones. In granea ejusdem ville, totum terragium debent habere canonici, excepto terragio terre altaris. Decima vero ita dividitur quod illa que de terra altaris procedit cum terragio inter decanum et canonicos et sacerdotem sicut minuta decima dividitur; de reliqua vero decima de novem sextariis habent canonici IIII^{or} et forestarius duos. De reliquis tribus rursus habent decanus et canonici duos et sacerdos unum ; ita quod de duobus sextariis decani et canonicorum habet decanus duas partes et canonici terciam, et quicquid post excussionem manipulorum decime remanebit sive in forragine sive in aliis proventibus similiter dividetur. Quicquid vero de terragio remanserit post excussionem totum erit canonicorum. Majores vero in his que ad graneam veniunt nichil juris habent, excepto quod quando annona mensuratur, si presentes fuerint ad servicium ecclesie et taullia sua fecerint ut de summa annone rationem possent reddere officialibus ecclesie et saccos et vehicula ad deferendam annonam submonuerint, uterque sex nummos pro sua procuratione habebit, homines vero qui annonam ad horrea

---

(1) IIIe Cartul.: Franqueville ; IVe Cartul. : Frankevile.

(2) IIe Cartul. Note en cursive. Totalis summa denariorum XLVII lib. VIII sol. et III den.

minuta decima Forest IIII^{xx} et XV lib. Summa caponum Mille XXX VII lib.

(3) IIe, IIIe et IVe Cartul.: Camonz.

canonicorum deferent qui minus quam modium et dimidium detulerint, in quadrigis suis nichil inde recipient. Si vero modium et dimidium aut eo amplius detulerint, dimidium sextarium annone quam deferet habebit. Sciendum etiam quod in parte decime forestarii habent canonici II modios, unum frumenti et alium siliginis, ita quod si frumentum defecerit de siligine frumentum supplebitur.

Donum etiam totius ville pertinet ad partem canonicorum, et est tale : de uno quoque equo quem habet homo in *ju*nctura, persolvit XII garbas et dimidiam ; ille vero qui equum non habuerit X^{cem}. Quarta etiam pars doni erit de frumento, quarta de siligine, quarta de ordeo, quarta de avena, si tot species annone habuerit (1). Si (2) autem unam tantum speciem sive duas, sive tres, de tali annona quam habebit, secundum justam considerationem donum cum integritate persolvet.

In molendino ejusdem ville talis boistellus debet esse quod novem sextarium integrum et non plus faciant. Molendinarii autem in ebdomada VIII boistellos habere debent, de moltura communi, ita quod tercia pars erit de frumento, tercia de siligine, tercia de ordeo sive de avena si ordeum defecerit, et in die lune unum pro aperitione molendini et in reparatione molendini unum, ad pastam conficiendam (3). Reliquam molturam totam habent canonici et duo homines eorum quorum alter duodecimam partem, alter vero sexagesimam. Ad conservandum molendinum in statu suo et in his que ad molendinum pertinent molendinarii servire debent. Si vero de novo illud restituere oportuerit, canonici et duo participes eorum totum sumptum secundum proportionem qua moltura dividetur persolvent. Nassa molendini communis est canonicis et molendinariis, ita quod canonici duas partes habent, et molendinarii terciam, ita tamen quod in Natali Domini pro tercia parte sua V^{que} solidos canonicis persolvunt. Si vero aquam falcari oportuerit quantum aque pedare poterunt sine navi molendinarii, sumptu proprio falcabunt ; si plus autem oportuerit, canonici et eorum duo participes sumptam providebunt.

Illi qui ad molendinum annonas attulerint, si voluerint eas ventilare, quicquid de ventilabro cadet ejus erit cujus reliqua annona, nec molendinarii farinam aut aliquid preter justam molturam ab his exigere poterunt, nec porcos in molendino habere preter assensum dominorum. Talis etiam debet esse moltura

(1) IIe, IIIe et IVe Cartul.: Sive.
(2) IIe, IIIe et IVe Cartul.: Habuerit.
(3) IVe Cartul.: Reficiendam.

quod ab initio messis usque ad Nativitatem de tribus sextariis dantur duo bostelli, a Nativitate usque ad aliam messem, pro duobus sextariis unus bostellus. In furno ejusdem ville furnarius instituere debet unum portitorem pastarum, et homines ville alium qui duos panes ponderis X librarum debent habere, et furnarius pro furnagio debet habere unum panem parum majorem illis quos coxerit. Ille vero qui furnum tenet hominagium debet ecclesie et relevamentum. In eadem villa sunt LX³ et una area. De singulis areis in Nativitate persolvuntur X^{em} denarii canonicis, VII et III⁰⁸ duobus majoribus. Aree autem non excedere debent mensuram XXV virgarum. Si· qua autem majoris quantitatis inventa fuerit aut plures secundum numerum et quantitatem ipsarum debet et census crescere. Item in veteri villa sunt XXXII cortilli, quorum unusquisque, excepto cortillo feodi et illo qui dicitur sacerdotis, persolvit in festo beati Firmini III den. et IIII⁰ʳ pullos et decem ova (1), in Nativitate V den. et II capones et duos panes majoribus valentes VI den., in Epiphania VI den. et unam gallinam, in Pascha, decem ova (2) ; in festo sancti Honorati, III den.; et de eisdem cortillis VI sunt quorum singuli in festo sancti Remigii persolvunt (3) V sextarios avene et dimidium et unam gallinam ; ceterorum quilibet in eadem festivitate IIII⁰ʳ sextarios et unam gallinam, cum ceteris redditibus, excepto uno cui propter sui minorationem pro ampliatione granee remissus (4) est census Epiphanie. In nova villa sunt $XXX^a V^e$ cortilli quorum unusquisque persolvit XII den. et II cap., excepto uno qui persolvit XIII den. et III cap. (5). Preter istos etiam est ibi mansio veteris furni que persolvit X den. et II capones. Homines vero tam de veteri villa quam de nova debent canonicis pro focaria de singulis equis IIII den. Hospites veteris ville totum placitum generale debent, exceptis hospitibus majorum et hospite decani, et hospite feodi qui ab hac consuetudine liberi sunt (6). Corveiam etiam debent episcopo carruce tam veteris ville quam nove tribus diebus in gascariis, exceptis carrucis predictorum hospitum qui liberi sunt a placito. Homines etiam carrucas sequentes procurationem debent habere ab episcopo. Eedem etiam carruce (7)

---

(1) III⁰ Cartul. Note en marge. Debent hodie XX ova.
(2) III⁰ Cartul. Note en marge. Debent hodie XX ova.
(3) III⁰ Cartul. Note en marge. Dicunt hodie homines debere V solidos cum dimidio.
(4) III⁰ Cartul. Note en marge. Non excipitur ut dicunt homines quomodo solvit hodie.

(5) Et de cremento XII denar. et I caponem. Ces mots ne figurent qu'au III⁰ et au IV⁰ dans le texte. Au II⁰ ils sont en marge d'une écriture cursive.
(6) III⁰ Cartul. Note en marge. Homines dicunt se hodie nichil debere episcopo.
(7) III⁰ Cartul. Note en marge. Pro ista corveia debent homines capitulo L sol.

debent domino de Kierru (1) pro vicecomitatus redemptione corveiam tribus diebus in martio et homines sequentes carrucas sicut ab episcopo procurationem debent habere a predicto domino. Debent etiam predicti homines similiter pro redemptione vicecomitatus domino de Kierru (2), singulis annis, in festo beati (3) Remigii XL sol. et I den. Sunt etiam in eadem villa VII mansi quorum unusquisque debet in festo beati Firmini, singulis annis XII den. Cum vero caput mansi obierit, debet VII sol. canonicis pro relevatione, et majoribus VI den. In eadem villa sunt XXX campi alodiorum et XV concambiorum pro nova villa qui non persolvunt nisi decimam et continent octoginta et novem jurnalia et XX virgas longitudinis viginti duorum pedum. In terra altaris sunt IIII campi quantitatis XV jurnalium et IIII virgarum quorum terragium et decima, sicut supra dictum est, dividuntur inter ecclesiam et decanum et sacerdotem. In prato de Lesboet (4) est una mansio que persolvit ecclesie VIII solid. et VIII capones. Aque cum prato quod dicitur Cavain persolvunt singulis annis quadraginta (5) sol. sex ecclesie et quadraginta (6) archidiacono Pontivensi, qui etiam octavam partem aquarum et prati tenere debet sine censu tota vita sua ; et relique partes totum censum supradictum persolvunt. Balduinus vero de Pas duodecimam partem omnium aquarum et prati tenere debet tota vita sua, et duodecimam partem census ecclesie et archidiacono persolvere. Sciendum etiam quod quicquid predictus archidiaconus in aquis et in prato habet, post mortem ejus in proprietatem redire debet ecclesie, et similiter quicquid ibidem Balduinus habet, post mortem ejus debet habere ecclesia. Sciendum etiam quod curtillus qui dicitur Presbiteri persolvit XII den. et II capones.

De ecclesia et villa de Vallibus.

In ecclesia de Vallibus habent canonici in quinque sollempnitatibus, videlicet Omnium Sanctorum, Nativitatis et Purificationis, Crucis adorate et Pasche duas partes et sacerdos terciam et minuta decima similiter dividitur. Debet etiam sacerdos VIII denarios pro sinodo. Habet etiam idem sacerdos in granea canonicorum communis decime nonam partem et cortillorum terciam. Nullus alius in granea predicta habet aliquid juris preter canonicos, excepto quod major habet reautumpnum. In veteri villa sunt decem et novem veteres cortilli et

(1) II⁰ et III⁰ Cartul.: Kierreu ; IV⁰ Cartul.: Kierrieu.

(2) II⁰ Cartul.: Kirreu ; III⁰ Cartul.: Kierreu ; IV⁰ Cartul.: Kierrieu.

(3) III⁰ Cartul.: Sancti.

(4) II⁰, III⁰ et IV⁰ Cartul.: Lesboies.

(5, 6) Le mot quadraginta a été écrit après grattage et d'une autre encre dans le 1ᵉʳ Cartulaire.

VIII^{te} novi. Unusquisque novorum debet VI denarios et II capones. De veteribus autem decem sunt quorum unusquisque persolvit in festo beati Firmini VIIII denarios. Quinque autem sunt alii quorum unusquisque in eadem festivitate VI denar. persolvit ; reliquorum quatuor unusquisque persolvit in predicta festivitate (1) VII denar. In festo Sancti Remigii unusquisque decem et novem cortillorum veterum persolvit I sextarium avene et dimidium et unum panem et unam gallinam. Medietatem vero avene et panum habent canonici et reliquam medietatem habet prepositus et gallinas omnes. Sunt etiam VII de veteribus cortillis quorum unusquisque debet de vinagio III solidos, et quatuor sunt quorum unusquisque decem et octo denar. debet, duodecimus XII denar. ; reliqui septem nichil de vinagio debent. De his vero qui vinagium debent, sunt XI quorum unusquisque persolvit VII denar. canonicis et VIII preposito pro focaria. § Item de veteribus cortillis sunt XIIII quorum unusquisque in Nativitate Domini persolvit II capones ; reliquorum vero quinque unusquisque unum tantum. In feodo sunt VIII hospites quorum unusquisque in festo beati Firmini persolvit XVIII denar., in Nativitate Domini II capones et herbagium, et isti hospites sunt liberi a juriditione prepositi et majoris ville, et habent tres proprios majores qui pro mansione sua debent uuum sextarium avene et unam gallinam et II capones et corveiam in martio, et hominagium et relevamentum debent, et isti majores et predicti homines in nullo respondent alicui nisi canonicis. § In cortillo sacerdotis sunt tres mansiones quarum una persolvit canonicis XXVIII denar. (2) et IIII capones et corveiam in martio et herbagium, altera XVI den. et II capones et corveiam et herbagium, tercia eosdem redditus quos et secunda. Ante atrium ecclesie est una mansio que persolvit VI den ar. et II capones et corveiam et herbagium, et ista mansio et tres precedentes libere sunt a juriditione prepositi et majoris ville. Reliqui hospites totius ville Vallis, exceptis istis et hospitibus et majoribus feodi, sicut supra dictum est, de juriditione sunt prepositi ; et habet in illis prepositus medietatem bannorum, medietatem placiti generalis, terciam partem herbagii, et in aliis redditibus quod supradictum est. In froco ville sunt sex mansiones quarum una persolvit XII denar. in festivitate beati Firmini ; in nativitate Domini duos capones et corveiam et placitum generale et herbagium ; unaqueque reliquarum quinque persolvit VI denar. et II capones et supradictos redditus, excepta mansione Fabri et mansione Remigii que libere sunt a placito generali. De furno ejusdem

---

(1) IIe, IIIe et IVe Cartul.; Sollempnitate.
(2) IIe Cartul. en note : Et altera similiter XXVIII d. tercia vero reddit presbitero IIII s. et illa principalis est.

ville persolvuntur canonicis X solidi in festo beati Firmini, et ille qui tenet furnum debet hominagium et relevamentum. In monte sunt XXVIII cortilli quorum unusquisque persolvit VI denar. et II capones, et major ejusdem ville persolvit de furno V solidos canonicis, et tota villa montis exempta est a juriditione prepositi. De annona granee feodi majores adducunt IIII modios in anno, et illorum de monte unusquisque quadricaturam unius modii ad minus si equum habuerit, et saccos ad adducendam annonam equos habentes et non habentes persolvunt, reliquam totam adducunt possessores XI^{cim} cortillorum, excepto quod reliqui qui in valle manent adjutorium quod illi debent de monte similiter debent. In territorio Nigelle est quedam cultura que persolvit in nativitate Domini XII denar. et II capones canonicis et totidem denarios et totidem capones Alulfo homini ecclesie, et in omni territorio communi Nigelle habent canonici tres partes terragii et medietatem doni et in terra vavassorum medietatem terragii et medietatem doni. In terra autem que est propria canonicorum et Alulfi habent canonici tres partes terragii et doni, et Alulfus quartam, exceptis cortillis quorum terragium ex equo dividitur inter canonicos et Alulfum. Et est quedam mansio prope villam de Vallibus in eodem territorio que solvit canonicis et Alulfo XII denar. Sunt etiam duo vavassores quorum unus Alulfo facit tantum hominagium, et nichil respondet ecclesie excepto quod Alulfus de ecclesia tenet illum et quicquid idem Alulfus habet in predicto territorio. Alius autem vavassor communiter facit hominagium ecclesie et Alulpho (1).

Cartul. I, f° 120 v°, n° CL ; II, f° 10 v° ; III, f° 18 v°, n° XIII ; IV, f° 8, n° IX.

DE ALTARI DE POLAINVILE.

In altari de Polainvile habet ecclesia impositionem sacerdotis et de obventionibus altaris in nativitate terciam partem et monachi de Auchi (2) terciam et sacerdos terciam, similiter in Purificatione et in Pascha. Minuta etiam decima totius ville similiter dividitur. Tota etiam decima cortillorum et alodiorum, et tercia pars magne decime et medietas decime de Sartecort, et tres partes decime de Norchencort (3) ad altare pertinent, que sicut minuta decima dividuntur. In casa etiam magne decime habet ecclesia duodecimam partem. Sciendum etiam quod in casa decime et in tercia parte ejusdem decime que ad altare pertinet habet sacerdos VI sextarios frumenti, sex siliginis, sex ordei, XVIII avene

(1) IV° Cartul. : Alulfo.
(2) II°, III° et IV° Cartul. : Avenchin.
(3) III° Cartul. : Norhencurt ; IV° Cartul. Norchencourt.

antequam aliqua pars inde subtrahatur. Preterea in decima de Laibevile habet ecclesia et sacerdos duas partes medietatis que ex equo inter canonicos et sacerdotem dividuntur. Sciendum quod Stephanus tenet IIII campos qui ad altare pertinent et monachi similiter IIII. De his quos Stephanus habet, totum terragium pertinet ad ecclesiam et decima similiter ad altare. De his quos habent monachi, habent totum terragium et decima ad altare sicut alia pertinet. De mansione autem sua debet idem Stephanus ecclesie IIII solidos in festo sancti Remigii, IIII capones in Nativitate et hominagium; et ab omni exactione liber debet esse, excepto quod in equo debet servire ecclesie cum sumptu ejusdem ecclesie si submonitus fuerit. Sciendum etiam quod ecclesia debet monachis de Auchi annuatim de censu II solidos et VI denarios, et sacerdos II solidos et VI denar., et quod ecclesia et monachi habent tractum totius decime de Polainvile. Apud Coisi (1) etiam habet ecclesia terciam partem totius decime, excepta decima cortillorum et minuta decima.

De ecclesia de Stella.

In ecclesia de Stella habet mater ecclesia Ambianensis impositionem sacerdotis et in festo Omnium Sanctorum et in Nativitate et Purificatione et Pascha duas partes oblationum et sacerdos terciam et minuta decima similiter dividitur ; et tercie partis magne decime habet mater (2) Ambianensis duas partes et sacerdos terciam in his territoriis quorum nomina subscribuntur : in territorio de Argovia, de Moralcurt (3), de Bochenel, de Bochon (4) usque ad Turellum et usque ad veterem calceiam, et preterea in campo Winehan.

Cartul. I, f° 122, n° CLII et CLIII ; II, f° 13 ; III, f° 20, n° XV et XVI ; IV, f° 9, n° XI et XII.

Hec sunt que dominus Robertus Ruffus acquisivit apud Megium.

In via de Pinchonio, XII jornalia in una pechia tunc plena de blado.
A Belin et a Martin, VII jornalia en Moiemont juncta ad invicem.
A rupteis de Megio novem jornalia in tribus pechiis.
In via de Cavellon super villam de Megio quatuor jornalia.
De terra Galteri le Vieillie et Marie de Corni V^{que} jornalia.
En Maermont, V jornalia super villam de Megio.

(1) II° et III° Cartul. : Choisi.
(2) II°, III° et IV° Cartul. : Mater ecclesia.
(3) II° et III° Cartul. : Morelcurt ; IV° Cartul. : Morelcourt.
(4) IV° Cartul. : Bouchou.

In valle Guidonis, II jornalia.
As Perrois, II jornalia.
A loumieil super villam que vocatur Asefartiaus, II jornalia.
Super vallem Crucis, XIII jornalia.
Super villam Crucis, XIII jornalia.
Inter villam de Tailli et de Araines, VIII jornalia.
A trois neus, IIII jornalia.
Par de seur le Quarriere, III jornalia.
Eu prie de Rivieres, III jornalia et I quarterium.
Summa IIII^{xx} jorneus III quartiers minus.
Item XI sol de chens quos debebat domus sita in manerio ecclesie.
Preterea in villa de Megio sunt quindecim managia in loco qui dicitur Nova Villa : et quod libet istorum managiorum debet in festo sancti Remigii III solidos et unum sextarium avene, et II gallinas : et in Nativitate II capones. Nomina autem managiorum sunt hec : managium Johannis de Belleinval, Gileberti servientis domini, Ingerranni de Ponte, Marie Faveresse et Mathei, filii Andree de Ponte et sa serourge, Mable et sen serourge, Symonis Anglici, Ermengardis de Buissu, Petri Cauket et filii ejus, Walteri le Vielle, Johannis filii Albini, Petri Cueret, Aelidis vavassoris, Hurtevent qui debet V solidos et duo sextaria avene et III gallinas et III capones, Guidonis Vavassoris qui debet III gallinas et III capones cum uno sextario avene et tres solidos.

Cartul. I, f° 122, n° CLIV.

DE ECCLESIA ET VILLA DE CREUSA (1).

In ecclesia Creuse habent canonici impositionem sacerdotis, duas etiam partes oblationum in tribus sollempnitatibus Nativitate scilicet, Purificatione et Pascha : et sacerdos terciam. Debet etiam sacerdos pro synodo et circuitione II solidos et III denarios singulis annis. In grangia etiam habent canonici totum terragium et duas partes decime et sacerdos terciam. Quando etiam annona mensuratur, homines totius ville exceptis hominibus duorum vavassorum, saccos et vehicula providere debent et adducere annonam ad horrea canonicorum sine sumptu aliquo, excepto quod unaqueque quadriga unum obolum habere debet, et major, si ad mensurationem et submonitionem saccorum et vehiculorum presens fuerit, VI denarios debet habere de (2) procuratione sua et unum sextarium de tali

(1) IV° Cartul. : Cretose.   (2) II°, III° et IV° Cartul. : Pro.

annona que mensuratur, si (1), de illa carca competens possit fieri. In festo beati Firmini habent canonici quinque partes census, et prepositus sextam. Et est summa talis totius census XVIII solidi et VII denarii et obolum. Summa etiam census avene XXII sextarii. Summa gallinarum XXXII, in quibus similiter prepositus habet terciam partem. Summa etiam des foéés XIII sol. et IIII d. de quibus similiter prepositus habet terciam partem; medietatem etiam placiti generalis habet ecclesia et prepositus alteram, quod ad dispositionem ecclesie aut minuitur aut excrescit. Sciendum etiam quod ultra partes canonicorum et prepositi dantur de placito generali majori V^{que} solidi; sciendum etiam quod prepositus de VII solidis et dimidio qui pro banno dantur, habet III solidos et dimidium et canonici tantumdem, et major VI denarios, exceptis hominibus feodi officialium qui liberi sunt a jurisdictione prepositi et exceptis hominibus duorum vavassorum qui liberi sunt a jurisditione prepositi et ecclesie, exceptis his qui ad vicecomitatum pertinent. Vicecomitatus enim totius ville et appenditiorum ejus tam in fure quam in aliis consuetudinibus totus est canonicorum, excepta lege duelli que inter canonicos et prepositum per medium dividitur. Totum vinagium pertinet ad canonicos, et est summa XII (2) solidi et dimidium. In eadem villa habent canonici de communi censu in Nativitate Domini XLVII capones et de censu ruticiorum (3) III sol. et X cap. De agresti terra quam major interceperat solvit filius ejus minor pro mansione ante monasterium III denarios, et pro terra extra villam VIIII denarios in festo sancti Firmini, et unum sextarium avene et I gallinam et I panem, et in festo sancti (4) Martini XVIII (5) denar. de vinagio et placitum generale. De foeia II solidi et in Nativitate I cap., et omnes agrestes consuetudines. Et est summa illius census IIII solidos et dimidium et I sextarium avene et I cap. et I gall. et I panem. Sciendum etiam quod major usuarium dicebat sibi deberi in nemore ejusdem ville, sed cum super hoc ad justiciam vocatus fuisset et in probatione defecisset coram capitulo et hominibus ecclesie, predictam consuetudinem abjuravit et nil amplius in nemore illo se reclamaturum promisit. Duo etiam vavassores sunt in eadem villa quorum terre feodi libere sunt a terragio, et ipsi debent ecclesie hominagium et servicium et relevamentum; feodum etiam officialium debet de censu VIIII denarios, de vinagio III solid. De foeia IIII solid. et unum sextarium avene et I cap. et I gall. et I panem et placitum generale, et in his omnibus nichil habet prepositus; et est summa dena-

---

(1) III° Cartul. : « Et » au lieu de « Si ».
(2) II°, III° et IV° Cartul. : XXII.
(3) II° et IV° Cartul. : Ruticorum ; III° Cartul. : Rusticorum.
(4) IV° Cartul. : Beati.
(5) II°, III° et IV° Cartul. : XIII.

riorum VII solidi et VIIII denarii. Sciendum etiam quod major de Creusa tenet duas partes decime lini et canabi de canonicis in feodo, unde persolvit singulis tribus annis unam mappam secundum quantitatem principalis mense refectorii.

Cartul. I, f° 123 v°, n° clvi; II, f° 14 v°; III, f° 20, n° xvii; IV, f° 9, n° xiii.

Sciendum est quod de decimis emptis a domino Hugone de Ausiaco apud Rasteals cum octava parte terragii apud Maimes, apud Fraisincort, apud Choureel, apud Maisicort, capellanus beate Marie Ambianensis capit duas partes, capellanus Sancti-Montani terciam.

Cartul. I, f° 124 v°, n° clviii.

De ecclesiis de Revella, de Pisci et de Kevalvileir.

In ecclesiis de Revella, de Kevalviler (1), de Pissi (2) habent canonici terciam partem oblationum in Nativitate et Purificatione et Pascha, et terciam partem minute decime. ⁂ Apud Revellam in communitate sunt tres curtilli, quorum unusquisque persolvit in festo beati Firmini XXI denarios et VI sextarios avene et I gallinam et I panem et placitum generale, in Natali II denar. et II capon., in Pascha XV denar. De foeia, VI denar. et IIII panes. Alii duo curtilli sunt quorum uterque solvit VI denarios in festo Beati Firmini et VI sextarios avene et I gall. et I panem et placitum generale, in natali II d. et II capones et IIII panes. Tercius est qui solvit in festo XII denarios et eosdem redditus quos et predicti, et de terra ejusdem cortilli persolvuntur in festo IIII denarii et obolum. De froco juxta veterem puteum a leva exeuntibus de villa XII denar. in festo et II capones in Natali. De alio froco ex alia parte IIII solid. et IIII[or] capones in Natali. In ruata sunt quatuor mansure quarum unaqueque solvit in festo beati Firmini II denarios et II sextarios avene, et in Natali II capones et II panes et placitum generale. De furno X solid. De culturellis XXI solid. et in illis habet ecclesia bannum et sanguinem et estalagium et herbagium. De novo froco, XII denar. et III capon. Due mansure quas emimus a Guarino Burnet persolvunt in festo (3) III solidos et VI denarios et IIII capones et in natali (4) tres solidos et sex denarios et IV capones et juxta illas est alia mansura que solvit IV denarios et IV capones. Juxta etiam illam est alia que solvit XII denar. in

(1) III[e] Cartul. : Kevalvileir.
(2) II[e] et III[e] Cartul. : Pissci; IV[e] Cartul. : Pisci.
(3) II[e], III[e] et IV[e] Cartul. : Festivitate.
(4) II[e], III[e] et IV[e] Cartul. : Nativitate.

festo. Summa totius census communitatis in festo... Summa census in Natali (1)...

Sciendum etiam quod annonam granee canonicorum debent adducere ad horrea ipsorum illi qui tenent tres curtillos, qui terras habent. Est etiam quartus curtillus qui terram habet de quo medietatem terre habet quidam vavassor noster, et quia totam terram cortilli non habet homo noster, secundum proportionem terre quam habet, debet juvare in annona adducenda. Habent etiam illi qui annonam adducunt, procurationem a canonicis in pane et medo. Sciendum etiam quod omnes hospites canonicorum debent saccos ad annonam adducendam, exceptis hospitibus Sancti-Augustini qui L*V^{que} solid. persolvunt absque omni alia consuetudine. Sed si plures hospites ibi inveniantur quam illi qui prius instituti sunt, illi liberi non erunt a communi consuetudine ville. Ille etiam qui tenet feodum Torteran preter hospites et cortillos quos tenet a canonicis habet terciam partem medietatis terragii totius ville et nos duas, et cum alio feodo tenet predictum terragium ab ecclesia, et debet inde hominagium, et servicium et relevamentum. Omnes etiam qui censum debent juvare debent in censu adducendo.

Cartul. I, f° 124 v°, n° CLIX ; II, f° 16 v° ; III, f° 21 v°, n° XVIII ; IV, f° 10, n° XIV.

Apud Bonolium nostrum Wilardus et Laurentia uxor ejus ligii sunt homines decani et capituli Ambianensis, et tenent ibi francum mansum et X jornalia terre de eodem feodo, et de hoc solvit iste Wilardus XL sol. de relevagio. Sed due sorores uxoris sue que tenent similiter unaqueque X jornalia terre de eodem feodo, quarum una vocatur Maria, alia vocatur Doa, reddiderunt ei quelibet terciam partem. Requisitus quod servicium debebat ecclesie dixit quod intellexerat a patre uxoris sue a quo evenit ei et aliis sororibus illud feodum quod debebat ire apud Baugentiacum pro redditu capituli, sed in expensis capituli.

Item ibidem Johannes dictus Albigensis et Emelina filia ejus et heres tenent quoddam managium franchum, situm juxta molendinum et tres minas bladi annui redditus in ipso molendino, et hoc tenent sub annuo censu unius caponis et VI denariorum reddendo singulis annis in Nativitate Domini.

Cartul. I, f° 125 v°, n°^{os} CLX et CLXI.

DE ECCLESIA DE RIESMAISNIL.

In ecclesia de Reismesnil (2) habent canonici impositionem sacerdotis et duas partes oblationum in Nativitate, in Purificatione, in Pascha, et sacerdos terciam,

---

(1) La place est restée en blanc pour inscrire les sommes.

(2) II°, III° et IV° Cartul. ; Riesmaisnil.

et minuta decima similiter dividitur. In granea ejusdem ville habet sacerdos terciam partem totius decime, reliqua vero et totum terragium dividitur in duas partes, et de una parte habent canonici medietatem et Moret (1) aliam medietatem. De alia medietate habent canonici duas partes et heres Nove Ville terciam. Similiter in omni terra et in omni nemore quod pertinet ad predictam villam eadem particio debet esse. Sciendum etiam quod heres Nove Ville debet custodire graneam canonicorum et ministerium granee facere si canonici voluerint pro sex sextariis frumenti, et inde debet reddere VI denarios canonicis, et si non fecerit predictum ministerium nichil debet recipere, et nichil debet reddere si per eum steterit quominus servicium predictum impleatur. Morez (2) autem medietatem terre et nemorum et hospitum quos habet in predicta villa, tenet de ecclesia et inde debet ecclesie hominagium et servicium et relevamentum. Medietatem etiam doni tenet idem de ecclesia et unum curtillum et duas masuras (3); et heres Nove Ville aliam medietatem doni et unum curtillum et inde debet hominagium et servicium et relevamentum.

§ Ad Reismesnil (4) sunt XVIII cortilli (5) quorum unusquisque solvit in festo sancti Firmini IIII denarios et I panem et I gelinam (6) et IIII sextarios avene, in Natali II denar. et II capon. et II panes ; et decem masure (7) sunt quarum unaqueque solvit in Nat. II solid. et II capon.; et preter illas est una que solvit tantummodo XII denar. et II capones.

Sciendum eciam quod particio omnium nemorum inter ecclesiam et predictos participes facta est, excepta quadam parte nemoris Hestreie que adhuc communis remansit et certis metis designata est. In ceteris autem nemoribus ecclesie nichil habent participes ecclesie, nec ecclesia in eorum nemoribus, excepto dominio medietatis nemorum que ad Moret (8) pertinent. Ita etiam facta est predicta particio nemorum quod singuli participes in partibus suis si extirpate fuerint totum terragium et totam decimam, excepta parte sacerdotis, sine participio alterius recipient. Terre autem ita divisio facta est quod redditus communes remanserunt, excepta quadam parte que pro concambio ecclesie et heredi Nove Ville communis remansit.

Debet eciam sacerdos ejusdem ville XVIII denarios de synodo, de circuitione IX denarios singulis annis.

(1) IIe, IIIe et IVe Cartul. : Mores.
(2) IVe Cartul. : Moures.
(3) IIIe et IVe Cartul. : Mansuras.
(4) IIe, IIIe et IVe Cartul. : Riesmaisnil.
(5) IIe, IIIe et IVe Cartul. : Curtilli.
(6) IIe, IIIe et IVe Cartul. : Gallinam.
(7) IVe Cartul. : Mansure.
(8) IVe Cartul. : Mouret.

DE ECCLESIA ET VILLA NOVE VILLE.

In ecclesia Nove Ville habent canonici impositionem sacerdotis qui debet de synodo XVIII^m denar. De circuitione IX denarios singulis annis habent canonici (1), et II sol in festo beati Firmini, et duas partes panum altaris in Pascha. Omnes alias obventiones habet sacerdos et totam minutam decimam. In granea ejusdem ville habet sacerdos terciam partem decime, et de duabus que remanent habent canonici quartam partem de elemosina Guermundi de Kyerru (2). De tribus que remanent habent canonici duas partes de antiqua possessione, et particeps eorum heres Nove Ville terciam. De terragio etiam habent canonici duas partes, et predictus heres terciam, et omnes obventiones ejusdem granee que de terragio fuerint similiter dividentur; que autem de decima, sicut predictum est in divisione decime. Sciendum etiam quod tota villa, exceptis quatuor cortillis (3) quos habent canonici sine parte alterius tam in nemore quam in plano et pratis et molendino, communis est canonicorum et predicti heredis, ita quod canonici duas partes habent et predictus heres terciam quam tenet de seculari feodo. De canonicis vero tenet majoratum predicte ville et duas partes molendini, unde persolvit canonicis II modios (4) frumenti singulis annis in festo (5) sancti Remigii. Ad majoratum vero ejus nichil pertinet nisi donum predicte ville, et VI denarios, in emendationibus hominum ; et inde debet recipere redditus canonicorum, si ipsi voluerint, et ipsis afferre. Si autem noluerint, cuicumque placebit eis poterunt predictum ministerium commendare. In custodia autem granee ejusdem ville est eadem consuetudo inter canonicos et predictum heredem que est in granea de Reismesnil (6). Sciendum etiam quod preter illa que tenet predictus heres in predicta villa de feodo canonicorum, tenet ipse in feodum de canonicis terciam partem de Nantuel et terciam partem case decime de Perrosel (7) et de Placi (8), et in granea ubi congregatur decima canonicorum habet illam eamdem consuetudinem quam habet in graneis de Reismesnil (9) et

(1) IIe, IIIe et IVe Cartul. : Habent canonici, se trouve après beati Firmini.
(2) IIe Cartul. : Kyrreu ; IIIe Cartul. : Kyerreu ; IVe Cartul. : Kierrieu.
(3) IIe, IIIe et IVe Cartul. : Curtillis.
(4) IIe, IIIe et IVe Cartul. : « XXII sextarios » au lieu de « II modios ».

(5) IIe, IIIe et IVe Cartul. : Festivitate.
(6) IIe, IIIe et IVe Cartul. : Riesmaisnil.
(7) IVe Cartul. : Perrouzel.
(8) IVe Cartul. : Plachi.
(9) IIe Cartul. : Rismaisnil ; IIIe et IVe Cartul. : Riesmaisnil.

de Nova Villa. Duas etiam partes decime lini et cannabi apud Novam Villam tenet de canonicis, unde persolvit singulis annis unam mapam secundum quantitatem principalis mense refectorii. Sciendum etiam quod unusquisque curtillorum quos habent canonici in predicta villa sine parte alterius solvit in festo beati Firmini V (1) denarios et III sextarios avene et I panem et I gallinam. In Natali II denar. et II cap.

De alio censu LX sextar. avene et V sol. et IIII denar. et XI gel. (2) et X panes in festo. In Nativitate C et XII capon. et XX sol. et VIII den.

Cartul. I, f° 126 v°, n°ˢ clxii à clxiv; II, f° 18; III, f° 22, n°ˢ xix à xx; IV, f° 10 v°, n°ˢ xv à xvi.

Petrus, major de Vaccaria, homo ligius ecclesie Ambianensis, vendidit hereditarie Sagaloni dicto Yvernel de Vaccaria, quatuor jornalia terre et dimidium site in territorio de Vaccaria in duabus pechiis, quarum una sita est in valle de Fontanis juxta terram Stephani Porel, alia sita est supra quendam locum qui dicitur Re juxta curtillos de Vaccaria ; et dictus Sagalo dictam terram tenebit de capitulo tanquam homo capituli hereditarie pro duodecim denarios monete currentis pro servicio ab eodem et heredibus suis singulis annis in festo sancti Firmini martyris celerario Ambianensis ecclesie reddendos ; et ordinatum fuit quod heredes dicti Sagalonis de herede in heredem reddent dicto celerario viginti solidos monete currentis de relevagio.

Cartul. I, f° 127 v°, n° clxv.

De ecclesia et villa de Duri.

In ecclesia de Duri habent canonici impositionem sacerdotis. Apud Duri, in festo sancti (3) Firmini LV solidi pro curtillis antiquis, de quibus octo sunt quorum unusquisque persolvit XII denarios et II capones, reliquorum unusquisque VIIII denarios et II capones. De mansura VI denar. et I cap. In eodem festo pro corveia solvit unusquisque pro equo vel equa III denarios. De novo censu LX mansure sunt quarum unaqueque solvit VI den. et I cap. ; et duodecim sunt quarum unaqueque XII den. et II cap., et quatuor novi curtilli sunt qui solvunt IIII solidos et V denarios et X capones. In festo sancti Martini pro vinagio unusquisque qui habet equum vel equos solvit II solidos. Similiter quedam terre sunt

---

(1) IV° Cartul. : VI.
(2) II°, III° et IV° Cartul. : Gallinas.
(3) III° Cartul. : Beati.

que solvunt pro vinagio XXVI solidos. Item de foeia, qui habet unum equum solvit IIII denarios ; qui habet duos vel plures, octo. In duabus sollempnitatibus, videlicet, Nativitatis et Pasche habet ecclesia duas partes obventionum tam denariorum quam panum et sacerdos terciam. In Purificatione vero similiter habet ecclesia duas partes candelarum et aliarum obventionum et sacerdos terciam, in minuta decima similiter duas partes et sacerdos terciam. Preterea sacerdos habet pro cantuario suo in grangia canonicorum duos modios frumenti et duos ordei, ad mensuram cellarii, et terciam partem decime curtillorum veteris ville; et etiam sacerdos habet curtillum unum in veteri villa liberum ab omni exactione et juriditione. Item grangiarius habet in nova villa mansionem suam liberam et in veteri villa curtillum liberum, et preter hoc habet pro messe sua in grangia canonicorum XXII sextarios frumenti et unum modium ordei ad antiquam mensuram cellarii. Pro dono ville de unoquoque equo solvuntur X garbe, V frumenti et V avene ; et qui non habet equum et colat terram V garbas de quo blado messuerit.

Cartul. I, f° 127, n° CLXVII: II, f° 20 v°; III, f° 23, n° XXI; IV, f° 11, n° XVII.

Anno Domini M°CC°LX° primo, in crastino octabarum sancti Johannis Baptiste, in capitulo propter hoc evocato, Margareta de Chessoi, mater Johannis dicti Lechat et dictus Johannes fecerunt homagium in capitulo de eis que tenent in parochia de Donecort, et Lovecort, videlicet in rebus quas Matheus dictus Moutons tenebat ad firmam de capitulo, et dictus Johannes fecit tanquam heres masculus; sed quia minor erat, predicta Margareta fecit similiter homagium cum filio ratione ballivie quam retinebat, et dederunt ibi plegios de relevagio et de omnibus juribus que capitulum poterat et debebat reclamare in excadentia illius feodi quod repetebant, Matheum dictum Mathon firmarium capituli et Petrum dictum Mathon burgensem de Roya.

Cartul. I, f° 128, n° CLXVIII.

De ecclesia et villa de Ver.

In ecclesia de Ver habent canonici impositionem sacerdotis et duas partes oblationum in tribus sollempnitatibus, videlicet Nativitate, Purificatione et Pascha, et sacerdos terciam, et duas partes minute decime et similiter sacerdos terciam. Debet eciam sacerdos de synodo III solidos, de circuitione XII denarios singulis annis. In granea ejusdem ville habet idem sacerdos II modios frumenti et II modios ordei et II modios aveno, ad mensuram cellarii. [Grangiarius I mod. ordei et I mod. et dimidium frumenti et in submonitione saccorum quando mensuratur annona VI den. de procuratione sua et in unaquaque festivitate augusti I denar. (1)] major etiam ville si presens fuerit ad mensurationem annone I sextarium debet habere annone que mensuratur, si tamen carca competens inde possit fieri. De annona granee debet adducere li nies (2) Gaufridi LX sextarios, li nies (3) Walteri filii Martini XXX sextar., li nies (4) medicorum XXX sext., li nies Roberti Gratepechie (5) cum participibus, XXX sextar., li nies Canestel XV sext., Galterus filius Lier cum participibus XXX sext., Johannes Baiuge de teneura Galteri filii Herberti cum participibus XXX sext., Renardus Radeu cum participibus XXX sext., Robertus de Ripa (6) XXX sol., Herbertus de Clois (7) cum participibus XXX sext., Johannes de Calais cum participibus XXX sext., Hawis Malcion (8) cum participibus XXX sext., Li Grangiers XXX sext. et integra carca efficit XXII modios et dimidium. Si autem annona excreverit, unusquisque aliorum hospitum ville debet commodare (9) saccum unum continentem sex sextarios et adducere ad horrea canonicorum, exceptis hominibus majoris et hominibus feodi officialium. Homines enim feodi tantum adducere redditum annone quam excoluerint. Debet etiam habere unaqueque quadriga obolum. In molendiinis predicte ville debet boistellus esse talis quod novem debent facere I sextarium, et pro duobus sextariis datur de moltura unus boistellus ab hominibus de Ver et de Creuse qui inbanniti sunt predictorum molendinorum. In molendino citra aquam ex parte de Darnestal habent canonici omnes obventiones excepta medietate panis quam tenent de ecclesia tres molendinarii qui hominagium debent ecclesie et relevamentum. In alio molendino habet ecclesia XI partes arche et tres partes panis, et molendinarius habet duodecimam partem arche et quartam panis, et debet idem molendinarius ecclesie hominagium et relevamentum. Summa minuti census ville in festo XXXVIIII solidi et III denarii. Summa campi infirmorum XX solidi. Summa campi sacerdotis X solidi; et hee tres summe efficiunt LXVIIII sol. et III den. de quibus habet prepositus sextam partem. Preterea in eadem festivitate persolvuntur de augmentis XI solidi et VI denarii. De

---

(1) Effacé ici et conservé dans le IIIe volume).
(2, 3, 4) IVe Cartul.: Li mes.
(5) IVe Cartul.: Gratepiéche.
(6) IIe, IIIe et IVe Cartul.: Rippa.

(7) IIe, IIIe et IVe Cartul.: Des Clos.
(8) IVe Cartul.: Maucion.
(9) IIe et IIIe Cartul.: Commendare; IVe Cartul.: Acomodare.

ecclesia X solid. De unaquaque domo ville pro furno I denar. De X ortis monasterii VII solid. et dimid. De XI^m cortillis de Culmont (1) X solid. et dimid. pro pane molendini quod est ultra aquam. Ex alia parte de Darnestal XL sol.: in fest. X et in Natali XXX. Summa minuti census avene VII^{xx} sextar. et III sext. Summa augmentorum XVIII sext. Summa ortorum monasterii XXX sext. Summa culture infirmorum LVIII sext. Summa curtillorum de Culmont XXXI sext. Summa campi sacerdotis XXXIV sextar. Et est summa istarum summarum IIIe et IIII sext. Summa minuti census gallinarum et panum L galline et L panes, ortorum monasterii X galline et X panes. Culture infirmorum XX galline et XX panes. De Culmont XI galline et XI panes de campo sacerdotis VIII g. et VIII p. Summa istarum summarum C galline I minus et C panes I minus; et habet prepositus L sextarios avene, L gallinas, L panes. Sciendum etiam quod unaqueque domus ville in qua manet aliquis, si duas furcas habuerit II sextar. avene debet pro advocaria. Si unam furcam unum sextarium. Summa vinagii de Ver XXXVI solid. et dimid. De Heubecurt (2) II sol. Quicumque debet XII den. de vinagio, unam focariam persolvit, exceptis illis de Heubecurt. De focariis autem habet prepositus terciam partem; de vinagio nichil. Summa minuti census caponum C et XIII capones, et dimidium caponem. Summa augmentorum XX capones; curtillorum monasterii XX capones, culture infirmorum LVIII capones, de Culmont XXXI capones, de campo sacerdotis XXIIII^{or} capones, de feodo officialium III capones et unam gallinam. Et est summa omnium caponum III^c et VIIII capones et una gallina. De placito generali habet prepositus medietatem et de herbagio terciam, excepto feodo officialium in quo prepositus nichil habet, nec in placito nec in herbagio. De fossato debet unusquisque curtillus singulis annis III denarios, et est summa X solidi. De corveia etiam debet unusquisque equus qui laborat in terra ejusdem ville I denar., in gascariis, et I denar. in martio. Sunt etiam IIII^{or} masi in villa quorum trium debet unusquisque ecclesie de relevamento XX solidos et preposito unum modium vini, quartus vero qui est officialium in quo nichil habet prepositus debet ecclesie XV sol. de relevamento. Sciendum etiam quod unusquisque IIII^{or} masorum debet unam procurationem officialibus ecclesie per annum et eorum servientibus. Singula etiam dolia vini que venundantur in villa, ubicumque fuerint, debent ecclesie II denar. de rotagio, et I denar. de foragio. Estalagium etiam panum totum est ecclesie. Sciendum etiam quod in venditione domorum

(1) IIIe Cartul.: Cumont.   (2) IVe Cartul.: Heubecourt.

habet ecclesia medietatem precii, si terra non vendetur (1). Si autem vendetur (2) terra, de singulis XII denariis habebit I denarium ab emente et alium a vendente. Preterea tota decima de Caisneel est canonicorum, excepta minuta in qua sacerdos de Ver habet terciam partem. Medietatem etiam territorii de Larue cum terragio habet ecclesia. Aliam medietatem tenet unus vavassor de ecclesia, qui debet hominagium et servicium et relevamentum. Molendinum etiam de Tumbis quod est ultra aquam ex parte de Bascoel (3) est canonicorum ; ita quod duas partes arche in proprietate habent, duas tenet molendinarius et panem super quo debet ecclesie hominagium et relevamentum. Sciendum eciam quod in isto molendino et in duobus molendinis de Ver habent canonici nassas et possunt piscari in aqua a predicto molendino de Tumbis usque ad oseriam que est versus molendinum de Kesneel (4). Sciendum etiam quod rippa cui calceia predicti molendini de Kesneel (5) conjungitur et quarraria, tota est canonicorum, et dominus de Kesneel (6) propter usum quadrarie et rippe ad jumentum reddit singulis annis ecclesie I modium frumenti et dimidium.

Cartul. I, f° 128 v°, n° clxix; II, f° 21 v°; III, f° 23 v°, n° xxii; IV, f° 11 v°, n° xviii.

De ecclesiis de Mez et de Feriere (7).

In ecclesiis de Mez et de Feriere (8) habent canonici impositionem sacerdotum et in tribus sollempnitatibus Nativitate, Purificatione et Pasca duas partes omnium oblationum et sacerdotes terciam. Similiter in omni minuta decima habent canonici duas partes et sacerdotes terciam. Debet etiam de censu ecclesie sue sacerdos de Mez IIII solidos in festo, pro synodo II solidos, pro circuitione singulis annis XII denar.; presbiter vero de Feraria II sol. in festo pro ecclesia sua, pro sinodo XII den., pro circuitione VI denar. In granea de Mez habent canonici totum terragium et duas partes decime tam interioris quam exterioris, et sacerdos terciam. Debet etiam major decimam exteriorum (9) territoriorum adducere ad graneam canonicorum pro redecimatione et singulis diebus debet habere unam garbam avene ad procurationem equi sui, si ad minus X garbas

(1, 2) II°, III° et IV° Cartul. : Venundetur.
(3) II° et III° Cartul. : Baschoel ; IV° Cartul. : Bascoiel.
(4, 5, 6) II° Cartul. : Kaisnell ; III° et IV° Cartul. : Caisneel.

(7) III° Cartul. : Fieriere.
(8) II° et III° Cartul. : Fieriere.
(9) II°, III° et IV° Cartul. : Major extraneorum territoriorum decimam.

adduxerit de decima. Sunt autem nomina hec territoriorum exteriorum in quibus ecclesia habet totam decimam : territorium de Maisnil de Hamel, territorium Gilonis, territorium Ricardi (1) ultra aquam. In territorio vero Ricardi (2) citra aquam habet ecclesia medietatem et vicedominus aliam medietatem. In territorio similiter Rabel et Buscaille (3) habet ecclesia medietatem et ecclesia de Saleu aliam. Sciendum etiam quod illi qui vinagium debent adducere, debent annonam granee, ita quod singuli XVIII denarii quadrigatam unam debent, et si pauciores vel plures fuerint denarii de vinagio plus aut minus de annona adducent secundum predictam consuetudinem. Si annona excreverit, omnes homines ville communiter adjuvare debent, exceptis hominibus feodi officialium, qui tantum I modium frumenti et I modium avene debent adducere, unaqueque quadriga communis ville habet obolum et quadriga feodi unum denarium, major etiam in unaquaque carca annone habet unum sextarium annone que mensuratur si presens fuerit ad servicium ecclesie, sex etiam denarios de procuratione, si cum quadrigis venerit. Totam etiam forraginem frumenti, ordei, avene debet habere major excepta forragine annone feodi, quam habent omnes homines qui excolunt eam, et inde debet predictus major in festo II solidos. Habet etiam apud Mez et apud Ferariam duas partes minute decime, excepta laua, agnis, gaisdio, curtillagiis et pomariis. Habet etiam major duas partes decime lini et canabi, pro quo debet singulis tribus annis unam mapam XII^{cim} ulnarum. Debet etiam major pro furno in festo XII denarios (4) de censu qui persolvitur in festo (5), summa XXVII cortillorum XV solid. et V denar. Summa trium masorum XII denar. Summa undecim arearum IIII solid. et IIII denar. De molino de Ernencurt (6) VIII denar., et est summa istarum summarum XXI solid. et V denar., in quibus prepositus habet sextam partem. XXV etiam sextarii avene et dimidium et XXV panes et dimid., et XXV gel. et dimid. persolvuntur in festo, in quibus prepositus habet medietatem. Sciendum eciam quod unaqueque domus ville debet pro advocaria unum sextarium avene et unum denarium in qua prepositus nichil habet. Summa eciam vinagii XVI solidos et IV denarios et de vinagio feodi III solidos in quibus prepositus non participat. Sciendum etiam quod in placito generali habet prepositus medietatem, excepto feodo in quo nichil habet. Summa focariarum VIII solid. et II denar. in quibus prepositus habet medietatem ; de foeia autem feodi XVI denar. (7) in qua nichil habet

(1) IIe, IIIe et IVe Cartul. : Richardi.
(2) IIIe Cartul. : Richardi.
(3) IIe et IIIe Cartul. : Buschaille.
(4 et 5) Ponctuation indécise.
(6) IVe Cartul. : Ernencourt.
(7) IIIe Cartul. : XVIII.

prepositus. In natali, summa omnium caponum LXII et dimid., et X capon. de vadio majoris et XII denar. super quod debet XXX solidos. In herbagio etiam totius ville habet prepositus terciam partem excepto feodo. In colligendo etiam herbagio habet major de procuratione VI denarios, in collectione agnorum unum agnum, in collectione lanarum unum vellus, in collectione census avene et gallinarum et panum VI denarios, in collectione caponum VI denarios, in placito generali IIII solidos. Sciendum etiam quod medietas bannorum pertinet ad prepositum. In venditione etiam domorum et terrarum habet ecclesia de singulis XII denariis, unum a vendente et alium ab emente. Sciendum etiam quod pro terra quam Symon major Metii et uxor ejus quitaverunt et tradiderunt magistro Garino ballivo Metii propter ampliandum manerium canonicorum, idem Garinus de voluntate capituli, pensata commoditate sua, dedit eisdem in excambium duo jornalia marisci sita juxta pratum quod ipse converterat in usum suum, et ita quod propter collationem illius marisci redditus quem major tunc debebat non est augmentatus, neque propter diminutionem(1) ejusdem in aliquo est diminutus.

Cartul. I, f° 130 v°, n° CLXX ; II, f° 24 ; III, f° 25, n° XXIII ; IV, f° 12 v°, n° XIX.

De villa de Saleu.

In villa de Salou sunt XIII curtilli quorum unusquisque persolvit in festo VIII denarios, et est summa VIII sol. et VIII d. In eodem festo de terra Sancti-Michaelis (2) de septem curtillis III sol. et VI denar., quorum quisque (3) persolvit VI denarios. Unusquisque etiam XIII curtillorum solvit sex sextarios avene et II panes et I g. et IIII d. pro focaria ; et est summa avene IIII^{xx} sextarii, II minus. Summa panum XXVI. Summa gallinarum XIII. Summa denariorum de focaria IIII solid. et VI denar. Summa minuti census avene VIIII sextar. Summa vinagii IIII solid. et VI den. In natali debent singuli tredecim curtilli II capones et est summa XXVI. Similiter curtilli de terra Sancti-Michaelis (4), singuli debent II cap. in Natali ; et est summa XIIII. Summa caponum de masuris XXI (5) et molinum II solid. et IIII capones et I sextarium frumenti ; et est summa omnium caponum LXV. In molino etiam habent canonici de archa

(1) II°, III° et IV° Cartul.: Terre ejusdem.
(2) III° Cartul.: Micheielis.
(3) II°, III° et IV° Cartul.: Unusquisque.
(4) III° Cartul.: Michelis.
(5) III° et IV° Cartul.: Mansuris.

molini duas partes et molendinarii terciam. De parte etiam molendinariorum habent canonici singulis annis III modios frumenti, et debent molendinarii hominagium et relevamentum, de insula II solid., de masura Anselmi (1) IX denar. Massa de masura I denar. Rainerus Foteraus (2) de masura IIII denar. Stephanus I den. Adam Saccus de masura I den. Gislebertus de masura VI denar., de quibus prepositus habet XIIII denarios.

Cartul. I, f° 132 v°, n° CLXXI; II, f° 26; III, f° 26, n° XXII; IV, f° 13, n° XX.

DE ECCLESIA ET VILLA MEGENSI (3).

In ecclesia Megensi habent canonici impositionem sacerdotis, et persolvit sacerdos de synodo XVI denarios. De circuitione IIII den. singulis annis. Debet etiam idem sacerdos in festo X solidos. In predicta ecclesia habent canonici in fest. omnium sanctorum et in die crucis adorande medietatem oblationum et sacerdos aliam. In Nativitate Purificatione et Pascha habent canonici V partes oblationum et sacerdos sextam et similiter in minuta decima eadem debet esse particio. In granea ejusdem ville habent canonici totum terragium et V partes decime et sacerdos sextam. Major vero habet forragium predicte granee et inde persolvit XII denar. in festo Habet etiam idem major quando mensuratur annona granee unam minam avene; homines etiam ville quicumque equum habuerint debent adducere annonam granee ad horrea canonicorum, pro uno quoque equo dimidium modium, et quicumque unum equum vel plures habuerit in corveia predicta I denarium debet recipere a canonicis. Sciendum etiam quod de venditionibus terrarum et domorum habent canonici II denarios, unum a vendente et alium ab emente. Summa minuti census ejusdem ville XXVI solidi. Summa placiti et seramentorum VIII solidi, et tantumdem habet prepositus de eodem redditu. Pro furno ville debet major III solidos, pro molino XII denarios. Sciendum etiam quod pro excussoribus granee quos major reliquit, canonici debent ei singulis annis II solidos. In festo sancti Remigii debet unaqueque domus ville in qua habitat aliqua familia I sextarium avene et I denarium et I panem, et I gallinam; et si plures familie habitaverint in una domo, si per diversa ostia intra-

(1) IV° Cartul.: Anselini.
(2) II° et III° Cartul.: Fotereaus; IV° Cartul.: Fotereax.
(3) IV° Cartul.: Megii.

verint et exierint, unaqueque familia debet eosdem redditus quos una solvere tenetur, et inde habet prepositus terciam partem. Terram etiam corveiarum et corveias predicte ville tenet major de ecclesia sub censu XX solidorum singulis annis persolvendorum. Summa etiam vinagii ejusdem ville XIII solid. Sunt etiam duo hospites in predicta villa quorum uterque preter predictum censum solvit V solidos et tercius qui solvit XII den. Tres etiam vavassores habent canonici in eadem villa quorum unusquisque habet mansionem liberam, sed terre eorum debent et terragium et donum et decimam. Debent etiam predicti vavassores ecclesie hominagium et servicium et relevamentum. In molendino etiam predicte ville sunt tres molendinarii quorum unus habet medietatem tercie partis arche et medietatem eorum que pertinent ad molendinarium, alii duo aliam medietatem obventionum quas habet predictus molendinarius, ita quod unus habet duas partes et alius (1) terciam ; et debent illi tres molendinarii ecclesie et majori, hominagium et relevamentum. Debent etiam in predicto molendino undecim bostelli facere sextarium, et de moltura debent hospites ville a prima garba messis usque ad festum sancti Remigii pro sextario unum boistellum : a festo sancti Remigii usque ad aliud initium messis pro sextario et dimidio boistellum unum. Habent etiam canonici in nassa molendini terciam partem et major terciam et molendinarii terciam : similiter et in archa molendini. Habent etiam canonici in eadem villa in Nat. IIII^{xx} capones. Sciendum etiam quod medietatem placiti generalis et bannorum, et terciam partem herbagii habet prepositus, excepta terra officialium ecclesie in qua nichil habet.

Cartul. I, f° 132 v°, n° clxxii ; II, f° 26 ; III, f° 26 v°, n° xxv; IV, f° 13 v°, n° xxi.

In ecclesia de Folies habent canonici impositionem sacerdotis et duas partes oblationum in Purificatione et Pascha ; duas etiam partes minute decime et sacerdos terciam. Habet etiam sacerdos in granea canonicorum VI modios frumenti et tres avene. In eadem villa sunt XX^{ti} mansi (2) qui debent IIII libras et VIII solidos et IIII denarios et maselli II solidos in fest. et unusquisque de XX^{ti} mansis debet adducere Ambianis LX sextarios frumenti, et debent homines qui adducunt quadrigas habere procurationem a canonicis, et equi eorum nichil. Debet etiam in festo sancti Remigii unusquisque I sextarium avene, et in Nat. II capones et I g., et I p. de nummo. De nummis accipit in festo prepositus

(1) II°, III° et IV° Cartul.: Alii.   (2) III° Cartul.: Masi.

IIII solidos et II denar., Sunt etiam in eadem villa octo hospites et dimidius quorum unusquisque solvit IX denar, dimidius vero IIII denarios et obolum. Debet etiam unusquisque sextarium avene et I g. et I p. et in Nat. II capones : dimidius vero medietatem supradictorum reddituum : et est summa avene XXVIII sextar. et dimid. et gallinarum XXVIII et dimid. et XXVIII p. et dimidium. Inde habet major II sextarios et II g. et II p. Residui autem avene et panum et gallinarum habet prepositus medietatem et canonici aliam. Summa etiam caponum in Nat. LVII in quibus prepositus nichil habet. Sciendum etiam quod medietatem placiti generalis et bannorum habet prepositus et canonici aliam : furnum etiam predicte ville totum habent canonici.

Apud Bosterrel III sol. et VI cap. et VI panes de tribus ortis et de quarto curtillo XII den. et II cap.

Cartul. I, f° 134, n° CLXXIV ; II, f° 28 ; III, f° 27, n° XXVI ; IV, f° 14, n° XXII.

DE ECCLESIIS DE ROVROI ET DE WARVILER.

In ecclesiis de Rovrai (1) et de Warviler (2) habet mater ecclesia impositionem sacerdotis similiter et in ecclesia Sancti-Medardi. Debent etiam decimatores de Rovrai (3) III solidos in festo (4) sancti Firmini, in nat..... Homo ecclesie de Warviler (5) XII den. in festo, in nat.....

De terra de Colonviler (6) persolvuntur sex solidi, de terra de Fresnai (7) III solidi. In festo sancti Firmini debet habere prepositus IIII solidos de censu de Folies. Sciendum etiam quod totum furnum ejusdem ville pertinet ad canonicos.

Cartul. I, f° 134 v°, n° CLXXV ; II, f° 28 v° ; III, f° 27 v°, n° XXVII ; IV, f° 14, n° XXIII.

DE VILLA DE COSTENCHI (8).

In villa de Costenci sunt XXVIII curtilli et tres a Tielloi (9), et unusquisque debet II capones : et est summa caponum LXII cap. De istis autem curtillis sunt XV^{cim} quorum unusquisque solvit XV denarios : decimus sextus XV denar.

(1) IV° Cartul.: Rouvroy.
(2) III° Cartul.: Warvileir.
(3) II° Cartul.: Roverai ; IV° Cartul.: Rouveroy.
(4) III° Cartul.: Festivitate.
(5) III° Cartul.: Warvileir.
(6) III° Cartul.: Colunvileir ; IV° Cartul.: Coulunviler.
(7) IV° Cartul.: Fresnoy.
(8) Ce titre ne figure que dans le IV° Cartul.
(9) IV° Cartul.: Tielloy.

et obol., et sex sunt quorum unusquisque solvit XIII denarios et unus XI et alter VIIII d. Reliqui septem sunt quorum unusquisque solvit sex denarios. Et est summa XXXI solid. et VIII den. Ille vero qui debet IX denar. debet tres sextar. avene, singuli alii II sext. Preterea sunt VII dimidii hospites quorum unusquisque solvit I sextarium avene et due aree quarum utraque solvit I sextarium avene ; et est summa totius avene LXXII sextarios ad mensuram Bove. De septem dimidiis hospitibus sunt V quorum unusquisque solvit VII denarios et obolum, sextus sex denarios et obolum, septimus IV denarios et obolum ; et est summa IIII sol. et obol. Et uuusquisque illorum solvit in uno anno I panem et in altero unam gallinam. Sciendum etiam quod de XXXI curtillis solvit unusquisque unam gallinam et I panem. Sunt etiam in eadem villa XVII equi quorum unusquisque debet unam corveiam in augusto et in martio XII den., et de eisdem equis sunt decem quorum singuli persolvunt VI den. in festo sancti Remigii, undecimus II sol., reliquorum sex singuli XII den. De quartario alodiorum persolvuntur VI den.; et est summa XIII sol. et VI den. Prepositus de Bova III den. de corveia, Tanfridus III den. Sciendum etiam quod de augmentis et areis debentur nobis XXXI capones et preter capones domini de Domno-Martino debent de maresco II sol. Aubertus de area sua II sol. Ingelrannus de area sua XII den. Symon de area VI den. Herbertus de area VI den. Robertus XII denarios. Dominus de Estrees VI den. Quidam homo de Folcunchamp (1) VI den. Et est summa VIII sol. Summa omnium caponum IIII^{xx} et XIII capones. Summa denariorum LXXIIII sol. et VII den. (2) et obol. Summa avene LXXII sext.; summa placiti generalis ad voluntatem prepositi et canonicorum.

In herbagio habet prepositus terciam partem.

Prepositus etiam in festo beati Firmini debet habere XV denar. et obol. et in eodem festo canonici de predicto censu debent habere sex solidos.

Cartul. I, f° 134 v°, n° CLXXVI ; II, f° 29 ; III, f° 27 v°; IV, f° 14 v°, n° XXIV.

DE ECCLESIA DE VALLIBUS JUXTA MONTEM DESIDERII.

In ecclesia de Vallibus juxta Monsdisderium (3) habet ecclesia impositionem sacerdotis et in tercia parte decime habent canonici medietatem et sacerdos aliam partem : et totam decimam curtillorum habent canonici et sacerdos, que-

(1) II° et III° Cartul.: Folcuncamp; IV° Cartul.: Folcumcamp.

(2) IV° Cartul.: VIII den.

(3) II°, III° et IV° Cartul.: Mondisderium.

similiter dividitur sicut tercia pars magne decime. Tota etiam minuta decima inter eos similiter dividitur et oblationes Nativitatis, Purificationis et Pasche. Sciendum etiam quod dominus ville illius tenet curtillum unum pro quo solvit tres solidos.

Cartul. I, f° 135, n° clxxvii ; II, f° 30 ; III, f° 28, n° xxviii ; IV, f° 14 v°, n° xxv.

Hec sunt domus claustrales quas qui possederunt ecclesie nostre perhenniter dederunt in elemosinam et pro suis anniversariis faciendis. Una est domus Richardi, primum decani postea episcopi, quam tenet Willermus de Pinchonio (1), quo emenda est quantumcumque poterit vendere ecclesia. Secunda est domus Manasseri, cancellarii quam primum Gaufridus de Abbatisvilla dedit ecclesie nostre pro suo anniversario faciendo, et posuit in ea precium sexaginta librarum, quam qui possidebunt assignare alicui concanonico poterunt in vita sua pro predicto precio. Tercia est domus magistri Guarini quam Robertus Polet (2) reliquit ecclesie emendam pro quantocumque precio vendi poterit. Quarta domus est Galteri (3) de Sarton : que emenda est quantumcumque poterit vendere ecclesia, quam Galterus (4) de Beeloi reliquit. Quinta est domus Bodini, quam Eustachius reliquit pro sexaginta libris, quam dictus Bodinus vendebit quantumcumque poterit pro edificiis ab illo intus factis. Sexta domus est Ebrardi, precentoris, quam Balduinus de Pas reliquit ecclesie emendam pro quantocumque precio vendi poterit. Septima est domus Petri de Monte Desiderii (5) quam ipse reliquit ecclesie pro sexaginta libris. Octava (6) domus est Odonis presbiteri quam Theobaldus de Silincurt ecclesie reliquit emendam pro quantocumque precio vendi poterit. Nona domus est Theobaldi de Cruce quam Alvredus reliquit emendam pro quantocumque precio poterit vendere ecclesia. Decima est domus Stephani de Belvaco quam Amfridus reliquit ecclesie, que emenda est quantumcumque poterit vendere ecclesia. Undecima domus est Roberti presbyteri, que emenda est quantumcumque poterit vendere ecclesia : quam magister Nicholaus de Baiart reliquit.

Cartul. I, f° 135 v° ; II, f° 30 v°.

(1) II° Cartul.: Pinconio.
(2) II° Cartul.: Polez ?
(3) II° Cartul.: Gualteri.
(4) II° Cartul.: Gualterus.
(5) II° Cartul.: Monte Desiderii.
(6) Le reste de cette énumération de maisons n'existe pas dans le Ier Cartulaire.

Dominus Odo precentor dedit in augmentum cotidianarum proventus vine sue valentes annuatim quatuor libras ; item in molendino de Ver I modium bladi. Item apud Bonolium terram valentem ad bladum XXVI sextarios ad avenam XXV sextarios ; item apud Vals IIII modios et XI sextarios, de decima de terragio et de terra juxta veterem ecclesiam sita ; item ibidem XII denarios et II capones de uno hospite ; item apud Vinarcort II modios de vadimonio.

Item dedit ecclesie LX solidos censuales quos habebat apud Revellam distribuendos in anniversario patris sui et matris sue.

Cartul. I, f° 135 v°, n° CLXXVIII.

Iste sunt que libere subsunt ecclesie Ambianensi et quarum presbiteri a decano et capitulo curam recipiunt et eisdem obedire tenentur, nec episcopo presentantur.

In territorio quod dicitur Belvacense.
    Parrochie de Fontanis.
      de Catheu.
      de Saucheuseus.
      de Cormelles.
      de Dommeliers.
      de Salcheio et de Galeto que duobus assignabuntur presbiteris post decessum domini Johannis Choket.
      de Vacaria.

In Ambianensi territorio.
      de Bonolio.
      de Nova Villa.
      de Reneri Mainelio.
      de Creuse.
      de Megio.
      de Ver.
      de Mes.
      de Ferreria.
      de Vallibus (Vaulx in Amineto).
      de Longa Aqua.
      de Folies.
      de Duri.

In Ambianensi civitate.
    Ecclesie Sancti-Michaelis.
    Sancti-Remigii.
    Sancti-Sulpicii (juxta Ambianum).
    Sancti-Mauricii.
    Sancti-Jacobi (due portiones sci Jacobi Amb.).
Et capella sancti-Laurencii.
Et ecclesia de Camuns.

Cartul. I, f° 82 v°.

Iste sunt ecclesie quarum presbiteros capitulum ambianense presentat episcopo.
    Ecclesie de Cressiacho.
    de Gaudeiaco.
    de Vallibus juxta Montem Desiderii.
    de Roveroi, villa episcopi.
    de Belloforti.
    de Sancto Medardo in calcheia.
    de Chilliaco.
    de Lowecort, ubi ecclesia Ambianensis percipit duas partes minute decime et in Nativitate Domini et in Purificatione et in Pascha et in festo sancti Martini in hieme, duas partes oblationum, duas partes candelarum, in majori decima terciam partem, de qua unus modius frumenti et unus modius avene presbitero solventur. Presbiter eciam tam ex parte laici qui duas partes habet in decima, quam ex parte ecclesie de communi habet tres modios frumenti et unum avene. Habet eciam ecclesia nostra in Natali de censu quatuor capones et IIII^{or} panes et IX den. de domo domini Everardi militis, de domo presbiteri unum panem et unum caponem.

Ecclesie de Tilloloy.
       de Polainvile.
       de Vilers in Boschagio.
       de Montonviler.
       de Blangi.
       de Bussi.
       de Gamegnicort.
       de Stella.
       de Mollaincort.
       de Sancto-Hylario.
       de Mautort.
       de Sancto-Johanne in calceia apud Abbatisvillam.
       de Bertaucort.
       de Mayoch et de Crotoy.
       de Tormont.

Cartul. II, f° 31.

TABLE ALPHABÉTIQUE

On a confondu dans le classement *Sancta* et *Sanctus*, *Sainte* et *Saint*. — En l'absence d'indication de tome, lire : t. I.

A

A., archiepiscopus Remensis, 209. — *Cf.* Albericus.
Abbatisvilla. — Capellania : *voir* Sanctus-Johannes de Roveroi.
Decanus, 344 ; *voir* Geremarus.
Ghishala *vel* Gyhala, 226, 377.
Ecclesiae : *voir* Sanctus-Johannes in Calceia, Sanctus-Vulfrannus.
Vicecomitatus, 354, 377.
(Gaufridus de), II, 124, 173.
(Robertus de), 83.
Cf. Abbeville.
Abbatisville (Hugo), miles, 10.
(Mainerus), 18.
Cf. Abbeville.
Abbevile (Adan d'), II, 35. — *Cf. Abbeville.*
Abbeville (Somme). — *Voir* Abbatisvilla, Abbatisville, Abbevile.
Abelinus, hospes, 27.
abladium, II, 35.
Acardus, Accardus, Achardus, subdiaconus, 17 ; canonicus, 20 ; sacerdos *vel* presbyter, 27, 32, 37, 38, 40, 50.
Accardi (Johannes), II, 106.
Accardus, presbyter, 50. — *Cf.* Acardus.
Achardus, sacerdos *vel* presbyter, 27, 37, 50. — *Cf.* Acardus.
Acheu (grangia de), 268. — *Cf. Acheux.*
Acheux, arr. de Doullens (Somme). — *Voir* Acheu.

Acquicinctensis conventus, 348. — *Cf Anchin.*
Acquicinensis abbas, 29. — *Cf. Anchin.*
Ada, filia Alermi, 420.
Ada, soror Eustachii de Auxiaco, 298.
Ada, soror Gaufridi episcopi Ambianensis, 297.
Ada, haeres Guidonis majoris de Revella, 196.
Ada, soror Henrici Rabos, 438.
Ada, uxor Hugonis de Busco-Guidonis, 275.
Ada, mater Ingerranni de Curcellis, 247.
Ada, mater majoris de Mez, 170.
Ada, filia Petri Gelvin, 251.
Ada, filia Petri de Halles, 143.
Ada, uxor Petri de Vilers, 101.
Ada, soror Roberti de Revele, 352.
Ada, uxor Sagalonis Yvremans, 487.
Adam abbas Sancti-Judoci-de-Nemore, 29
Adam, clericus de Bellaquercu, 506.
Adam, custos molendinorum, 110.
Adam, decanus Ambianensis, 423.
Adam, laïcus, 50.
Adam, testis, 18.
Adam, filius Alermi, 420.
Adam, pater Amelii de Poiz, 62.
Adam Berte, 390.
Adam de Cagni, 36, 77.
Adam de Choisi, 92, 94.
Adam de Daminois, 176, 180.
Adam, filius Gaufridi de Milliaco, 379.
Adam, filius Gerardi de Bus, 223, 263.

178 TABLE ALPHABÉTIQUE

Adam, filius praepositi, 27, 40.
Adam de Pucheuviler, 327, 329, 331, 335, 337.
Adam Saccus, II, 169.
Adam de Sessouliu, 60.
Adam Tenevaus, 368, 369.
Adam, filius Walteri de Douncel, 53.
Adan d'Abbeville, II, 35.
Ad busketum, locus apud Longam Aquam, II, 1.
Ad crucem, locus apud Revellam, 423.
Adelbertus, mancipium, 3.
Adelelmus, Adelemus, subdiaconus, 9 ; canonicus, 20 ; diaconus, 22 ; sacerdos *vel* presbyter, 23, 25, 27, 32, 37, 42, 50.
Adelelmus, dapifer, 11.
Adelelmus, major de Dommorez, 24, 25.
Adelelmus, miles, 10.
Adelelmus de Troumvilla, 23, 25.
Adelemus, presbyter, 37. — *Cf.* Adelelmus.
Adelfridus, mancipium, 2.
Adelis, uxor Radulphi, 53.
Adelsemildis, Adelsenildis, uxor Odelhardi, 3.
Adelsenildis, uxor Odelhardi, 3. — *Cf.* Adelsemildis.
Adeluya, uxor Auberti de Ver, 299.
Adeluya, Audeluya, uxor Johannis, 208.
Ad Fromages, vicus, II, 135.
Ad Latus (Firminus), II, 4.
Ad Leonem, domus, II, 100.
Adrevinus, mancipium, 4.
Adso, Asso, pater Bernardi, 23.
Aebrarda, uxor Molardi, 3.
Aelaidis, uxor Adam Tenevaus, 368, 369. — *Cf.* Aelidis.
Aelaydis, uxor Adam Tenevaus, 368, 369. — *Cf.* Aelidis.
Aelelmus de Flescicurte, 61.
Aelfinus, mancipium, 4.
Aelgerus, mancipium, 2.
Aelidis, Aelaidis, Aelaydis, Alaydis, uxor Adam Tenevaus, 368, 369.
Aelidis, filia Egidii de Mailli, 269, 273.
Aelidis, uxor Eustachii Dyaboli, 394, 395.
Aelidis, uxor Eustachii de Novavilla, 443.
Aelidis, uxor Henrici Anglici, 327.
Aelidis, uxor Radulphi comitis Claromontani, 60, 104.
Aelidis, uxor Radulphi Wichars, 183.
Aelidis, uxor Thomae de Bours, 496, 497.
Aelidis, vavassor, II, 156.
Aelina, uxor Petri Matebrune, 325.
Aelis, soror Radulphi Gonscelini, 110.
Aelis, femme de Wistasses Lidiales, II, 2.
Aeluvara, Aeluvra, Aluvra, uxor Hilberti, 2.
Aeluvra, uxor Hilberti, 2. — *Cf.* Aeluvara.
Aenardus, 261. — *Cf.* Haenardus.
Agathes, uxor Sagalonis Li Escachiers, 470.
Agelinus, Angelinus, 6.
Ageltrudis, uxor Radoldi, 3.
Agelvinus, Algevinus, clericus, 4.
Agnes, filia Adam de Pucheviler, 327, 332, 336.
Agnes de Arundel, 203.
Agnes, femme d'Enguerran Heudebiers, 475.
Agnes, filia Evae, 486.
Agnes, filia Gerardi molendinarii, 174.
Agnes, haeres Guidonis majoris de Revella, 196.
Agnes Hormain, 405.
Agnes, uxor Huberti de Sancto-Justo, 417.
Agnes, uxor Johannis de Ambianis, 346, 348.
Agnes Le Tillue, 406.
Agnes, uxor Nicholai majoris de Croissi, 314, 326.
Agnes, filia Petri de Halles, 143.
Agnes, uxor Radulphi de Duri, 85.
Agnes, uxor Radulphi de Vers, 419.
Agnes, filia Walteri, 325.
Agnes Waularde, 393.
Agnes, mulier quaedam, 226.
Agrappin (dépendance d'Amiens, Somme). — *Voir* Grapin, Grapinum, Grappin.
Ailli, Alli (Symon de), 92, 95.
Ailliaco (Gregorius de), II, 20.
Ainardus, pater Radulphi Gonscelini, 110.
Ainardus, laicus, 75.
Airaines (canton de Molliens-Vidame, Somme). — *Voir* Araines, Harenis.
Airaules, Araules, Eraules, *voir* Villare ad Airaules.
Aitenehem (Radulphus de), 73. — *Cf.* Etinehem.

Aitieneham (Radulphus de), 73. — *Cf.* Etinehem.
Aitineham (Effridus de), 74. — *Cf.* Etinehem.
Alaydis, uxor Adam Teneviaus, 369. — *Cf.* Aelidis.
Albamarlia (vicecomes de), 319, 343. — *Cf.* Aumale.
Albeigniaco (territorium de), II, 57. — *Cf.* Aubigny.
Albello (Laurencius de), II, 106.
Albemarla (vicecomes de), 253. — *Cf.* Aumale.
Albemarlia, (mina de), 252.
Vicecomes, 260.
Cf. Aumale.
Albericus, Remensis archiepiscopus, 178, 179, 209.
Albert (arr de Péronne, Somme). — *Voir* Encre.
Albi (Tarn). — *Voir* Albiensis, Albigensis.
Albiensis thesaurarius, II, 92. — *Cf. Albi.*
Albigensis (Johannes dictus), II, 159.
Peregrinatio, 202.
Cf. Albi.
Albinus, capellanus Ambianensis, 394, 395.
Albinus Faber, 459, 460.
Albinus, pater Johannis, II, 156.
Album-Fossatum, ecclesia, 60.
Territorium, 489 à 498.
Cf. Blanc-Fossé.
Aldrannus, mancipium, 2.
Alefindis, 2. — *Cf.* Alesindis.
Alelmus, subdiaconus, 90.
Alelmus, presbyter, 29.
Alelmus de Ambianis, 35, 64, 65.
Alelmus de Fontibus, 92, 95.
Alelmus, Alermus de Grantcurt, 91, 94.
Alelmus, pater Mathildis, 227.
Alelmus de Nans, 74.
Alelmus de Orivilla, 79.
Alelmus, Allermus de Placi, 238.
Alelmus de Riveri, 310.
Alelmus, prior Sancti-Johannis, 83.
Alelmus, filius Walteri de Tarota, 6.
Alennis (Hugo de), 31.
Alermus, Allermus, major de Castello, 420.

Alermus de Grantcort, 401. — *Cf.* Alelmus de Grantcurt.
Alermus, Allermus, de Noelli, *vel* de Nulliaco, episcopus Ambianensis, 338, 423.
Alermus, Allermus, de Perausello, 305.
Alermus de Soues, 498. — *Cf.* Aliaumes.
Alesindis, Alefindis, mancipium, 2.
Alexander [III], papa, 66, 67, 81, 83, 84, 86.
Alexander, prior Aquicinctensis, 70.
Alexander de Wailliis, 74.
Alevertus, mancipium, 3.
Alfai, Alfait, Alfay, Aufai (Otsmundus de), 23, 25.
(Petrus de), 124.
Alfait (Otsmundus de), 25. — *Cf.* Alfai.
Alfay (Otsmundus de), 23. — *Cf.* Alfai.
Algevinus, clericus, 4. — *Cf.* Agelvinus.
Algisus de Sancto-Mauricio, 62.
Aliaumes, Alermus, de Soues, 493, 494, 498.
Allermus, major de Castello, 420. — *Cf.* Alermus.
Allermus de Nulliaco, episcopus Ambianensis, 326, 332, 338, 381. — *Cf.* Alermus de Noelli.
Allermus de Perausello, 305. — *Cf.* Alermus.
Allermus de Placi, 238. — *Cf.* Alelmus.
Allevard en Dalphinel, II, 37. — *Allevard* (arr. de Grenoble, Isère).
Alli (Symon de), 92. — *Cf.* Ailli.
Alliaco (Hugo de), 500.
(Radulphus de), II, 110.
Allonville (canton d'Amiens N-E, Somme). — *Voir* Allunvilla, Alonvile, Alumvila, Alunvile.
Allunvilla, 149, 150. — *Cf. Allonville.*
Almarricus de Medimmo, miles regis, 414.
Alodiorum terra, prope Polivillam, 62.
Aloe (Johannes), decanus Folliacensis, 353.
Aloldus de Haisdincurt, 92, 94. — *Cf.* Alulfus.
Alonvile, 149.
(Robers sire d'), 461.
Cf. Allonville.
Aloudus de Dury, 376.
Aloudus de Haisdincurt, 94. — *Cf.* Alulfus.

Aloudus de Maiencurt, 157, 158.
Alpaiz, soror Radulphi, 53.
Altaribus (Arnulphus de), 415.
(Ibertus de), 48.
Cf. Autheux.
Altifago (Beata Maria de), II, 54, 55, 56.
— *Cf. Auffay.*
Altuinus, mancipium, 3.
Aluardus, abbas Sancti-Laurencii juxta Leodium, II, 82.
Alulfus, Alulphus, homo ecclesiae Ambianensis, II, 154.
Alulfus, laicus, 79.
Alulfus, subdiaconus, 9.
Alulfus, Aloldus, Aloudus, Alulphus, de Haisdincurt, 87, 92, 94, 157.
Alulfus, pater Nicholai, 79.
Alulfus, Alulphus, de Novavilla, 44.
Alulfus Sanmeslet, 25.
Alulphus de Haidincort, 87, 157. — *Cf.* Alulfus.
Alulphus de Novavilla, 44. — *Cf.* Alulfus.
Alulphus, homo ecclesiae Ambianensis, II, 154. — *Cf.* Alulfus.
Alumvilla, 150. — *Cf. Allonville.*
Alunvile, 149. — *Cf. Allonville.*
Aluvra, 2. — *Cf.* Aeluvara.
Alvredus, abbas Brituliensis, 105.
Alvredus, clericus, 148, 156, 157.
Alvredus Anglicus, 246.
Alvredus, II. 173.
Ambianensis ballivus : *voir* Denis d'Aubengni, Galeran de Vauls, Gaufridus de Milliaco, Guillaume de Hangest, Guillaume Thibout, Johannes d'Aties.
Cancellarius : *voir* Egidius, Gonfridus, Richardus de Fornivalle, Robertus, Symon.
Cantor : *voir* Mauritius, Ypolitus.
Celerarius : *voir* Arnulphus.
Comes : *voir* Rodulphus, Gualterus, Ivo, Karolus, Robertus.
Decanus : *voir* Adam, Bernardus de Mainneriis, Guido, Guillelmus de Longavalle, Henricus, Ingelrannus, Jacobus, Laurencius de Albello, Radulphus, Reginaldus de Fieffes, Ricardus, Rogerus, Pierres de Houssoy.

Episcopus : *voir* Alermus de Noelli, Arnulphus, Bernardus, Evrardus, Gaufridus, Guido, Guillelmus, Helmeradus, Ingelrannus, Phılebert, Ricardus, Robertus, Rorico, Theodericus, Theobaldus.
Major, 381 ; II, 3, 39, 43, 67.
Mensura, 346 ; II, 12, 44.
Officialis : *voir* Anselmus de Lehericuria, Cristianus, Hugo de Bella Quercu, Johannes de Baugenciaco, Johannes de Bella Quercu, Martinus, Nicholaus de Divernia, Thomas de Carnoto.
Poenitentiarius : *voir* Gonterus, Guillelmus de Longavalle.
Praepositus : *voir* Ansellus, Anselmus, Hugo, Ingerrannus de Sancto-Fusciano, Jacobus Parvi, Milo Huberti, Nicholaus Emmelini, Thomas de Bova.
Scolasticus, *voir* Cristianus, Guillermus de Croy.
Vicedominus, 394, 395, 501, 503 ; *voir* Gerart, Jehan.
Cf. Amiens.
Ambiani, civitas, 196, 207.
Assisiae, 458 ; II, 37, 38, 40.
Ecclesiae : *voir* Notre Dame, Sanctus-Firminus, Sanctus-Jacobus, Sanctus-Johannes, Sanctus-Martinus, Sanctus-Michael, Sanctus-Remigius.
Cf. Amiens.
Ambianis (Alelmus de), 35, 64, 65.
(Drogo de), 90, 93, 401, 402 ; II, 33.
(Johannes de), 145, 346, 348.
(Petrus de), 119.
(Reginaldus de), 199, 201, 203, 219, 226.
Cf. Amiens.
Amelius de Poiz, 62.
Amelledii villa, 12.
Amelli, 294. — *Cf. Amilly.*
Amiens (Somme).
(Jehan d'), II, 51.
Cf. Ambianensis, Ambiani, Ambianis.
Amfridus, II, 173.
Amilly (commune de Dury, canton de Boves, Somme). — *Voir* Amelli, Dameilli, Dameylli.
Amulbertus, mancipium, 2, 4.
Amulumvra, uxor Aleverti, 3.

Amulvinus, mancipium, 3.
Ancellus, filius Drogonis Bovensis, 10.
Anchin (commune de Pecquencourt, canton de Marchiennes, Nord). — *Voir* Acquicinctensis, Acquicinensis, Aquicinctensis, Aquicincto, Aquicinensis.
Andegavis (Aquaria prope), II, 106. — *Cf. Angers.*
Andenarde (Johannes de), 394, 395. — *Cf.* Audenarde.
Andreas, acolytus, 10.
Andreas, presbyter, 17; — canonicus, 22.
Andreas, subdiaconus, 37, 40, 42, 50, 55.
Andreas, canonicus Ambianensis, 64.
Andreas, episcopus Atrebatensis, 67.
Andreas Li Carpentiers, 362.
Andreas Peregrini, II, 106.
Andrieu, duc de Hongrie, sire de Croy, II, 28, 37, 42.
Anffredus, 4. — *Cf.* Ansfredus.
Anfr+dus, 4. — *Cf.* Ansfredus.
Anfredus, Anfridus, diaconus, 147, 151.
Anfridus, diaconus, 151. — *Cf.* Anfredus.
Angelicus (Robertus), notarius, 36.
Angelinus, 6. — *Cf.* Agelinus.
Angelrannus, episcopus Ambianensis, 19. — *Cf.* Ingelrannus.
Angers (Maine-et-Loire). — *Voir* Andegavis.
Angilardus, mancipium, 4.
Angilbertus, mancipium, 3.
Angilguinus, maritus Rumildis, 1.
Angisviler (Guibertus de), 23. — *Cf. Angivillers.*
Angivillario (Guibertus de), 21. — *Cf. Angivillers.*
Angivillers (canton de Saint-Just, Oise). — *Voir* Angisviler, Angivillaris, Angullario.
Anglicus (Alvredus), 246.
(Augustinus), 448.
(Henricus), 150, 327.
(Robertus), II, 34, 47.
(Symon), II, 156.
Angullario (Guibertus de), 21. — *Cf. Angivillers.*
Anna, sponsa Johannis Hormani, 405.
Anna, uxor Rodulphi comitis Ambianensis, 9.

Anne Guiepine, II, 54.
Anscerus, Anscherus, presbyter, 17.
Anscherus, miles, 10.
Anscherus, presbyter, 17. — *Cf.* Anscerus.
Ansculphus, Ausculphus de Bellaquercu, 328, 332.
Anselini masura, II, 169. — *Cf.* Anselmi.
Anselli domus, apud Duriacum, 400.
Ansellus, archidiaconus Pontivi, 14, 17.
Ansellus, praepositus Ambianensis, 457.
Anselmi, Anselini, Ansilini masura, II, 169.
Anselmus, cantor, 68.
Anselmus, praepositus Ambianensis, 459; II, 3.
Anselmus, presbyter de Daumeri, 251. — *Cf.* Asselinus.
Anselmus Candaveine, 73.
Anselmus de Casneel, 44.
Anselmus de Lehericuria, officialis Ambianensis, 387 à 393, 398, 399, 405 à 407, 410.
Ansfredus, Anffredus, Anfredus, vassalus Angilguini, 4.
Ansilini masura, II, 169. — *Cf.* Anselmi.
Ansoldus, filius Guillelmi, 21.
Antiola, territorium, 436.
(Dominus de), 436, 437.
Cf. Authieulle.
Antoine de Honguerie, II, 37.
Antono (Petrus de), II, 103.
Apt (Vaucluse). — *Voir* Aptensis.
Aptensis episcopus, Johannes, II, 118. — *Cf. Apt.*
Aquagius (Petrus), 299.
(Manesserus), 299.
Aquaria, prioratus prope Andegavos, II, 106. — *Cf. L'Evière.*
Aquicinctensis abbas, Willelmus, 345, 348, 349.
Prior, 345.
Cf. Anchin.
Aquicincto (ecclesia de), 69. — *Cf. Anchin.*
Aquicinensis abbas, Gorsvinus, 29. — *Cf. Anchin.*
Aquosis (Johannes de), 418.
Araines, II, 156.
(Henri, sire d'), 494, 498.

(Marcq de Honguerie, sire d'), II, 37.
Cf. Airaines.
Araules, 258. — *Cf.* Airaules.
Argœuves (canton d'Amiens N-O, Somme). — *Voir* Argonia, Argovia, Arguvium.
Argonia, territorium, 46. — *Cf. Argœuves.*
Argouel (Johannes), 466.
Argovia, territorium, 71, 157 ; II, 155.— *Cf. Argœuves.*
Arguvium, villa, 16. — *Cf. Argœuves.*
Arkenval, locus apud Croissi, 387.
Arnigilsarte, locus, 2.
Arnulfus, Arnulphus, diaconus, 22, 27, 29, 32, 37 ; — praepositus, 27.
Arnulfus, subdiaconus, 9, 11.
Arnulfus, Arnulphus de Artois, 91, 94.
Arnulfus, Arnulphus Busheredus, 36.
Arnulfus, Arnulphus Havegare, 27, 40.
Arnulfus, Arnulphus Li Camberlens, 74.
Arnulfus, Arnulphus Moniot, 108.
Arnulphus, camerarius, 40.
Arnulphus, decanus, II, 3.
Arnulphus, diaconus, 22, 27, 29, 32, 37 ; — praepositus, 27. — *Cf.* Arnulfus.
Arnulphus, episcopus Ambianensis, 334, 337, 340, 341, 348, 351, 352, 353, 358, 360, 362, 364, 367, 368, 369, 372, 373, 374, 379, 381, 382, 384, 399, 415, 456.
Arnulphus, major Sancti-Firmini, 362.
Arnulphus de Altaribus, 361.
Arnulphus de Artois, 91, 94. — *Cf.* Arnulfus.
Arnulphus Busheredus 36. — *Cf.* Arnulfus.
Arnulphus de Dargies, 418.
Arnulphus de Durlendio, 294.
Arnulphus Greffin, 432.
Arnulphus Havegare, 27, 40. — *Cf.* Arnulfus.
Arnulfus Le Bescochie, II, 3.
Arnulphus Li Camberlens, 74. — *Cf.* Arnulfus.
Arnulphus Moniot, 108.—*Cf.* Arnulfus.
Arondel (moulin à Amiens), II, 120. — *Cf.* Arundel, Harondel.
Arquet (porta del), II, 49.
Arras (Pas-de-Calais). — *Voir* Attrebatensis, Attrebato.

Artois (Arnulfus de), 91, 94.
(Ernoldus de), 65.
Aruella (decima de), 226.
Arundel, molendinum, 163, 174, 226.
(Agnes de), 213.
Cf. Arondel.
Arva (aqua quae dicitur), 265.—*Cf. Avre.*
Arvaldon, abbas Sancti-Laurencii juxta Leodium, II, 92.
Arvette, rivus, II, 120.
Arviler, (decimae de), II, 14, 16 à 21, 41, 42.
Presbyter, II, 15.
Via, II, 122.
(Willermus de), II, 122.
Cf. Orvillers.
Ascelinus Ferre, 53.
Ascolons (Aubert), II, 54.
Ascutensis silva, 1.
Asefartiaus, villa apud Megium, II, 156.
As Perrois, locus apud Megium, II, 156.
Assartiaus (Johannes de), 489, 491, 492. — *Cf. Essertaux.*
Asselina, majorissa de Cresci, 154.
Asselina Boulete, II, 33.
Asselina de Croscyaco, 314.
Asselina filla Thiescetae, 109.
Asselinus, Anselmus, presbyter de Daumeri, 251.
Asso, 23. — *Cf.* Adso.
Association de prières, 152, 349.
Athies (canton de Ham, Somme). — *Voir* Aties.
Aties (Johannes d'), II, 3, 4. — *Cf. Athies.*
Atrardus, dapifer, 10.
Atrio (Milo de), 75.
(Nicholaus de), II, 75, 80.
Attineham (Radulphus de), 73. — *Cf. Etinehem.*
Attrebatensis abbas, 30.
Cantor : *voir* R.
Dioecesis, II, 58.
Episcopus, 193 ; *voir* Andreas, Johannes, Petrus.
Moneta, 113.
Cf. Arras.
Attrebato (cousturaria de), 432.
(Fulcherus de), 150.
(Honoratus de), II, 79, 81.
(Radulphus de), 423.

Aubegni (Denis d'), II, 69. — *Cf. Aubigny.*
Aubemarle (vicecomes de), 252. — *Cf. Aumale.*
Aubengni (Denis d'), II, 67. — *Cf. Aubigny.*
Aubert (Bus), bois, 294, 295.
Aubert Ascolons, II, 54.
Aubertus, censitarius, II, 172.
Aubertus Escolart, 20.
Aubertus Ponchel, 408.
Aubertus de Ver, molendinarius, 299.
Aubigny (canton de Corbie, Somme). — *Voir* Albeigniaco, Aubegni, Aubengni.
Aubin, capellanus Ambianensis, II, 2.
Auchi (monachi d'), II, 154.
(Henricus d'), 280.
Cf. Auchy-les-Moines.
Auchy-les-Moines (canton du Parcq, Pas-de-Calais). — *Voir* Auchi, Avenchin.
Auco (Radulphus de), 88. — *Cf. Eu.*
Au Cortil au puch, locus apud Renaudivallem, 401, 403.
Auda, soror majoris de Mez, 170.
Audeluya, 208. — *Cf.* Adeluya.
Audenarde (province de Flandre orientale, Belgique).
(Jehans sire d'), 467; II, 2.
Cf. Andenarde.
Aufai (Petrus de), 118, 124. — *Cf. Auffay.*
Auffay (commune d'Oherville, canton d'Ourville, Seine-Inférieure). — *Voir* Altifago, Aufai.
Auffeus mons, II, 118. — *Cf. Offémont.*
Augo (Radulphus de), 88, 156. — *Cf. Eu.*
Augum urbs. — Canonici, 260.
Conventus, 319, 343.
Sancta-Maria, 252.
Cf. Eu.
Augustini (Radulphus), 423.
Augustinus Anglicus, 448.
Aumale (arr. de Neuchâtel, Seine-Inférieure). — *Voir* : Albamarlia, Albemarla, Albemarlia, Aubemarle.
Auregniaco (Robertus de), 256. — *Cf.* Aurigniaco.
Aurelianensis ecclesia, 380.
W. dux, II, 116.
Cf. Orléans.
Aurelianis (Godardus de), 459, 460.
(Perrota de), 391.
Cf. Orléans.

Aurigniaco (Robertus de), 256. — *Cf.* Auregniaco.
Ausculphus de Bellaquercu, 328. — *Cf.* Ansculphus.
Ausiaco (Hugo de), 229, 315, 323 ; II. 158. — *Cf. Auxy-le-Château.*
Ausiacum, locus, 324. — *Cf. Auxy-le-Château.*
Aussiaco (Eustachius de), 298.
(Gilebertus de), 415.
(Hugo de), 229, 315.
Cf. Auxy-le-Château.
Autheux (canton de Bernaville, Somme).
— *Voir* Altaribus.
Authieulle (canton de Doullens, Somme).
— *Voir* Antiola.
Auxiaco (Eustachius de), 298.
(Gilebertus de), 415.
(Hugo de), 229, 315, 323.
Cf. Auxy-le-Château.
Auxy-le-Château (arr. de Saint-Pol, Pas-de-Calais). — *Voir* : Ausiaco, Ausiacum, Aussiaco, Auxiaco.
Avecin, pater Geroldi, II, 146.
Avelina, uxor Johannis de Campremi, 220.
Aveluis (Elizabeth, domina de), 185. — *Cf. Aveluy.*
Aveluy (canton d'Albert, Somme). — *Voir* Aveluis.
Avenchin, locus, II, 154. — *Cf. Auchy-les-Moines.*
Avennes (Hugo de), 362. — *Cf.* Avesnes.
Avesna (Johannes de), 488.
Avesnes (Hugo de), 362. — *Cf.* Avennes.
Avicia, uxor Egidii de Mailli, 269. — *Cf.* Avitia.
Avicia, uxor Radulphi majoris de Bonoil, 174.
Avicia, soror Roberti de Offeigines, 449, 450.
Avignon (Vaucluse). — *Voir* Avinionensis.
Avinionensis (Guimond), II, 118. — *Cf.* Avignon.
Avitia, domina de Catheu, 389.
Avitia, Avicia, uxor Egidii de Mailli, 269, 273.
Avre (affluent de la Somme). — *Voir* Arva.
Awrill, mater Roberti de Beeloy, 391.
Azo, subdiaconus, 17.

B

B., abbas Sancti-Martini-de-Gemellis, 446.
— *Cf.* Bertaldus.
Bacouel (canton de Conty, Somme) — Voir : Baschoel, Baschouel, Bascoel, Bascoels, Bascohels, Bascoiaux, Bascoiel, Bascouel, Bascuel, Basiculis, Boscoel.
Bae (Hugo), 226.
Baellon, allodia apud Bertramecort, 412.
— *Cf. Baillon.*
Baiart (moulin à Amiens), II, 146.
Bartholomeus de), 79, 108.
(Beroldus de), 74, 79.
(Milo de), 79.
(Nicholaus de), II, 173.
(Petrus de), 477 à 480.
(Robertus de), 51.
Cf. Bayart.
Baienviler (Johannes de), 377. — *Cf. Bayonvillers.*
Baillon (fief à Bertrancourt). — *Voir* Baellon.
Bains (fief à Mailly-Raineval).
(Drievon de), II, 14.
(Jehan de), II, 14, 16 à 20, 41.
(Robert de), II, 14, 16 à 19.
Baisardi, Baisart, (Johannes), II, 97, 141.
Baisart Johannes), II, 97.— *Cf.* Baisardi.
Baiuge (Johannes), II, 164.
Bajocencis archidiaconus, Garinus, 234.
— *Cf. Bayeux.*
Balbus (Mainerus), 294.
Baldevinus, filius Adam de Pucheviler, 327, 336.
Baldevinus Li Walois, 298.— *Cf.* Balduinus.
Baldevinus de Wadencort, 276, 277.
— *Cf.* Balduinus.
Baldewinus Li Walois, 298. — *Cf.* Balduinus.
Baldewinus de Wadencort, 276. — *Cf.* Balduinus.
Baldricus, molendinarius, 51.
Balduinus, acolytus, 15.
Balduinus, archidiaconus, 9, 10, 22, 23, 25, 27, 28, 29, 32, 37.
Balduinus, cancellarius regis, 8.
Balduinus, canonicus, 22; — cellerarius, 31 ; — subdiaconus, 17, 32, 42, 72, 90.
Balduinus, pater Balduini de Claro Monte, 6.
Balduinus Bodins, 134.
Balduinus Calderons, 46.
Balduinus de Claro Monte, 6.
Balduinus Comus, 25.
Balduinus de Durz, 52.
Balduinus Encrensis, 23, 25.
Balduinus, filius Heluini de Salli, 132.
Balduinus, frater Johannis de Erchil, 330, 332.
Balduinus de Ligniaco, II, 92.
Balduinus, Baldevinus, Baldewinus Li Walois, 298.
Balduinus de Longavalle, 429, 431, 433, 435, 436.
Balduinus de Pas, subdiaconus, 74, 75, 79, 85, 88, 96 ; — Diaconus, 106, 108, 109, 110, 112, 113, 114, 121, 144 ; II, 152, 173.
Balduinus, filius Petri de Vilers, 291.
Balduinus Potator, 224, 225.
Balduinus de Psalliaco, 68.
Balduinus de Puchanviler, II, 48.
Balduinus, haeres Roberti de Forcevile, 156.
Balduinus Rufus, 79.
Balduinus de Salli, 134.
Balduinus, Baldevinus, Baldewinus de Wadencort, 276, 277, 397, 408 à 410.
Balgenci, castellum, 19.
(Radulphus de), 19.
Cf. Beaugency.
Balgentiacum, locus, 41. — *Cf. Beaugency.*
Balgentiaco (Symon de), 41. — *Cf. Beaugency.*
Barbarius (Everardus), 333, 335.
Barbe Robertus), 423.
Barbete (Petrus), 420.
Barbitonsor (Bernardus), II, 20.
Baretangle (Bernardus de), 88, 92. — *Cf. Bertangles.*
Barionis, Bariovis (Durantus), II, 74, 92
Bariovis (Durantus), II, 92. — *Cf.* Barionis.

Barrabans (Bartholomeus), 92, 94.
Bartangle, locus, II, 38, 51.
(Bernardus de), 87, 88, 92, 95.
(Walo de), 506.
Cf. Bertangles.
Bartholomeus camerarius regis, 169.
Bartholomeus, clericus, 50, 362.
Bartholomeus, molendinarius, 108.
Bartholomeus, sacerdos, 123.
Bartholomeus, testis, 45.
Bartholomeus de Baiart, 79, 108.
Bartholomeus Barrabans, 92, 94.
Bartholomeus de Diencurt, 103.
Bartholomeus de Haignes, 299.
Bartholomeus de Haisdincurt, 75.
Bartholomeus, filius Johannis, 79.
Bartholomeus de Lavania *vel* de Laveigna, canonicus Ambianensis, II, 33, 53.
Bartholomeus, filius Petri Ogeri, 417.
Bartholomeus Strabo, 382.
Bartholomeus Tinctor, 87, 88.
Bartholomeus de Vacaria, 155.
Bartholomeus de Vallibus, 87.
Baschoel, locus, II, 164. — *Cf. Bacouel.*
Baschouel (Radulphus de), 239. — *Cf. Bacouel.*
Bascoel, locus, 444; II, 166.— *Cf. Bacouel.*
Bascoels (Radulphus de), 25. — *Cf. Bacouel.*
Bascohels (Radulphus de), 23. — *Cf. Bacouel.*
Bascoiaus, locus, 23. — *Cf. Bacouel.*
Bascoiel, locus, 300; II, 166. — *Cf. Bacouel.*
Bascouel, locus, 300.
(Radulphus de), 239.
Cf. Bacouel.
Bascuel, locus, 300. — *Cf. Bacouel.*
Basiculis (Hugo de), 6. — *Cf. Bacouel.*
Bataille (Robertus), 407.
Batel (Johannes), 81
Batelli (Egidius), II, 141.
Bauduin Sere, II, 120.
Baugenceyum, locus, 377. — *Cf. Beaugency.*
Baugenciaco (Johannes de), II, 106. — *Cf. Beaugency.*

Baugentiacum, locus, II, 159. — *Cf. Beaugency.*
Baullencort, territorium, 365. — *Cf. Bouillancourt.*
Baullencourt, territorium, 365. — *Cf. Bouillancourt.*
Bavo, subdiaconus, 6.
Bayart, molendinum, II, 120. — *Cf. Baiart.*
Bayeux (Calvados). — *Voir* Bajocensis.
Bayonvillers (canton de Rosières, Somme). — *Voir* Baienviler.
Beam, locus, 283. — *Cf. Behen.*
Beatrix, uxor Balduini de Dourz, 52.
Beatrix de Bethencort *vel* de Betencourt, 249.
Beatrix, uxor Guifridi de Gratepanche, 477 à 479, 485.
Beatrix de Hes, 244.
Beatrix, mater Ingerranni de Bova, 115.
Beatrix, uxor Johannis Li Tillus, 393.
Beatrix, filia Petri de Vilers, 291.
Beatrix, uxor Radulphi Augustini, 423.
Beatrix, uxor Roberti de Folies, 322.
Beatrix, uxor Roberti de Forchenvile, 271.
Beatrix, uxor Roberti de Offeenies, 484.
Beatrix, uxor Rogeri furnarii, 286.
Beaucourt-en-Santerre (canton de Moreuil, Somme). — *Voir* Boecort, Boecourt.
Beaufort-en-Santerre (canton de Rosières, Somme). — *Voir* Belloforti.
Beaugency (arr. d'Orléans, Loiret). — *Voir* : Balgentiacum, Baugenceyum, Baugenciaco, Baugentiacum.
Beaulaincourt, locus, 325. — *Cf. Biaulaincort.*
Beaumetz (canton de Bernaville, Somme). — *Voir* Bellus Mansus.
Beaumont-Hamel (canton d'Albert, Somme). — *Voir* Bellomonte.
Beauquesne (canton de Doullens, Somme). — *Voir* : Bellaquercu, Bellaquercus, Bellequercus.
Beaurainville (canton de Campagne-les-Hesdin, Pas-de-Calais). — *Voir* Belloramo.

Beaussart (commune de Mailly, canton d'Acheux, Somme). — *Voir* Bellum Sartum, Belsar, Belsart, Biausart.
Beauvais (Oise). — *Voir :* Belvaccum, Belvacensis, Belvacho, Belvaco, Belvacum.
Beauval (canton de Doullens, Somme). — *Voir :* Beleval, Bellavalle, Belval, Biauval.
Beccherel, molendinum, 264. — *Cf.* Becquerel.
Bechins, Bekins, Bekyns (Petrus), 79.
Beckerel, vicus, 242. — *Cf.* Becquerel.
Becquerel (moulin à Amiens), II, 146, 148. — *Cf.* Beccherel, Beckerel, Bekerel, Besquerel.
Beeleio (Girardus de), 80. — *Cf.* Beeloi, Beeloy, Beesloy.
Beeloi (Garinus de), 317.
(Galterus *vel* Walterus de), 147 ; II, 173.
(Gerardus *vel* Girardus de), 64, 72, 74, 79, 80, 83, 88, 96 ; II, 124.
Cf. Beeleio, Beeloy, Beesloy.
Beeloy (Garinus *vel* Warinus de), 317, 391.
(Gerardus *vel* Girardus de), 64, 74, 79, 80, 83, 88, 96.
(Johannes *vel* Jehan de), II, 60, 62.
(Reginaldus de), 391.
(Robertus de), 391.
Cf. Beeleio, Beeloi, Beesloy.
Beesloy (Walterus de), 146. — *Cf.* Beeleio, Beeloi, Beeloy.
Beetris, femme de Bernart de Kierrieu, 431, 455, 467.
Bego Brituliensis, 22, 23, 25.
Beham, locus, 283. — *Cf.* Behen.
Behen canton de Moyenneville, Somme). *Voir :* Beam, Beham.
Bekerel, molendinum, 242, 264 ; II, 146, 148 - *Cf.* Becquerel.
Bekins (Petrus), 79. — *Cf.* Bechins.
Bekyns Petrus), 79. - *Cf.* Bechins.
Belesaises, territorium, 327, 329, 332. — *Cf. Belesars.*
Belesars (lieu dit à Puchevillers). — *Voir* Belesaises.
Belestre (Gérard de), II, 120. — *Cf.* Bellettre.
Beleval (Hugo de), 184. — *Cf.* Beauval.
Belin, vir quidam, II, 155.

Belinus de Noevirele, 408.
Bellainval (Hugo de), 418, 422, 448. — *Cf. Bellinval.*
Bellaquercu (Adam de), 506.
(Ansculphus de), 328, 332.
(Hugo de), 242, 250, 253, 254, 255, 260, 356.
(Johannes de), 415.
(Vir venerabilis de), 443.
Cf. Beauquesne.
Bellaquercus, locus, 240, 348. — *Cf. Beauquesne.*
Bellavalle (Hugo de), 199.
(Matheus de), 457.
Cf. Beauval.
Belleinval (Johannes de), II, 156. — *Cf. Bellinval.*
Bellequercus, locus, 345. — *Cf. Beauquesne.*
Bellettre (commune de Pernois, canton de Domart, Somme). — *Voir* Belestre.
Bellinval (commune de Brailly, canton de Crécy, Somme).— *Voir :* Bellainval, Belleinval.
Belloforti (ecclesia de), II, 147, 175. — *Cf. Beaufort-en-Santerre.*
Bellomonte (Robertus de), II, 32. — *Cf. Beaumont-Hamel.*
Belloramo (Nicholaus de), 237, 356, 429. — *Cf. Beaurainville.*
Bellum Sartum, locus, 271, 375. — *Cf. Beaussart.*
Bellus Mansus, locus, 311. — *Cf. Beaumetz.*
Belsar, territorium, 156. — *Cf. Beaussart.*
Belsart, territorium, 156. — *Cf. Beaussart.*
Belvaccum, locus, 255. — *Cf. Beauvais.*
Belvacensis archidiaconus : *voir* Henricus.
Capella : *voir* Sanctus-Michael.
Civis : *voir* Petrus Milez.
Decanus, 283, *voir* G., J.
Dominus : *voir* Milo.
Ecclesia : *voir* Sanctus-Lucianus.
Episcopus : *voir* Philippus, Reginaldus.
Mensura, 294.
Moneta, 23, 24, 43, 110.
Officialis: *voir* E., Robertus de Auregniaco.
Pagus, 56 ; II, 174.
Traversum, 21.
Cf. Beauvais.

Belvacho (Stephanus de), 156. — *Cf. Beauvais.*
Belvaco (Goselinus de), 6.
(Johannes de), II, 20, 141.
(Stephanus de), 144, 145, 147, 155, 156 ; II, 173.
Cf. Beauvais.
Belvacum, locus, 56, 255, 256, 258, 275, 424. — *Cf. Beauvais.*
Belval (Hugo de), 184. — *Cf. Beauval.*
Benedicta, campana, 373.
Benedictus [XI], papa, II, 81, 83.
Benedictus [XII], papa, II, 75.
Benement (Hugo), 23, 46. — *Cf.* Buenement.
Beninus, mancipium, 2.
Bentividis, uxor Hildefridi, 3.
Berbieres, locus, 130, 143. — *Cf. La Motte-Brebières.*
Berbieriis (advocatio de), 52. — *Cf. La Motte-Brebières.*
Berbiieres, locus, 130, 143, 375. — *Cf. La Motte-Brebières.*
Berengarius, curatus Sancti-Sulpicii Ambianensis, II, 81.
Berengerius, Berengerus, sacerdos, 9, 10.
Berengerus, sacerdos, 9, 10. — *Cf.* Berengerius.
Bernapré (canton d'Oisemont, Somme). — *Voir* Bernardiprato.
Bernardi (alodium), 46.
Bernardiprato (Radulphus de), II, 33. — *Cf. Bernapré.*
Bernardus, archidiaconus Pontivi, 226, 239, 281, 425.
Bernardus, episcopus Ambianensis, 425, 450, 456, 472, 494.
Bernardus, major de Crissi, 118.
Bernardus, mancipium, 2.
Bernardus, molendinarius, 51.
Bernardus, officialis, 196.
Bernardus, pincerna, 40.
Bernardus, testis, 55.
Bernardus, filius Adsonis, 23.
Bernardus Barbitonsor, II, 20.
Bernardus de Bartangle, 87, 88, 92, 95.
Bernardus de Caubert, 472.
Bernardus de Cruce, 74, 80, 111, 114, 150.
Bernardus, frater Gilonis, 23, 25.

Bernardus de Goi, 22.
Bernardus de Halles, 143.
Bernardus de Hangardo, 33.
Bernardus Hugonis, thesaurarius Albiensis, II, 92.
Bernardus, frater Hugonis Clerici, 352.
Bernardus, frater Johannis de Renaudivalle, 401.
Bernardus Lovez, 44.
Bernardus de Maineriis, canonicus Ambianensis, 322; — decanus, 396, 397.
Bernardus, Bernars, de Morolio, 88, 92, 95, 220, 416, 431.
Bernardus de Osemont, 472.
Bernardus Pincon, 27, 36, 51.
Bernardus de Plesseio, 149, 150, 151.
Bernardus, filius Roberti Prioris, 259.
Bernardus frater Roberti de Revella, 302.
Bernardus de Sancto-Mauritio, 110.
Bernars, sire de Morueil, 416. — *Cf.* Bernardus de Morolio.
Bernars, Bernart, sire de Kierrieu, 455, 461, 467.
Bernart, sire de Kierrieu, 461. — *Cf.* Bernars.
Bernastre, locus, 280. — *Cf. Berndtre.*
Bernâtre (canton de Bernaville, Somme). — *Voir* Bernastre.
Bernerus, pater Guillelmi, 21.
Bernerus Li Caleures, 362.
Berneti (terra), apud Gratepanche, II, 47.
Berni, locus, 243, 244. — *Cf. Berny-sur-Noye.*
Berny, locus, 375. — *Cf. Berny-sur-Noye.*
Berny-sur-Noye (canton de Montdidier, Somme). — *Voir :* Berni, Berny.
Beroldus de Baiart, 74, 79.
Beroldus, testis, 51.
Bertaldus, abbas Sancti-Martini-ad-Gemellos, 446.
Bertangle (Jehan de), II, 120. — *Cf. Bertangles.*
Bertangles (canton de Villers-Bocage, Somme). — *Voir :* Baretangle, Bertangle.
Bertaucort, locus, 176, 178, 181, 206, 209 ; II, 147, 176. — *Cf. Saint-Firmin.*
Bertaucourt en Mareskievetere, II, 34, 35. — *Cf. Saint-Firmin.*
Berte (Adam), 390.

Berterus, mancipium, 3.
Bertolcourt, locus, 130. — *Cf. Saint-Firmin.*
Bertolcurt, locus, 130.— *Cf. Saint-Firmin.*
Bertoucort, locus, 130, 178, 181. — *Cf. Saint-Firmin.*
Bertramecort, locus, 199, 226, 412. — *Cf. Bertrancourt.*
Bertramecourt, locus, 185, 226. — *Cf. Bertrancourt.*
Bertrancourt (canton d'Acheux, Somme). — *Voir :* Bertramecort, Bertramecourt.
Bertrandus, cardinalis diaconus Sancte-Marie-in-Aquiro, II, 74, 93, 98.
Bertrandus, prior Sancti-Martini-de-Campis, II, 77.
Bertremieu Li Cambelleno, 191.
Bertrici Curtis, villa, 18. — *Cf.* Bertricourt.
Bertricort, territorium, 62, 82, 130. — *Cf. Bertricourt.*
Bertricourt (commune de Longpré, canton d'Amiens N.-O., Somme), 62, 82, 130. — *Cf.* Bertrici Curtis, Bertricort, Bertricurt, Betricourt.
Bertricurt, territorium, 46, 62, 82. — *Cf. Bertricourt.*
Bervier (Nicholaus), 477.
Bescochies (Jehan), II, 54.
Besquerel, molendinum, II, 148. — *Cf.* Becquerel.
Bestesi (Rainaldus de), 379. — (Robertus de), 379. — *Cf.* Bestezi, Bestizi.
Bestezi (Symon de), 182, 218, 234. — *Cf.* Bestesi, Bestizi.
Bestizi (Symon de), 234. — *Cf.* Bestesi, Bestezi.
Bete (Raynaudus), II, 103.
Betembos, territorium, II, 123. — *Cf. Bettembos.*
Betenbos, territorium, 128. — *Cf. Bettembos.*
Betencourt (Beatrix de), 249. — *Cf. Bettencourt-Saint-Ouen.*
Bethelessart (ancien fief près de Croissy). — *Voir :* Bretelessart, Bretenlessart, Bretonessart.
Bethencort (Beatrix de), 249. — *Cf. Bettencourt-Saint-Ouen.*

Béthune (Pas-de-Calais). — *Voir :* Bethunia, Betunia.
Bethunia (Hugo de), 68. — *Cf. Béthune.*
Betricourt, curia, 130 ; II, 40. — *Cf. Bertricourt.*
Bettembos (canton de Poix, Somme). — *Cf.* Betembos, Betenbos.
Bettencourt-Saint-Ouen (canton de Picquigny, Somme). — *Voir :* Betencourt, Bethencort.
Betunia (Hugo de), 68. — *Cf. Béthune.*
Biaufait, molendinum, 338.
(Richerus de), 338.
Biaulaincort, locus, 325. — *Cf.* Beaulaincourt.
Biaumont (Robers de), II, 28, 29, 31.
Biausart, locus, 273. — *Cf. Beaussart.*
Biauval (Hugo de), 184. — *Cf. Beauval.*
Biauvarlete (Gile), II, 54.
Bighe (Johannes), 283.
Blanc-Fossé (canton de Crévecœur, Oise).
(Philippus de), 125, 126.
Cf. Album Fossatum, Blancfossei.
Blancfossei (Philippus de), 125, 126. — *Cf. Blanc-Fossé.*
Blangeium, locus, 67. — *Cf. Blangy.*
Blangi, locus, 130 ; II, 50, 147, 176.
(Manessier de), II, 51.
Cf. Blangy.
Blangy-Tronville (canton de Boves, Somme). *Voir :* Blangeium, Blangi.
Blankesmains (Mathildis), 300. — *Cf.* Blanquesmains.
Blanquesmains, Blankesmains, Blansquesmains Mathildis), 300, 320.
Blansquesmains (Mathildis), 300. — *Cf.* Blanquesmains.
Blensensis porta, 42. — *Cf.* Blois.
Blesensis archidiaconus : *Voir* Guillermus de Nova-Villa.
Porta, 42.
Cf. Blois.
Blesis (comes de), 329. — *Cf.* Blois.
Blois (Loir-et-Cher). — *Voir :* Blensensis, Blesensis, Blesis.
Bocart, molendinum, 78, 107.— *Cf.* Boucart.
Bocenellum, locus juxta Arguvium, 16. — *Cf.* Bochenel.

Bochenel, territorium, II, 155. — *Cf.* Bocenellum.
Bocheurel, territorium, 322 ; II, 122. — *Cf. Bouchoir.*
Bochon, locus, II, 155.
(Walo de), 92, 98.
Cf. Bouchon.
Bodini (domus), II, 173.
Bodins (Balduinus), 134.
Bodinus, diaconus, 108, 109, 112, 114, 121, 145, 147, 148, 151, 155.
Boecort, territorium, 350, 352, 376. — *Cf. Beaucourt-en-Santerre.*
Boecourt, territorium, 351. — *Cf. Beaucourt-en-Santerre.*
Boemundus, miles, 125.
Bogainvile, locus, 121, 125, 126, 133, 253, 254.
(Drogo de), 133.
(Radulphus de), 267.
Cf. Bougainville.
Bogainviler, locus, 126. — *Cf. Bougainville.*
Boiauval, locus apud Croyssiacum, 387.
Boillencort (Galterus de), 234. — *Cf. Bouillancourt.*
Bois. — *Voir :* Bonolium, Bus-Aubert, Campus Droardi, Cresci, Duri, Fois, Fontane, Foustel, Garberimont, Gisonvile, Noientel, Ploieis, Sauchoi.
Boitel (Johannes), II, 118.
Boitele (Johanna), II, 133, 141.
Bolengarius (Petrus), 275.
Bollencort (Galterus de), 234.— *Cf. Bouillancourt.*
Bolonia, villa, II, 21. — *Cf. Boulogne-la-Grasse.*
Bona Vallis, locus, 42. — *Cf. Bonneveau.*
Bonifacius VIII, papa, II, 81, 83.
Bonnart (Michael), II, 118.
Bonneuil (canton de Breteuil, Oise). — *Voir :* Bonoculo, Bonoculum, Bonogilus, Bonoglum, Bonoil, Bonolio, Bonolium, Bonuel, Bounoel, Bounoell.
Bonneveau (canton de Savigny, Loir-et-Cher). — *Voir* Bona Vallis.
Bonoculo (Guerno de), 22.
(Gualterus de), 24, 25.
Cf. Bonneuil.

Bonoculum, villa, 24, 42. — *Cf. Bonneuil.*
Bonogilus, villa, 4. — *Cf. Bonneuil.*
Bonoglum, villa, 1. — *Cf. Bonneuil.*
Bonoil (major de), 155.
(Majoratus de), 174.
(Prebenda de), 116.
Cf. Bonneuil.
Bonolio (Milo de), 428.
(Wilardus de), 398.
Cf. Bonneuil.
Bonolium, locus, 218, 226, 249, 338, 398 ; II, 139, 174.
Mensura, 411, 428, 471.
Molendinum, 163, 213.
Nemus, 218, 294, 295.
Cf. Bonneuil.
Bonuel (major de), 129, 155. — *Cf. Bonneuil.*
Bordons (Radulphus), 50.
Borguegnon, Le Bourguegnon (Symon), II, 35, 54.
Borri (Willelmus de), 85.
Borsein, vinea, 208. — *Cf.* Boursein.
Boscagio. — *Voir* Vilers-in-Boscagio.
Boscoel, territorium, 444. — *Cf. Bacouel.*
Boscum, locus, 397, 411.
Bosencurt, territorium, 53. — *Cf. Bouzencourt.*
Bosincurt, territorium, 53. — *Cf. Bouzencourt.*
Bosincurtis, molendinum, 53. — *Cf. Bouzencourt.*
Bosterrel, apud Folies, II, 171.
Bouberch (Johannes de), II, 106. — *Cf.* Boubers.
Boubers (commune de Mons-Boubers, canton de Saint-Valery, Somme). — *Voir* Bouberch.
Boucart (moulin à Amiens), 79, 107 ; II, 146. — *Cf.* Bocart, Bouchart, Bucart.
Bouchart, moulin, 366 ; II, 33. — *Cf.* Boucart.
Boucherrel, territorium, II, 122. — *Cf. Bouchoir.*
Boucheurel, territorium, 322 ; II, 122.— *Cf. Bouchoir.*
Bouchoir (canton de Rosières, Somme). — *Voir :* Bocheurel, Boucherrel, Boucheurel, Bouchuerre.

Bouchon (canton de Picquigny, Somme), II, 155.
(Walo de), 92, 94, 98.
Cf. Bochon.
Bouchuerre, territorium, 322. — *Cf. Bouchoir.*
Bougainvile, locus, 125, 126, 253, 254.
(Drogo de), 133.
(Odo de), 322.
(Robertus de), 267.
Cf. Bougainville.
Bougainviler, locus, 126. — *Cf.* Bougainville.
Bougainville (canton de Molliens-Vidame, Somme).
(Odo de), 322, 377.
Cf. Bogainvile, Bogainviler, Bougainvile, Bougainviler, Bugainvile.
Bouillancourt (canton de Montdidier, Somme). — *Voir* : Baullencort, Baullencourt, Boillencort, Bollencort, Bouillencourt.
Bouillencourt (Galterus de), 234. — *Cf. Bouillancourt.*
Boulete (Asselina), II, 33.
(Marga), II, 33.
(Maria), II, 33.
Boulogne-la-Grasse (canton de Ressons, Oise). — *Voir* Bolonia.
Bounoel (major de), 155. — *Cf. Bonneuil.*
Bounoell (prebenda de), 116. — *Cf. Bonneuil.*
Bourdon (canton de Picquigny, Somme), II, 62.
Boures (Johannes de), 445. — *Cf.* Bours.
Bourgogne (ancienne province). — *Voir* Bourgoigne.
Bourgoigne (duc de), II, 68. — *Cf. Bourgogne.*
Bourjois (Renerus), II, 63.
Bours (Henricus de), 496.
(Thomas de), 495, 496.
Cf. Boures.
Boursein, vinea, 208. — *Cf.* Borsein, Boursien.
Boursien, vinea, 208. — *Cf.* Boursein.
Bousincourt (Gilon de), II, 15, 17, 18, 19. — *Cf. Bouzencourt.*

Bouzencourt (commune du Hamel, canton de Corbie, Somme). — *Voir :* Bosencurt, Bosincurt, Bosincurtis, Bousincourt.
Bova, ballivus, 407.
Castellum, 115.
Dominus, 407.
Mensura, II, 172.
Oppidum, 32.
Praepositus, II, 172 ; *voir* Matheus Clericus.
Prior, 57 ; *voir* Sanctus-Ansbertus.
(Drogo de), 6, 10.
(Ingerranuus de), 21, 115, 139, 202.
(Johannes de), clericus, 113.
(Johannes dictus de), II, 1.
(Nevelo de), 6.
(Rainerus de), 33.
(Robertus de), 31, 77, 220, 239, 245, 246, 350, 405.
(Thomas de), 182, 226, 234.
Cf. Boves.
Boverium, mensura, 258.
Braiers (Johannes), 489 à 493.
Braietel, vallis, 32. — *Cf.* Braitel.
Braitel, vallis, 32. – *Cf.* Braietel.
Brassi, locus, 225. — *Cf. Brassy.*
Brassy (canton de Conty, Somme). — *Voir* Brassi.
Brecencuria (Stephanus de), II, 75, 80, 81.
Bretagne (ancienne province). — *Voir* Bretaingne.
Bretaingne (duc de), II, 68. — *Cf. Bretagne.*
Bretelessart, locus, 225 ; II, 28, 31. — *Cf. Bethelessart.*
Bretencort (Walterus de), 343.
Bretenlessart, II, 32. — *Cf. Bethelessart.*
Breteuil (arr. de Clermont, Oise). — *Voir :* Bretueil, Bretuel, Britholio, Britholium, Britoliensis, Britolio, Britolium, Brituliensis, Britulio.
Bretonessart, II, 30. — *Cf. Bethelessart.*
Bretouneus, *voir* Vilers-le-Bretonneux.
Bretueil (Franco de), 252, 343. — *Cf. Breteuil.*
Bretuel (Franco de), 252, 343. — *Cf. Breteuil.*

Britholio (Avitia domina de), 389.
(Odo de), 6.
Cf. Breteuil.
Britholium, locus, 341. — *Cf. Breteuil.*
Britoliensis dominus, 23, 24, 83.
(Ebrardus), 21.
(Everardus), 30.
Cf. Breteuil.
Britolio (Radulphus castellanus de), 105.
(Franco de), 319.
(Odo de), 6.
Cf. Breteuil.
Britolium, locus, 22, 341. — *Cf. Breteuil.*
Brituliensis abbas : *voir* Alvredus.
(Dominus castelli) : *voir* Gualeramnus.
Sacerdos, 22.
(Bejo), 23, 25.
Cf. Breteuil
Britulio (Radulphus castellanus de), 105. — *Cf. Breteuil.*
Bront (Gabriele), II, 119.
Brovecort, locus, 91. — *Cf.* Brovecourt.
Brovecourt, locus, 91. — *Cf.* Brovecort, Brovecurt, Brovencort, Brovencourt, Brovencurt.
Brovecurt, locus, 91. — *Cf.* Brovecourt.
Brovencort, locus, 93. — *Cf.* Brovecourt.
Brovencourt, locus, 93. — *Cf.* Brovecourt.
Brovencurt, locus, 93. — *Cf.* Brovecourt.
Brumarkays, lieu dit à Longueau, 393. — *Cf.* Brunmarkais, Brunum Markaisium.
Brunmarkais, lieu dit à Longueau, 393. — *Cf.* Brunmarkays, Brunum Markaisium.
Brunum Markaisium, locus apud Longam aquam, II, 1. — *Cf.* Brumarkays, Brunmarkais.
Bucardus, monachus, 6.
Bucart, molendinum, II, 146. — *Cf.* Boucart.
Buenesment (Hugo), 23.—*Cf.* Benement.
Bugainvile (Radulphus de), 267. — *Cf. Bougainville.*
Buiecort (Warinus de), 156. — *Cf.* Buiercourt.

Buiecourt (Warinus de), 156. — *Cf.* Buiercourt.
Buiemont (Giraudus de), 283. — *Cf.* Buimont.
Buiencort (Warinus de), 156. — *Cf.* Buiercourt.
Buiercourt (Warinus de), 156. — *Cf.* Buiecort, Buiecourt, Buiencort.
Buillon (Godefridus de), 448.— *Cf. Buyon.*
Buimont (Giraudus de), 283. — *Cf.* Buiemont.
Buire-au-Bois (canton d'Auxy-le-Château, Pas-de-Calais). — *Voir* Bures.
Buissi (Injerrannus de), 267.
(Johannes de), II, 123, 147.
Cf. Bussy-lès-Daours.
Buissu (Ermengardis de), II, 156.
Buissy (Injerrannus de), 267.—*Cf. Bussy-lès-Daours.*
Bulis (Drogo de), 23, 25.
(Manasses de), 59.
Cf. Buls.
Bulote (Matheus), 411.
(Ysabella), 471.
Buls (Manasses de), 59. — *Cf.* Bulis.
Bures, locus, 298, 377. — *Cf. Buire-au Bois.*
Burga amita Agnetis, 174.
Burgis (Johannes de), II, 53.
Burgundiensis (Hugo), 144, 147.
Burnet (Guarinus), II, 158.— *Cf.* Burnez.
Burnez, Burnet (Guarinus), 108 ; II, 158.
(Geroldus), 51.
(Radulphus), 76.
Bursa (Milo), 75.
Bus (canton d'Acheux, Somme), 375, 412, 461 ; II, 147.
Decima, 203, 221, 226, 262.
Dominus : *Voir* Robertus Fretiaux.
Ecclesia, 130.
Vavassores, 223.
(Girardus de), 262.
(Robertus de), 283, 412.
Cf. Bus-Sancti-Petri, Bussi, Buyssi, Buz.
Bus (Johannes du), II, 133, 141.
(Petrus *vel* Pierre du), II, 132, 141.
(Robert du), II, 133.
Bus-Aubert, bois, 294, 295.
Buscaille, territorium juxta Mez, II, 167.

Busci, territorium, 53. — *Cf. Bussy-lès-Daours.*
Busco Guidonis (Hugo de), 275.
Busheredus (Arnulphus), 36.
Bus-Sancti-Petri, 376. — *Cf. Bus.*
Bussi, territorium, II, 147, 176. — *Cf. Bus.*
Bussy-lès-Daours (canton de Corbie, Somme). — *Voir :* Busci, Buissi, Buissy.
Bustine (Marien), II, 51.
Buswion (Guido de), 226.
Buticularii (Petrus), II, 106.
Buyon (commune de Plachy, canton de Conty, Somme). — *Voir* Buillon.
Buyssi, apud Courchelles, 472. — *Cf.* Bus.
Buz (Robertus de), 283. — *Cf.* Bus.

C

Cachi (decima de), 195. — *Cf.* Cachy.
Cachy (canton de Boves, Somme), 375. — *Cf.* Cachi.
Cagni (Adam de), 36. — *Cf. Cagny.*
Cagny (canton d'Amiens S.-E., Somme). — *Voir :* Cagni, Caigni, Caigniaco, Cainni, Cainniaco, Canniaco.
Cahon (canton de Moyenneville, Somme). (Renerus de), 457.
Cf. Chaom.
Caieto, parrochia, 204.
(Willelmus de), 177, 181.
Cf. Cayeux.
Caignet (Pierre), II, 120.
Caigni (Adam de), 36, 77. — *Cf. Cagny.*
Caigniaco (Girardus de), 32.
(Petrus de), 33.
Cf. Cagny.
Caillevout (Robertus), 341, 356, 357. — *Cf.* Callevout.
Cainni (Adam de), 77. — *Cf. Cagny.*
Cainniaco (Girardus de), 32.
(Petrus de), 33.
Cf. Cagny.
Caious, locus, 139.
Cais (Petrus de), 58. — *Cf. Caix.*
Caix (canton de Rosières, Somme). — *Voir :* Cais, Kais.
Caisneel, locus, II, 166.
(Anselmus de), 44.
Cf. Le Quesnel.

Caisneto (Reinoldus de), 250. — *Cf. Le Quesnel.*
Calais (Johannes de), II, 164.
Calceia (Helinandus de), 76. — *Cf. La Chaussée-Tirancourt.*
Calceio (Renerus de), 227.
Calderons (Balduinus), 47. — *Cf.* Cauderons.
Calido Monte (Hugo dominus de), 368.
Calidus Mons, territorium, 368, 369, 377.
Caligarii (Guilbertus), II, 82.
Callevout, Caillevout, (Robertus), 339, 340, 341, 356, 357.
Calon (Theobaldus), 310. — *Cf.* Colon.
Calvus (Guermundus), 45.
Camberona (Petrus de), 208. — *Cf. Cambron.*
Cambrai (Nord). — *Voir* Cameracensis.
Cambron (canton d'Abbeville S, Somme). — *Voir* Camberona.
Cameracensis archidiaconus : *voir* Radulphus de Alliaco. — *Cf. Cambrai.*
Camon (canton d'Amiens S.-E., Somme). — *Cf.* Camons, Camonz, Camuns.
Camons, villa, 227, 263 ; II, 72, 114.
Cimiterium, II, 101.
Ecclesia, II, 149.
Homines, II, 103, 120.
Major, 310.
Manentes, 392.
Territorium, 51.
Vaccae, 377.
Ventailes, II, 73.
(Firminus de), II, 148.
(Odo de), 180.
(Petrus Pictaviensis de), 240.
Cf. Camon.
Camonz, villa, 227 ; II, 148.
Exclusa, II, 146.
Homines, 53.
Territorium, 51.
Cf. Camon.
Campdaveine (Anselmus), 73. — *Cf.* Candaveine.
Camp Henrici, locus apud Bonolium, 398.
Campremi (Johannes de), 106, 124, 220. — *Cf. Campremy.*
Campremy (canton de Froissy, Oise). — *Voir :* Campremi, Campreni, Canremi.

Campreni (Johannes de), 124. — *Cf. Campremy.*
Campulus (Thomas), 445. — *Cf. Canipulus.*
Campus Aubert, locus apud Gaissart, 496.
Campus Droardi, nemus, 123.
Camuns, locus, II, 175. — *Cf. Camon.*
Camval, locus, 128. — *Cf. Caumval.*
Canapes (Petrus de), 92, 95.
(Renaut de), II, 38.
Cf. Canaples.
Canaples (canton de Domart, Somme). — *Voir* Canapes.
Canchy (canton de Nouvion, Somme). — *Voir* Canci.
Canci (Walterus de), 81. — *Cf. Canchy.*
Candaveine, Campdaveine, (Anselmus), 73.
Canestel, homo quidam de Ver, II, 164.
Canipulus, Campulus, (Thomas), 445.
Canis (Willelmus), 398.
Canniaco (Girardus de), 32.
(Petrus de), 33.
Cf. Cagny.
Canremi Johannes de), 106. — *Cf. Campremy.*
Cantegnies, locus, 226. — *Cf. Cantigny.*
Canteignies, locus, 226. — *Cf. Cantigny.*
Cantepie (commune de Bouvaincourt, canton de Gamaches, Somme).
(Willermus de), 284.
Cf. Cantepré, Contepré.
Cantepré (Willermus de), 284. — *Cf.* Cantepie.
Canteraine (rue à Amiens). — *Voir :* Canterana, Canturana.
Canterana, vicus, 432. — *Cf. Canteraine.*
Canterbury (comté de Kent, Angleterre). — *Voir* Cantuariensis.
Cantigny canton de Montdidier, Somme). — *Voir :* Cantegnies, Canteignies.
Cantor Warinus), 376.
Cantuariensis conventus, 152, 153.
Archiepiscopus : *voir* Stephanus.
Cf. Canterbury.
Canturana, vicus, 432. — *Cf. Canteraine.*
Capite Caleti (curatus de), II, 119.
Caoulières Ricardus de), 393, 406. — *Cf. Caulières.*
Carnificis (Johannes), II, 141.

Carnoi (Werricus de), 74. — *Cf.* Carnoy.
Carnotensis ecclesia, II, 3. — *Cf. Chartres.*
Carnoto (Thomas de), officialis Ambianensis, 357. — *Cf. Chartres.*
Carnoy, Carnoi (Werricus de), 74.
Carpentarius (Colardus), II, 98.
Carus Rivus, locus, 375, 412, 422. — *Cf.* Querrieu.
Casneel (Anselmus de), 44. — *Cf. Le Quesnel.*
Casnetum, terra, 35.
Castel (canton d'Ailly-sur-Noye, Somme). — *Voir* Castellum.
Castellano (Theobaldus canonicus de), 6.
Castellario (Goiffridus de), 6.
Castelle regina, 404. — *Cf. Castille.*
Castellione (Guido de), 396, 408 à 410.
(Hugo de), 329.
(Theobaldus de), II, 53.
Cf. Châtillon-sur-Marne.
Castello (Godefridus de), 183.
Castellum, locus, 376, 377, 420, 422. — *Cf. Castel.*
Castenoi (Firminus de), II, 10.
Castille ancien royaume en Espagne). — *Voir* Castelle.
Catalaunis (archidiaconus de) : *voir* Rogerus.
(Canonicus de), 6.
Cf. Châlons-sur-Marne.
Cateu. Molendinum, 104.
Presbyter, 287.
Territorium, 122, 211, 458.
(Gerardus de), 131.
(Robertus de), 288.
Cf. Catheux.
Cathalaunensis episcopus : *voir* G. — *Cf. Châlons-sur-Marne.*
Catheu, locus, 211 ; II, 174.
Capellania, 389.
Domina : *voir* Avitia.
Dominus : *voir* Reginaldus.
Praepositus : *voir* Eustachius.
Presbyter : *voir* Matheus.
Vivarium, 458, 459.
(Gerardus de), 131.
(Matheus de), 388.
(Petrus de), 421.
(Robertus de), 288.
Cf. Catheux.

Catheux (canton de Crèvecœur, Oise).— *Voir :* Cateu, Catheu, Catou, Cauteu, Chateu, Kateu.
Catou, territorium, 122. — *Cf. Catheux.*
Caubert (commune de Mareuil, canton d'Abbeville, Somme).
(Bernardus de), 472.
Cauderons, Calderons, (Balduinus), 47.
Cauffourier (Mahieu), II, 120.
Caukel (Petrus), II, 156.
Caulières (canton de Poix, Somme). — *Voir* Caoulières.
Caumval, Camval, Kanival, locus, 128, 246.
Caurois, terra, 326.
Cauteu, locus, 211. — *Cf. Catheux.*
Cauvache (Nicholaus), II, 119.
Cavain, pratum, II, 152.
Caveis (via de), 388.
Cavelieres, locus, 128.
Cavellon, locus, II, 155.
(Guiffrois de), II, 51.
Cf. Cavillon.
Cavillon (canton de Picquigny, Somme). — *Voir* Cavellon.
Cayeux (canton de Saint-Valery, Somme). — *Voir :* Caieto, Kaietum, Kayeto.
Cecus (Petrus), 118.
Celestinorum monasterii Ambianensis fundatio, II, 116.
Cemahalt, pratum, 42. — *Cf.* Chemehalt.
Cempuis (canton de Granvilliers, Oise). — *Voir :* Cenpuiz, Centpuis, Centumputeis.
Cenpuiz (Hugo de), 25. — *Cf. Cempuis.*
Centpuis (Hugo de), 25. — *Cf. Cempuis.*
Centumputeis (Decanus de) : *voir* Ingutio.
(Hugo de), 34, 44.
Cf. Cempuis.
Cepeio (Galterus de), 105.
Cerchemont (Johannes), II, 114. — *Cf.* Cherchemont.
Cerisy-Gailly (canton de Bray, Somme). — *Voir :* Cherisi, Cherisy.
Cersoi, locus, 151. — *Cf.* Gersoi.
Châlons-sur-Marne (Marne). — *Voir :* Catalaunis, Cathalaunensis.
Chaom (Renerus de), 457. — *Cf.* Cahon.
Charles [II], roi de Sicile, II, 42.

Charles, comte de Valois, II, 41, 42.
Charny (commune de Morvillers-Saint-Saturnin, canton de Poix, Somme).
(Robert de), II, 94.
Chartres (Eure-et-Loir). — *Voir :* Carnotensis, Carnoto.
Chartreuve (canton de Chéry-Chartreuve, Aisne). — *Voir* Kartovagi.
Chascis (prior de), II, 118. — *Cf. Saint-Pierre-en-Chartres.*
Chasteillon (Guis de), II, 19. — *Cf. Châtillon-sur-Marne.*
Chastellon (Guis de), II, 18, 41, 42. — *Cf. Châtillon-sur-Marne.*
Chateu (presbyter de) : *voir* Matheus. — *Cf. Catheux.*
Châtillon-sur-Marne (arr. de Reims, Marne). — *Voir :* Castellione, Chasteillon, Chastellon.
Chaudardus (Nicholaus), II, 98.
Chauveti (Nicholaus), II, 118.
Chemahalt, pratum, 42. — *Cf.* Chemehalt.
Chemehalt, Cemahalt, Chemahalt, pratum, 42.
Chepoix (canton de Breteuil, Oise). — *Voir* Chepoy.
Chepoy (Jehan de), II, 12, 13.
(Thiebaut de), II, 12, 13.
Cf. Chepoix.
Cherchemont, Cerchemont (Johannes), II, 114, 130.
Cherisi, locus, 139. — *Cf. Cerisy-Gailly.*
Cherisy (Johannes de), 453. — *Cf. Cerisy-Gailly.*
Chessoi (Margareta de), II, 163.
Chiliacum, locus, II, 147. — *Cf. Chilly.*
Chilli, locus, 376. — *Cf. Chilly.*
Chilliacum, locus, II, 147, 175. — *Cf. Chilly.*
Chilly (canton de Rosières, Somme). — *Voir :* Chiliacum, Chilli, Chilliacum, Cilli.
Chin (Johannes), II, 103.
Choisi, locus, 46, 70, 137 ; II, 155.
(Adam de), 92, 94.
(Galterus de), 401.
(Johannes de), 91, 94.
Cf. Coisy.

Choket (Johannes), II, 174.
Choorun, locus, 40. — *Cf.* Chouron.
Chorgeuse (canton de Crèvecœur, Oise). *Cf.* Sancheuses.
Chosi, locus, 70.
(Johannes de), 91, 94.
Cf. Coisy.
Choureel, locus apud Creusam, II, 158.
Chouron, Choorun, locus, 40.
Christianus. Cristianus, scolasticus Ambianensis, 229, 230, 231, 243, 244, 245, 247.
Christophorus Cophyn, 450.
Cilli, locus, 130. — *Cf.* Chilly.
Clairy-Saulchoix (canton de Molliens-Vidame, Somme). — *Voir* Clari.
Clarbaudus, major de Camons, 310.
Clarentinus, frater Johannis, 409.
Clari (Gilo de), 36, 92, 94, 112, 126, 150, 151.
(Radulphus de), 47.
(Johannes Faucrels de), 267.
Cf. Clairy-Saulchoix.
Claromontanus comes : *voir* Radulphus. — *Cf. Clermont.*
Claro Monte (Balduinus de), 6.
(Symon de), II, 4.
Cf. Clermont.
Clarus, clericus, 144, 148.
Clarus, diaconus, 17.
Clarus Mons. Canonici, 21.
Comes : *voir* Radulphus.
Sacerdos : *voir* Garnerus.
Vinea, 117.
Cf. Clermont.
Claustro (Firminus de), 169.
Cleincaim, moulin, 107. — *Cf.* Clenkain.
Clemens [III] papa, 98.
Clemens [IV] papa, 451, 463, 464, 468.
Clemens [VII] papa, II, 110.
Clementia, filia Gerardi vavassoris de Bus, 223, 263.
Clementia, uxor Roberti de Bus, 412.
Clencain, moulin, 78, 107 ; II, 146, 148. — *Cf.* Clenkain.
Clenkain (moulin à Amiens), 415. — *Cf.* Cleincain, Clencain, Clenquain.
Clenquain, moulin, II, 120. — *Cf.* Clenkain.

Clericus, Clerius, (Bartholomeus), 362.
(Girardus), 80.
(Johannes), II, 47.
(Mainerus), 156.
(Matheus), 140.
(Petrus), 420.
(Thomas), 252.
Clerius (Bartholomeus), 362. — *Cf.* Clericus.
Clermont (Oise). — *Voir :* Claromontanus, Claro Monte, Clarus Mons.
Climont (Johannes), II, 71.
Clois (Herbertus de), II, 164. — *Cf.* Clos.
Cloquette (Honoratus), 397.
Clos, Clois, (Herbertus de), II, 164.
Coccus (Robertus), 37. — *Cf.* Cocus.
Cocus, Coccus, (Robertus), 37, 418.
Coeth (Thomas), 33.
Cofin, Cophyn, (Christophorus), 450.
Coisi, locus, 46, 70, 137 ; II, 153.
(Adam de), 94.
(Johannes de), 94.
(Walterus de), 403.
Cf. Coisy.
Coispelli (Johannes), II, 101, 106, 141.
Coisy (canton de Villers-Bocage, Somme), 46, 70.
(Johannes de), 91, 94.
Cf. Choisi, Chosi, Coisi, Coizi, Coizy.
Coizi (Adam de), 92. — *Cf.* Coisy.
Coizy (Adam de), 94. — *Cf.* Coisy.
Cokart (Johannes), 288.
Cokerel, Coquerello, Kokerel, Quoquerello (Emma de), II, 35.
(Firminus de), 86, 75, 80.
(Johannes de), 381, 382.
Colaie de Curcellis, II, 82.
Colaie, dame de Nouvion, II, 59. — *Cf.* Colaya.
Colardus Carpentarius, II, 98.
Colardus de Morlaines, miles regis, II, 3.
Colardus Plantehaye, II, 141.
Colart Renet, II, 66.
Colaya, Colaie, domina de Nouvion, II, 59, 62.
Colinus, frater Fulchonis de Kyerru, 149.
Colinus de Morolio, 220.

Colombiers (Guido de), 419. — *Cf.* Coulombiers.
Colon, Calon, (Theobaldus), 310.
Colonia (Hugo de), II, 80, 88.
Colonviler, terra, II, 171. — *Cf. Coulonvillers.*
Colretum, locus, 298. — *Cf.* Corroy.
Colunvileir, terra, II, 171. — *Cf. Coulonvillers.*
Comus (Balduinus), 25.
Conchi (Girardus de), 210.
(Godefridus de), 476.
(Robertus de), 308.
Cf. Conchiaco, Conciaco, Couchi, Couchiaco, Couciaco.
Conchiaco (Gerardus de), 317. — *Cf.* Conchi.
Conchil (Famerel-Conchil), lieu dit, 442.
Conciaco (R. de , 307. — *Cf.* Conchi.
Conlonviler, lieu dit à Hangest, 453.
Constantius, pater Walteri, 28, 40.
Contegni, Cotegni, Coteigni, locus, 121, 133.
Conteiensis dominus : *voir* Johannes, Helinandus, Manasses. — *Cf. Conty.*
Conteio (Ogerus de), 6.
(Otsmundus de), 43, 44.
Cf. Conty.
Conteium, locus, II, 142.
Capellanus, 6.
Castellum, 9, 42.
Decanus : *voir* Johannes.
Cf. Conty.
Contepré (Willermus de), 284. — *Cf.* Cantepie.
Contes (Henricus de), 442.
(Jacobus de), 442.
Contheyo (Evrardus de), II, 118. — *Cf. Conty.*
Conti (Johannes de). 157. — *Cf. Conty.*
Contiaco (Johannes de), 56. — *Cf. Conty.*
Contre (canton de Conty, Somme), 225.
(Gerardus de), 151.
(Hugo de), 25.
Cf. Contres.
Contres, territorium, 394, 395 ; II, 2.
(Renaudus de), 48.
Conty (arr. d'Amiens, Somme). — *Voir :* Conteiensis, Conteio, Conteium, Contheyo, Conti, Contiaco.

Cophyn Christophorus), 450. — *Cf.* Cofin.
Coquerello (Firminus de , II, 86. — *Cf.* Cokerel.
Corbeia, 268, 401, 403.
Praepositus : *voir* Hugo.
(Fulco de\), 96.
(Guermundus de), 139.
(Robertus de), 155.
Cf. Corbie.
Corbeiensis abbas : *voir* Garnerus.
Mensura, 454 ; II, 57.
Praepositus : *voir* Hugo.
Prior : *voir* Johannes.
Cf. Corbie.
Corbie (arr. d'Amiens, Somme). — *Voir :* Corbeia, Corbeiensis.
Corcellis (Ingerrannus de), 247. — *Cf. Courcelles-sous-Thoix.*
Corchon, vicus Ambianensis, 432. — *Cf.* Courion.
Cormeilles-le-Crocq (canton de Crèvecœur, Oise). — *Voir :* Cormelles, Cormellis.
Cormelles, locus, II, 174. — *Cf. Cormeilles-le-Crocq.*
Cormellis (ecclesia de), 59. — *Cf. Cormeilles-le-Crocq.*
Cormus de Encra (Ingerrannus dictus , 306 à 309.
Corni (Marie de), II, 155.
Correel, locus, 323, 324. — *Cf.* Corroy.
Corroi (Johannes de), 221. — *Cf.* Corroy.
Corroy (commune de Tours, canton de Moyenneville, Somme). — *Voir :* Colretum, Correel, Corroi.
Corvee (campus qui dicitur), II, 122.
Costenceium, villa, 10. — *Cf. Cottenchy.*
Costenchi, locus, 246. — *Cf. Cottenchy.*
Costenci, locus, 57, 131 ; II, 171. — *Cf. Cottenchy.*
Costencium, locus, 10. — *Cf. Cottenchy.*
Cotegni, locus, 133. — *Cf.* Contegni.
Coteigni, locus, 121. — *Cf.* Contegni.
Cottenchy (canton de Boves, Somme). — *Voir :* Costenceium, Costenchi, Costenci, Costencium.
Couchi Johannes), II, 88.
(Godefridus de), 476.
(Robertus de), 308.
Cf. Conchi.

Couchiaco (Robertus de), 307, 309. — *Cf.* Conchi.
Couciaco (Robertus de), 307. — *Cf.* Conchi.
Coulombiers, Colombiers, (Guido de), 419.
Coulonvillers (canton d'Ailly-le-Haut-Clocher, Somme). — *Voir :* Colonviler, Colunvileir, Coulunviler.
Coulunviler, terra, II, 171. — *Cf. Coulonvillers.*
Courcelles-sous-Thoix (canton de Conty, Somme). — *Voir :* Corcellis, Courchelles, Curcellis, Curchelli, Curtillis.
Courchelles, territorium, 471. — *Cf. Courcelles-sous-Thoix.*
Courion, Corchon, vicus Ambianensis, 432.
Cousturaria domus apud Ambianum, 432.
Coyspelli, Coyspelly (Johannes), II, 97, 108.
Coyspelly (Johannes), II, 97. — *Cf.* Coyspelli.
Cramailes (Radulphus de), 452.
Crassa Vacca, locus apud Longum Pratum, 46.
Creeuse, locus, 254, 294. — *Cf.* Creuse.
Creisci (Laurentius de), 155. — *Cf.* Croissy.
Creissi. Altaria, 47.
Ecclesia, 154.
Major : *voir* Bernardus.
Majorissa, 154.
Molendinum, 135.
Praepositus, 103, 124.
Villa, II, 142.
Cf. Croissy.
Cresci, locus, 154, 171 ; II, 142.
Major, 130.
Majorissa, 154.
Molendinum, 135.
Praepositus, 105.
(Laurentius de), 155.
Cf. Croissy.
Cresciacum, villa, 163 ; II, 147. — *Cf.* Croissy.
Crescy, villa, II, 142. — *Cf.* Croissy.
Cresi (praepositus de) : *voir* Gilo. — *Cf.* Croissy.
Cressci (praepositus de) : *voir* Gilo. — *Cf.* Croissy.

Cresseium, villa, II, 142. — *Cf.* Croissy.
Cressi, locus, 47, 154.
Major : *voir* Bernardus.
(Reginaldus de), 325.
Cf. Croissy.
Cressiachum, ecclesia, II, 175. — *Cf.* Croissy.
Cressiacum, locus, 163 ; II, 146. — *Cf.* Croissy.
Cretosa, locus, 375, 377.
(Laurentius de), II, 8.
Cf. Creuse.
Creusa, ecclesia, II, 156.
Major, 129, 306.
Villa, 62, 254.
(Petrus de), 253, 254.
Cf. Creuse.
Creuse (canton de Molliens-Vidame, Somme), 254 ; II, 174.
Homines, II, 164.
Major, 266.
(Petrus de), 267.
Cf. Creeuse, Cretosa, Creusa, Creusia.
Creusia, villa, 62.
Major, 129.
Cf. Creuse.
Crisci (altaria de), 47. — *Cf.* Croissy.
Crisciacum, alodum, 1, 5. — *Cf.* Croissy.
Crissi (major de) : *voir* Bernardus. — *Cf.* Croissy.
Crissiacum, alodum, 5. — *Cf.* Croissy.
Cristianus, mancipium, 4.
Cristianus, officialis Ambianensis, 170, 171.
Cristianus, scolasticus Ambianensis, 229, 230, 231. — *Cf.* Christianus.
Croi (Ingerrannus de), 96, 106, 108, 109, 113, 114, 121, 144, 145, 147, 151, 157.
(Johannes de), 218.
(Matheus de), 381, 382.
(Robertus de), 47.
Cf. Crouy.
Croiaco (Robertus de), II, 80. — *Cf. Crouy.*
Croii (Johannes de), 363. — *Cf. Crouy.*
Croischi (major de) : *voir* Nicholaus. — *Cf.* Croissy.
Croisci, locus, 311, 343, 358.
(Reginaldus de), 317, 325.
Cf. Croissy.
Croisciaco (Asselima de), 314. — *Cf.* Croissy.

Croisiacum, locus, II, 32. — *Cf.* Croissy.
Croissi, locus, 311, 342, 343, 358, 462 ; II, 28, 30, 31, 142.
Major : *voir* Nicholaus.
Molendina, 376.
(Gilo de), 105.
(Laurencius de), 376, 377.
(Matheus de), 376, 377.
(Reginaldus de), 317, 325.
Cf. Croissy.
Croissy (canton de Crèvecœur, Oise), (Johannes de), 387. — *Cf.* Creisci, Creissi, Cresci, Cresciacum, Crescy, Cresi, Cressci, Cresseium, Cressi, Cressiachum, Cressiacum, Crisci, Crisciacum, Crissi, Crissiacum, Croischi, Croisci, Croisciaco, Croisiacum, Croissi, Croissyacum, Croscyaco, Croysciaco, Croyssi.
Croissyacum, territorium, 387. — *Cf.* Croissy.
Croscyaco (Asselina de), 314. — *Cf.* Croissy.
Crothoi, locus, 59. — *Cf. Le Crotoy.*
Crotoi, locus, II, 147. — *Cf. Le Crotoy.*
Crotois, locus, II, 147. — *Cf. Le Crotoy.*
Crotoy, locus, II, 176. — *Cf. Le Crotoy.*
Crouy (canton de Picquigny, Somme). — *Voir :* Croi, Croiaco, Croii, Croy, Croyaco.
Croy (Guillermus de), II, 75, 80.
(Ingelrannus de), 96, 106, 109, 113, 114, 122, 144, 145, 147, 151.
(Johannes de), 363.
(Matheus de), 381, 382.
(Robertus de), 47 ; II, 75.
(Simon de), II, 38.
(Sire de), 28, 37, 42.
Cf. Crouy.
Croyaco (R. de), II, 95. — *Cf.* Crouy.
Croysciaco (Asselina de), 314. — *Cf.* Croissy.
Croyssi, locus, 471. — *Cf.* Croissy.
Cruce Bernardus de), 74, 80, 111, 150.
(Johannes de), 27, 28, 36, 40, 66, 108.
(Theobaldus de), 145, 148, 156, 218, 234 ; II, 173.
Crucis Vallis, apud Megium, II, 156.

Cueret Petrus), II, 156.
Cuervileir, locus apud Pucheviller, 327, 332. — *Cf.* Cuerviler.
Cuerviler, Cuervileir, locus apud Pucheviller, 327, 332, 337.
Culmont, locus apud Ver, II, 165. — *Cf. Le Culmont.*
Cumont, locus apud Ver, II, 165. — *Cf. Le Culmont.*
Cuparii Johannes), II, 97.
Curcellis (Colaie de), II, 82.
(Ingerrannus de), 247, 248.
(Johannes de), 247, 248.
Cf. Courcelles-sous-Thoix.
Curchelli, locus, 376. — *Cf. Courcelles-sous-Thoix.*
Curtillis (Hugo de), 237, 238, 316. — *Cf. Courcelles-sous-Thoix.*
Curtis (Johannes de), 393.

D

Dadincort, locus, 319, 343. — *Cf. Dancourt.*
Dadinus, mancipium, 4.
Daidincort, locus, 252, 253, 260, 319, 343. — *Cf.* Dancourt.
Daidincourt, locus, 252, 253, 260, 319, 343. — *Cf.* Dancourt.
Dailli (Radulphus), II, 111.
Dales (Thumas), II, 54.
Dalphinel, II, 37. — *Cf. Dauphiné.*
Dambremeu (Jacobus), II, 110.
Dameilli, territorium apud Dury, II, 64. — *Cf. Amilly.*
Dameylli, managium apud Dury, II, 64. — *Cf. Amilly.*
Daminois (Adam de), 176, 180.
(Johannes de), II, 36.
(Willaume de), II, 34, 35.
Cf. Dominois.
Dancourt (canton de Roye, Somme). — *Voir :* Dadincort, Daidincort, Daidincourt, Doecort, Doecourt, Donecort.
Daours (canton de Corbie, Somme). — *Voir :* Dourz, Durz.
Dare, Darei (Nicholaus), 27, 40, 65.
Darei (Nicholaus), 65. — *Cf.* Dare.

Dargies (canton de Grandvillers, Oise).
(Arnulphus de), 418.
(Gebertus *vel* Gobertus de), 477, 479, 480, 489, 490, 492 ; II, 4, 28, 29, 31, 32, 48.
(Reginaldus *vel* Renaut de), 389 ; II, 44, 46.
Darnestal, locus prope Ver, II, 164.
Darras (Petrus), II, 135.
Daufai, Daufay, (Petrus), 106.
Daufay (Petrus), 106. — *Cf.* Daufai.
Daulle (Johannes), II, 78, 82, 92, 93.
Daumeri (presbiter de) : *voir* Asselinus.
Dauphiné (province). — *Voir* Dalphinel.
Dautun Petrus), II, 100.
Débonaire (Simon), II, 66.
Deffois de Sauchoi, bois, 295.
Defois, Fois, bois, 211.
Demerchecort (Guarinus de), 298. — *Cf.* Demerchecourt.
Demerchecourt, Demerchecort (Guarinus), 298.
Demuin (canton de Moreuil, Somme). (Dominus de) : *voir* Manasserus.
Cf. Demuyn, Domuino.
Demuyn, 351, 352. — *Cf.* Demuin.
Denchre (decanatus), 224. — *Cf.* Encre.
Dencre (Oton), 483. — *Cf.* Encre.
Denis d'Aubengni, bailli d'Amiens, II, 67.
Deodatus, abbas Sancti-Aceoli, 29.
Deora, mancipium, 3.
Derieu Maleerbe (maison), II, 39.
Desfeus, territorium, 91, 93.
Destrées (Matheus), 150.
(Robertus), 303.
Cf. Estrées.
Destroit (nemus del) apud Reumaisnil, 294.
Devaus Jehan), II, 54.
Diencort (Bartholomeus de), 103. — *Cf.* Driencourt.
Diencourt (Bartholomeus de), 103. — *Cf.* Driencourt.
Diencurt, territorium, 91.
(Bartholomeus de), 103. — *Cf.* Driencourt.
Dionisius, filius Johannis Leschoier, 361. — *Cf.* Dyonisius.
Divernia (Nicholaus de), 212.
Dives Burgum, II, 102. — *Cf.* Ricquebourg.

Divion (commune de Thiepval, canton d'Albert, Somme). — *Voir* Divione.
Divione (Lambertus de), II, 80. — *Cf.* Divion.
Doa, soror Wilardi, II, 159.
Dodomanus, diaconus, 22, 27, 29, 32, 37, 38, 40, 50
Doecort, locus, 151. — *Cf.* Dancourt.
Doecourt, locus, 151. — *Cf.* Dancourt.
Domart-en-Ponthieu (arr. de Doullens, Somme). — *Voir :* Domno Medardo, Dompno Medardo, Donno Medardo.
Doméliers (canton de Crèvecœur, Oise), 183, 255, 256, 257, 260, 261, 268, 280, 290.
(Paganus de), 25.
(Petrus de), 454.
Cf. Dommeliers, Doumeliers, Dulce Melarium.
Domencia, uxor Rageri, 3. — *Cf.* Domentia.
Domentia, Domencia, uxor Rogeri, 3.
Dominois canton de Crécy, Somme). — *Voir* Daminois.
Dommartin (canton de Boves, Somme). *Voir* Domnus Martinus.
Dommeliers, villa, 24, 42, 123, 183, 255, 256, 257, 260, 261, 268, 280 ; II, 174.
(Paganus de), 24.
Cf. Domeliers
Dommeret (major de), 25. — *Cf.* Dommorez.
Dommorez, villa, 24.
Ecclesia, 42.
Major, 24.
Cf. Dommeret.
Domno Medardo (Gregorius de , 405.
(Willelmus de), 363, 372. — *Cf.* Domart-en-Ponthieu.
Domnus Martinus, locus, 246 ; II, 172. — *Cf. Dommartin.*
Dompno Medardo Willelmus de), 363, 372. — *Cf. Domart-en-Ponthieu.*
Domquerre (Symon de), 181. — *Cf.* Domqueur.
Domqueur (canton d'Ailly-le-Haut-Clocher, Somme). — *Voir :* Domquerre, Donquere, Donquerre.
Domuino Ebrardus de), 32.—*Cf.* Demuin.

Donchelle (lieu disparu près de Saint-Gratien, canton de Villers-Bocage, Somme). — *Voir* Douncel.
Donecort, locus, II, 163. — *Cf. Dancourt.*
Donno Medardo (Johannes de), 285.
(Willelmus de), 279.
Cf. Domart-en-Ponthieu.
Donquere (Symon de), 177, 181. — *Cf. Domqueur.*
Donquerre (Symon de), 177, 181. — *Cf. Domqueur.*
Dorlenz (Ibertus de), 48. — *Cf.* Doullens.
Douai (Nord). — *Voir* Duaco.
Doullens (Somme).
(Robers de), II, 54.
Cf. Dorlenz, Dourlens, Dullendum, Durlendio, Durlendium.
Doumeliers, 255, 256, 257, 260, 261, 280.
Major : *voir* Johannes.
Nemus, 295.
Terra, 183, 266.
Territorium, 388.
Villa, 499, 500.
(Johannes de), 499, 500.
(Thomas de), 388.
Cf. Domeliers.
Douncel Radulphus de), 53.
(Walterus de), 53.
Cf. Donchelle.
Dourlens (Ibertus de), 48. — *Cf.* Doullens.
Dourz, territorium, 53.
(Balduinus de), 52.
Cf. Daours.
Dreuil-lès-Molliens (canton de Molliens-Vidame, Somme). — *Cf.* Druolium.
Driencort, territorium, 93. — *Cf.* Driencourt.
Driencourt (fief à Vaux-en-Amiénois), 91, 93. — *Cf.* Diencort, Diencourt, Diencurt, Driencort, Driencurt, Driercurt.
Driencurt, territorium, 91, 93. — *Cf.* Driencourt.
Driercurt, territorium, 93. — *Cf.* Driencourt.
Drievon Vilain de Bains, chevalier, II, 14. — *Cf.* Drogo.
Droart (campus), 295.

Droco, constabularius regis, 169.
Droco de Marchia, archidiaconus Pontivensis, II, 75.
Droco Vilain, II, 20. — *Cf.* Drogo.
Drogo, major de Vacaria, 155.
Drogo, sacerdos, 9, 10.
Drogo, testis, 55.
Drogo, pater Adam de Sessouliu, 61.
Drogo de Ambianis, 90, 93, 401, 402 ; II, 33.
Drogo, pater Beatricis, 53, 54.
Drogo de Bogainvile, miles, 133.
Drogo de Bova, 6, 10.
Drogo de Bulis, 23, 25.
Drogo, frater Ingelranni de Sisolle, 102.
Drogo de Merloaco, 21.
Drogo de Monte Leutherio, 6.
Drogo de Sancto-Martino, 85.
Drogo Turrensis, miles, 10.
Drogo, Drievon, Droco, Vilain, II, 14, 20.
Drouvin (Gille), II, 121.
Drucat (canton d'Abbeville, Somme). — *Voir :* Durcat, Durcath.
Druolium, locus, II, 27. — *Cf.* Dreuil-lès-Molliens.
Duaco (Johannes cantor de), 68. — *Cf.* Douai.
Duchoise E. de Tylloloi dicta), 313.
Dulce Melarium, locus, 1, 2. — *Cf.* Domeliers.
Dullendum, Assisiae, 437. — *Cf.* Doullens.
Dumfridus, mancipium, 3. — *Cf.* Dunfridus.
Dunelino (penellum de), 414.
Dunfridus, Dumfridus, mancipium, 3.
Durandus, abbas, 6.
Durantus, notarius, II, 92.
Durantus Barionis vel Bariovis, clericus Sancti-Flori, II, 74, 92.
Durcat (Renerus de), 181. — *Cf.* Drucat.
Durcath (Renerus de), 181. — *Cf.* Drucat.
Dureum, villa, 32. — *Cf. Dury.*
Duri, census, II, 162.
Ecclesia, 69.
Grangiae, II, 147.
Grangiarii, II, 122.
Grangerius : *voir* Rainerus.
Major : *voir* Petrus Cecus.

Majoria, 118.
Nemus, 294, 354.
Territorium, 56, 85, 474, 475.
Villa, 15, 113; II, 174.
(Radulphus de), 85.
Cf. Dury.
Durianme (ventaille), II, 72.
Duriatum, territorium, 400. — *Cf.* Dury.
Durlendio (Arnulphus de), 294. — *Cf.* Doullens.
Durlendium, locus, 268. — *Cf.* Doullens.
Dury (canton de Boves, Somme), 375; II, 64.
(Aloudus de), 376. — *Cf.* Dureum, Duri, Duriatum.
Durz, territorium, 53.
(Balduinus de), 52.
Cf. Daours.
Duvaldo Linisarte (a), 2. — *Cf.* Duvalto Linisarte.
Duvallo Linisarte (a), 2. — *Cf.* Duvaldo Linisarte.
Dyabolus (Eustachius dictus), 394, 395.
Dyonisius, Dionisius, filius Johannis Leschoier, 361.

E

E., episcopus Ambianensis, 241, 321; II, 131. — *Cf.* Evrardus.
E., episcopus Eliensis, II, 125. — *Cf.* Eustachius.
E., episcopus Herefordensis, II, 125. — *Cf.* Egidius.
E., officialis Belvacensis, 244.
E. de Tylloloi, dicta Duchoise, 313.
Eberardus de Britolio *vel* Brituliensis, 30, 42. — *Cf.* Ebrardus.
Eberardus, pater Gualeranni, 59. — *Cf.* Ebrardus.
Ebradus Brituliensis, 30. — *Cf.* Ebrardus.
Ebrardus, Evrardus, cantor *vel* precentor, 113, 124, 144, 145, 147, 150, 155, 178, 179; II, 173.
Ebrardus, capellanus, 121.
Ebrardus, Everardus, Evrardus, Ambianensis episcopus, 183, 184, 197, 202, 204, 205, 210, 213, 215, 216, 219, 222 à 225, 241, 321, 362, 363, 364, 372; II, 126, 131.
Ebrardus, frater Sancti-Nicholai, 53.
Ebrardus, Everardus, miles, II, 147, 175.
Ebrardus, Evrardus, subdiaconus, 66, 83, 90, 112, 113, 114.
Ebrardus. Ebradus, Eberardus, Heverardus, Everardus, Britoliensis, miles, 21, 23, 24, 25, 30, 42, 43, 59.
Ebrardus de Domuino, 32.
Ebrardus, Evrardus, de Folliaco, canonicus Ambianensis, 65, 79, 80, 85, 88, 96, 105, 106, 108, 109, 110, 113, 114, 118, 121.
Ebrardus, Eberardus, Heverardus, pater Gualeranni, 59.
Ebrardus de Roie, sacerdos, 108, 109, 112, 114. — *Cf.* Evrardus, sacerdos.
Ebroniensis episcopus : *voir* Philippus. — *Cf. Evreux.*
Ecclesiam Culturam (ad), locus, 2.
Effridus de Aiteneham, laicus, 74.
Efinus, mancipium, 3.
Egidius cancellarius Ambianensis, 227, 304, 347.
Egidius, decanus Noviomensis, 444, 445, 446.
Egidius, episcopus Herefordensis, II, 125.
Egidius, vavassor Adae de Pucheuviler, 327, 337.
Egidius Batelli, canonicus Ambianensis, II, 141.
Egidius de Mailli, 268, 269, 272.
Egidius, filius Roberti de Forcheuville, 271.
Egidius, dominus de Vilers-le-Bretonneus, 221, 222
Eilbertus, pater Odonis, 6.
Einardus de Rida, 268. — *Cf.* Enardus.
Eincra (Eustachius de), 120. — *Cf.* Encre.
Electa, uxor Altuini, 3.
Elewinus, presbyter, 66.
Eliensis episcopus : *voir* E. — *Cf. Ely.*
Eligius de Revella, 390, 391.
Elinandus, dominus Conteiensis, 51.
Elizabet Faukete, 259.
Elizabeth, molendinaria, 267, 298.
Elizabeth, Helyzabeth, domina de Aveluis, 185.
Elizabeth, filia Egidii de Mailli, 269, 273.

Elizabeth, Elyzabeth, uxor Godefridi de Castello, 183.
Elizabeth, soror Guidonis de Wadencort, 277, 278.
Elizabeth, mater Johannis de Hangart, 259.
Elizabeth, uxor Petri castellani, 73.
Elizabeth, uxor Roberti de Estrées, 304.
Ely (comté de Cambridge, Angleterre). — *Voir* Eliensis.
Elyzabeth, uxor Godefridi de Castello, 183. — *Cf.* Elizabeth.
Elyzabeth, uxor Nicholai de Rumeigni, 407.
Elyzabeth, filia Perrotae, 353.
Embrevile (Johannes de), 200, 201. — *Cf. Embreville.*
Embreville (canton de Gamaches, Somme). — *Voir* Embrevile.
Emelina, filia Alelmi de Nans, 74.
Emelina, uxor Egidii vavassoris, 327, 337.
Emelina, filia Enardi, 256. — *Cf.* Emmelina.
Emelina, uxor Eustachii de Encra, 195. — *Cf.* Emmelina.
Emelina, haeres Guidonis majoris de Revella, 196. — *Cf.* Emmelina.
Emelina, soror Guidonis de Wadencort, 277.
Emelina, soror Ingeranni de Revella, 175.
Emelina, filia Johannis Albigensis, II, 159.
Emelina, uxor Johannis de Croissy, 387.
Emelina, soror Walteri de Douncel, 53. — *Cf.* Emmelina.
Emelina, uxor Walteri Matebrune, 325.
Emelinus, scabinus, 80.
Emeltrudis, uxor Orgentei, 3.
Emma, domina de Cokerel, II, 35.
Emmelina, Emelina, Enmelina, filia Enardi, 255, 256, 258.
Emmelina, Emelina, uxor Eustachii de Encra, 195
Emmelina, uxor Guidonis de Colombiers, 419.
Emmelina, Emelina, haeres Guidonis majoris de Revella, 196.
Emmelina Hoche-Avaine, 492.
Emmelina, soror Laurentii de Kaisneel, 361.

Emmelina, uxor Mathei Bulote, 411.
Emmelina Mileite, 268.
Emmelina, uxor Theobaldi de Noientel, 361, 362.
Emmelina, Emelina, soror Walteri de Douncel, 53.
Emmelini (Nicholaus), 18.
Emmelinus, subdiaconus, 6.
Enardus, Einardus, de Rida, 183, 255, 256, 257, 268 ; II, 59.
Enart Malin (fief), II, 51.
Enchra. Decanus, 73.
(Eustachius de), 108, 129, 195.
(Ingerrannus dictus Cornus de), 306, 308, 309.
(Otto de), 317.
Cf. Encre.
Enchre. Decanatus, 224. — *Cf.* Encre.
Encra. Decanus : *voir* Johannes.
Mensura, 397.
Prior, 408.
(Eustachius de), 108, 120, 129, 195.
(Gerardus de), II, 106, 108, 141.
(Ingerrannus dictus Cornus de), 306, 308, 309.
(Otto de), 156, 317.
Cf. Encre.
Encre (ancien nom d'Albert).
Decanatus, 224.
Mensura, II, 11.
Cf. Denchre, Dencre, Eincra, Enchra, Enchre, Encra, Encrensis, Incrensis.
Encrensis (Balduinus), 23.
(Infridus), 10.
Cf. Encre.
Engelbrandus, canonicus Ambianensis, 290.
Engerran de Saint-Martin, II, 54.
Engerrans Heudebiers, écuyer, 473, 474. — *Cf.* Ingerrannus.
Enmelina, filia Enardi, 255. — *Cf.* Emmelina.
Enmeline Flourie, II, 51.
Epagne (canton d'Abbeville-Sud, Somme). — *Voir* Hispania.
Epagny (commune de Chaussoy-Epagny, canton d'Ailly-sur-Noye, Somme). — *Voir :* Espaigni, Spagniaco.
Epernay (Marne). — *Voir* Sparneacum.

Eramecourt (canton de Poix, Somme).
— *Voir :* Erebocourt, Erembocourt, Erembocurt.
Eraules : *voir* Villare ad Eraules.
Ercenfredus, Ercenfridus (Guitardus), 42.
Ercenfridus (Guitardus), 42. — *Cf.* Ercenfredus.
Erchil (Johannes de), 330.
Erebocourt (Stephanus de), 23. — *Cf.* Eramecourt.
Erembocourt (Stephanus de), 23, 25.— *Cf. Eramecourt.*
Erembocurt (Stephanus de), 23, 25. — *Cf. Eramecourt.*
Eremburgis, uxor Petri de Vilers, 200.
Eriberga, uxor Teheri, 2.
Erluinus, presbyter, 72, 78.
Erlulfus, mancipium, 2.
Ermechins, Ermecins, de Vaus, 45, 200, 201.
Ermecina de Molliens, 46.
Ermecins de Vals, 45. — *Cf.* Ermechins.
Ermenfridus, mancipium, 2.
Ermengardis, comitissa, 5, 6.
Ermengardis de Buissu, II, 156.
Ermengardis, filia Gilonis de Cresci, 171.
Ermengardis, filia Petri Matebrune, 325.
Ermengardis, uxor Richeri de Biaufait, 338, 339.
Ermengardis, uxor Symonis Magistri, 208.
Ermenoldus, hospes, 27.
Ermentrudis, 46.
Ernencourt, locus, II, 167.— *Cf. Renancourt.*
Ernencurt, locus, II, 167. — *Cf. Renancourt.*
Ernoldus, diaconus, 6.
Ernoldus de Artois, 65.
Ernoldus, filius Ernoldi, senioris de Vilers, 62.
Ernoldus, frater Leonardi de Vilers, 46.
Ernoldus, Ertoldus, de Nans, 44, 48, 148.
Ernoldus Tursellus, 51.
Ernoldus de Vilers, 46, 62, 137.
Ertoldus de Nans, 44, 48, 148. — *Cf.* Ernoldus.

Eschuz, villa, 22. — *Cf. La Chaussée-du-Bois-d'Ecu.*
Escolart (Robertus), 20.
Escurs, ville, 22. — *Cf. La Chaussée-du-Bois-d'Ecu.*
Escuts, villa, 22. — *Cf. La Chaussée-du-Bois-d'Ecu.*
Escuz, villa, 22. — *Cf. La Chaussée-du-Bois-d'Ecu.*
Espaigni (Radulphus de), 421. — *Cf. Epagny.*
Espedona (Johannes de), II, 106.
Essartiaus (Gerardus), 489, 491, 492. — *Cf. Essertaux.*
Essertaux (canton de Conty, Somme). - *Voir :* Assartiaus, Essartiaus.
Estalonmaisnil (Geroldus de), 48. — *Cf. Etalminil.*
Estrées (canton de Boves, Somme).
(Dominus de), II, 172.
(Matheus de), 150, 151.
Petrus de, 139, 144.
(Robertus de), 303.
Cf. Destrées, Stratis.
Estunbli (decima d'), 45.
Etalminil (commune d'Hocquincourt, canton d'Hallencourt, Somme. — *Voir* Estalonmaisnil.
Etinehem (canton de Bray, Somme). — *Voir :* Aiteneham, Aitieneham, Aitineham, Attineham.
Eu (arr. de Dieppe, Seine-Inférieure). — *Voir :* Auco, Augo, Augum.
Eufemia, soror Johannis de Erchil, 330.
Eufemia uxor Manassetis Corbeiensis, 25.
Eufemia, uxor Petri praepositi de Vinarcort, 248.
Eustachia, filia Egidii de Mailli, 269, 273.
Eustachies Halles, 181. — *Cf.* Eustachius.
Eustachius, abbas Monsteroliensis, 38.
Eustachius, abbas Sancti-Johannis, 70, 83.
Eustachius, camerarius, 70.
Eustachius, episcopus Eliensis, II, 125.
Eustachius, praepositus de Catheu, 294, 295.
Eustachius, vicedominus, 11.
Eustachius, homo quidam, II, 173.
Eustachius de Aussiaco, 298.

Eustachius, vavassor de Bus, 214, 215.
Eustachius, Eustacius, Wistasses, Dyabolus, 394, 395 ; II, 2, 48.
Eustachius de Encra, 108, 120, 129, 195.
Eustachius, Eustachies, Halles, 177, 181.
Eustachius de Hisli, 22.
Eustachius de Nova Villa, armiger, 442, 443, 500, 502, 503, 504, 505.
Eustachius Roche, capellanus Ambianensis, II, 141.
Eustachius de Rumeni, 69.
Eustacius Le Diale, II, 48. — *Cf*. Eustachius Dyabolus.
Eva, soror Alulphi de Haidincort, 157.
Eva, uxor Gileberti de Auxiaco, 416.
Eva, uxor Johannis de Fontanis, 465.
Eva, relicta Johannis, 486.
Eva, uxor Nicholai, 26.
Eva de Perrosel, 46.
Eva, uxor Petri Torkefel, 506.
Everardus, miles, II, 175. — *Cf*. Ebrardus.
Everardus, episcopus Ambianensis, 197, 202, 204, 205, 210, 213, 215, 216, 219, 222, 223, 224, 225, 362, 363, 364, 372. — *Cf*. Ebrardus.
Everardus Barbarius, 333, 335.
Everardus de Britolio, 30, 42. - *Cf*. Ebrardus.
Everardus, sororius Gaufridi de Milliaco, 379.
Evrardus, cantor, 179. — *Cf*. Ebrardus.
Evrardus, episcopus Ambianensis, 183, 184, 241, 321 ; II, 126, 131. — *Cf*. Ebrardus.
Evrardus, hospes, 20.
Evrardus, praepositus, 31.
Evrardus, sacerdos, 109, 113, 114. — *Cf*. Ebrardus de Roie.
Evrardus, subdiaconus, 83. — *Cf*. Ebrardus.
Evrardus de Contheyo, canonicus Ambianensis, II, 118.
Evrardus de Folliaco, canonicus Ambianensis, 65, 79, 80, 95, 105, 106, 108, 109, 110, 113, 114, 118, 121. — *Cf*. Ebrardus

Evrardus Porion, canonicus Suessionensis, II, 47.
Evreux (Eure). — *Voir* Ebroniensis.
Evrumarus, mancipium, 2.

F

Faber (Albinus), 459, 460.
Faber (Johannes), 299.
Faber (Milo), 27, 40.
Faber (Petrus), 486 ; II, 58.
Fabri (mansio), II, 153.
Faeio, Faio, (nemus de), 101.
Faeu de Doumeliers, nemus, 295.
Faio (nemus de). — *Cf*. Faeio.
Falkemberga (Johannes de), 448, 484. — *Cf*. Fauquembergue.
Famerel Conchil, locus, 442.
Fauerels (Johannes), 267. — *Cf*. Faveriaux.
Faukemberge (Jakemon de), II, 26. — *Cf*. Fauquembergue.
Faukete (Elizabeth), 259. — *Cf*. Faukette.
Faukette, Faukete (Elizabeth), 259.
Fauquembergue (arr. de Saint-Omer, Pas-de-Calais). — *Voir* : Falkemberga, Faukemberge.
Fauqueti (Johannes), II, 100.
Fauvel de Waudencourt, bailli de Vermandois, II, 94.
Faverellus, quidam, 275.
Faveresse (Marie), II, 156.
Faveriaux, Fauerels, (Johannes), 267.
Favet (Ingerrannus), II, 63.
Fay, terre à Sauchoy, II, 66.
Felicia, filia Adae de Pucheviler, 327, 332, 336.
Felisa, filia Petri Gebin, 251. — *Cf*. Felisia.
Felisia, Felisa, filia Petri Gebin, 251.
Felix de Honguerie, II, 28, 37, 42.
Feodum Heugeri, territorium, 478, 479, 480, 485.
Ferache (Mainerus), 448. — *Cf*. Ferathe.
Feraria, locus, 375, 377 ; II, 167. — *Cf*. Ferrières.
Ferathe, Ferache, (Mainerus), 448, 484.

Fercencurtis, locus, 53. — *Cf. Fréchencourt.*
Feret (Simon), II, 66.
Feriere, locus, II, 166. — *Cf. Ferrières.*
Ferre (Ascelinus), 53.
Ferreria, locus, II, 174. — *Cf. Ferrières.*
Ferrières (canton de Picquigny, Somme). — *Voir* Feraria, Feriere, Ferreria, Fieriere, Le Feriere.
Feukeroy, campus, 314.
Fiefes (Reginaldus de), II, 75, 80. — *Cf.* Fieffes.
Fieffes (canton de Domart, Somme).
(Johannes de), II, 8.
(Marguerite dame de), II, 60.
Cf. Fiefes.
Fieriere, locus, II, 166. — *Cf. Ferrières.*
Firminus (sanctus), II, 32.
Firminus confessor (sanctus), II, 10.
Firminus, acolytus, 10.
Firminus, clericus, 477, 479.
Firminus, curatus Sancti-Johannis-de-Roboreto, II, 58.
Firminus Ad Latus, canonicus Ambianensis, II, 4.
Firminus de Camons, II, 148.
Firminus de Castenoi, 110.
Firminus de Cl., 80.
Firminus de Claustro, 169.
Firminus de Coquerello *vel* de Quoquerello, canonicus Ambianensis, II, 75, 80, 86.
Firminus Furnus Capituli, II, 102.
Firminus Gounors, praepositus regis, 381.
Firminus, frater Haimerici, 299.
Firminus Le Rous, II, 102.
Firminus de Longa Maceria, 27, 40.
Firminus Molesac, 37.
Firminus Panetarius, 242.
Firminus de Parvovillarum, II, 86.
Firminus Rabuischons, 199, 202.
Firminus, frater Radulphi de Douncel, 54.
Firminus Ruffus, civis Ambianensis, 381, 382.
Firminus de Sorchi, 382.
Firmitatis (Maria domina), 227. — *Cf.* La Ferté.

Flai (conventus de), 321. — *Cf.* Saint-Germer.
Flaisseroles, locus, 70, 347; II, 60, 62. — *Cf. Flesserolles.*
Flaissores, locus, 70. — *Cf. Flesserolles.*
Flandre (ancienne province). — *Voir* Flandrie.
Flandrie comes : *voir* Philippus.
Flandrigena (Gerardus), 75.
Flascart (Willelmus), 377.
Flaviacensis, conventus, 29, 204. — *Cf. Saint-Germer.*
Flers (canton d'Ailly-sur-Noye, Somme). (Radulphus de), 419, 420.
Flescicurte (Alelmus de), 61.
(Walterus presbyter de), 35.
Cf. Flixecourt.
Flesseroles, locus, 240.— *Cf. Flesserolles.*
Flesserolles (commune de Coisy, canton de Villers-Bocage, Somme. — *Voir :* Flaisseroles, Flaissores, Flesseroles.
Flixecourt (canton de Picquigny, Somme). — *Voir* Flescicurte.
Flobertus, Flotbertus, mancipium, 4.
Flodoldus, mancipium, 3.
Floiscies (Manasses de), 74. — *Cf.* Floscies.
Florentius, abbas Sancti-Judoci, 145.
Florentius, clericus, 226.
Florentius, maritus Luciae, 408, 411.
Floris (Guido), II, 106.
Floscies, Floiscies (Manasses de), 74.
Floscus Lamberti, nemus apud Revellam, 294.
Flotbertus, mancipium, 4. — *Cf.* Flobertus.
Flourie (Emmeline), II, 51.
Flovinus de Foro, 50.
Flui, Capellanus, 108.
(Garinus de), 126.
(Henricus de), 418.
Cf. Fluy.
Fluy (canton de Molliens-Vidame, Somme), 423, 448. — *Cf.* Flui.
Fodelida, uxor Vuangili, 3.
Foes (Robertus), 245.
Foilliaco (Walterus de), 459. — *Cf. Fouilloy.*

Foilliacum. Sanctus-Matheus, 228, 364, 365.
Territorium, II, 57.
Cf. Fouilloy.
Foilloi (Ebrardus de), 85, 88, 96, 105, 106, 108, 109, 110, 113, 114, 118, 121.
(Walterus de), 33.
Cf. Fouilloy.
Foilloiz (Gualterus de), 25.— *Cf. Fouilloy.*
Foilloy (Gualterus de), 23. — *Cf. Fouilloy.*
Fois (bois de), 211. — *Cf.* Defois.
Folbertus, mancipium, 2.
Folchetrudis, mancipium, 2.
Folcuncamp, locus, II, 172. — *Cf. Fouencamps.*
Folcunchamp, locus, II, 172. — *Cf. Fouencamps.*
Foliaco (Evrardus de), 79. — *Cf. Fouilloy.*
Folias (Herbertus de), 45. — *Cf.* Folies-en-Santerre.
Folies-en-Santerre (canton de Rosières, Somme).
Baillivus : *voir* Willelmus.
Censura, 99, 116, 140, 141.
Ecclesia, II, 170.
Territorium *vel* villa, 102, 147, 227, 232, 233 ; II, 122, 171, 174.
(Robertus de), 322.
Cf. Folias.
Folleo (Walterus de), 33. — *Cf. Fouilloy.*
Folleya in Leon (actum apud), II, 49.
Folliacensis decanus, 353. — *Cf. Fouilloy.*
Folliaco (Ebrardus de), 65, 79, 80.
(Hugo de), 48.
Cf. Fouilloy.
Folliacum. Sanctus-Matheus, 228, 364.— *Cf. Fouilloy.*
Follol (Ebrardus de), 85, 88, 96, 109, 110, 114, 118, 121. - *Cf. Fouilloy.*
Folloy Ebrardus de), 113. — *Cf. Fouilloy.*
Fons-Nostre-Domine, in Valesio, II, 118.
Fontaine-sous-Catheux (canton de Crèvecœur, Oise). — *Voir* : Fontaines, Fontana, Fontane, Fontanis, Fontatis.
Fontaines, villa, 131, 135.— *Cf. Fontaine-sous-Catheux.*
Fontana (Petrus de), II, 134. — *Cf.* Fontaine-sous-Catheux.

Fontane, locus, 1, 24, 42, 124, 131, 315, 376, 471, 486 ; II, 66, 174.
Communitas, 458, 459.
Major : *voir* Paganus, Petrus.
Mensura, 391.
Molendina, 163, 465, 486 ; II, 58.
Nemus, 294.
Sacerdos : *voir* Rogerus.
Terrae, 338.
Vallis, II, 162.
Cf. Fontaine-sous-Catheux.
Fontanis (Gilo de), 106.
(Henricus de), 150, 151.
(Johannes de), 465 ; II, 83.
(Oudardus de), II, 83.
(Robertus de), 372, 377.
(Thomas de), 471.
(Walterus de), II, 83.
Cf. Fontaine-sous-Catheux.
Fontatis (nemus de), 299.— *Cf. Fontaine-sous-Catheux.*
Fonte (Petrus de), 85.
(Wilardus de), 63.
Fonteneles, territorium apud Duri, 474, 475. — *Cf.* Fontenelles.
Fontenelles, Fonteneles, territorium apud Duri, 69, 474, 475.
Fontenis (Radulphus de Monte de), 110.
Fontibus (Alelmus de), 92, 95.
(Gilo de), 106.
(Hugo de), 92, 95.
Forcevile (Robertus de), 156. — *Cf.* Forcevile.
Forceville (canton d'Acheux, Somme). — *Voir* : Forcevile, Forcheuvile, Forcheville, Forkevile.
Forcheuvile (Robertus de), 271. — *Cf. Forceville.*
Forcheville (Robertus de), 156, 271, 273. — *Cf. Forceville.*
Fordynoi (Hugo de), 317. — *Cf.* Fourdrinoy.
Forest, pratum, 35, 130, 182 ; II, 149.
Forestel, bois, 210.
Forestense Monasterium, 177, 181, 206. — *Cf.* Forestmontiers.
Forestmontiers (canton de Nouvion, Somme). — *Voir* Forestense Monasterium.

Forkevile (Robertus de), 271. — *Cf. Forceville.*
Formentel, moulin à Amiens, 405 ; II, 146, 148. — *Cf.* Fourmentel, Frementel.
Fornivalle (Ricardus de), 355, 357, 362. — *Cf.* Fournival.
Foro (Flovinus de), 50.
Forseii (Willelmus), 429.
Forviler, territorium, 350, 352.
Fossa Louverethe, nemus apud Creuse, 294.
Fossemanant (canton de Conty, Somme), 443, 501.
Foteraus, Fotereaus, Fotereax (Rainerus), II, 169.
Fotereaus (Rainerus), II, 169. — *Cf.* Foteraus.
Fotereax (Rainerus), II, 169. — *Cf.* Foteraus.
Fouencamps (canton de Boves, Somme). — *Voir :* Folcuncamp, Folcunchamp, Fouenchamp, Foukencans, Fouquencans.
Fouenchamp, exclusa, II, 146. — *Cf. Fouencamps.*
Fouilloy (canton de Corbie, Somme). — *Voir :* Foilliaco, Foilliacum, Foiloiz, Foilloy, Foliaco, Folleo, Folliacensis, Folliaco, Folliacum, Folloi, Folloy, Foulliaco, Foulloi, Foulloy.
Foukencans (Petrus de), 203. — *Cf. Fouencamps.*
Foulliaco (Evrardus de). 65. — *Cf. Fouilloy.*
Foulloi (Walterus de), 33. — *Cf. Fouilloy.*
Foulloy (Gualterus de), 23. — *Cf. Fouilloy.*
Fouquencans, locus, 351. — *Cf. Fouencamps.*
Fouquerie (Jehans), II, 66.
Fourdinoi (Hugo de), 317.
(Warin de), II, 25.
Cf. Fourdrinoy.
Fourdinoy (Hugo de), II, 25, 27.
(Jehan de), 493, 498.
(Warinus de), II, 27.
Cf. Fourdrinoy.
Fourdrinoy (canton de Picquigny, Somme). — *Voir :* Fordynoi, Fourdinoi, Fourdinoy.
Fourmentel, moulin, 405, 417, 422 ; II, 146, 148. — *Cf.* Formentel.

Fournival (canton de Saint-Just, Oise). — *Voir :* Fornivalle, Furnivalle.
Fractum Molendinum, locus, 376. — *Cf.* Frémoulin.
Frageviler, territorium, 436. — *Cf. Freschevillers.*
Fraisincort, locus apud Creusam, 323, 324 ; II, 158. — *Cf.* Fraisincourt, Fraisincort.
Fraisincourt, locus apud Creusam, 323, 324. — *Cf.* Fraisincort.
Frameriville, locus, 430, 431, 433. — *Cf.* Framerville.
Framerville (canton de Chaulnes, Somme). — *Voir* Frameriville, Framiravilla.
Framiravilla, locus, 435. — *Cf.* Framerville.
Francaudis, uxor Bernardi de Bartangle, 87.
Francaus, Francauz, Franchauz, 92, 94.
Francauz, 92. — *Cf.* Francaus.
Franca Villa (pratum de), 35. — *Cf.* Frankevile, Franquevile, Franqueville.
Franchauz, 94. — *Cf.* Francaus.
Franciscus Martinus, 376.
Franco de Bretuel, vicecomes Albernarliae, 252, 260, 319, 343.
Frankevile, locus, II, 149. — *Cf.* Francavilla.
Franquevile, locus, II, 149. — *Cf.* Francavilla.
Franqueville, locus, II, 149. — *Cf.* Francavilla.
Fransules (Johannes de), 477, 479, 480. — *Cf.* Fransures.
Fransures (canton d'Ailly-sur-Noye, Somme).
(Jehan de), II, 44.
Cf. Fransules.
Frasincort, locus, 323, 324. — *Cf.* Fraisincort.
Fratris (Johannes), II, 106.
Freavilla (Guillermus de), II, 75. — *Cf.* Freanvilla.
Freanvilla (Guillermus de), II, 80. — *Cf.* Freavilla, Freauvilla.
Freauvilla (Guillelmus de), II, 86. — *Cf.* Freanvilla.

Fréchencourt (canton de Villers-Bocage, Somme). — *Voir :* Fercencurtis, Frencecurtis.
Fredesindis, mater Petri, 21.
Frementel, moulin, II, 146. — *Cf.* Formentel.
Fremin Le Cardonnier, II, 39.
Fremin Le Jumel, II, 51.
Frémoulin (ancien fief à Hérissart). — *Voir :* Fractum Molendinum, Fresmulin.
Frencecurtis, 53. — *Cf.* Fréchencourt.
Freschevillers (commune de Doullens, Somme). — *Voir :* Frageviler, Frogeviler.
Fresmulin, curtis, 134. — *Cf. Frémoulin.*
Frestel (R.), 262. — *Cf.* Fretiaus.
Frestiaus (Robertus), 262. - *Cf.* Fretiaus.
Fretiaus, Frestel, Frestiaus, Fretiaux, Fretiax, (Robertus), 203, 214, 215, 221, 222, 262.
Fretiaux (Robertus), 214, 215. — *Cf.* Fretiaus.
Fretiax (Robertus), 215, 221, 222. — *Cf* Fretiaus.
Friacourt, puits à Vaux, II, 51. — *Cf.* Friancourt.
Friancourt (ancien fief à Vaux en Amiénois). — *Voir :* Friacourt, Frivacort, Frivacourt, Frivarcort, Frivarcurt.
Fricamps (canton de Poix, Somme). — *Voir* Friscans.
Friscans, villa, II, 86.
(Johannes de), 459.
Cf. Fricamps.
Frivacort, locus, 93. — *Cf.* Friancourt.
Frivacourt, locus, 91, 93. — *Cf.* Friancourt.
Frivarcort, locus, 93. — *Cf.* Friancourt.
Frivarcurt, locus, 91, 93. — *Cf.* Friancourt.
Frobertus, mancipium, 2.
Frogeviler, locus, 436. — *Cf.* Freschevillers.
Froisci, villa, 22. — *Cf. Froissy.*
Froissy (canton de Clermont, Oise. — *Voir :* Froisci, Frosci.
Frolandus, mancipium, 3.
Fromondus, Fromundus, filius Ascelinae, 109.

Fromundus, mancipium, 2.
Fromundus, filius Ascelinae, 109. — *Cf.* Fromondus.
Frosci, villa, 22. — *Cf. Froissy.*
Frovecort, locus apud Vaux, 93. — *Cf.* Frovecourt.
Frovecourt, locus apud Vaux, 91, 93. — *Cf.* Frovecort, Frovecurt.
Frovecurt, locus apud Vaux, 91, 93. — *Cf.* Frovecourt.
• **Frumaldus**, archidiaconus, 68.
Frumaldus, frater Hugonis de Salouel, 64.
Frutier (Johannes), II, 82.
Fubrandus mancipium, 3.
Fulbertus, abbas Flaviacensis, 29.
Fulbertus, testis, 11.
Fulcherus de Attrebato, 150.
Fulcho, archidiaconus, 16. — *Cf.* Fulco.
Fulcho, diaconus, 55.
Fulcho de Kyerru, 149, 150. — *Cf.* Fulco.
Fulcho Malaterra, 139. — *Cf.* Fulco.
Fulcho de Nigella, 161. — *Cf.* Fulco.
Fulcho, pater Radulphi, 21.
Fulco, abbas Sancti-Johannis, 29, 35, 38.
Fulco, acolitus, 10.
Fulco, Fulcho, archidiaconus, 14, 16.
Fulco, canonicus, 22.
Fulco, canonicus Noviomensis, 202.
Fulco, cantor vel precentor, 23, 25, 27, 28, 29, 32, 37, 38, 40, 42, 50, 57, 58, 66.
Fulco, episcopus Ambianensis, 5, 7.
Fulco, praepositus, 68.
Fulco, sacerdos, 6, 143.
Fulco, subdiaconus, 90.
Fulco, testis, 11, 55.
Fulco de Corbeia, subdiaconus, 80, 96.
Fulco, Fulcho, de Kierru, miles, 80, 92, 95, 149, 150.
Fulco, Fulcho, Malaterra, 77, 139.
Fulco de Monte Felicio, canonicus Remensis, 6.
Fulco, Fulcho, de Nigella, 161.
Fullo (Gaufridus), II, 103.
Furnivalle (Gerardus de), 103.
(Richardus de), 355, 362.
Cf. Fournival.
Fursei (Willelmus), castellanus, 236.

G

G., capellanus Beatae-Mariae Ambianensis, 251.

G., decanus Ambianensis, 366, 367, 374, 381. — *Cf.* Girardus.

G., decanus Belvacensis, 257, 261, 268, 280; II, 59. — *Cf.* Gaufridus.

G , decanus de Parviler, 251.

G., decanus Pinchonii, 233.

G., episcopus Ambianensis, 14 : *voir* Gervinus. — 235, 243 : *voir* Gaufridus. — II, 53, 56 : *voir* Guillelmus.

G., episcopus Cathalaunensis, 29.

G., poenitentiarius Ambianensis, 296, 320.

G., de Wally, II, 109. — *Cf.* Gofridus.

G., episcopus Suessionensis, 30 : *voir* Goscelinus.

Gabriele Brout, curatus de Capite Caleti, II, 119.

Gaffelli (Petrus), 328, 332.

Gaiencort, villa, 74. -- *Cf.* Goyencourt.

Gainemont (Matheus de), 74.

Gaissart, territorium, 495, 496. — *Cf.* Gueschard.

Galeran de Vauls, bailli d'Amiens, II, 72, 73.

Galerannus, filius Ebrardi Britoliensis, 23. — *Cf.* Gualerannus.

Galet (Gaufridus), canonicus, 142, 148.

Galet, villa, 288, 291. — *Cf.* Le Gallet.

Galeth, villa, 288, 292. — *Cf.* Le Gallet.

Galetum, villa, 287 ; II, 174. — *Cf.* Le Gallet.

Galo, ex capitulo Sancti-Johannis, 83.

Galo, Walo, de Sarton, 234, II, 122.

Galobie, Galobye, (Wis), 481, 482, 483.

Galobye (Guido), 483. — *Cf.* Galobie.

Galon (le mont) à Sauchoy, II, 66.

Galterius de Sarton, II, 173. — *Cf.* Gualterus.

Galterus, abbas Sancti-Aceoli, 38, 105. — *Cf.* Gualterus.

Galterus, abbas Sancti-Petri de Serincurte, 58. — *Cf.* Gualterus.

Galterus, camerarius, 103. — *Cf.* Gualterus.

Galterus, castellanus Pinchonii, 126. — *Cf.* Gualterus.

Galterus, diaconus, 22. — *Cf.* Gualterus.

Galterus, forestarius, 129. — *Cf.* Gualterus.

Galterus, major del Mesge, 114. — *Cf.* Gualterus.

Galterus, major de Vaccaria, 24. — *Cf.* Gualterus.

Galterus, major de Ver, 76. -- *Cf.* Gualterus.

Galterus, presbyter, 38, 40, 42. — *Cf.* Gualterus.

Galterus, sacrista Sancti-Johannis, 83. — *Cf.* Gualterus.

Galterus, filius Alulphi de Haidincort, 157.

Galterus, vir Asselinae, 109.

Galterus de Beeloi, II, 173. — *Cf.* Gualterus.

Galterus de Boillencort, canonicus, 234.

Galterus de Bonocculo, 24. — *Cf.* Gualterus.

Galterus de Cepeio, 105. — *Cf.* Gualterus.

Galterus, Walterus, de Choisi, miles, 401, 403.

Galterus Clericus, 338.

Galterus, frater Galonis de Sarton, 234. — *Cf.* Gualterus.

Galterus, primogenitus Gilonis praepositi de Cresci, 171.

Galterus, filius Gualteri Tirelli, 9. — *Cf.* Gualterus.

Galterus, Walterus, de Helli, 33, 228, 250, 364.

Galterus, filius Herberti, II, 164.

Galterus Le Vieillie, II, 155.

Galterus, filius Lier, II, 164.

Galterus de Maiencort, miles, 401.

Galterus, frater Johannis de Maiencort, 216, 217.

Galterus Molniers, 92, 94. — *Cf.* Gualterus.

Galterus de Ruil, 105.

Galterus de Salceto, 317.

Galterus Sancti-Aceoli presbyter, 157.

Galterus de Villari, II, 118.

Galterus dictus Villarius, 302.

Gamegnicort, locus, 96, 111, 125, 375 ; II, 147, 176. — *Cf.* Guignemicourt.

Gamegnicourt, locus, 96, 111. — *Cf. Guignemicourt.*
Gameignicurt, locus, 96. — *Cf. Guignemicourt.*
Gamelinus, pater Hugonis, 23, 25. — *Cf.* Gamelo.
Gamelinus, ex capitulo Sancti-Johannis, 83.
Gamelinus de Sordon, miles, 305.
Gamelo, Gamelinus, pater Hugonis, 22, 23, 25.
Gamelo, miles, 10.
Gamelonis Vallis, 335, 336, 337.
Gamenicort, locus, 111. — *Cf. Guignemicourt.*
Gamignicort, locus, II, 147. — *Cf. Guignemicourt.*
Garberimont, nemus apud Duriacum, 77, 294.
Gardelli (Robertus), II, 108, 141.
Gardiensis abbas : *voir* Girardus, Mainardus. — *Cf. Le Gard.*
Gardin, Garding, (Radulphus de), 251.
Garding (Radulphus de), 251. — *Cf.* Gardin.
Gardo (religiosi de), II, 123. — *Cf. Le Gard.*
Garin, évêque de Senlis, 191.
Garinus, archidiaconus Ambianensis, 23, 55, 58, 64, 66, 69, 72, 74, 78, 80, 83, 88, 168. — *Cf.* Guarinus.
Garinus, archidiaconus Bajocensis, 234.
Garinus, baillivus Metii, II, 168.
Garinus, cantor, 96. — *Cf.* Guarinus.
Garinus, clericus, 75. — *Cf.* Guarinus.
Garinus, episcopus Ambianensis, 26, 49. — *Cf.* Guarinus.
Garinus, major de Ver, 317, 353.
Garinus, praepositus, 28, 29, 32, 38, 40, 42. — *Cf.* Guarinus.
Garinus, subdiaconus, 90. — *Cf.* Guarinus.
Garinus, Warinus, de Beeloy, 317, 390, 391.
Garinus, pater Drogonis de Bogainvile, 133. — *Cf.* Guarinus.
Garinus'de Fluy, 126. — *Cf.* Guarinus.
Garinus Havegare, 27. — *Cf.* Guarinus.
Garinus, primogenitus Laurentii, 361.
Garnarius, mancipium, 3. — *Cf.* Guarnarius.

Garnerus, abbas Corbeiensis, II, 57.
Garnerus, canonicus Ambianensis, 234, 243, 317.
Garnerus, baillivus episcopi, 216, 217.
Garnerus, mancipium, 3. — *Cf.* Guarnerus.
Garnerus, sacerdos de Claromonte, 105.
Garnerus Mollesac, 31. — *Cf.* Guarnerus.
Garnerus Moreth, canonicus Ambianensis, 316, 356.
Garnerus de Stabulis, miles, 240.
Gasselinus, subdiaconus, 9. — *Cf.* Guascelinus.
Gaucourt (commune d'Hargicourt, canton de Montdidier, Somme). — *Voir* Goudecort.
Gaudeiacum, locus, II, 147, 175. — *Cf. Gouy-les-Groseillers.*
Gaudiacum, locus, 6 ; II, 147. — *Cf. Gouy-les-Groseillers.*
Gauffridus Michaelis, supprior, II, 118.
Gaufridus, decanus Belvacensis, 257, 261, 268, 280 ; II, 59.
Gaufridus, Guiffridus, diaconus, 55, 57, 58.
Gaufridus, Godefridus, episcopus Ambianensis, 17, 227, 235, 243, 245, 247, 248, 251, 258, 259, 263, 264, 269, 270, 273, 274, 277, 279, 283, 289, 291, 297, 300, 309, 311, 319, 320, 321, 323, 362, 372.
Gaufridus, Godefridus, magister, 207.
Gaufridus, Godefridus, Guifridus, sacerdos, 6, 65, 69, 72.
Gaufridus, subdiaconus, 90.
Gaufridus, testis, 145.
Gaufridus, quidam, II, 164.
Gaufridus de Abbatisvilla, canonicus Ambianensis, II, 124, 173.
Gaufridus Fullonis, canonicus Ambianensis, II, 103.
Gaufridus Galet, canonicus, 142, 148.
Gaufridus, Guifridus, pater Henrici Rabos, 438.
Gaufridus de Milliaco, baillivus Ambianensis, 379.
Gaufridus de Moncellis, 418.
Gaufridus, filius Roberti de Forcheuvile, 271.

Gebardi Vallis, villa, 12.
Geberoco (Ricardus de), 105. — *Cf.* Gerberoy.
Gebertus de Dargies, 477, 479, 480.
Gelduinus, pater Harduini et Gelduini, 6.
Gelduinus, filius Gelduini, 6.
Gelsida, Gelsisda, mancipium, 3.
Gelsisda, mancipium, 3. — *Cf.* Gelsida.
Gelvin, Glevin, (Petrus), 251.
Gemoldus, mancipium, 2.
Genelindis, uxor Froberti, 2.
Genellini (Gauffridus Michaelis supprior), II, 118.
Genesina, Gonesina, uxor Michaelis de Raineval, 424.
Genesius, mancipium, 2.
Genesteaus Richeri, locus apud Revellam, 423.
Gentele, locus, 375. — *Cf.* Gentelles.
Gentella, locus, 221. — *Cf.* Gentelles.
Gentelles (canton de Boves, Somme). — *Voir* Gentele, Gentella.
Gentiana, campana, 373.
Gentissima, uxor Restevini, 3.
Gérard de Belestre, II, 120.
Gerardus, canonicus, 505.
Gerardus, clericus, 251. — *Cf.* Girardus.
Gerardus, decanus Ambianensis, 348, 354, 357, 366, 367, 374, 381. — *Cf.* Girardus.
Gerardus, mancipium, 2, 3.
Gerardus, molendinarius, 51, 174.
Gerardus, subdiaconus, 90. — *Cf.* Girardus.
Gerardus, testis, 55.
Gerardus, vavassor de Bus, 222. — *Cf.* Girardus.
Gerardus, vicedominus Ambianensis, dominus de Pinconio, 48, 76, 79, 121, 125, 126, 148, 235, 394, 395. — *Cf.* Girardus.
Gerardus, pater Anselmi de Casneel, 44.
Gerardus de Beeloi, canonicus Ambianensis, 64, 83, 88, 96; II, 124. — *Cf.* Girardus.
Gerardus de Buimont, 283. — *Cf.* Girardus.
Gerardus de Catheu, 131. — *Cf.* Girardus.

Gerardus de Conchiaco, poenitentiarius, 317. — *Cf.* Girardus.
Gerardus de Contre, subdiaconus, 151.
Gerardus de Encra, canonicus Ambianensis, II, 106, 108, 141.
Gerardus de Essartiaus, armiger, 489, 491, 492.
Gerardus Flandrigena, clericus, 75.
Gerardus de Furnivalle, 103.
Gerardus de Lamberti Sarto, 488. — *Cf.* Girardus.
Gerardus de Parisius, subdiaconus, 148.
Gérart, vidame d'Amiens, II, 2. — *Cf.* Girardus.
Gérart, fils de Bernard de Querrieu, 467.
Gérat, chevalier, 455.
Gerberoy (canton de Songeons, Oise). — *Voir* Geberoco, Gerberro, Gerberroi, Gerberroy, Gerborredo, Gerborreo.
Gerberro (Richardus de), 64. — *Cf.* Gerberoy.
Gerberroi (Ricardus de), 64, 74, 85, 105 ; II, 124. — *Cf.* Gerberoy.
Gerberroy (Richardus de), 64, 76. — *Cf.* Gerberoy.
Gerborredo (Ricardus de), 93 ; II, 124. — *Cf.* Gerberoy.
Gerborreo (Ricardus de), 85. — *Cf.* Gerberoy.
Geremarus, decanus Abbatisvillae, 134.
Germirus, mancipium, 3.
Gerniers moulin, II, 146. — *Cf.* Greniers.
Geroldus, castellanus de Hangest, 76.
Geroldus, prior de Bova, 58.
Geroldus, prior Sancti-Nicholai, 55.
Geroldus, puer, 37.
Geroldus, subdiaconus, 15.
Geroldus, filius Avecin, II, 146.
Geroldus Burnez, 51. — *Cf.* Giroldus.
Geroldus de Estalonmaisnil, 48.
Geroldus, filius Roberti Sicci, 112.
Geroldus Vaccarius, 27, 40.
Gersoi, locus, 151. — *Cf.* Cersoi.
Gertrudis, uxor Hugonis Tacon, 237.
Gerulphus, mancipium, 3.
Gervasius, testis, 45.
Gervinus, episcopus Ambianensis, 14, 16, 89.

Ghila, uxor Egidii de Vilers, 221. — *Cf.* Gila.
Ghila, uxor Hugonis de Molendino, 183. — *Cf.* Gila.
Ghila, uxor Ingerranni de Revella, 175. — *Cf.* Gila.
Ghila, soror Radulphi Gonscelini, 110. — *Cf.* Gila.
Ghishala de Abbatisvilla, 226. — *Cf.* Gyhala.
Ghisonvile, locus, 196, 226. — *Cf. Guisenville*.
Gigans, Gygans, (Robertus), notarius, 48, 52, 66.
Gigomarus, abbas Sancti-Fusciani, 29, 38, 48.
Gila, Ghila, uxor Egidii domini de Vilers le Bretonneux, 221.
Gila, uxor Hugonis de Belval, 185.
Gila, Ghila, uxor Hugonis de Molendino, 183.
Gila, Ghila, uxor Ingerranni de Revella, 175.
Gila, uxor Radulphi de Aiteneham, 73.
Gila, Ghila, Gyla, soror Radulphi Gonscelini, 110.
Gila, uxor Roberti Sicci, 112.
Gilduvuinus, mancipium, 4.
Gile Biauvarlete, II, 54.
Gilebert de Saint-Pierre, II, 35.
Gilebertus, diaconus, 15.
Gilebertus de Auxiaco, 415.
Gilebertus Serviens Domini, II, 156.
Gillebertus, testis, 11.
Gille Drouvin, chanoine d'Amiens, II, 121.
Gillo, praepositus de Cresci, 124. — *Cf.* Gilo.
Gillon de Bousincourt, chevalier, II, 15, 17, 18, 19.
Gillon de Wadencourt, II, 68.
Gilo, laicus, 79.
Gilo, frater Bernardi, 23, 25.
Gilo de Clari, 36, 92, 94, 112, 126, 150, 151.
Gilo, Gillo, praepositus de Cresci, 105, 124, 171.
Gilo de Fontibus, 106.
Gilo de Noiers, 105.
Gilonis territorium, juxta Mez, II, 167.

Giraldus, subdiaconus, 17. — *Cf.* Girardus.
Girardus, abbas de Gardo, 66.
Girardus, Gerardus, Giroldus, Gyrardus de Beeloi, canonicus Ambianensis, 64, 72, 74, 75, 79, 80, 83, 88, 96; II, 124.
Girardus, Gerardus, clericus, 80, 251.
Girardus, Gerardus, decanus Ambianensis, 333, 334, 345, 346, 348, 350, 352, 354, 357, 366, 367, 374, 381.
Girardus, poenitentiarius Ambianensis, 263, 264.
Girardus, Gerardus, Giraldus, subdiaconus, 17, 90.
Girardus, testis, 80.
Girardus, Gerardus, Gérart, vicedominus Ambianensis, dominus de Pinconio, 48, 76, 79, 80, 121, 125, 126, 148, 235, 335, 336, 355, 359, 360, 394, 395; II, 2.
Girardus, Gerardus, Giraudus de Buimont, 283.
Girardus, Gerardus, de Bus, 214, 262.
Girardus de Canniaco, 32.
Girardus, Gerardus, de Catheu, 131.
Girardus, Gerardus, de Conchi, 210, 317.
Girardus, Gerardus, de Lamberti Sarto, canonicus Ambianensis, 459, 488.
Girardus Leureus, 406.
Girardus, pater Petri et Walteri de Doumeliers, 260.
Giraudus de Buimont, 283. — *Cf.* Girardus.
Giroldus de Beeloi, 72. — *Cf.* Girardus.
Giroldus, Geroldus, Burnez, 51.
Giroldus, major de Monte, 75.
Gisencurt (Radulphus de), 62. — *Cf. Guizancourt*.
Gislebertus, censitarius, II, 169.
Gislebertus, presbyter, 17.
Gislebertus, testis, 55.
Gislebertus de Walli, 48.
Gisonvile, locus, 196. — *Cf. Guisenville*.
Glategni (Stephanus de), 63. — *Cf. Glatigny*.
Glateigni, terra, 63.
(Stephanus de), 63.
Cf. Glatigny.
Glatigny (canton de Songeons, Oise. — *Voir* : Glategni, Glateigni.
Glevin (Petrus), 251. — *Cf.* Gelvin.

Glisi (Johannes de), 406. — *Cf.* Glisy.
Glisy (canton de Boves, Somme), 1. — *Cf.* Glisi, Glysi.
Glysi (Willermus de), II, 1. — *Cf.* Glisy.
Gobert, seigneur de Dargies, II, 28, 29, 31. — *Cf.* Gobertus.
Gobertus, Gobert, Godbertus, de Dargies, dominus de Kateu, 489, 490, 492 ; II, 4, 28, 29, 31, 32, 48.
Gobertus, diaconus, 55.
Goda, mater Johannis de Pratellis, 308.
Godardus de Aurelianis, 459, 460.
Godardus, filius Perrote, 392.
Godardus, serviens capituli, 302.
Godbertus de Dargies, II, 32. — *Cf.* Gobertus.
Godefia, uxor Rodoldi, 3.
Godefridus, episcopus Ambianensis, 17. — *Cf.* Gaufridus.
Godefridus (magister), 207. — *Cf.* Gaufridus.
Godefridus, sacerdos, 6. — *Cf.* Gaufridus.
Godefridus de Buillon, 448.
Godefridus de Castello, 183.
Godefridus de Conchi, 476.
Godefridus de Perrousel, 448.
Godefridus de Wailly, notarius, II, 109, 135, 141.
Godelherus, mancipium, 3.
Godri (Jehan), II, 38.
Goi, locus, 47.
(Bernardus de), 22.
Cf. Gouy-les-Groseillers.
Goibertus, decanus, 6.
Goiencourt, villa, 74. — *Cf. Goyencourt.*
Goiencurt, villa, 74. — *Cf. Goyencourt.*
Goiffridus de Castellario, 6.
Goifredus, comes, 6.
Goillaincort (Nicholaus de), 110, 150, 156. — *Cf.* Gollencourt.
Gois, villa, 22. — *Cf. Gouy-les-Groseillers.*
Gollaincort (Nicholaus de), 106, 109, 110. — *Cf.* Gollencourt.
Gollaincourt (Nicholaus de), 106, 108, 109, 110, 128, 150, 156, 179. — *Cf.* Gollencourt.
Gollaincurt (Nicholaus de), 106, 108, 109, 114, 150, 156. — *Cf.* Gollencourt.

Gollencort (Nicholaus de), 96, 110, 114, 128, 145, 155, 179, 206.
(Petrus de), 33, 246.
Cf. Gollencourt.
Gollencourt (commune de Dommartin, canton de Boves, Somme).
(Nicholaus de), 96, 144, 155.
(Petrus de), 33.
Cf. Goillaincort, Gollaincort, Gollaincourt, Gollaincurt, Gollencort, Gollencurt, Gollincort, Gorlaincurt, Gosleincurt.
Gollencurt (Nicholaus de), 96, 114, 145, 155, 179.
(Petrus de), 33.
Cf. Gollencourt.
Gollincort (Nicholaus de), 110. — *Cf.* Gollencourt.
Gomardi (Johannes), II, 92. — *Cf.* Gomart.
Gomart, Gomardi, (Johannes), 79, 82, 92.
Gombert (Guido), 310.
Gondehaut, rivière, II, 120.
Gondoldus, mancipium, 3.
Gondrain, Gondreain, lieu à Amiens, 301, 320 ; II, 23, 104.
Gondreain, lieu à Amiens, 320. — *Cf.* Gondrain.
Gonesina, uxor Michaelis de Raineval, 424. — *Cf.* Genesina.
Gonfridus, Guonfridus, cancellarius Ambianensis, 9, 10, 15, 17.
Gonfridus, subdiaconus, 17.
Gonhardus, mancipium, 3.
Gonscelini de Le Ride (Radulphus), 109.
Gonterus, poenitentiarius Ambianensis, 281, 425.
Gorlaincurt (Nicolaus de), 109. — *Cf.* Gollencourt.
Gorredo, Guorredo, canonicus Claromontis, 21.
Gorsvinus, abbas Aquicinctensis, 29.
Goscelinus, episcopus Suessionensis, 30.
Goselinus de Belvaco, 6.
Gosleincurt (Nicholaus de), 108. — *Cf.* Gollencourt.
Gotrannus, miles, 17.
Goudecort (Thomas de), 493. — *Cf. Gaucourt.*

Gounors (Firminus), 381.
Gouy-les-Groseillers (commune de Bonneuil, canton de Breteuil, Oise). — *Voir :* Gaudeiacum, Gaudiacum, Goi, Gois, Goy.
Goy, locus, 47.
(Bernardus de), 22.
Cf. Gouy-les-Groseillers.
Goyencourt (canton de Roye, Somme). — *Voir :* Gaiencort, Goiencort, Goiencurt.
Gozvinus, Guozvinus, abbas Aquicinctensis, 70.
Graffin (Thomas), 422.
Grancourt (Alelmus de, 94. — *Cf. Grandcourt.*
Grancurt (Alelmus de), 94. — *Cf. Grandcourt.*
Grandcourt (canton d'Albert, Somme). — *Voir :* Grancourt, Grancurt, Grandicurte, Grantcort, Grantcourt, Grantcurt.
Grandicurte Johannes de), 216, 217. — *Cf. Grandcourt.*
grange d'Acheu, 268.
— de Bonneuil, 213.
— de Folies, 234.
— de Mez, 170.
— de Ver, 162.
— du chapitre, II, 22.
Grantcort (Alelmus de), 94, 401. — *Cf. Grandcourt.*
Grantcourt (Alelmus de), 94. — *Cf. Grandcourt.*
Grantcurt (Alelmus de), 91, 94. — *Cf. Grandcourt.*
Grantpont, lieu à Amiens, II, 145.
Grapin, locus, 377; II, 146. — *Cf. Agrappin.*
Grapinum, locus, 264. — *Cf. Agrappin.*
Grappin, locus, II, 115, 120. — *Cf. Agrappin.*
Gratepanche locus, 375, 478, 479. Major, 377 ; *voir :* Guifridus, Guifrois.
(Hawis de), II, 44.
Cf. Grattepanche.
Gratepechia (Robertus), II, 164. — *Cf. Gratepieche.*
Gratepieche, Gratepechia (Robertus), II, 164.

Grattepanche (canton de Boves, Somme). — *Voir* Gratepanche.
Greffin, Grefin (Arnulphus), 432.
(Henricus), 382.
(Hadulphus), 432.
Grefin (Arnulphus), 432. — *Cf.* Greffin.
Gregorii domus, 279.
Gregorius [IX], papa, 240, 241.
Gregorius, sacerdos, 108 à 110, 112 à 114, 119, 121, 129, 145, 147, 151, 157, 363, 372.
Gregorius de Ailliaco, II, 20.
Gregorius de Dompno Medardo, clericus, 405.
Gregorius de Marcel, 68.
Gremecort, locus, 226. — *Cf. Gremecourt.*
Gremecourt (commune de Gouy-Saint-André, canton de Campagne, Pas-de-Calais), 226. — *Cf.* Gremecort, Gremercort.
Gremercort, locus, 226. — *Cf.* Gremecourt.
Greniers, Gerniers, Grerniers, moulin à Amiens, II, 146.
Grerniers, moulin, II, 146. — *Cf.* Greniers.
Griffet (Mahieu), II, 51.
Grigoie (Jehan), II, 66.
(Mahieu), II, 66.
(Maroie), II, 66.
Grimaut (Jehan), II, 39.
Grimelidis, Grumelidis, uxor Guandelberti, 3.
Grimoldus de Quarreia, hospes, 27.
Grimulfridus, mancipium, 3.
Grinberta, uxor Orfredi, 3.
Gruele (Symon), 109. — *Cf.* Gruelle.
Gruelle, Gruele (Symon), 109, 113.
Grumelidis, 3. — *Cf.* Grimelidis.
Gualdelone, mancipium, 3.
Gualerandus, Walerannus, de Mez, 94.
Gualerannus, Galerannus, filius Ebrardi Brituliensis, 23, 43, 58.
Gualterus, Galterus, Walterus, abbas Sancti-Aceoli, 35, 38, 42, 105.
Gualterus, Galterus, abbas Sancti-Petri de Serincurte, 58.
Gualterus, acolytus, 10.
Gualterus, Galterus, camerarius, 103.

Gualterus, Galterus, castellanus Pinchonii, 126.
Gualterus, comes Ambianensis, 7.
Gualterus, Galterus, diaconus, 6, 9, 22.
Gualterus. Galterus, forestarius, 129.
Gualterus, Galterus, Walterus, major del Mesge, 114.
Gualterus, major de Sauchoi, 210.
Gualterus, Galterus, major de Vaccaria, 24, 25.
Gualterus, Galterus, Vualterus, Walterus, major de Ver, 76, 114, 155.
Gualterus, Galterus, Walterus, presbyter, 29, 32, 38, 40, 42, 50.
Gualterus, Galterus, sacrista Sancti-Johannis, 83.
Gualterus. Galterus, Walterus, de Beeloi, 147, II, 173.
Gualterus, Galterus, de Bonoculo, 24, 25.
Gualterus, Galterus, de Cepeio, 105.
Gualterus, Walterus, de Foilloy, 23, 25, 33, 459.
Gualterus, Galterus, filius Gualteri Tirelli, 9.
Gualterus, Walterus, de Megio, II, 123.
Gualterus, Galterus, Molniers, 92, 94.
Gualterus, Galterius, Galterus, Walterus, de Sarton, 214, 215, 226, 234 ; II, 173.
Gualterus Tirellus, 9.
Guamegnicurt, locus, 120.— *Cf. Guignemicourt.*
Guandelbertus, mancipium, 3.
Guarefridus, diaconus, 9.
Guarinus, Garinus, archidiaconus Ambianensis, 19, 23, 48, 50, 55, 58, 64, 66, 69, 72, 74, 78, 80, 83, 88, 90, 168.
Guarinus, Garinus, cantor, 80, 96.
Guarinus, Garinus, clericus, 75.
Guarinus, Garinus, episcopus Ambianensis, 21, 22, 23, 26, 27, 49.
Guarinus, magister, II, 173.
Guarinus, Garinus, praepositus, 28, 29, 32, 37, 38, 40, 42, 57.
Guarinus, sacerdos, 6.
Guarinus, Garinus, Warinus, subdiaconus, 15, 17, 90.
Guarinus, thesaurarius, 23, 25.
Guarinus Burnez, 108 ; II, 158.
Guarinus de Demerchecort, 298.

Guarinus, Garinus, pater Drogonis de Bogainvile, 133.
Guarinus, Garinus, de Flui, 126.
Guarinus, Garinus Havegare, hospes, 27.
Guarnarius, Garnarius, mancipium, 3.
Guarnerus, Garnerus, mancipium, 3.
Guarnerus, Garnerus Mollesac, 31, 36, 46, 63.
Guascelinus, Gasselinus. Guasselinus, diaconus, 17 ; subdiaconus, 9.
Guasselinus, subdiaconus, 9. — *Cf.* Guascelinus.
Guencort, territorium, 46. — *Cf. Guyencourt.*
Guencourt, territorium, 46. - *Cf. Guyencourt.*
Guencurt, territorium, 46. — *Cf. Guyencourt.*
Guepins Pierre), II, 54.
Guermondus, puer, 37. — *Cf.* Guermundus.
Guermondus, vicedominus, 79. — *Cf.* Guermundus.
Guermondus Lescaudé, II, 148. — *Cf.* Guermundus.
Guermundus, diaconus, 66.
Guermundus, miles, 10, 11.
Guermundus, praepositus de Nongentel, 20.
Guermundus, Guermondus, puer, 37.
Guermundus, subdiaconus, 27, 29, 32, 38, 42, 50, 55.
Guermundus, Guermondus, vicedominus, 48, 79, 121.
Guermundus Calvus, 45.
Guermundus de Corbeia, 139.
Guermundus de Kyerru, II, 162.
Guermundus, Guermondus, Lescaudé, II, 148.
Germundus de Luicnel, 72.
Guermundus de Monte Mauro, 6.
Guermundus Naseth, 46.
Guermundus Pilars, 71.
Guermundus de Taisni, 44.
Guerno de Bonoculo, 22.
Gueronti (Petrus), II, 118.
Guerrel (Hugo , 335, 336.
Gueschard (canton de Crécy, Somme). — *Voir* Gaissart.

Gui, praesul Ambianensis, 11. — *Cf.* Guido, episcopus.
Guiardus de Villa, 83.
Guibertus, frater Sancti-Nicholai, 55.
Guibertus de Angisviler, 21, 23.
Guibertus Attrebatensis, 62.
Guibertus, frater Bernardi de Cruce, 74.
Guibertus, Wibertus, de Jumellis, 243, 244.
Guibertus, Wibertus, Rufus, 63, 81, 477.
Guibertus de Sanctis, 195.
Guido, buticularius regis, 56, 169.
Guido, canonicus Claromontis, 20.
Guido, comes Ambianensis, 11, 14.
Guido, comes Sancti-Pauli, 440. — *Cf.* Guido de Castellione.
Guido, decanus Ambianensis, 9, 10, 15.
Guido, diaconus, 40, 42, 50.
Guido, Gui, episcopus Ambianensis, 8, 11.
Guido, episcopus Lingonensis, II, 9.
Guido, major, 294.
Guido, major de Revella, 196, 226.
Guido, molendinarius, 79, 108.
Guido, monachus, 27, 36, 51.
Guido, monetarius, 40.
Guido, subdiaconus, 9, 32, 42.
Guido, sacerdos, 55, 57, 58.
Guido, filius Hugonis de Centum Puteis, 34, 44.
Guido, frater Adam de Sessoulieu, 60.
Guido, frater Drogonis de Merloaco, 21.
Guido, frater Johannis Mosel, 81.
Guido, pater Alelmi de Ambianis, 35.
Guido de Buswion, 226.
Guido. Guion, Guis, de Castellione, comes Sancti-Pauli, 396, 408, 409, 410, 440 ; II, 13, 18, 19, 41, 42.
Guido de Colombiers, 419.
Guido Floris. canonicus Parisiensis, II, 106.
Guido, Wis, Galobye, 481, 482, 483.
Guido Gombert, 310.
Guido Kiereti, canonicus Ambianensis, II, 75.
Guido Vavassor, II, 156.
Guido de Wadencort, 276, 277.
Guidonis Vallis, apud Megium, II, 156.
Guiencort, locus, 305.
(Petrus de), 77.
Cf. Guyencourt.

Guiencourt, locus, 305.
(Petrus de), 77.
Cf. Guyencourt.
Guiencurt (Petrus de), 77. — *Cf. Guyencourt.*
Guiepine (Anne), II, 54.
Guiffridus, diaconus, 57. — *Cf.* Gaufridus.
Guiffridus, major de Gratepanche, II, 46. — *Cf.* Guifridus.
Guiffrois de Cavellon, II, 51.
Guifridus, capellanus, 492.
Guifridus. Guiffridus, Guifrois, major de Gratepanche, 477, 478, 479, 485 ; II, 44, 46.
Guifridus, miles, 71.
Guifridus, presbyter, 69, 72. — *Cf.* Gaufridus, sacerdos.
Guifridus, pater Henrici Rabos, 438. — *Cf.* Gaufridus.
Guifridus, pater Radulphi de Gisencurt, 62.
Guifrois, maire de Gratepanche, II, 44. *Cf.* Guifridus.
Guignemicourt (canton de Molliens-Vidame, Somme). — *Voir :* Gamegnicort, Gamegnicourt, Gameignicurt, Gamenicort, Gamignicort, Guamegnicurt.
Guigone de Le Chambre, dame de La Tour d'Allevard, II, 37.
Guilbertus Caligarii, capellanus, II, 82.
Guillaume, Willammes, Willaume, de Hangest, II, 37, 38, 40, 68.
Guillaume, Guilliames, Thibout, bailli d'Amiens, II, 68, 69.
Guillelmus, archidiaconus Pontivi, II, 56.
Guillelmus, Guillermus, archiepiscopus Rothomagensis, II, 9, 55.
Guillelmus, Guillermus, episcopus Ambianensis, II, 3, 4, 6, 9, 32, 53, 56.
Guillelmus, sacrista, 31.
Guillelmus, Willelmus, subdiaconus, 17, 42.
Guillelmus, testis, 55.
Guillelmus, filius Berneri, 21.
Guillelmus, Willelmus, de Dompo-Medardo, 279, 363.
Guillelmus, Guillermus, de Freauvilla, canonicus, II, 75, 80, 86.

Guillelmus, Willelmus, frater Hugonis de Verrignes, 126.
Guillelmus, Guillermus, Willelmus, de Longa Valle, decanus Ambianensis, 431, 433, 434, 435, 436 ; II, 106, 108, 126, 128, 130, 141.
Guillelmus, Guillermus, Major, notarius, II, 100, 106, 110.
Guillelmus, Willelmus, de Melloto, officialis, 457.
Guillelmus de Villemontoir, canonicus Ambianensis, II, 141.
Guillermus, archiepiscopus Rothomagensis, II, 9. — *Cf.* Guillelmus.
Guillermus, episcopus Ambianensis, II, 3, 4, 6. — *Cf.* Guillelmus.
Guillermus, Willelmus, Willermus, praepositus, 64, 69, 72, 78, 83, 90, 96.
Guillermus, Willermus, de Abbatisvilla, 345, 346.
Guillermus de Croy, scolasticus Ambianensis, II, 75, 80.
Guillermus de Freavilla, canonicus Ambianensis, II, 75, 80. — *Cf.* Guillelmus.
Guillermus de Longa Valle, decanus Ambianensis, II, 126, 128, 130. — *Cf.* Guillelmus.
Guillermus Major, II, 110. — *Cf.* Guillelmus.
Guillermus de Nova Villa, archidiaconus Blesensis, II, 3.
Guillermus de Pistoya, canonicus Ambianensis, II, 95.
Guillermus de Semita Helye, II, 118.
Guilliames Tybous, II, 69. — *Cf.* Guillaume.
Guimond Avinionensis, II, 118.
Guinemarus, testis, 55.
Guinemundus, mancipium, 2.
Guion de Chastellon, comte de Saint-Pol, II, 15, 18. — *Cf.* Guido de Castellione.
Guis de Chastellon, comte de Saint-Pol, II, 19, 41, 42. — *Cf.* Guido de Castellione.
Guisencort, locus, 280. — *Cf. Guizancourt.*

Guisenville (fief à Revelles, canton de Molliens-Vidame, Somme). — *Voir :* Ghisonvile, Gisonvile, Guisonvile, Guisonville, Guizonville, Gysonvile.
Guisonvile, locus, 235. — *Cf. Guisenville.*
Guisonville, locus, 294. — *Cf. Guisenville.*
Guitardus Ercenfridi, 42.
Guizancourt (canton de Poix, Somme). — *Voir :* Gisencurt, Guisencort.
Guizonville, locus, 294. — *Cf. Guisenville.*
Gundradon, testis, 79.
Gunselinus, Guntselmus, abbas de Balgentiaco, 42.
Guntselmus, abbas de Balgentiaco, 42. — *Cf.* Gunselinus.
Guonfridus, cancellarius Ambianensis, 9, 10. — *Cf.* Gonfridus.
Guorredo, canonicus Claromontis, 21. — *Cf.* Gorredo.
Guozvinus, abbas Aquicinctensis, 70. — *Cf.* Gozvinus.
Guyancourt, territorium, II, 37. — *Cf. Guyencourt.*
Guyencourt (canton de Boves, Somme). — *Voir :* Guencort, Guencourt, Guencurt, Guiencort, Guiencourt, Guiencurt, Guyancourt.
Gygans (Robertus), 48. — *Cf.* Gigans.
Gyhala, Ghishala, Gyhale, de Abbatisvilla, 226, 377.
Gyla, soror Radulphi Gonscelini, 110. — *Cf.* Gila.
Gylebertus Morellus, 400.
Gyrardus de Beeloi, 74. — *Cf.* Girardus.
Gysonvile, locus, 196. — *Cf. Guisenville.*

H

H., abbas Sancti-Martini ad Gemellos, 446, *mendose pro* B.
H., Lincolniensis episcopus, II, 125. — *Cf.* Hugo Wallis.
Haenardus, Aenardus, avunculus liberorum Margaretae, uxoris Johannis de Rida, 261.
Haidincort, locus, 46, 200, 201.
(Alulfus de), 87, 94, 157.
(Bartholomeus de), 75.

218 TABLE ALPHABÉTIQUE

(Ingerrannus de), 88, 150, 158.
(Johannes de), 161.
Cf. Saint-Sauveur.
Haidincourt, locus, 46.
(Alulfus de), 87, 92, 94.
(Ingerrannus de), 88, 150, 158.
(Johannes de), 161.
Cf. Saint-Sauveur.
Haidincurt, locus, 46.
(Alulfus de), 87, 94.
(Bartholomeus de), 75.
(Ingerrannus de), 88, 150, 157.
Cf. Saint-Sauveur.
Haieta, locus apud Longam Aquam, II, 1.
Haignes (Bartholomeus de), 299.
Hailles (canton de Boves, Somme), (Bernardus de), 143.
(Matheus de), II, 47.
(Petrus de), 143.
Cf. Halles, Hasles.
Haimercius, forestarius, 129. — *Cf.* Haimmericus.
Haimericus, frater Firmini, 299.
Haimerus, Haimetus, pater Wicardi, 299.
Haimetus, pater Wicardi, 299. — *Cf.* Haimerus.
Haimmericus, Haimercius, forestarius, 129.
Haimo, sacerdos, 55.
Hain, locus, 51. — *Cf.* Hem.
Hainviler, villa, II, 21. — *Cf. Hainvillers.*
Hainvillers (canton de Ressons, Oise). — *Voir* Hainviler.
Haisdincourt, locus, 75.
(Alulfus de), 87, 92.
(Bartholomeus de), 75.
Cf. Saint-Sauveur.
Haisdincurt, locus, 75.
(Aloldus de), 92, 94.
(Bartholomeus de), 75.
Cf. Saint-Sauveur.
Haistaut (Johannes de), 314.
Haiwidis, soror majoris de Mez, 170. — *Cf.* Hawidis.
Halles (Eustachius), 181.
(Bernardus de), 143.
(Petrus de), 143.
Cf. Hailles.
Haloy (Johannes de), 391.

Ham, locus, 51, 267, 298.
(Milo de), 267.
Cf. Hem.
Hamellum, locus apud Mez, 170.
Hamericus, ex capitulo Sancti-Johannis, 83.
Hanepicius (Jehans), II, 54.
Hangard (canton de Moreuil, Somme), (Johannes de), 259.
Cf. Hangardo, Hangart.
Hangardo (Bernardus de), 33. — *Cf.* Hangard.
Hangart. Presbiter : *voir* Walterus.
(Johannes de), 258.
(Leonardus du), II, 134, 135.
(Robertus du), II, 134.
Cf. Hangard.
Hangest-en-Santerre (canton de Moreuil, Somme), 228.
Castellanus : *voir* Geroldus.
(Guillaume de), II, 37, 38, 40, 68.
Cf. Hangestum.
Hangestum, locus, 364, 365, 453, 466. — *Cf.* Hangest-en-Santerre.
Hapetarte, moulin à Amiens, 405, 417. — *Cf.* Happetarte.
Happetarte, moulin à Amiens, II, 120. — *Cf.* Hapetarte.
Harbonieres (Petrus de), 408. — *Cf.* Harbonnières.
Harbonnières (canton de Rosières, Somme). — *Voir* Harbonieres.
Harduinus, filius Geduini, 6.
Harenis (Hugo de), II, 27. — *Cf. Airaines.*
Hargienlieu (Robertus de), 462.
Harondel, moulin, 174, 226.
(Hugues de), 213.
Cf. Arondel.
Hasars, Hasart, (Jehan), 66.
Hasart (Jehan), 66. — *Cf.* Hasars.
Hasles (Eustachius), 177. — *Cf.* Hailles.
Hauchepié (Henricus), II, 108.
Haudincort, locus, 202. — *Cf.* Saint-Sauveur.
Haudincourt, locus, 200, 201, 202. — *Cf. Saint-Sauveur.*
Haudinval, locus, 200, 201, 202.
Haudricort, locus, 133. — *Cf.* Haudricourt.

Haudricourt, locus, 121, 133. — *Cf.* Haudricort, Haudricurt.
Haudricurt, locus, 121, 133. — *Cf.* Haudricourt.
Hauvidis, mater Eustachii de Nova Villa, 443, 444. — *Cf.* Hawidis.
Havegare (Arnulphus), 27, 40.
(Guarinus), 27, 40.
Havernas (canton de Domart, Somme). — *Voir* Hornast.
Hawidis, Hauvidis, mater Eustachii de Nova Villa, 443, 444.
Hawidis, haeres Guidonis majoris, de Revella, 196.
Hawidis Le Cousteriere, 327.
Hawidis, Haiwidis, soror majoris de Mez, 170.
Hawis, Hawy, de Gratepanche, II, 44.
Hawis Malcion, II, 164.
Hawy de Gratepanche, II, 44. — *Cf.* Hawis.
Haya Tylioli, locus apud Vilanam, 394, 395.
Hébécourt (canton de Boves, Somme). — *Voir :* Heubecort, Heubecourt, Heubecurt.
Hedierna, uxor Renoldi Maletere, 203. — *Cf.* Hodierna.
Hédin, locus, 191. — *Cf.* Hesdin.
Heilli (Eustachius de), 22.
(Lambertus de), 36.
(Radulphus de), 22.
(Walterus de), 33.
Cf. Heilly.
Heilly (canton de Corbie, Somme). — *Voir :* Heilli, Helli, Helliaco, Helliacum, Hesli, Heslli, Hilli, Hilliaco, Hisli.
Helduinus, hospes, 27, 40.
Helena, uxor Dunfridi, 3.
Helevydis, uxor Roberti de Buz, 283. — *Cf.* Helvidis.
Helewis, uxor Petri de Camberona, 208.
Helinandus de Calceia, 76.
Helli (Eustachius de), 22.
(Galterus de), 250.
(Ingerrannus de), 181, 232, 295.
(Lambertus de), 36.
(Radulphus de), 27, 29.
(Walterus de), 33.
Cf. Heilly.

Helliaco (Galterus de), 250.
(Ingerrannus de), 148, 294.
Cf. Heilly.
Helliacum, locus, 228, 364, 365.
Dominus : *voir* Galterus.
Helmeradus, episcopus Ambianensis, 1.
Heluinus, presbyter, 83.
Heluinus de Psalliaco, 67, 68.
Heluinus de Salli, 132.
Helvidis, Helvydis, uxor Johannis de Maiencort, 216, 217.
Helvidis, soror Laurentii de Kaisneel, 361.
Helvidis, soror Nicholai de Belloramo, 237.
Helvidis, Helevydis, Helvydis, uxor Roberti de Buz, 283.
Helvis de Moy, II, 28, 29, 31.
Helvydis, uxor Johannis de Maiencort, 216. — *Cf.* Helvidis.
Helvydis, uxor Roberti de Buz, 283. — *Cf.* Helvidis.
Helvydis, filia Roberti Prioris, 259.
Helvysis, uxor Roberti de Bellomonte, II, 32.
Helyzabeth, domina de Aveluis, 185. — *Cf.* Elizabeth.
Hem (faubourg d'Amiens), 298. — *Cf.* Hain, Ham, Hevi.
Heniaminus, mancipium, 3.
Henredus, hospes, 40.
Henresart, villa, 46, 53, 376. — *Cf.* Herissart.
Henricus, archidiaconus Belvacensis, 23, 25.
Henricus, archiepiscopus Remensis, 70.
Henricus, clericus, 171.
Henricus, decanus Ambianensis, 425, 450, 454.
Henricus, molendinarius, 79.
Henricus, prior, 31.
Henricus [I], rex Francorum, 7.
Henricus Anglicus, 150, 327.
Henricus d'Auchi, 280.
Henricus, maritus Audae, 170.
Henricus de Bours, 496.
Henricus de Contes, 442.
Henricus, maritus Emmelinae, 53.
Henricus de Flui, 418.
Henricus de Fontanis, 150, 151.

Henricus Greffin, 382.
Henricus Hauchepié, canonicus Ambianensis, II, 108.
Henricus, filius Odonis, 18.
Henricus Pistor, 51.
Henricus Rabos, 438, 439, 440, 441, 448.
Henris, sire d'Araines, 494, 498.
Henrisart, villa, 46, 347. — *Cf. Hérissart.*
Heraud (Wilardus), 382. — *Cf.* Heraut.
Heraut, Heraud, (Wilardus), 382.
Herbertus, diaconus, 10.
Herbertus, sacerdos, 15, 74, 78.
Herbertus, quidam, 226 ; II, 172.
Herbertus de Clois, II, 164.
Herbertus de Folias, 43.
Herbertus, pater Galteri, II, 164.
Herbertus de Kais, 453.
Herbertus, filius Petri de Hailles, 143.
Herbertus, pater Richeri, 339.
Herbertus, filius Thomae, 23.
Hereford (comté d'Hereford, Angleterre). — *Voir* Herefordensis.
Herefordensis episcopus, E., II, 125. — *Cf. Hereford.*
Herensart, locus, 53. — *Cf. Hérissart.*
Heripont, locus, 408.
Herissart (canton d'Acheux, Somme). — *Voir:* Henresart, Henrisart, Herensart.
Herleius, Herlevis, mancipium, 3.
Herleuvinus, mancipium, 4. — *Cf.* Herluvinus.
Herlevis, mancipium, 3. — *Cf.* Herleius.
Herlindis, mancipium, 2.
Herluvinus, Herleuvinus, mancipium, 4.
Herma, uxor Alelmi de Nans, 74.
Herveus, 21.
Hes (Beatrix de), 244.
Hescelinus, frater Guermundi de Monte Mauro, 6.
Hesdin (arr. de Montreuil, Pas-de-Calais). — *Voir* Hédin.
Hesli (Ingerrannus de), 145, 232. — *Cf.* Heilly.
Heslli (Radulphus de), 79. — *Cf. Heilly.*
Hestreia, nemus, 160.
Heubecort, locus, 275. — *Cf. Hébécourt.*
Heubecourt, locus, 275 ; II, 165. — *Cf. Hebécourt.*
Heubecurt, locus, II, 165 — *Cf. Hébécourt.*

Heudebergis, uxor Thomae de Doumeliers, 388.
Heudebier (Jehan), II, 51. — *Cf.* Heudebiers.
Heudebiers, Heudebier, (Engerran), 473, 474, 475.
(Johannes), 475 ; II, 51.
Heudemer, feodum, 306.
Heverardus de Britolio, 59. — *Cf.* Ebrardus Britoliensis.
Hevi, territorium, 298. — *Cf.* Hem.
Hibertus de Gemellis, 32.
Hignu, (commune d'Oresmaux, canton de Conty, Somme). — *Voir:* Hinnu, Hinny.
Hierosolimitanum iter, 101.
Hilbertus, mancipium, 2.
Hildefridus, mancipium, 3.
Hildiardis, uxor Levuldi, 5.
Hilli (Walterus de), 33. — *Cf.* Heilly.
Hilliaco (Ingerrannus de), 145, 148, 181, 228, 232, 294, 295, 364.
(Lambertus de), 33.
Cf. Heilly.
Hiluinus, pater Johannis, 31.
Himarus, Hymarus, filius Bartholomaei Tinctoris, 87, 88.
Hinnu, locus, 128. — *Cf. Hignu.*
Hinny, locus, 128. — *Cf. Hignu.*
Hisli (Eustachius de), 22.
(Lambertus de), 36.
(Radulphus de), 22.
Cf. Heilly.
Hispania, abbatia, II, 58. — *Cf. Epagne.*
Hoche Avaine, Hoche Avene, (Emmelina), 492.
(Milo), 432.
Hoche Avene (Milo), 432. — *Cf.* Hoche Avaine.
Hochecorne (Johannes), II, 100.
Hocqueto, locus, 114. — *Cf. Le Hoquet.*
Hodierna, soror majoris de Mez, 170.
Hodierna, Hedierna, uxor Renoldi Maletere, 203.
Hoket, locus, 265. — *Cf. Le Hoquet.*
Hoketh, locus, 265. — *Cf. Le Hoquet.*
Honguerie (Andrieu de), II, 28, 37, 42.
(Antoine de), II, 37.
(Félix de), II, 28, 37, 42.

(Jehan de), II, 37.
(Marcq de), II, 28, 37.
(Marie de), II, 42.
Honorata, uxor Radulphi, 196.
Honoratus de Attrebato, II, 79, 81.
Honoratus Cloquette, archidiaconus Pontivensis, 397.
Honoratus de Sancta-Fide, II, 20.
Honorius [III], papa, 191, 192, 193, 194, 205.
Hoquet, locus, 265. — *Cf. Le Hoquet.*
Hoquetum, locus, II, 100, 102. — *Cf. Le Hoquet.*
Hormain (Agnes), 405.
(Johannes), 405.
(Laurentia), 417, 422.
Hornast. locus, 200. — *Cf. Havernas.*
Houdent, locus apud Thois, 487.
Houssoy (Pierre de), II, 65. — *Cf. La Houssoie.*
Huberga, uxor Roberti, 258.
Huberti (Milo), 18.
Hubertus, archilevita Tharanensis, 12.
Hubertus. clericus, 41.
Hubertus, monachus, 72.
Hubertus, thelonearius, 27, 36, 37, 40, 48, 50, 51.
Hubertus de Monte Felicio, 6.
Hubertus de Sancto-Justo, 405, 417, 422.
Hues de Fourdinoy, armiger, II, 25. — *Cf. Hugo.*
Hues, Huon de Le Houssoye, chevalier, II, 15, 16, 17, 18, 19.
Hues, Huon de Riencourt, 474.
Hues de Sapegnies, II, 10. — *Cf. Hugo.*
Hugerii (territorium quod dicitur), 128.
Hughechon, Huglechon, de Revella, 227.
Huglechon de Revella, 227. — *Cf. Hughechon.*
Hugo, abbas de Monte-Sancti-Quintini, 29.
Hugo, abbas Sancti-Amandi, 69.
Hugo, acolytus, 15.
Hugo, cancellarius regis, 56.
Hugo, canonicus Ambianensis, 261.
Hugo, canonicus Cathalaunensis, 6.
Hugo, canonicus Claromontanus, 21.
Hugo, comes Sancti-Pauli, 134, 328, 329.
Hugo, diaconus, 9, 10, 78.

Hugo, frater Sancti-Nicholai, 55.
Hugo, grangiarius de Ver, 162.
Hugo, major de Megio, II, 22.
Hugo, miles, 10.
Hugo, praecentor, 66.
Hugo, prior Sancti-Laurentii, 52, 55, 65, 70.
Hugo, prior Ordinis Praedicatorum in Francia, 370.
Hugo, puer, 17, 37.
Hugo, praepositus Ambianensis, 381, 422.
Hugo, praepositus Corbeiensis, 80; II, 124.
Hugo, sacerdos, 112, 121, 145, 147.
Hugo, subdiaconus, 6, 122.
Hugo Abbatisville, 10.
Hugo, filius Adae Tenevaus, 369.
Hugo de Alennis, 31.
Hugo de Alliaco, 500.
Hugo de Auxiaco, 229, 315, 323; II, 158.
Hugo de Avesnes, 362.
Hugo Bae, 226.
Hugo de Basiculis, 6.
Hugo de Bellainval, 418, 422, 448.
Hugo de Bellaquercu, officialis Ambianensis, 242, 250, 253, 254, 255, 260, 266, 275, 316, 356.
Hugo de Bellavalle, 184, 199.
Hugo Benement, 23, 46.
Hugo de Betunia, 68.
Hugo Burgundiensis, 144, 147.
Hugo de Busco Guidonis, 275.
Hugo de Calido Monte, 368.
Hugo Candelarius, 328, 332.
Hugo de Centum Puteis, 25, 34, 44.
Hugo Clericus, 352.
Hugo de Colonia, promotor curiae Ambianensis, II, 80, 88.
Hugo de Contre, 25.
Hugo de Curtillis, canonicus, 237, 238, 316.
Hugo, filius Egidii de Mailli, 269, 273.
Hugo, filius Egidii de Vilers le Bretonneux, 221.
Hugo, filius Evrardi de Britolio, 43.
Hugo de Folliaco, 48.
Hugo de Fontibus, 92, 93.
Hugo, Hues, de Fourdinoi, 317; II, 25, 27.
Hugo, filius Gamelonis, 22, 23, 25.

Hugo, frater Guarini Burnez, 108.
Hugo Guerrel, 335, 336.
Hugo de Harenis, 27.
Hugo Havet, armiger, 489, 490, 491.
Hugo, filius Hugonis, 25.
Hugo Le Cauderonnier, cantor, II, 118.
Hugo Le Volant, notarius, 444.
Hugo de Lis, 105.
Hugo de Livenia, 135.
Hugo de Liviere, 172.
Hugo Lupi, notarius, II, 98, 106, 107, 118, 141.
Hugo Maillart, camerarius, II, 88.
Hugo Major, 310.
Hugo de Mez, 267.
Hugo de Molendino, 183.
Hugo Molet, capellanus Ambianensis, II, 141.
Hugo Monachus, 145.
Hugo de Mondisderio, diaconus, 96.
Hugo de Monte Mauro, 6.
Hugo de Morolio, 250.
Hugo de Nancrayo, capellanus, II, 82.
Hugo de Novavilla, subdiaconus, 145, 147.
Hugo de Novovico, 423.
Hugo Parvi, canonicus Ambianensis, II, 95, 106, 108, 123.
Hugo, filius Radulphi de Sancto-Taurino, 102.
Hugo, filius Rericonis, 6.
Hugo Rebe, canonicus Ambianensis, II, 75, 103, 106, 108.
Hugo, filius Rogeri Furnarii, 287.
Hugo de Roseria, dominus Autiolae, 436, 437.
Hugo Salenbien, 27.
Hugo Saleng, 40.
Hugo de Salouel, 64, 65, 339.
Hugo de Sancto-Acheolo, 298.
Hugo, Hues, de Sapegnies, II, 10, 11.
Hugo de Sollariis, 6.
Hugo, frater Symonis, 80.
Hugo Tacon, 237.
Hugo Troissextiere, 62.
Hugo de Vals, 92, 94.
Hugo de Verrignes, vavassor, 125, 126.
Hugo de Vilanacurte, 54.
Hugo Wallis, episcopus Lincolniensis, II, 125.

Hugo, filius Ysabellae, 489, 490.
Hugonis (Bernardus), II, 92.
Huibertus, sororius Johannis, 109.
Hunaldus de Staplis, 380.
Hunoldus, testis, 131.
Huon de Le Houssoie, chevalier, II, 15, 16, 18, 19. — Cf. Hues.
Huon de Riencourt, 474. — Cf. Hues.
Huquelin (Renerus), 124.
Hurelli (Johannes), II, 106.
Hurtevent, II, 156.
Hymarus, 88. — Cf. Himarus.

I

I., prior Aquicinctensis, 345. — Cf. J.
Ibertus, testis, 11.
Ibertus de Altaribus, 48.
Ibertus de Dorlenz, 48.
Idelindis, mancipium, 2.
Incidens Ferrum, molendinum, 13. — Cf. Taillefer.
Incrensis (Infridus), 10. — Cf. Encre.
Infridus Incrensis, miles, 10.
Ingelrannus, archidiaconus, 69, 72, 78, 80, 83. — Cf. Ingerrannus.
Ingelrannus, decanus Ambianensis, 85, 88, 90, 99; II, 123. — Cf. Ingerrannus.
Ingelrannus, Angelrannus, episcopus Ambianensis, 18, 19, 47.
Ingelrannus, molendinarius de Ham, 267.
Ingelrannus, subdiaconus, 17. — Cf. Ingerrannus.
Ingelrannus, diversi homines ejusdem nominis, 46, 55, 70, 90, 93; II, 172.
Ingelrannus de Bova, 139, 202. — Cf. Ingerrannus.
Ingelrannus de Croi, subdiaconus, 90, 106, 108, 109, 112, 113, 114, 122, 145, 147, 151. — Cf. Ingerrannus.
Ingelrannus, filius Drogonis Bovensis, 10.
Ingelrannus, filius Ermecine de Moiliens, 46.
Ingelrannus, primogenitus Eustachii de Encra, 195.
Ingelrannus de Haisdincurt, 88, 157. — Cf. Ingerrannus.
Ingelrannus de Helli, 145, 148, 181.— Cf. Ingerrannus.
Ingelrannus Le Mingre, scabinus, 80.

Ingelrannus Oil de Fer, 65.
Ingelrannus de Pinconio, 44, 108, 119, 124, 129, 149, 160. — *Cf.* Ingerrannus.
Ingelrannus, filius Roberti de Nans, 65.
Ingelrannus de Saveusiis, 48.
Ingelrannus de Sisolle, 101. — *Cf.* Ingerrannus.
Ingerannus de Curcellis, 247.
Ingerannus, quidam, 226.
Ingerburgis, Francorum regina, 137, 138.
Ingerrannus, Ingelrannus, archidiaconus Pontivi, 66, 69, 72, 78, 80, 83.
Ingerrannus, canonicus Peronensis, 430, 434, 435.
Ingerrannus, Ingelrannus, decanus Ambianensis, 85, 88, 90, 95, 99 ; II, 123.
Ingerrannus, Ingelrannus, subdiaconus, 17, 112.
Ingerrannus, Ingelrannus de Bova, 115, 139, 201, 202.
Ingerrannus de Buissi, 267.
Ingerrannus, Ingelrannus, de Croi, subdiaconus, 90, 96, 106, 108, 109, 112, 113, 114, 122, 144, 145, 151, 157.
Ingerrannus Cornus de Encra, 306, 307, 308, 309.
Ingerrannus Favet, II, 63.
Ingerrannus, Ingelrannus, de Haisdincurt, 88, 150, 157, 158.
Ingerrannus, Ingelrannus, de Helli, 145, 148, 181, 228, 232, 294, 295, 364.
Ingerrannus. Engerrans, Heudebiers, armiger, 473, 474, 475.
Ingerrannus, filius Laurentii, 318.
Ingerrannus Mouskes, 267.
Ingerrannus de Mossures, 340, 342, 356.
Ingerrannus, filius Petri Matebrune, 325.
Ingerrannus, Ingelrannus de Pinconio, 44, 108, 119, 124, 129, 149, 160.
Ingerrannus de Ponte, II, 156.
Ingerrannus de Revella, 175.
Ingerrannus, filius Roberti de Revele, 352.
Ingerrannus de Sancto-Fusciano, II, 118.
Ingerrannus de Sancto-Richario, 459.
Ingerrannus, Ingelrannus de Sisolle, 101, 332, 334.
Ingutio, decanus de Centpuis, 72.
Innocentius [III], papa, 204.
Innocentius [IV], papa, 384, 386.
Isabeax, Isabiaus, Ysabeax, Ysabiaus, Ysabieaus, soror Radulphi Gonscelini, 110.
Isabellis, mater Johannis de Rotois, 260.
Isabiaus, soror Radulphi Gonscelini, 110. — *Cf.* Isabeax.
Isembardus, Isenbardus, monachus, 83.
Isenbardus, monachus, 83. — *Cf.* Isembardus.
Iseu, locus, 66. — *Cf.* Yzeux.
Isidrigilis, Ysidrigilis, uxor Erlulfi, 12.
Isop, mancipium, 3.
Ivo, Yvo, filius Ascelini Ferre, 53.
Ivo, comes Ambianensis, 14.
Ivo, Yvo, subdiaconus, 122.

J

J., decanus Ambianensis, 250, *Cf.* Johannes (?). — 306, 313, *Cf.* Jacobus.
J., decanus Belvacensis, 182, II, 59. — *Cf.* Johannes.
J., episcopus Sabinensis, 306. — *Cf.* Johannes.
J., I., prior Aquicinctensis, 345, 348.
J. Marescallus, 418.
Jacoba Wagnete, II, 134.
Jacobus, abbas Sancti-Martini de Gemellis, II, 63.
Jacobus, decanus Ambianensis, 285, 287, 288, 289, 291, 293, 298, 299, 304, 306, 313, 319, 325.
Jacobus Boules, civis Ambianensis, 366.
Jacobus Boulete, II, 33.
Jacobus Canis, prior de Chasçis, II, 118.
Jacobus de Contes, miles, 442.
Jacobus Cuparii, presbyter, II, 97.
Jacobus Dambremeu, II, 110.
Jacobus Enardi, 256.
Jacobus de Mansoguichardo, II, 118.
Jacobus Nepos, presbyter, 412.
Jacobus de Normannis, II, 53.
Jacobus Parvi, praepositus Ambianensis, II, 95, 108.

Jacobus de Sancto-Lupo, II, 20.
Jakemon de Faukemberge, II, 26.
Jakemon Morel, II, 51.
Jakemon Le Sek, II, 26. — *Cf.* Jakes.
Jakes, Jakemon, Le Sek, II, 26, 54.
Jakes Maillos, II, 53.
Jaque de Le Croy, II, 120.
Jehan d'Amiens, II, 51.— *Cf.* Johannes.
Jehan de Audenarde, 467 ; II, 2. — *Cf.* Johannes.
Jehan de Bains, II, 14, 16, 17, 18, 19, 41. — *Cf.* Johannes.
Jehan de Beeloy, II, 60. — *Cf.* Johannes.
Jehan de Bertangle, II, 120.
Jehan Bescochies, II, 54.
Jehan de Chepoy, II, 12, 13.
Jehan Devaus, II, 54.
Jehan Fouquerie, II, 66.
Jehan de Fourdinoy, 493, 498.
Jehan de Fransures, II, 44. — *Cf.* Johannes.
Jehan Godri, II, 38.
Jehan Grigoie, II, 66.
Jehan Grimaut, II, 39.
Jehan Hanepiaus, II, 54.
Jehan Hasart, II, 66.
Jehan Heudebier, II, 51. — *Cf.* Johannes.
Jehan de Honguerie, II, 37.
Jehan Katel, II, 66.
Jehan de Latre, II, 51.
Jehan Le Lonc, II, 51.
Jehan de Lis, II, 66.
Jehan Mahieu, II, 51.
Jehan Mannier, II, 51.
Jehan Minart, II, 120.
Jehan de Nouvion, II, 59. — *Cf.* Johannes.
Jehan de Pinkegni, vidame d'Amiens, 455, 487 ; II, 2, 60. — *Cf.* Johannes.
Jehan Poionnier, II, 66.
Jehan Poitevins, II, 54.
Jehan de Polainvile, II, 40.
Jehan Prieus, 481, 483.
Jehan, fils de Willaume de Daminois, II, 34.
Jehanne Boistelle, II, 132. — *Cf.* Johanna.

Jerosolimitanus patriarcha, 86. — *Cf. Jerusalem.*
Jerusalem : *voir* Hierosolimitanum, Jerosolimitanus, Jherusalem, Jhierosolimis, Jhierosolimitana.
Jherusalem, 85. — *Cf. Jerusalem.*
Jhierosolimis, 108. — *Cf. Jerusalem.*
Jhierosolimitana terra, 381. — *Cf. Jerusalem.*
Joannes, decanus Ambianensis, 493, 497. *Cf.* Johannes.
Joannes, episcopus Sabinensis, 241. — *Cf.* Johannes.
Joannes de Friscans, 459.
Joco (Raymbaudus de), II, 106.
Johanna, comitissa Pontivi, 404.
Johanna, regina Angliae, II, 130.
Johanna, Jehanne, Boitele, II, 132, 133, 141.
Johanna, uxor Droconis Villain, II, 20.
Johanna de Nigella, 418, 422.
Johanna, uxor Walteri Majoris, 392.
Johannes, abbas Sancti-Acceoli, 145.
Johannes, abbas Sancti-Martini de Gemellis, 105.
Johannes, archidiaconus Rothomajensis, 234.
Johannes archiepiscopus Remensis, 472.
Johannes, canonicus Ambianensis, 64, 80.
Johannes, cantor de Duaco, 68.
Johannes, carnifex, 318.
Johannes, clericus, 156, 171.
Johannes, Joannes, decanus Ambianensis, 203, 209, 211, 213, 218, 223, 225, 231, 250, 280, 493, 497 ; II, 53.
Johannes, decanus Belvacensis, 182.
Johannes, decanus de Conteio, 318.
Johannes, decanus de Encra, 73.
Johannes, episcopus Ambianensis, II, 74, 97, 107, 115, 130. — *Cf.* Johannes Cherchemont.
Johannes, episcopus Aptensis, II, 118.
Johannes, episcopus Atrebatensis, II, 77, 92.
Johannes, Joannes, episcopus Sabinensis, 241, 279, 306.
Johannes, grangiarius de Duri, II, 122, 147.
Johannes, major, 454.

Johannes, major de Doumeliers, 109.
Johannes, molendinarius, 108.
Johannes, molendinarius de Fontanis, 486.
Johannes, molendinarius de Ver, 180.
Johannes [XXII], papa, II, 70.
Johannes, poenitentiarius Ambianensis, 229.
Johannes, presbyter de Placeto, 454.
Johannes, presbyter Sancti-Jacobi Ambianensis, 366.
Johannes, presbyter Sancti-Medardi in Calceia, 251.
Johannes, prior Corbeiensis, 145.
Johannes, sacerdos Brituliensis, 22.
Johannes, sacerdos de Vaccaria, 23, 25.
Johannes, subdiaconus, 11, 90.
Johannes, testis, 55.
Johannes, vavassor de Bus, 203, 214, 223, 263, 401, 403.
Johannes Accardi, II, 106.
Johannes de Albello, canonicus Ambianensis, II, 108.
Johannes Albigensis, II, 159.
Johannes, filius Albini, II, 156.
Johannes Aloe, decanus Folliacensis, 353.
Johannes, filius Alulfi de Haidincort, 157.
Johannes, Jehan, de Ambianis, 145, 346, 348 ; II, 51.
Johannes, Jehan, de Audenarde, 394, 395, 467 ; II, 2.
Johannes de Aquosis, 418.
Johannes Argouel, 466.
Johannes de Assartiaus, 489, 492.
Johannes d'Aties, baillivus regius Ambianensis, II, 3, 4.
Johannes, filius Auberti de Ver, 300.
Johannes de Avesna, 488.
Johannes de Baienviler, 377.
Johannes Bainge, II, 164.
Johannes, Jehan, de Bains, II, 14, 16, 17, 18, 19, 20, 41.
Johannes Baisardi, II, 97, 141.
Johannes, frater Baldrici molendinarii, 51.
Johannes Baptista (sanctus), facies, 173.
Johannes, pater Bartholomaei, 79.

Johannes Batel, 81.
Johannes de Baugenciaco, officialis Ambianensis, II, 106.
Johannes, Jehan, de Beeloy, II, 60, 62.
Johannes de Bellaquercu, officialis Ambianensis, 415, 417, 419, 420, 422, 423, 424, 428, 432, 443.
Johannes de Bellinval, II, 156.
Johannes de Belvaco, II, 20. — *Cf.* Johannes Carnificis.
Johannes Bighe, 283.
Johannes Boitel, II, 118.
Johannes de Bouberch, II, 106.
Johannes de Boures, 445.
Johannes de Bova, 113 ; II, 1.
Johannes Braiers, 489, 490, 491, 492, 493.
Johannes de Burgis, decanus Ambianensis, II, 53. — *Cf.* Johannes, decanus Ambianensis.
Johannes du Bus, II, 133, 141.
Johannes de Bussi, II, 123, 147.
Johannes de Calais, II, 164.
Johannes de Canremi, 106, 124, 220.
Johannes Carnificis, alias de Belvaco, II, 20, 141.
Johannes Cherchemont, cardinalis, cancellarius Franciae, II, 97, 114, 130. — *Cf.* Johannes, episcopus Ambianensis.
Johannes de Cherisy, 453.
Johannes Chin, II, 103.
Johannes de Choisi, 91, 94.
Johannes Choket, II, 174.
Johannes, filius Clarentini, 409.
Johannes Clericus, II, 47.
Johannes Climont, II, 71.
Johannes Coispelli, II, 97, 101, 106, 108, 141.
Johannes Cokart, 287, 288.
Johannes de Cokerel, 381, 382.
Johannes de Contiaco, 33, 56, 157.
Johannes de Corcellis, 248.
Johannes de Corroi, 221.
Johannes Couchi, II, 88.
Johannes de Croi, 218, 363.
Johannes de Croissy, 387.
Johannes de Cruce, 27, 28, 36, 40, 49, 66, 74, 75, 108.

Johannes de Curte, 393.
Johannes de Daminois, II, 36.
Johannes Daulle, notarius, II, 78, 82, 92, 93.
Johannes de Donno Medardo, 285.
Johannes de Doumeliers, 499, 500.
Johannes, dominus Egidii de Mailli, 271.
Johannes de Embrevile, 200, 201.
Johannes de Erchil, 330.
Johannes de Espedona, prior de Aquaria, II, 106.
Johannes Faber, 299.
Johannes Fabri, canonicus Ambianensis, II, 118.
Johannes de Falkemberga, 448, 484.
Johannes Faucrels, 267.
Johannes Fauqueti, canonicus Ambianensis, II, 100, 106, 108.
Johannes de Fieffes, II, 8.
Johannes de Fontanis, 465 ; II, 83.
Johannes, Jehan, de Fransules, 477, 479, 480 ; II, 44.
Johannes Fratris, canonicus Ambianensis, II, 106, 108, 141.
Johannes Frutier, presbyter, II, 82.
Johannes, filius Gileberti de Auxiaco, 416.
Johannes de Glisi, 406.
Johannes Gomars, II, 79, 82, 92.
Johannes de Grandicurte, 216, 217.
Johannes, frater Guiberti de Sanctis, 195.
Johannes, frater Guifridi de Gratepanche, 477, 479.
Johannes de Haidincort, 161.
Johannes Haistaut, 314.
Johannes de Haloy, 391.
Johannes de Hangart, 258.
Johannes, primogenitus Henrici Rabos, 438.
Johannes, Jehan, Heudebier, 475 ; II, 51.
Johannes, filius Hiluini, 31.
Johannes Hochecorne, cambarius, II, 100.
Johannes Hormain, 405.
Johannes, filius Hugonis de Busco Guidonis, 276.
Johannes, frater Hugonis Havet, 489, 490, 491.
Johannes Hurelli, canonicus Ambianensis, 106, 108, 141.

Johannes, avunculus Johannis de Domno Medardo, 285.
Johannes de Jumailes, 314.
Johannes de Kaisneto, 437.
Johannes Labe, alias Walot, II, 141.
Johannes Lechat, II, 103.
Johannes Leschoier, 361.
Johannes Levielle, 470.
Johannes de Lille, II, 135.
Johannes de Lilleriis, canonicus Ambianensis, II, 103, 108, 109.
Johannes Li Tillus 393, 406.
Johannes de Longa Maceria, 81.
Johannes de Loecort, 251, 453.
Johannes Macaire, 242.
Johannes de Maiencort, 216, 217, 226.
Johannes filius Manassis Conteiensis, 42.
Johannes Manipeni, 382.
Johannes Miles, 362.
Johannes, frater Milonis Monachi, 63, 79.
Johannes Molendinarius, II, 58.
Johannes Monachi, II, 86.
Johannes Monachus, 108.
Johannes de Monchy, canonicus Ambianensis, II, 118.
Johannes Monniot, II, 79, 81.
Johannes Moset, 80.
Johannes de Nemesio, 414.
Johannes de Nigellula, 53.
Johannes de Noientel, 117.
Johannes, Jehan, de Nouvion, 501 à 505 ; II, 59, 62.
Johannes Oger, 448.
Johannes Oriaut, 314.
Johannes de Paillart, 106.
Johannes, filius Perrotae, 353, 392.
Johannes de Perrousel, 390, 391, 423, 448.
Johannes, filius Petri Gelvin, 251.
Johannes, filius Petri Matebrune, 325.
Johannes, filius Petri de Vilers, 291.
Johannes de Pinconio, praepositus Ambianensis, 65, 66, 79, 95, 105, 106, 107, 109, 110, 112, 114, 118, 119, 120, 125, 128, 133.
Johannes, Jehan, de Pinconio, vicedominus Ambianensis, 235, 455, 467, 501, 503 ; II, 2, 3, 6, 60.
Johannes Platel, 401, 403.
Johannes Polart, II, 47.

Johannes Poli, II, 82.
Johannes de Pratellis, 307, 309.
Johannes de Primeu, 439, 440, 442.
Johannes Radulphi, canonicus Ambianensis, II, 108, 118.
Johannes, frater Radulphi Gonscelini, 110.
Johannes, filius Radulphi Li Escornes, 358.
Johannes de Rayneval, canonicus Ambianensis, II, 118.
Johannes, frater Renaldi de Croissi, 312, 325.
Johannes Renart, 487.
Johannes de Renaudivalle, 400, 402.
Johannes de Retois vel de Rotois, 251, 253, 260, 319, 343.
Johannes de Rida, 255, 256, 257, 261.
Johannes de Riencort, 196.
Johannes de Riveria, 144.
Johannes, frater Roberti, 79.
Johannes, filius Roberti de Forcheuvile, 271.
Johannes, filius Roberti de Laviers, 404.
Johannes, filius Roberti de Revele, 352.
Johannes, filius Roberti Sicci, 112.
Johannes Robini, 328, 332.
Johannes de Rochemont, 74.
Johannes Rousselli vel Roussiaus, 466, II, 92.
Johannes, filius Savalonis, 118.
Johannes Strabo, 450.
Johannes de Suzane, 270, 272.
Johannes, filius Symonis, 268.
Johannes, frater Theobaldi, 85.
Johannes, filius Theobaldi de Noientel, 361.
Johannes, filius Thomae de Doumeliers, 388.
Johannes de Tillu, II, 1.
Johannes Tirelli, prior Fontis Nostrae-Dominae in Valesio, II, 118.
Johannes de Tois, 183.
Johannes Vaquier, II, 100.
Johannes de Ver, 226.
Johannes Vetula, 265.
Johannes Visex, II, 100.
Johannes Waitebus, 390, 391.
Jonathan (Lambertus), 3.

Jordanis, mancipium, 3.
Joseph, mancipium, 3.
Jourdain (Nicholaus), II, 75, 80.
Juliana, uxor Reginaldi, 312, 318, 326.
Jumailes (Johannes de), 314. — Cf. Jumel.
Jumel (canton d'Ailly-sur-Noye, Somme). Voir : Jumailes, Jumeles, Jumellis.
Jumeles (Petrus de), 139. — Cf. Jumel.
Jumellis (Petrus de), 243, 244, 431, 434. (Wibertus de), 243, 244.
Cf. Jumel.
Jungrado, uxor Severini, 3.

K

Kaici, locus, 226.
Kaietum, 204. — Cf. Cayeux.
Kais (Herbertus de), 453. — Cf. Caix.
Kaisneel, molendinum, II, 166.
(Dominus de), 359, 360, 361.
Cf. Le Quesnel.
Kaisneto (Johannes de), 457.
(Heinoldus de), 250.
Cf. Le Quesnel.
Kaisnoi, locus, 337. — Cf. Le Quesnoy.
Kanival, locus, 246. — Cf. Caumval.
Karolus, consul [Ambianensis], 18.
Karolus, princeps Salerni, II, 10.
Karolus [Calvus], rex Francorum, 1.
Katel (Jehan), II, 66.
Kayeto (Willelmus de), 177. — Cf. Cayeux.
Kartovagi abbas, 82. — Cf. Chartreuve.
Kateu (dominus de), II, 4. — Cf. Catheux.
Kenonis domus, 451.
K-sneel, locus, II, 166. — Cf. Le Quesnel.
Kevalvileir, locus, 178 ; II, 158. — Cf. Quevauvillers.
Kevalviler, locus, 178 ; II, 158. — Cf. Quevauvillers.
Kevauviler, locus, 178, 206. — Cf. Quevauvillers.
Kiereti (Guido), II, 75.
Kierreu, locus, 149, 179, 206 ; II, 152.
(Fulco de), 92, 95, 149, 150.
(Ogerus de), 85.
Cf. Querrieux.
Kierrieu, locus, 179, 209, 455, 461, 467 ; II, 48, 152.

(Bernars de), 455, 461, 467.
(Fulco de), 92, 95, 150.
(Guermundus de), II, 161.
(Ogerus de), 85.
Cf. Querrieux.
Kierru, locus, II, 152.
(Fulco de), 92, 95.
(Ogerus de), 85.
Cf. Querrieux.
Kirietus (Robertus), II, 100.
Kirreu, locus, 149 ; II, 152.
(Fulco de), 149.
Cf. Querrieux.
Kokerel (Johannes de), 381, 382. — Cf. Cokerel.
Kyerreu, locus, 209.
(Fulco de), 92, 95.
(Guermundus de), II, 161.
Cf. Querrieux.
Kyerru, locus, 149, 150, 179.
(Fulco de), 149, 150.
(Guermundus de), II, 161.
Cf. Querrieux.
Kyrreu (Guermundus de), II, 161.
(Ogerus de), 85.
Cf. Querrieux.
Kyrriaco (Fulco de), 80. — Cf. Querrieux.
Kyrriacum, locus, 63. — Cf. Querrieux.
Kyrrieu, locus, 209. — Cf. Querrieux.

L

Laas, vinea, apud Noientel, 208.
Labe (Johannes), II, 141.
Laboies, Laiboies, Laiboet, Laiboeth, Lesboet, Lesboies, pratum, 51, 265, 266 ; II, 152.
La Chaussée-du-Bois-d'Ecu (canton de Crévecœur, Oise). — Voir : Eschuz, Escurs, Escuts, Escuz.
La Chaussée-Tirancourt (canton de Picquigny, Somme). — Voir Calceia.
La Ferté-lés-Saint-Riquier (commune de Saint-Riquier, canton d'Ailly-le-Haut-Clocher, Somme). — Voir Firmitatis.
La Houssoye (canton de Corbie, Somme). — Voir : Houssoy, Le Houssoie.
Laibevile, locus, II, 155.

Laiboes, pratum, 51. — Cf. Laboies.
Laiboet, locus, 265. — Cf. Laboies.
Laiboeth, pratum, 266. — Cf. Laboies.
Laies, locus apud Duri, II, 122, 147.
laines, leur pesage à Amiens, 160.
Dîme, 170.
Laines de Pontieu et d'Angleterre, 28.
Lamberga, uxor Teuboldi, 3.
Lamberti (Floscus), nemus apud Revellam, 294.
Lambertisarto (Girardus de), 459, 488.
Lambertus, frater Sancti-Nicholai, 55.
Lambertus, mancipium, 3.
Lambertus de Divione, canonicus Ambianensis, II, 80.
Lambertus de Hilliaco, 33, 36.
Lambertus Jonatham, mancipium, 3.
Lamotte-Brebières (canton de Corbie, Somme). — Voir : Berbieres, Berbieriis, Berbiieres.
Landrici (pastus), II, 148.
Landricus, canonicus, 13.
Langlet (Pierron de), II, 66.
Langres (Haute-Marne). — Voir Lingonensis.
Lanhardus, mancipium, 3.
Laon (Aisne). — Cf. Laudunensis.
Lapideus pons, apud Ambianos, II, 148.
Laplania (Warinus), 448.
Larue, territorium apud Ver, II, 166.
Lateranense concilium, 204, 297. — Cf. Latran.
Lateranum, palatium pontificale, 84, 192, 193, 194, 195, 242. — Cf. Latran.
La Tournelle (Robert de), II, 12, 13.
Latran, palais pontifical. — Voir : Lateranense, Lateranum, Latteranum.
Latre (Jehan de), II, 51.
Latteranum, palatium pontificale, 99.
Laucourt (canton de Roye, Somme). — Voir : Loecort, Loecourt, Louecort.
Laudunensis canonicus : voir Johannes Gomardi. — Cf. Laon.
Laurencius de Albello, canonicus et decanus Ambianensis, II, 106, 108, 118.
Laurencius de Croissi, 376, 377. — Cf. Laurentius.
Laurencius Pikais, notarius, II, 78, 92.
Laurencius Turkessin, 505.

Laurentia Hormain, 417, 422.
Laurentia, uxor Wilardi de Bonolio, 398 ; II, 159.
Laurentius, canonicus Ambianensis, 64, 101.
Laurentius, clericus, 144, 148.
Laurentius, diaconus, 58, 66, 78, 80, 90, 96.
Laurentius, frater Sancti-Johannis, 83.
Laurentius, poenitentiarius Ambianensis, 441, 442.
Laurentius, subdiaconus, 40, 42, 55.
Laurentius, Laurencius, de Cresci, 155, 376, 377.
Laurentius de Cretosa, II, 8.
Laurentius, pater Ingerranni, 318.
Laurentius de Kaisneel, 359, 360, 361.
Laurentius de Mosterolo, canonicus Ambianensis, 259.
Laurentius de Vinacurt, 92, 94.
La Vacquerie (canton de Grandvillers, Oise). — *Voir :* Vacaria, Vaccaria.
Lavania (Bartholomaeus de), II, 33. — *Cf.* Laveigna.
Laveigna, Lavania, (Bartholomaeus de), II, 33, 53.
La Vicogne (canton de Domart, Somme). — *Voir :* Le Vicoigne, Le Vicongne, Viconia.
Laviers (canton d'Abbeville-Nord), (Robertus de), 403, 404.
Le Beket, pratum, II, 58.
Le Bescochie (Arnulphus), II, 3.
Le Bleu (Pierre), II, 120.
Le Boec, rivière, II, 120.
Le Boquellon (Robin), II, 66.
Le Borgne (Milo), 108.
Le Bos, territorium prope Ramecort, 434.
Le Bourguegnon (Symon), II, 35. — *Cf* Borguegnon.
Le Breton, magister, II, 129.
Le Bretonneus : *voir Villers-Le-Bretonneux.*
Le Bus Raimbourt, locus apud Gaissart, 496.
Le Cardonnier (Fremin de), II, 39.
Le Caron, Li Carons, (Petrus), 432, 459, 460.
Le Cauderonnier (Hugo), II, 118.

Le Chambre (Guigone de), II, 37.
Le Chat (Johannes), II, 163.
Le Clake (Marien), II, 51.
Le Cordier (Thomas), II, 135.
Le Cousteiriere (Hawidis), 327. — *Cf.* Le Cousteriere.
Le Cousteriere, Le Cousteiriere, (Hawidis), 327.
Le Couturelle, locus apud Revellam, 448.
Le Croc, locus apud Doumeliers, 325, 388.
Le Crotoy (canton de Rue, Somme. — *Voir :* Crothoi, Crotoi, Crotois, Crotoy.
Le Croy (Jaque de), II, 120.
Le Culmont (commune de Vers, canton de Boves, Somme). — *Voir :* Culmont, Cumont.
Le Diale, Li Diales, (Eustacius), II, 2, 48.
Le Feriere, locus, 170. — *Cf. Ferrières.*
Le Feukerois, locus apud Sanctum-Mauritium, 488.
Le Gallet (canton de Crévecœur, Oise). — *Voir :* Galet, Galeth, Galetum.
Le Gard (commune de Crouy, canton de Picquigny, Somme). — *Voir :* Gardo, Gardiensis.
Le Gievre, locus, 335, 336, 337.
Le Haie du Tilloy, locus apud Velanam, II, 2, 48.
Le Haie de Wadencourt, locus, 295.
Lehericort (Anselmus de), 393. — *Cf.* Lehericuria.
Lehericuria, Lehericort, Lehericurie, (Anselmus de), 387, 388, 389, 390, 391, 392, 393, 398, 399.
Lehericurie (Anselmus de), 398, 399. — *Cf.* Lehericuria.
Le Hoquet (rue d'Amiens), 265. — *Cf.* Hocquetum, Hoket, Hoketh, Hoquetum.
Le Houssoie (Hue de), II, 15, 16, 17, 18, 19. *Cf. La Houssoye.*
Lehunum, locus, 457.
Capitulum, 58.
Mensura, 17.
Monasterium, 17.
Cf. Lihons.
Leigerius, mancipium, 2. — *Cf.* Leigerus.
Leigerus, Leigerius, mancipium, 2.

Le Josne (Robert), II, 120.
Le Jumel (Fremin), II, 51.
Le Kaisnois, locus apud Revellam, 484.
Cf. Le Quesnoy.
Lelonc (Jehan), II, 51.
Lelongier, locus apud Renaudivallem, 401, 403. — *Cf.* Li Longiers.
Le Maieur (Leurench), II, 26.
(Thiebaut), II, 26.
Le Marcais, locus apud Camon, 51. — *Cf.* Le Marleis.
Le Marleis, Le Marcais, locus apud Camon, 51, 337.
Le Mart (René de), II, 66.
Le Mege, locus, 493, 494, 498. — *Cf. Le Mesge.*
Le Mesge (canton de Picquigny, Somme). — *Voir :* Le Mege, Mege, Megensis, Megium, Megio, Mesge.
Le Mesnil (canton de Grandvilliers, Oise). — *Voir :* Maisnil, Masnil.
Le Mingre (Ingelrannus), 80.
Lemoine (Petrus), II, 79.
Le Monnier (Mahiu), II, 54.
Lengles (Robert), II, 35.
Lensida, 3. — *Cf.* Leusinda.
Leodegarius, hospes de Croissiaco, 314.
Leodium, 82. — *Cf. Liège.*
Le Oissel, aqua apud Camon, 392.
Leon (ancien royaume en Espagne), (Folleya in), II, 49.
Leonardus du Hangart, II, 134, 135.
Leonardus, frater Petri Bechins, 79.
Leonardus de Vilers, 45, 88.
Le Penel, aqua apud Camon, 392.
Le Perriere, nemus, 295.
Le Plessier (canton de Moreuil, Somme). — *Voir :* Placetum, Plaisseio, Plaisseium, Plaissiacum, Plasseium, Platetum, Plesseio, Plesseium.
Le Potente, locus apud Renaudivallem, 401.
Le Prevost (Symon), II, 51.
Le Quaille (Thomas), 353.
Le Quesnel (canton de Moreuil, Somme). — *Voir :* Caisneto, Kaisneto.
Le Quesnel (commune de Vers, canton de Boves, Somme). — *Voir :* Caisneel, Casneel, Kaisneel, Kesneel.

Le Quesnoy (commune de Puchevillers, canton d'Acheux, Somme). — *Voir :* Kaisnoi, Quesnoy.
Le Quesnoy (commune de Revelles, canton de Molliens-Vidame, Somme). — *Voir :* Le Kaisnois.
Le Ride (Enardus de), 183.
(Radulphus Gonscelini de), 109.
Cf. Rida.
Le Roinse, campus apud Longam Aquam, 393.
Le Rous (Firminus), II, 102.
Le Roy (Robin), II, 121.
Le Sauchoy, locus, II, 66. — *Cf. Le Saulchoy.*
Le Saulchoy (canton de Crévecœur, Oise). — *Voir :* Le Sauchoy, Salcheium, Saucheium, Sauchoi, Sauchoy.
Lesboet, pratum, II, 152. — *Cf.* Laboies.
Lesboies, pratum, II, 152. — *Cf.* Laboies.
Lescaude (Guermundus), II, 148.
Leschoier (Johannes), 361. — *Cf.* Lescohier.
Lescohier, Leschoier, (Johannes), 361.
Lescorné, Li Escornés, (Radulphus), 339, 341, 342, 355, 357.
Les Noes, locus apud Courchelles, 472.
Le Sueur, Li Surres, (Mahieu), II, 66.
Le Secq (Lienard), II, 37.
Le Sek, Li Ses, (Jakemoni), II, 26, 54.
Le Tillue (Agnes), 406.
L'Etoile (canton de Picquigny, Somme). — *Voir* Stella.
Le Tonloier (Nicholaus), II, 20.
(Theodericus), 108.
Cf. Thelonearius.
Le Tonloiier (Theodericus), 108.
Cf. Thelonearius.
Letsania, uxor Teudevini, 3.
Leurench Le Maieur, II, 26.
Leurens (Girardus), 406.
Leusinda, Lensinda, uxor Guarneri, 3.
Le Vallet (Robertus), 390.
Le Vicoigne, territorium, 506. — *Cf. La Vicogne.*
Le Vicongne, territorium, II, 48. — *Cf. La Vicogne.*
Le Viel (Martinus), II, 114.

Le Vielle (Johannes), 470.
— (Matheus), II, 83.
— (Walterus), II, 156.
Le Viellie (Galterus), II, 155.
L'Evière (prieuré à Angers, Maine-et-Loire). — *Voir* Aquaria.
Le Volant (Hugo), 444.
Levuldus, comes, 5.
Lexoviensis dioecesis, II, 54, 55, 56. — *Cf. Lisieux.*
Li Bions (Wiardus), 362.
Li Bougres, Li Bugres (Willelmus), 105.
Li Bruns (Ricardus), 267.
Li Bugres (Willelmus), 105. — *Cf.* Li Bougres.
Li Bus Oelier, locus apud Renaudivallem, 401, 403.
Li Caleures (Bernerus), 362.
Li Camberlens (Arnulphus), 74.
Li Camps, Li Cans, del Kaisne, 325.
Li Cans del Kaisne, 325. — *Cf.* Li Camps del Kaisne.
Li Carons (Petrus), 459, 460. — *Cf.* Le Caron.
Li Carpentiers (Andreas), 362.
Li Deffois, villa apud Creusam, 294.
Li Diales (Wistasses), II, 2. — *Cf.* Le Diale.
Liège (province de Liège, Belgique). — *Voir* Leodium.
Lienard Le Secq, II, 37.
Lier, pater Galteri, II, 164.
Lieurestauré (commune de Bonneuil en Valois, canton de Crépy, Oise. — *Voir* Locus Restauratus.
Li Escachiers (Sagalo), 470.
Li Escornes (Radulphus), 339, 341, 342, 355, 356, 357. — *Cf.* Lescorné.
Ligeris, flumen, 42. — *Cf.* Loire.
Lignières-Châtelain (canton de Poix, Somme. — *Voir :* Linerie, Liniere, Linieres, Livenia, Liveria, Liviere.
Li Grangiers, II, 164.
Liguiaco (Balduinus de), II, 92.
Lihons (canton de Chaulnes, Somme).— *Voir* Lehunum.
Lille (Johannes de), II, 135.
Lilleriis (Johannes de), II, 103. — *Cf. Lillers.*

Lillers (arr. de Béthune, Pas-de-Calais) — *Voir* Lilleriis.
Li Longiers, Le Longier, locus apud Renaudivallem, 401, 403.
Lincoln (comté de Lincoln, Angleterre). — *Voir* Lincolniensis.
Lincolniensis episcopus, H., II, 125. — *Cf.* Lincoln.
Linerie, locus, 128. — *Cf. Lignières-Châtelain.*
Lingonensis episcopus, Guido, II, 9. — *Cf. Langres.*
Liniere, territorium, 391, 397. — *Cf. Lignières-Châtelain.*
Linieres, territorium, 209 — *Cf. Lignières-Châtelain.*
Li Normans (Souplis), II, 54.
Li Rendus (Willelmus), 398.
Lis (Jehan de), II, 66.
— (Hugo de), 105.
Li Ses (Jakes), II, 54. — *Cf.* Le Sek.
Lisieux (Calvados). — *Voir* Lexoviensis.
Li Surres (Mahieu), II, 66. — *Cf.* Le Sueur.
Li Tillus (Johannes), 393, 406.
Livenia (Hugo de), 155. — *Cf. Lignières-Châtelain.*
Liveria, territorium, 118.
— (Savalo de), 118.
Cf. Lignières-Châtelain.
Liviere, locus, 172.
— (Hugo de), 172.
Cf. Lignières-Châtelain.
Li Walois, Li Waloys, (Balduinus), 298.
Li Waloys (Balduinus), 298. — *Cf.* Li Walois.
Locus Restauratus, abbatia, 82. — *Cf. Lieurestauré.*
Loecort, locus, 151.
— (Johannes de), 453.
Cf. Laucourt.
Loecourt, locus, 151. — *Cf. Laucourt.*
Loeuilly (canton de Conty, Somme). — *Voir :* Luilli, Luilliacum, Lulliaco, Lulliacum.
Loeis [VIII], roi de France, 191.
Loffage (Petrus), II, 82.
Loire (fleuve de France). — *Voir* Ligeris.
Lombardi (Tiescelinus), 40.

Lombardus, Lonbardus, pater Tiescelini, 27.
Lonbardus, pater Tiescelini, 27. — *Cf.* Lombardus.
Loncpré, locus, 62, 91, 93. — *Cf. Longpré-lès-Amiens.*
Londoniensis episcopus W., II, 125. — *Cf. Londres.*
Londres (Angleterre). — *Voir* Londoniensis.
Longa Aqua, locus, 32, 377, 393, 406 ; II, 1, 95, 102, 174.
(Lucas de), II, 1.
Cf. Longueau.
Longa Maceria, Longa Maseria, (Firminus de), 27, 40.
(Johannes de), 81.
Longe Macerie porta, apud Ambianos, II, 148.
Longa Maseria (Firminus de), 27. — *Cf.* Longa Maceria.
Longa Valle (Balduinus de), 429, 431, 433, 435.
(Guillelmus de), 431, 433, 434, 435, 436 ; II, 106, 141.
(Ingerrannus de), 430, 434, 435.
Cf. Longueval.
Longeiaue, II, 39. — *Cf.* Longueau.
Longevillare, abbatia, 181. — *Cf. Longvillers.*
Longpré-les-Amiens (commune d'Amiens, Somme). — *Voir :* Loncpré, Longum Pratum.
Longua Aqua, villa, 32. — *Cf.* Longueau.
Longueau, locus, 377. — *Cf.* Longa Aqua, Longeiaue, Longua Aqua, Longueaue.
Longueaue, locus, II, 120. — *Cf.* Longueau.
Longueval (canton de Combles, Somme). — *Voir* Longa Valle.
Longum Pratum, territorium, 46, 478, 479, 480, 485. — *Cf. Longpré-les-Amiens.*
Longum Villare, abbatia, 177, 181. — *Cf. Longvillers.*
Longvillers (canton d'Etaples, Pas-de-Calais). — *Voir :* Longevillare, Longum Villare.
Lonviler, locus apud Folies, II, 122.
Lorfevre (Phelippe), II, 35.

Losieres, locus apud Ver, 235.
Louecort (Johannes de). — *Cf. Lauoourt.*
Lourseignol (domus de), 470.
Louvencourt (canton d'Acheux, Somme). — *Voir :* Lovecort, Lovencort, Lowecort.
Lovencort, locus, II, 147. — *Cf.* Louvencourt.
Louverethe (fossa), nemus apud Creusam, 294.
Louvrechi, locus, 307, 308, 309, 376. — *Cf. Louvrechy.*
Louvrechy (canton d'Ailly-sur-Noye, Somme). — *Voir* Louvrechi.
Lovecort, locus, II, 163. — *Cf. Louvencourt.*
Lovez (Bernardus), 44.
Lowecort, locus, II, 147, 175. — *Cf. Louvencourt.*
Lucas de Longa Aqua, II, 1.
Lucia, filia Watigheti, 408, 411.
Lucianus de Seus, canonicus Ambianensis, II, 106, 108, 141.
Lucius [III], papa, 97.
Ludovicus [I, dictus Pius] imperator, I.
Ludovicus [VI], rex Francorum, 18.
Ludovicus [VII], rex Francorum, 28, 33, 40, 55.
Ludovicus [IX], rex Francorum, 436, 437.
Lugdunum, locus, 384, 386. — *Cf. Lyon.*
Luicuel (Guermundus de), 72.
Luilli, locus, 483. — *Cf. Loeuilly.*
Luilliacum, municipium, 129. — *Cf. Loeuilly.*
Lulliaco (Nicolaus de), II, 119. — *Cf. Loeuilly.*
Lulliacum, municipium, 129. — *Cf. Loeuilly.*
Lupi (Hugo), II, 98, 106, 118, 141.
Lyon (Rhône). — *Voir* Lugdunum.

M

Mabilia, uxor Adae de Pucheuviler, 327, 332, 336, 337.
Mabilia, uxor Eustachii de Nova Villa, 501, 503.
Mabilia, soror Fulconis sacerdotis, 143.
Mabilia, uxor Hugonis de Auxiaco, 324.

Mabla, de Mesgio, II, 156.
Macaire, Machaire, (Johannes), 242.
Macerie, locus, 259. — *Cf. Mezières.*
Machaire (Johannes), 242. — *Cf.* Macaire.
Machuardi (Oudardus), II, 104.
Macon (Saône-et-Loire). — *Voir :* Matiscone, Matisconensis.
Madefridus, mancipium, 2.
Madoullars (Matheus), 383.
Maermont (locus apud Megium), II, 155.
Magister (Symon), 208.
Magnulfus, Magnulphus, mancipium, 2.
Magnulphus, mancipium, 2. — *Cf.* Magnulfus.
Magnus Pons, apud Ambianos, 18 ; II, 147.
Mahaus, uxor Johannis de Audenarde, 467. — *Cf.* Mathildis.
Mahieu (Jehan), II, 51.
Mahieu Cauffourier, II, 120.
Mahieu Griffet, II, 51.
Mahieu Grigoie, II, 66.
Mahieu Le Sueur *vel* Li Surres, II, 66.
Mahieu Waignel, II, 51.
Mahiu Le Monnier, chapelain d'Amiens, II, 54.
Maiencort, monasterium, 216, 217.
(Aloudus de), 158.
(Galterus de), 401.
(Johannes de), 216, 226.
Cf. Moyencourt.
Maiencourt (Aloudus de), 158.
(Johannes de), 226.
Cf. Moyencourt.
Maiencurt (Aloudus de), 157. — *Cf. Moyencourt.*
Maihieu le counestable, 191.
Maillart (Hugo), II, 88.
Mailli, locus, 270, 375.
(Egidius de), 268, 269.
Cf. Mailly-Maillet.
Maillos (Jakes), II, 53.
Mailly Maillet (canton d'Acheux, Somme). — *Voir :* Mailli, Malli.
Mailly-Raineval (canton d'Ailly-sur-Noye, Somme). — *Voir :* Raineval, Rayneval, Reneval, Renisvilla.
Mainancort (Johannes de), 217. — *Cf. Moyencourt.*

Mainardus, abbas Gardiensis, 29.
Mainardus, abbas de Orbaceo, 6.
Maineriis (Bernardus de), 322. — *Cf. Maisnières.*
Mainerus, cementarius, 62.
Mainerus, monetarius, 18.
Mainerus, sacerdos, 55, 57, 58.
Mainerus Abbatisville, 18.
Mainerus Balbus, 294.
Mainerus Clericus, 156.
Mainerus, Mamerus, Ferathe, 448, 484.
Mainerus, frater Huberti, 57.
Mainerus Moniot, 79, 108.
Mainerus, pater Nicholai, 26, 39, 49, 63.
Mainerus Parvus, 148, 156.
Mainerus Rufus, 150, 155.
Mainerus, filius Roberti Sicci, 112.
Mainieres, locus, 131. — *Cf. Maisnières.*
Mainneriis (Bernardus de), 396. — *Cf. Maisnières.*
Mainsendis (cultura), 388.
Mainsendis, mater Aviciae, 174.
Maioch, locus, 130, 181 ; II, 147. — *Cf. Mayoc.*
Maisecort, locus, 323, 324. — *Cf. Maizicourt.*
Maisecourt, locus, 315, 323, 324. — *Cf. Maizicourt.*
Maisencort, locus, 315. — *Cf. Maizicourt.*
Maisicort, locus apud Creusam, II, 158.
Maisnières (canton de Gamaches, Somme). — *Voir :* Maineriis, Mainieres, Mainneriis, Maneriis.
Maisnil, locus, 109, 255, 256, 257, 261, 290 ; II, 12, 13. — *Cf. Le Mesnil.*
Maisnil de Hamel, territorium prope Ver, II, 167.
Maisnius, locus, 128. — *Cf. Meigneux.*
Maistrie (Vincentius), 362.
Maizicourt (canton de Bernaville, Somme). — *Voir :* Maisecort, Maisecourt, Maisencort, Misecort.
Major (Guillermus), II, 110.
(Hugo), 310.
(Johannes), 454.
(Walterus), 392.
Majoris (Philippus), II, 118.
Mala Domus, 380. — *Cf. Malmaison.*

Malannoy (commune de Bourecq, canton de Norrent-Fontes, Pas-de-Calais). — *Voir* Malo Alneto.
Mala Terra (Fulco), 77, 139.
Malcion (Hawis), II, 164. — *Cf.* Maucion.
Malcovent, Maleovent, territorium, 208.
Maleerbe (Derieu), II, 39.
Maleovent, territorium, 208. — *Cf.* Malcovent.
Maletere (Renoldus), 202.
Malin (Enart), II, 51.
(Pierron), II, 51.
Malli, 270, 272.
(Egidius de), 268, 269.
Cf. Mailly-Maillet.
Malliers, locus, 128. — *Cf. Marlers.*
Malmaison, ancien hôtel de l'échevinage d'Amiens. — *Voir* Mala Domus.
Malo Alneto (Petrus de), 237. — *Cf. Malannoy.*
Malobodio (Petrus de), II, 92.
Malot, Maloth, serviens, 125.
Maloth, serviens, 125. — *Cf.* Malot.
Maltort, locus, 130. — *Cf.* Mautort.
Malum Tortum, locus, II, 58. — *Cf.* Mautort.
Mamerus Ferathe, 484. — *Cf.* Mainerus.
Mames, locus, 323, 324. — *Cf. Mametz.*
Mametz (canton d'Albert, Somme). — *Voir* Mames.
Manasserius, cancellarius Ambianensis, 120, 122, 124, 131, 137, 143, 144, 147, 148, 151, 226; II, 173.
Manasserus Aquagius, 299.
Manasserus de Demuin, 354.
Manasses, archipraesul, 12.
Manasses, episcopus, 41.
Manasses subdiaconus, 90.
Manasses de Bulis, 59.
Manasses, dominus Conteiensis, 23, 24, 33, 42.
Manasses de Floiscies, 74.
Maneriis (Bernardus de), 397. — *Cf. Maisnières.*
Manessier de Blangi, II, 51.
Manipeni (Johannes), 382.
Mannier (Jehan), II, 51.
Mansoguichardo (Jacobus de), II, 118.
marais, de Fontaines, 458, 459.
de Longueau, II, 39.

du Mesge, 493, 494, 498.
de Verton, 442.
Marcel (Gregorius de), 68. — *Cf. Marcelcave.*
Marcelcave (canton de Corbie, Somme). — *Voir :* Marcel, Marcello, Marchel.
Marcello (Radulphus de), 429. — *Cf. Marcelcave.*
Marcellum-en-le-Garde, locus, 429. — *Cf. Marché-Allouarde.*
Marchais, Marchasium, locus apud Folies, II, 122.
Marchasium, locus, II, 122. — *Cf.* Marchais.
Marché-Allouarde (canton de Roye, Somme). — *Voir :* Marcellum-en-le-Garde, Marchel-en-le-Garde.
Marchel (Willaume de), 481. — *Cf. Marcelcave.*
Marchel-en-le-Garde, 237. — *Cf. Marché-Allouarde.*
Marchia (Droco de), II, 75.
Marcq de Honguerie, chevalier, II, 28, 37.
Marescallus (J), 418.
Mareskieveterre, II, 34. — *Cf. Marquenterre.*
Mareskina Terra, II, 35. — *Cf. Marquenterre.*
Marfu (Wilart), II, 51.
Marga, mater Adae de Pucheviler, 327, 332, 336.
Marga Boulete, II, 33.
Marga Fanuele, 419.
Marga, uxor Firmini panetarii, 242.
Marga, relicta Guarini de Demerchecort, 298.
Marga, uxor Johannis de Doumeliers, 499, 500.
Marga, soror Roberti de Revele, 352.
Margareta de Chessoi, II, 163.
Margareta, uxor Ingelranni de Pinchonio, 160.
Margareta, uxor Johannis vicedomini, II, 8.
Margareta, Margarita, uxor Johannis de Rida, 255, 256, 257, 258, 261.
Margareta, filia Roberti de Forcheuvile, 271.
Margareta, filia Roberti de Laviers, 464.

Margareta, uxor Watigheti de Villa sub Corbeia, 408, 411.
Margarita, uxor Johannis de Rida, 256. — *Cf.* Margareta.
Marguerite, dame de Fieffes, II, 60.
Marguerite de Sicile, II, 41, 42.
Maria, comitissa Pontivi, 354.
Maria, filia Adae de Pucheviler, 327, 332, 336.
Maria, filia Adae Teneviaus, 369.
Maria, filia Alermi, 420.
Maria, filia Alulfi de Haidincort, 157.
Maria Boulete, II, 33.
Maria, filia Eustachii de Encra, 129.
Maria, filia Evae, 486.
Maria de Firmitate, 227.
Maria, uxor Gilonis de Cresci, 172.
Maria, uxor Guidonis majoris de Revella, 196.
Maria, uxor Guidonis de Wadencort, 276, 278.
Maria, uxor Gyleberti Morelli, 400.
Maria, uxor Jacobi Boules, 366.
Maria, uxor Johannis de Avesna, 488.
Maria, soror Johannis de Erchil, 330.
Maria, uxor Johannis Molendinarii, II, 58.
Maria, uxor Johannis de Noientel, 117.
Maria, soror Monioti, 200.
Maria Parva, 390, 391.
Maria, filia Perrotæ, 392.
Maria, uxor Petri de Creusa, 253, 254.
Maria, soror Radulphi Gonscelini, 110.
Maria, uxor Radulphi Li Escornes, 341, 342, 357.
Maria, uxor Roberti de Bova, 139.
Maria, filia Roberti de Laviers, 464.
Maria, uxor Roberti de Revella, 350, 352.
Maria Roussele, 466.
Maria de Sorchi, 404.
Maria, soror Thomae, 214, 215.
Maria, uxor Thomae de Fontanis, 471.
Maria Vetula, 470.
Maria Villana, 415.
Maria, soror Wilardi, II, 159.
Mariculo (Rogerus de), 6.
Marie de Corni, II, 155.
Marie Faveresse, II, 156.
Marie de Honguerie, II, 42.
Marien Bustine, II, 51.

Marien Le Clake, II, 51.
Marisco (Willermus de), II, 1.
Marlers (canton de Poix, Somme). — *Voir* Malliers.
Marne (rivière). — *Voir* Materna.
Maroie Grigoie, II, 66.
Maroie de Sains, 481, 483.
Marquenterre (région du Ponthieu). — *Voir :* Mareskievetere, Mareskina Terra.
Martin, II, 155.
Martinus, capellanus Ambianensis, 283.
Martinus, frater Sancti-Nicholai, 55.
Martinus, officialis Ambianensis, 199.
Martinus Franciscus, 376.
Martinus, filius Guarneri Moillesac, 63.
Martinus Le Viel, II, 114.
Martinus de Polivilla, 45.
Martinus de Prato, canonicus Ambianensis, II, 141.
Martinus, pater Walteri, II, 164.
Martroya (Nicolaus de), II, 118.
Martynus Morne, 418.
Masnil deseur Rokencourt, II, 28. — *Cf. Le Mesnil.*
Massa, amita Agnetis, 174.
Massa, soror Fulconis sacerdotis, 143.
Massa, mulier quaedam, 169.
Matebrune (Petrus), 325.
Materna, flumen, 6. — *Cf. Marne.*
Matheus, camerarius regius, 56.
Matheus, clericus Henrici Belvacensis archidiaconi, 23, 25.
Matheus, constabularius regius, 56.
Matheus, praepositus Ingerranni de Bova, 115, 140.
Matheus, subdiaconus, 90.
Matheus, primogenitus Adae Tenevaus, 369.
Matheus filius Andreae de Ponte, II, 156.
Matheus de Bellavalle, 457.
Matheus Bulote, 411.
Matheus de Catheu, capellanus Ambianensis, 388.
Matheus de Coquerello, canonicus Ambianensis, II, 103, 106, 108, 141.
Matheus de Croissi, 376, 377.
Matheus de Croy, 381, 382.
Matheus, frater Egidii de Mailli, 273.
Matheus de Estrées, 150, 151.

Matheus de Gainemont, 74.
Matheus de Hailles, II, 47.
Matheus Le Vielle, baillivus decani et capituli, II, 83.
Matheus Madoullars, custos berefridi, 383.
Matheus Mathon, II, 163.
Matheus Monetarius, major Ambianensis, 381.
Matheus Moriaus, 251.
Matheus Moutons, II, 163.
Matheus Muchemble, II, 100.
Matheus, maritus Perrotae, 352.
Matheus, filius Petri de Creusa, 253, 254.
Matheus, frater Renoldi Maletere, 202.
Matheus de Roya, 377.
Matheus de Settainvile, 88.
Matheus de Vilers, 234, 470.
Matheus de Ysou, 150.
Mathildis, Matildis, mater Alelmi de Ambianis, 35.
Mathildis, filia Alelmi, 227.
Mathildis Blanquesmains, 300, 320.
Mathildis, filia Egidii de Mailli, 269, 273.
Mathildis, Matildis, uxor Gerardi de Bus, 222, 262.
Mathildis, uxor Ingerranni de Rouverel, 307, 309.
Mathildis, Mahaus, uxor Johannis de Audenarde, 394, 395, 467.
Mathildis, Matildis, uxor Reginaldi de Ambianis, 200, 219, 226.
Mathildis, filia Roberti de Forcheuvile, 271.
Mathildis, domina quaedam, 42.
Mathon (Matheus), II, 163.
(Petrus), II, 163.
Matildis, filia Adae de Pucheviler, 327, 332, 336.
Matildis, mater Alelmi de Ambianis, 35. — *Cf.* Mathildis.
Matildis, uxor Girardi de Bus, 262. — *Cf.* Mathildis.
Matildis, soror Johannis de Erchil, 330.
Matildis, uxor Reginaldi de Ambianis, 200, 219. — *Cf.* Mathildis.
Matiscone (Stephanus de), II, 63. — *Cf. Mâcon.*
Matisconensis diœcesis, II, 98. — *Cf. Mâcon.*

Matricort, locus, 161. — *Cf.* Matricourt.
Matricourt, Matricort, locus, 161.
Maucion, Malcion, (Hawis), II, 164.
Maudunum, locus, 41.
Mauritius, praecentor Ambianensis, 400.
Mautort (commune d'Abbeville, Somme), 130, 239 ; II, 147, 176.
(Michael de), 240.
Cf. Maltort, Malum Tortum.
Maximina, mancipium, 3.
Mayoc (commune du Crotoy, canton de Rue, Somme). — *Voir:* Maioch, Mayoch.
Mayoch, locus, 181 ; II, 147, 176. — *Cf.* Mayoc.
Méaulte (canton d'Albert, Somme). — *Voir :* Méaute, Melta, Miaute.
Meaute, locus, 11. — *Cf. Méaulte.*
Mediator (Robertus), 275.
Mege, locus, 114. — *Cf. Le Mesge.*
Megensis ecclesia, II, 169. — *Cf. Le Mesge.*
Megio (Gualterus de), II, 123. — *Cf. Le Mesge.*
Megium, locus, 377, 415 ; II, 22, 155, 174. — *Cf. Le Mesge.*
Mehaut, femme de Gérart vidame d'Amiens, II, 2.
Meigneux (canton de Poix, Somme). — *Voir* Maisnius.
Mellivileir, locus, 128. — *Cf.* Melliviler.
Melliviler, Mellivileir (lieu dit à Linières), 128.
Melloto (Willelmus de), 457.
Melta, territorium, 397, 408. — *Cf. Méaulte.*
Menerus ad Avenam, II, 1.
mensura, mesure.
mensurae lanae, salis, annonae et mellis, 28, 40.
Ambianensis, 54, 101, 112, 121, 135, 346 ; II, 12, 44, 64.
Belvacensis, 294.
Bonoliensis, 411, 428, 471.
Bovensis, II, 172.
Corbeiensis, 454 ; II, 57.
Croissiacensis, 130, 154.
Dullendiensis, 437.
Incrensis, 397, 408, 410 ; II, 11.

Lehunensis, 17.
Pontivensis, 324.
Rogensis, II, 15.
Ruensis, 181.
Mercarii, Mercherii, (Petrus), II, 97, 103.
Mercherii (Petrus), II, 103. — *Cf.* Mercarii.
Merdelonis rivus, II, 148. — *Cf.* Merderon.
Merderon (rivière à Amiens), 451. — *Cf.* Merdelonis.
Merioaco (Drogo de), 21.
Mes, locus, 64, 65, 170, 377 ; II, 26, 174.
(Gualerandus de), 94.
(Hugo de), 267.
(Reginaldus du), II, 50.
(Robertus de), 80.
Cf. Pont-de-Metz.
Mes, vicus Ambianensis, II, 134.
Mesge (major del), 114. — *Cf. Le Mesge.*
Met (Walerannus de), 95. — *Cf. Pont-de-Metz.*
Metium, locus, II, 108, 168. — *Cf. Pont-de-Metz.*
metreta vini quam esteuz nominamus, II, 144.
Mez, census, II, 166.
Ecclesia, 472.
Major : *voir* Simon.
Minuta decima, 170.
Presbyter, 472.
(Hugo de), 267.
(Robertus de), 80.
(Walerannus de), 91, 92.
Cf. Pont-de-Metz.
Mézières (canton de Moreuil, Somme). — *Voir* Macerie.
Miaute, locus, II, 10. — *Cf. Méaulte.*
Michael, clericus, 156.
Michael, decanus Roie, 251.
Michael, janitor, 457.
Michael, subdiaconus, 157.
Michael, filius Alulphi de Haidincort, 157.
Michael Bonnart, II, 118.
Michael, frater Johannis de Maiencort, 216, 217.
Michael de Mautort, 240.
Michael de Raineval, 424.
Michaelis (Gauffridus), II, 118.

Mihilis, uxor Raginfridi, 3.
Mileite (Emmelina), 268. — *Cf.* Milette.
Milencort (Robertus de), 409. — *Cf. Millancourt.*
Miles, Milez, (Johannes), 362.
(Petrus), 268.
(Robertus), 245.
Milette, Mileite, (Emmelina), 268.
Milez (Petrus), 268. — *Cf.* Miles.
Miliaco (Sagalo de), 6.
Millancourt (canton d'Albert, Somme). — *Voir* Milencort.
Milli (Pierron de), II, 38. — *Cf. Milly.*
Milliaco (Gaufridus de), 379. — *Cf. Milly.*
Millo Tiessardi, canonicus Ambianensis, II, 141. — *Cf.* Milo.
Milly (commune de Doullens, Somme). — *Cf.* Milli, Milliaco.
Milo, buticularius, 48, 79.
Milo, dominus Belvacensis, 207.
Milo, puer, 17.
Milo, sacerdos, 55.
Milo, subdiaconus, 17.
Milo, thelonearius, 18.
Milo de Atrio, 75.
Milo de Baiart, 79.
Milo de Bonolio, 428.
Milo Bursa, 75.
Milo Faber, 27, 40.
Milo, filius Guidonis Monachi, 51.
Milo de Ham, 267.
Milo Hoche avaine, clericus, 432.
Milo Huberti, praepositus Ambianensis, 18.
Milo Le Borgne, 108.
Milo Monachus, 63, 65, 79, 81.
Milo de Monte Felicio, 6.
Milo de Monte Leutherio, 6.
Milo Orphanus, miles, 10.
Milo Parisiensis, subdiaconus, 10.
Milo Pincerna, 50, 51, 81.
Milo Rabuissons, 476 ; II, 48.
Milo Rapinis, 382.
Milo de Sarton, 88.
Milo de Sorchi, 290.
Milo, filius Stephani majoris Sancti Mauricii, 45.
Milo, Millo, Tiessardi, canonicus Ambianensis, II, 108, 141.

Milo Torele, 477.
Miroalt, locus, 219, 226. — *Cf. Mirvaux.*
Mirovalt, locus, 297. — *Cf. Mirvaux.*
Mirovaut, locus, 219, 297. — *Cf. Mirvaux.*
Mirowalt, locus, 297. — *Cf. Mirvaux.*
Mirowaut, locus, 297. — *Cf. Mirvaux.*
Mirvaux (canton de Villers-Bocage, Somme). — *Voir :* Miroalt, Mirovall, Mirovaut, Mirowalt, Mirowaut.
Misecort, locus, 323. — *Cf. Maizicourt.*
Moiemont, locus apud Megium, II, 155.
Moiemont, nemus, 294, 295.
Moienessart, locus, 325.
Moiliens (Waldricus de), 76, 80.
(Ermecina de), 46.
Moillesac (Guarnerus), 36, 46, 63. — *Cf.* Mollesac.
Molanis (Robertus de), II, 100.
Molardus, mancipium, 3.
Molendinarius (Johannes), II, 58.
(Theobaldus), 432.
Molendino (Hugo de), 183.
molendinum, moulin, 106, 136, 412 ; II, 39.
molendinum molens cortices, 231.
molendina : de Arundel, 163, 174.
Bertricurtis, 46.
de Biaufait, 338.
Bocart, 78, 366 ; II, 33.
de Bonolio, 213.
de Bova, 32.
de Cateu, 104.
Clenkain, 78, 413.
de Cressiaco, 135, 163, 376.
de Fontanis, 163, 465, 481 ; II, 58.
de Formentel, 405, 417, 422.
de Haidincurt, 46.
de Ham, 51.
de Hapetarte, 405, 417.
de Hoquet, II, 102.
Incidens Ferrum, 13.
de Longo Prato, 46.
de Nova Villa, 444, 504.
de Orrevile, 238.
Passavant, 413.
Peteigni, 359.
Raliers, 414.
de Saleu, II, 64.
de Salouel, 339.
de Sancto-Mauricio, 286, 488.
de Tousac, 124.
de Ver, 249.
Molet (Hugo), II, 141.
Molino, Monz, (Rainardus de), 50.
Mollaincort, locus, II, 147, 176. — *Cf. Morlancourt.*
Mollaincourt, locus, 130. — *Cf. Morlancourt.*
Mollaincurtis, 73. — *Cf. Morlancourt.*
Mollancort, locus, II, 147. — *Cf. Morlancourt.*
Mollesac, Moillesac, Moullesac, (Guarnerus), 31, 36, 46, 63.
Molnians, vivarium, 115. — *Cf.* Molniaus.
Molniaus, Molnians, vivarium, 115.
Molniers (Galterus), 92, 94. — *Cf.* Mouniers.
Moltumviler, locus, 111. — *Cf. Montonvillers.*
Monachi (Johannes), II, 86.
Monachus (Hugo), 145.
(Johannes), 108.
(Milo), 79, 82.
Moncellis (Gaufridus de), 418.
Monchi (Radulphus de), 224.
Monchy (Johannes de), II, 118.
Mondidier, locus, II, 15. — *Cf.* Montdidier.
Mondisderio (Hugo de), 96.
(Petrus de), 144, 145, 147, 148, 151, 155.
(Symon de), 64, 65, 68, 74, 105, 106, 107, 109, 113, 114, 116, 118, 121, 147.
Cf. Montdidier.
moneta, monnaie.
Ambianensis, 129.
Atrebatensis, 113.
Belvacensis, 23, 24, 33, 43, 59, 110.
Monetarius (Guido), 18.
(Mainerus), 18.
(Matheus), 381.
(Nicholaus), 382.
Monios (Mainerus), 79. — *Cf.* Moniot.
Moniot, Monios, Monioth, Mounios, (Arnulphus), 108.
(Mainerus), 79, 108.
(Theodericus), 108, 366 ; II, 33.
Monioth (Terricus), 366 ; II, 33. — *Cf.* Moniot.

Moniotus, filius Ermechins de Vaus, 200.
Monniot (Johannes), II, 79, 81.
Mons Cauberti, locus, II, 58. — *Cf. Mont de Caubert*.
Monsdesiderio (Symon de), 106. — *Cf.* Montdidier.
Monsdesiderium, locus, II, 93. — *Cf.* Montdidier.
Monsdiderio (Symon de), 64. — *Cf.* Montdidier.
Monsdisderio (Symon de), 99, 105, 114, 121.
(Petrus de), 118.
Cf. Montdidier.
Mons Grimoldi, locus apud Calidum Montem, 369.
Monsteriolensis abbas : *voir* Eustachius, 38. — *Cf. Montreuil-sur-Mer*.
Monsterolo (Laurentius de), 259. — *Cf. Montreuil-sur-Mer*.
Monsterolum, comes : *voir* Symon. — Comitissa : *voir* Johanna.
Cf. Montreuil-sur-Mer.
Monsures (canton de Conty, arr. d'Amiens, Somme).
(Ingerrannus de), 342.
Cf. Mossures, Moussules, Moussures, Mossules, Mossures, Moussules, Moussures.
Mont de Caubert (commune de Mareuil, canton d'Abbeville-Sud, Somme). — *Voir* Mons Cauberti.
Montdiderio (Symon de), 106. — *Cf.* Montdidier.
Montdidier (Somme), II, 94. — *Cf.* Mondidier, Mondisderio, Monsdesiderio, Monsdesiderium, Monsdiderio, Monsdisderio, Montdiderio, Monte Desiderii, Montedesiderio, Montedisderio.
Monte, locus, 75.
(Pasquerius de), II, 106.
Monte Desiderii (Petrus de), II, 173.
Cf. Montdidier.
Montedesiderio (Petrus de), 151.
(Symon de), 110.
Cf. Montdidier.
Montedisderio (Symon de), 109. — *Cf.* Montdidier.
Monte Felicio (Fulco de), 6.
(Hubertus de), 6.
(Milo de), 6.

Monte Favencio (Bertrandus de), II, 98.
Monte de Fontenis (Radulphus de), 110.
Monte Leutherico (Milo de), 6. -- *Cf.* Monte Leutherio.
Monte Leutherio, Monte Leutherico, (Drogo de), 6.
(Milo de), 6.
Monte Mauro (Hugo de), 6.
(Guermundus de), 6.
Montibus (Philippus de), II, 92.
Montières (commune d'Amiens, Somme).
— *Voir* Moustiers.
Montis-Sancti-Quintini abbas, 29. — *Cf. Mont-Saint-Quentin*.
Montonviler, locus, II, 147. — *Cf. Montonvillers*.
Montonvillers (canton de Villers-Bocage, Somme). — *Voir :* Moltunviler, Montonviler, Motonviler, Moutonviler.
Montreuil-sur-Mer (Pas-de-Calais). — *Voir :* Monsteriolensis, Monsterolo, Monsterolum, Mosterioli, Mosterolo, Mousterioli, Mousterolum.
Mont-Saint-Quentin (commune d'Allaines, canton de Péronne, Somme). — *Voir* Montis-Sancti-Quintini.
Monz (Rainardus de), 50. — *Cf.* Molino.
Monz Silvi (altar de), 47.
Moralcurt, locus, 155. — *Cf. Moreaucourt*.
Moreaucourt (commune de L'Etoile, canton de Picquigny, Somme). — *Voir :* Moralcurt, Morelcourt, Morelcurt, Moriaucort, Moriaucourt.
Morel (Jakemon), II, 51.
Morelcourt, locus, II, 155. — *Cf. Moreaucourt*.
Morelcurt, locus, II, 155. — *Cf. Moreaucourt*.
Morellus (Gylebertus), 400.
Mores, quidam, II, 160.
(Nicholaus), 148, 155.
Cf. Moret.
Moret, Mores, Moreth, Morez, Moures, Mouret, Moureth, quidam, II, 160.
(Garnerus), 316, 356.
(Johannes), 80.
(Nicholaus), 148, 155.
(Radulphus), 126, 148.

Moreth (Garnerus), 356. — *Cf.* Moret.
Moreuil (arr. de Montdidier, Somme). —
Voir : Moroel, Moroeel, Moroil, Moro-
lio, Morolium, Morueil, Moruel, Morueul.
Morez, quidam, II, 160. — *Cf.* Moret.
Moriaucort, locus, 230. — *Cf. Moreau-
court.*
Moriaucourt, locus, 230. — *Cf. Moreau-
court.*
Moriaus (Matheus), 251.
Morlaincort, locus, 130.
(Robertus de), 134.
Cf. Morlancourt.
Morlaincourt (Robertus de), 134. — *Cf.
Morlancourt.*
Morlaincurt, locus, 130.
(Robertus de), 134.
Cf. Morlancourt.
Morlaincurtis, locus, 73. — *Cf. Morlan-
court.*
Morlaines (Colardus de), II, 3.
Morlancourt (canton de Bray, Somme).
— Voir : Mollancort, Morlaincort, Mor-
laincourt, Morlaincurt, Morlaincurtis.
Morne (Martynus), 418.
Moroel (Bernardus de), 92. — *Cf. Moreuil.*
Moroeel (Bernardus de), 95. — *Cf. Moreuil.*
Moroil (Bernardus de), 92, 95. — *Cf. Mo-
reuil.*
Moroicurtis, appendix Arguvii, 16.
Morolio (Bernardus de), 88, 431.
(Colinus de), 220.
(Hugo de), 250.
Cf. Moreuil.
Morolium, locus, 422 ; II, 101. — *Cf.
Moreuil.*
Morsac, locus apud Renaudivallem, 401.
Morueil, locus, 416, 417. — *Cf. Moreuil.*
Moruel (Bernardus de), 92, 95. — *Cf.
Moreuil.*
Morueul, locus, 417. — *Cf. Moreuil.*
Morviler, territorium, 329. — *Cf. Mor-
villers.*
Morvillers (canton de Poix, Somme). —
Voir Morviler.
Moset, Mouset, Mouzet, (Johannes), 80.
Mossules, locus, 357. — *Cf. Monsures.*
Mossures, locus, 225, 339, 340, 341, 355,
357, 358.
(Ingerrannus de), 342, 356, 357.
Cf. Monsures.

Mosterioli comes : voir Willelmus. —
Cf. Montreuil-sur-Mer.
Mosterolo (Laurentius de), 259. — *Cf.
Montreuil-sur-Mer.*
Motonviler, locus, II, 147. — *Cf. Mon-
tonvillers.*
Moullesac (Guarnerus), 31, 36, 46, 63. —
Cf. Mollesac.
Mouniers, Molniers, (Galterus), 92, 94.
Mounios (Mainerus), 79. — *Cf.* Moniot.
Moures (Nicholaus), 148, 155.
Quidam, II, 160.
Cf. Moret.
Mouret (Guarnerus), 356, 316.
(Johannes), 80.
(Nicholaus), 148.
(Radulfus), 126.
Quidam, II, 160.
Cf. Moret.
Moureth (Garnerus), 316. — *Cf.* Moret.
Mouset (Johannes), 80. — *Cf.* Moset.
Mouskes (Ingerrannus), 267.
Moussules, locus, 340, 357. — *Cf. Mon-
sures.*
Moussures, locus, 225, 339, 341, 355, 357.
(Ingerrannus de), 340.
Cf. Monsures.
Mousterioli comes : voir Willelmus. —
Cf. Montreuil-sur-Mer.
Mousterolum, locus, 441, 448. — *Cf.
Montreuil-sur-Mer.*
Moustiers, locus, 298. — *Cf. Montières.*
Moutons (Matheus), II, 163.
Moutonviler, locus, 111, 376 ; II, 176.
— *Cf. Montonvillers.*
Mouzet (Johannes), 80. -- *Cf.* Moset.
Moy (Helvis de), II, 28, 29, 31.
Moyencourt (canton de Poix, Somme).
— Voir : Maiencort, Maiencourt, Maien-
curt, Mainancort.
Muchemble (Matheus), II, 100.
municipium, 19, 129.

N

Nampont (canton de Rue, Somme). —
Voir : Nempont, Nenpont.
Namps au Mont ou au Val (canton de
Conty, Somme). — *Cf.* Nans, Nanz.
Nampty-Coppegueule (canton de Con-
ty, Somme). — Voir : Nantueil, Nantuel.

Nancrayo (Hugo de), II, 82.
Nans (Alelmus de), 74.
(Ertoldus de), 48, 148.
Cf. Namps.
Nantaldus, diaconus, 17.
Nantaldus, sacerdos, 17. — *Cf.* Nantaudus.
Nantaudus, Nantaldus, sacerdos, 15, 17.
Nantueil, locus, 238. — *Cf. Nampty-Coppegueule.*
Nantuel, locus, 238. — *Cf. Nampty-Coppegueule.*
Nanz (Ertoldus de), 44, 48. — *Cf. Namps.*
Naors (Robertus de), 65. — *Cf.* Naours.
Naours (canton de Domart, Somme), II, 51.
(Robertus de), 65.
Cf. Naors, Naurs.
Naseth (Guermundus), 47.
Naurs (Robertus de), 65. — *Cf.* Naours.
navata salis, 28.
Nemesius, Nemosius, (Johannes de), 414.
Nemosius (Johannes de), 414. — *Cf.* Nemesius.
Nempont, locus, 130. — *Cf.* Nampont.
Nenpont, locus, 130. — *Cf.* Nampont.
Nepos Presbiteri (Jacobus), 412.
Nesle (arr. de Péronne, Somme). — *Voir :* Nigella, Nigellensis.
Nesle-L'Hôpital (canton d'Oisemont, Somme). — *Voir :* Nigella Hospitalis.
Neuville-lès-Lœuilly (canton de Conty, Somme). — *Voir :* Noevile, Nova Villa.
Neuvirelle (ancien fief à Méaulte). — *Voir* Noevirele.
Nevelo de Bova, 6.
Nicholaus, abbas Sancti-Johannis, 231.
Nicholaus, Nicolaus, archidiaconus Pontivi, 223, 226.
Nicholaus, Nicolaus, diaconus, 90, 112, 113, 121, 122, 145, 147.
Nicholaus, decanus de Gentella, 221.
Nicholaus, major de Croissi, 326.
Nicholaus, major de Revella, 302, 390, 391.
Nicholaus, monetarius, 382.
Nicholaus, thelonearius, 310.
Nicholaus, filius Alulfi, 79.
Nicholaus, filius Asseline de Croissiaco, 314.
Nicholaus de Atrio, II, 75, 80.
Nicholaus de Baiart, II, 173.
Nicholaus de Bello Ramo, canonicus Ambianensis, 237, 356, 429.
Nicholaus Bervier, 477.
Nicholaus Cauvache, canonicus Ambianensis, II, 119.
Nicholaus Chaudardus, canonicus Parisiensis, II, 98, 107.
Nicholaus, Nicolaus, Dare, 27, 40, 63.
Nicholaus de Divernia, officialis Ambianensis, 212.
Nicholaus, Nicolaus, Emmelini, praepositus Ambianensis, 18.
Nicholaus, primogenitus Egidii de Mailli, 269, 273.
Nicholaus, Nicolaus, de Gollencurt, 96, 106, 108, 109, 110, 114, 128, 145, 147, 150, 155, 156, 157, 179, 206.
Nicholaus, haeres Guidonis majoris de Revella, 196.
Nicholaus, nepos Huberti thelonearii, 37.
Nicholaus Jourdain, canonicus Ambianensis, II, 75, 80.
Nicholaus Le Tonloier, II, 20.
Nicholaus, filius Maineri, 26, 39, 49, 63.
Nicholaus Moret, 148, 155.
Nicholaus pater Philippi Blancfossé, 126.
Nicholaus Pistor, 37.
Nicholaus Prepositus, 80.
Nicholaus de Rumeigni, dominus de Bova, 407.
Nicolaus, archidiaconus Pontivi, 223. — *Cf.* Nicholaus.
Nicolaus, diaconus, 112, 113. — *Cf.* Nicholaus.
Nicolaus Chauveti, canonicus Ambianensis, II, 118.
Nicolaus Dare, 63. — *Cf.* Nicholaus.
Nicolaus Emmelini, 18. — *Cf.* Nicholaus.
Nicolaus de Gollencurt, 96, 106, 108. — *Cf.* Nicholaus.
Nicolaus de Martroya, notarius, II, 118.
Nigella. — Castellanus, 36.
Decanus, 305.
Dominus : *voir* Symon de Claromonte.
(Fulco de), 161.
(Johannes de), 418, 422.
Cf. Nesle.

Nigella Hospitalis, II, 54, 56. — *Cf. Nesle-L'Hôpital.*
Nigella, prope Valles, II, 154 — *Cf.* Nigellula.
Nigella-supra-Mare, 377. — *Cf. Noyelles-sur-Mer.*
Nigellensis castellanus, 236, 429. — *Cf. Nesle.*
Nigellula, locus, 46, 377, 422.
(Johannes de), 53.
Cf. Noyelles-sur-Mer.
Nigellula, prope Valles, 157. — *Cf.* Nigella.
Nigivertus, mancipium, 4.
Ninart (Jehan), II, 120.
Nivernis (Hugo Lupi de), II, 98.
Noctelindis, uxor Theudoldi, 3.
nocturna, annua piscium captura, 35.
Noeletus, homo de Croissiaco, 314.
Noelli (Alermus de), 423. — *Cf.* Nulliaco.
Noentel, villa, 208. — *Cf.* Nogentel.
Noevile, locus, II, 48. — *Cf. Neuville-lès-Loeuilly.*
Noevirele, territorium, 397, 408.
(Belinus de), 408.
Cf. Neuvirelle.
Nogentel, villa, 20, 208. — *Cf.* Noentel, Noientel, Nongentel.
Noia, rivus, 246. — *Cf.* Noye.
Noiele, villa prope Kerrieu, II, 48. — *Cf. Pont Noyelles.*
Noiele, locus, 216, 217.
Noielete, terra, 87.
Noientel, locus, 117, 208, 357.
(Johannes de), 117.
(Petrus de), 353.
(Theobaldus de), 361, 362.
Cf. Nogentel.
Noiers, Noiiers, (Gilo de), 105.
Noiiers (Gilo de), 105. *Cf.* Noiers.
Nona, rivus, 246. — *Cf. Noye.*
Nongentel, villa, 20. — *Cf.* Nogentel.
Norchencort, locus, II, 154. — *Cf.* Norchencourt.
Norchencourt, locus, II, 154. — *Cf.* Norchencort, Norchencurt.
Norchencurt, locus, II, 154. — *Cf.* Norchencourt.
Normannis (Jacobus de), II, 53.
Normannus (Robertus), 476.

Northoldus, mancipium, 2.
Notre-Dame d'Amiens, église cathédrale. — *Voir* Sancta-Maria.
Notre-Dame d'Auffai, église. — *Voir* Sancta-Maria de Altifago.
Notre-Dame d'Eu, église. — *Voir* Sancta-Maria de Ango.
Nouvion (arr. d'Abbeville, Somme).
(Johannes de), 501, 502, 503, 504, 505 ; II, 59, 62.
(Colaya de), 59, 62.
Nova Villa, locus, 376.
(Hugo de), 145, 147.
(Guillermus de), II, 3.
Nova Villa, in decanatu de Encra, 225. — *Cf.* Nova Villula.
Nova Villa, apud Mesgium, II, 156.
Nova Villa, locus, 501, 502, 503 ; II, 160, 161, 174.
Molendinum, 444, 504.
(Eustachius de), 442, 443, 500, 502, 503, 504, 505.
Cf. Neuville-lès-Loeuilly.
Nova Villula, in decanatu de Encra, 224, 225. — *Cf.* Nova Villa.
Noviomensis canonicus : *voir* Fulco.
Decanus, 463, 468 ; *voir* Egidius.
Episcopus, 160, 193 ; *voir* Stephanus.
Cf. Noyon.
Novo Vico (Hugo de), 423.
Noye (affluent de L'Avre). — *Voir :* Noia, Nona.
Noyelles-sur-Mer (canton de Nouvion, Somme). — *Voir* Nigella supra Mare, Nigellula.
Noyon (arr. de Compiègne, Oise). — *Voir* Noviomensis.
Nuelliaco (Alermus de), 338, 381. — *Cf.* Nulliaco.
Nulliaco (Allermus de), 327, 332, 338, 381. — *Cf.* Nuelliaco, Noelli.

O

O., Thusculanus episcopus, 425. — *Cf.* Odo.
Obertus, Otbertus, subdiaconus, 17.
(Ingelrannus), 65.
Oculus de Ferro, Oel de Fer, Oil de Fer.
(Ingelrannus), 65.
(Rogerus), 92, 94.

Oda, soror Fulconis sacerdotis, 143.
Oda, uxor Guiffridi majoris de Grattepanche, II, 46.
Oda, uxor Henrici d'Auchi, 280.
Oda de Perrosel, 60.
Oda, quaedam, vavassor, 91, 94.
Odeboda, Oldeboda, uxor Leigeri, 2.
Odelhardus, mancipium, 3.
Odelherus, mancipium, 2.
Odelina, Oeudeline, uxor Hugonis de Fourdinoy, II, 25, 27.
Odelina, filia Petri Gelvin, 251.
Odelindis, mancipium, 2.
Odo, canonicus Ambianensis, 245.
Odo, canonicus Sancti-Johannis, 83, 242.
Odo, cardinalis episcopus Thusculanus, 425.
Odo, comes, 5.
Odo, diaconus, 9.
Odo, eques, 18.
Odo, magister, 418.
Odo, praecentor Ambianensis, 208, 248, 249 ; II, 174.
Odo, presbyter, II, 173.
Odo de Bougainvile, 322, 377.
Odo de Britholio, 6.
Odo de Camons, 180.
Odo, filius Eilberti, 6.
Odo de Sancto-Sansone, 21.
Oel de Fer (Ingelrannus), 65.
(Rogerus), 94.
Cf. Oculus de Ferro.
Oeudeline, uxor Hugonis de Fourdinoy, II, 25. — Cf. Odelina.
Offegenes (Robertus de) 449. — Cf. *Offignies*.
Offegnies (Robertus de), 484. — Cf. *Offignies*.
Offeigines (Robertus de), 449. — Cf. *Offignies*.
Offémont (commune de Saint-Crépin-aux-Bois, canton d'Attichy, Oise). — Voir Auffeus Mons.
Offignies (canton de Poix, Somme). — Voir : Offegenes, Offegnies, Offeigines, Oflegnies.
Oflegnies, locus, 128. — Cf. *Offignies*.
Oger (Johannes), 448.
(Petrus), 417.

Ogerus, canonicus Sancti-Johannis, 83.
Ogerus, scabinus, 80.
Ogerus, subdiaconus, 96.
Ogerus, testis, 80.
Ogerus de Conteio, 6.
Ogerus de Kierru, 85.
Ogerus Strabo, 485.
Oilardus, miles, 10.
Oilardus, Willardus, de Rua, 80.
Oilardus, Oillardus, Siccus, 50, 76, 80.
Oil de Fer (Ingelrannus), 65.
(Rogerus), 94.
Cf. Oculus de Ferro.
Oillardus, clericus, 113.
Oillardus, filius Roberti Sicci, 112.
Oillardus Siccus, 50. — Cf. Oilardus.
Oisci, locus, 253. — Cf. *Oissy*.
Oiseles (Ricardus), 267.
Oisemont (arr. d'Amiens, Somme). — Voir Osemont.
Oissel (ferme d'), II, 73.
Oissy (canton de Molliens-Vidame, Somme). — Voir : Oisci, Osci, Ossi.
Oldeboda, uxor Leigeri, 2. — Cf. Odeboda.
Olegia, uxor Benini, 2.
Olricus, Olrius, canonicus Ambianensis, 55, 64, 78, 80, 83.
Olrius, canonicus Ambianensis, 64. — Cf. Olricus.
Omencort, territorium, 397, 408. — Cf. *Omencourt*.
Omencourt (commune de Cressy-Omencourt, canton de Roye, Somme). — Voir Omencort.
Orbaceum, abbatia, 6. — Cf. *Orbais*.
Orbais (canton de Montmort, Marne). — Voir Orbaceum.
Oresmaux (canton de Conty, Somme). — Voir Oresmiaus, Oresmiax.
Oresmiaus, locus, 209. — Cf. *Oresmaux*.
Oresmiax, locus, 209, 478. — Cf. *Oresmaux*.
Orfredus, Orfridus, mancipium, 3.
Orfridus, mancipium, 3. — Cf. Orfredus.
Orgenteus, mancipium, 3.
Orialdis, terra, 39, 40.
Oriaut (Johannes), 314.
Origildis, uxor Amulberti, 2.

Orivilla (Alelmus de), 79. — *Cf. Orville.*
Orléans (Loiret). — *Voir :* Aurelianensis, Aurelianis.
Orphanus (Milo), 10.
Orrains (Petrus), 362.
Orrevile, molendinum, 238.
Presbyter, 238.
Cf. Orville.
Orville (canton de Pas, Pas-de-Calais). — *Voir :* Orivilla, Orrevile.
Osci, locus, 253. — *Cf. Oissy.*
Osemont (Bernardus de), 472. — *Cf. Oisemont.*
Osmundus, Otsmundus, de Alfai, 23, 25.
Osmundus, Otmundus, Otsmundus, de Conteio, 34, 43, 44.
Osmundus de Ver, 469.
Ossi, locus, 253. — *Cf. Oissy.*
Osto, filius Ingerranni de Rouverel, 307, 308, 309. — *Cf.* Oto.
Otberti (calceia de Renisvilla dicta), 45.
Otbertus, subdiaconus, 17. — *Cf.* Obertus.
Otho de Encra, 317. — *Cf.* Oto.
Otho, filius Ingerranni de Rouverel, 307. — *Cf.* Oto.
Otmundus de Conteio, 44. — *Cf.* Osmundus.
Oto, Otho, Oton, Otto, de Encra, 156, 317, 483.
Oto, Osto, Otho, filius Ingerranni de Rouverel, 307, 308, 309.
Oton Dencre, 483. — *Cf.* Oto.
Otsmundus de Alfai, 23, 25. — *Cf.* Osmundus.
Otsmundus de Conteio, 34, 43. — *Cf.* Osmundus.
Otto de Encra, 156. — *Cf.* Oto.
Otuinus, Otvinus, hospes, 27, 40.
Otvinus, hospes, 40. — *Cf.* Otuinus.
Oudardus de Fontanis, II, 83.
Oudardus Machuardi, II, 104.
Oumieil, locus apud Megium, II, 156.
Ours, capellanus Ambianensis, II, 2.
Ourscamps (commune de Chiry, canton de Ribecourt, Oise). — *Voir* Ursi Campus.

P

P. de Villa Regia, II, 63.
Paganus de Dommeliers, 24, 25.
Paganus de Fontanis, 23, 25.

Paillart (canton de Breteuil, Oise). — (Johannes de), 106.
Pairia, filia Egidii de Mailli. — *Cf.* Pavia.
Panetarius (Firminus), 242.
Panulus (Radulphus), 40.
(Ranulphus), 27.
Pardeseur le Quarriere, locus apud Megium, II, 156.
Paris (magister), II, 69.
Paris (Seine). — *Voir :* Parisiensis, Parisius.
Parisiensis ecclesia, 380. — *Cf. Paris.*
Parisius, 102; II, 9, 12.
(Gerardus de), 148.
Cf. Paris.
Parva (Maria), 390, 391.
Parvi (Hugo), II, 95.
(Jacobus), II, 95.
Parviler (G. decanus de), 251. — *Cf. Parvillers.*
Parvillers (canton de Rosières, Somme). — *Voir :* Parviler, Parvovillarum.
Parvi Maiselli, locus apud Ambianos, 451.
Parvovillarum (Firminus de), II, 86.
(Thomas de), II, 87.
Cf. Parvillers.
Parvus (Mainerus), 16, 148.
Pas (Halduinus de), 74; II, 152, 173.
Pasquerius de Monte, II, 106.
Passavant, Passeavant (moulin à Amiens), 79, 413; II, 146, 148.
Passeavant, molendinum, II, 146, 148. — *Cf.* Passavant.
Passetus, 400.
Patricius, Patritius, serviens, 148.
Patritius, serviens, 148. — *Cf.* Patricius.
Patrus Faber, II, 58. — *Cf.* Petrus.
Paululus (Robertus), 68, 96, 106, 114. — *Cf.* Polet.
Paveri, locus, 57, 131.
Pavia, filia Alelmi de Nans, 74.
Pavia, Pairia, filia Egidii de Mailli, 269, 273.
Pedelai, uxor Spediti, 2. — *Cf.* Spedelai.
Peernois, locus, 201. — *Cf. Pernois.*
Penart (Renerus), 401.
Perausello (Alermus de), 305. — *Cf. Prouzel.*
peregrinatio Albigensis, 202.
Ad Jerusalem, 381.

Peregrini (Andreas), II, 106.
Pernois (canton de Domart, Somme). — Voir Peernois.
Perona, locus, 36. — Cf. Péronne.
Peronensis canonicus, 435. — Cf. Péronne.
Peronia, locus, 36. — Cf. Péronne.
Péronne (Somme). — Voir : Perona, Peronensis, Peronia, Peroune.
Peronnier (Ysabel), II, 66.
Peroune, locus, 191. — Cf. Péronne.
Pérouse (Ombrie, Italie). — Voir Perusium.
Perousel (Johannes de), 423.—Cf. Prouzel.
Perouselle (Alermus de), 305. — Cf. Prouzel.
Perrech, vinea, 208. — Cf. Perreth.
Perreth, Perrech, vinea, 208.
Perrosel (Hugo de), 60 ; II, 123.
(Eva de), 46.
(Oda de), 60.
(Robertus de), 22, 46.
Cf. Prouzel.
Perrota de Aurelianis, 391, 392.
Perrota, uxor Mathei, 352.
Perrousele locus, 443, 501.
(Godefridus de), 448.
(Johannes de), 390, 391, 448.
Cf. Prouzel.
Perrouzel (Eva de), 46.
(Hugo de), 60.
(Oda de), 60.
(Robertus de), 22.
Cf. Prouzel.
Perusium, locus, 452. — Cf. Pérouse.
Petegni, molendinum, 359.
Peteigni, molendinum, 359.
Petronilla, filia Gilonis de Croici, 171.
Petronilla, filia Johannis de Rida, 256.
Petronilla, filia Roberti de Laviers, 403, 404.
Petrus, abbas Sancti-Richarii, 48.
Petrus, cardinalis, II, 75.
Petrus, castellanus, 73.
Petrus, clericus, 172, 353.
Petrus, diaconus, 122.
Petrus, episcopus Atrebatensis, 132, 136.
Petrus, frater Sancti-Nicholai, 55.
Petrus, grangiarius de Duri, II, 122, 147.

Petrus, major de Fontanis, 122, 250, 315, 318, 471.
Petrus, major de Vaccaria, II, 162.
Petrus, praecentor, 493.
Petrus, praepositus regis, 119, 126, 155.
Petrus, praepositus de Vinarcort, 248.
Petrus, prior provincialis ordinis Coelestinorum, II, 115. — Cf. Petrus Gueronti.
Petrus, serviens, 259.
Petrus, testis, 55, 80.
Petrus, vavassor de Bus, 214, 223, 263.
Petrus, filius Alulphi de Haidincort, 157.
Petrus de Ambianis, 119.
Petrus de Antono, alias Mercherii, II, 103.
Petrus Aquagius, 299.
Petrus, filius Auberti de Ver, 300.
Petrus de Aufai, miles, 106, 118, 124.
Petrus Baiart, 477, 478, 479, 480.
Petrus Barbete, 420.
Petrus Bechins, 79.
Petrus Bolengarius, 275.
Petrus, Pierre, du Bus, II, 132, 133, 141.
Petrus Buticularii, canonicus Ambianensis, II, 106, 108, 111.
Petrus de Cais, 58.
Petrus de Camberona, 208.
Petrus de Canapes, 92, 95.
Petrus de Canniaco, 33.
Petrus de Catheu, 421.
Petrus Cauket, II, 156.
Petrus Cecus, major de Duri, 118.
Petrus Clabaut, draperius, II, 135.
Petrus Clericus, filius Alermi, 420.
Petrus Cocus, 418.
Petrus de Creusa, 253, 254, 267.
Petrus Cueret, II, 156.
Petrus Darras, II, 135.
Petrus Dautun, capellanus Ambianensis, II, 100.
Petrus de Doumeliers, 260, 454.
Petrus, frater Egidii de Mailli, 273.
Petrus de Estrees, 139, 144.
Petrus, Patrus, Faber, 486 ; II, 58.
Petrus de Fontana, 134.
Petrus de Fonte, 85.
Petrus de Foukencans, 203.
Petrus, filius Fredesendis, 21.
Petrus de Halles, 143.

Petrus Gaffelli, 328, 332.
Petrus Gelvin, 251.
Petrus, frater Geroldi de Estalonmaisnil, 48.
Petrus, frater Geroldi castellani de Hangest, 76.
Petrus de Gollencurt, 33, 246.
Petrus Gueronti, prior provincialis Coelestinorum, II, 115, 118.
Petrus de Guiencurt, 77.
Petrus, frater Guifridi de Gratepanche, 477, 479.
Petrus de Harbonieres, 408.
Petrus, frater Henrici Rabos, 438.
Petrus, filius Hugonis de Busco Guidonis, 276.
Petrus, frater Johannis de Maiencort, 216, 217.
Petrus, primogenitus Johannis de Renaudivalle, 400, 402.
Petrus de Jumeles. 139, 243, 431, 434.
Petrus Le Caron, 432, 459, 460.
Petrus Lemoine, II, 79.
Petrus Loffage, II, 82.
Petrus de Malo Alneto, 237.
Petrus de Malobodio, II, 92.
Petrus, frater Mariae, 400.
Petrus, primogenitus Mariae, 358.
Petrus Matebrune, 325.
Petrus Mathon, II, 163.
Petrus Mercarii, II, 97.
Petrus Milez, 268.
Petrus de Mondisderio, canonicus, 118, 144, 145, 147, 148, 151, 155, 178 ; II, 173.
Petrus de Noientel, 353.
Petrus Oger, 417.
Petrus Orrains, 362.
Petrus, filius Perrotae, 353.
Petrus Pictaviensis, 240.
Petrus de Pissi, 420.
Petrus Pomelli, canonicus Ambianensis, II, 80.
Petrus, filius Radulphi de Aiteneham, 73.
Petrus, frater Radulphi de Duri, 85.
Petrus, filius Raineri grangerii de Duri, 114.
Petrus, nepos Roberti de Perrosel, 22.
Petrus de Rulli, 44.

Petrus de Saloel, 9.
Petrus de Sarton, canonicus, 88, 119, 122, 155, 142, 145, 147.
Petrus de Serincort, 144.
Petrus de Spagniaco, II, 103.
Petrus Talverii, II, 92.
Petrus Torkefel, 506.
Petrus de Velana, 24, 25, 42, 43.
Petrus de Vermencone, II, 75, 86.
Petrus de Vilers, 88, 100, 290.
Petrus, filius Walteri, 325.
Petrus, frater Walteri de Rumeni, 145.
Phelipe Lorfevre, II, 35.
Phelippes, rex Francorum, 186. — *Cf.* Philippus [II].
Philebert, episcopus Ambianensis, II, 119.
Philippus, comes Flandriae, 80.
Philippus, episcopus Belvacensis, 117.
Philippus, episcopus Ebroniensis, II, 9.
Philippus [I], rex Francorum, 10, 12, 15.
Philippus, Phelippes, [II] rex Francorum, 102, 163, 186.
Philippus [III], rex Francorum, II, 3, 9, 11, 23.
Philippus [IV], rex Francorum, II, 31, 47, 49, 50.
Philippus [VI], rex Francorum, II, 93.
Philippus de Blancfossei, vavassor, 125, 126.
Philippus Majoris, canonicus Ambianensis, II, 118.
Philippus de Montibus, II, 92.
Picquigny (arr. d'Amiens, Somme). — *Voir* : Pinchoniensis, Pinchonio, Pinchonium, Pinconiensis, Pinconio, Pinconium, Pinkegni, Pinkegny, Pynchonio, Pynconio.
Pictaviensis (Petrus), 240.
Pieres Guepins, II, 54.
Pierre du Bus, II, 132. — *Cf.* Petrus.
Pierre Caignet, II, 120.
Pierre Le Bleu, II, 120.
Pierre, Pierron, Malin, II, 51.
Pierre Waubert, II, 120.
Pierrepont (canton de Moreuil, Somme), 466.
Pierres de Houssoy, decanus Ambianensis, II, 65.

Pierron de Langlet, II, 66.
Pierron Malin, II, 51. — *Cf.* Pierre.
Pierron de Nulli, II, 38.
Pierron du Viler, II, 66.
Pikais, Pyquais, (Laurencius), II, 78, 92.
Pilars (Guermundus), 72.
Pinardus pons, apud Belvacum, 183, 258. — *Cf.* Pinart.
Pinart pons apud Belvacum, 183. — *Cf.* Pinardus.
Pincerna (Milo), 81.
Pinchardus, primogenitus Roberti de Estrées, 304. — *Cf.* Ponchardus.
Pinchoniensis (Bernardus), 27.
(Gerardus), 48.
(Beatus-Martinus), 311.
Cf. Picquigny.
Pinchonio (Gerardus de), 148, 394, 395.
(Ingerrannus de), 124, 125, 160.
(Johannes de), 65.
(Rainerus de), 36.
(Willelmus de), 145, 148 ; II, 173.
Cf. Picquigny.
Pinchonium. Decanus : *voir* G.
Dominus, 355 : *voir* Girardus.
Via, II, 155.
Vicedominus : *voir* Johannes.
Cf. Picquigny.
Pinconiensis, (Bernardus), 27, 51.
(Gerardus), 48, 148.
(Johannes), 66.
Cf. Picquigny.
Pinconio (Gerardus de), 76.
(Ingelrannus de), 44, 124, 129, 149.
(Johannes), 65, 125, 126.
(Rainerus de), 36.
(Willelmus de), 145, 148 ; II, 173.
Cf. Picquigny.
Pinconium. Dominus, 501 ; *voir* : Girardus, Johannes.
Praepositus, *voir* Johannes.
Vicedominus, 108.
Cf. Picquigny.
Pinkegni (sire de) : *voir* Jehan.
Vidamesse : *voir* Mahaus.
Cf. Picquigny.
Pinkegny, locus, II, 11.
Dominus : *voir* Jehan.
Cf. Picquigny.

Pinkonium. Dominus : *voir* Girardus.
Pinon, locus, 308.
Pionnier (Jehan), II, 66.
Piscei, villa, 12. — *Cf. Pissy.*
Pisci, villa, II, 158. — *Cf. Pissy.*
Pissci, villa, 206, II, 158. — *Cf. Pissy.*
Pissi, villa, 178, 390, 391 ; II, 158.
(Petrus de), 420.
Cf. Pissy.
Pissy (canton de Molliens-Vidame, Somme). — *Voir :* Piscei, Pisci, Pissci, Pissi.
Pistor (Nicholaus), 37.
Pistoya (Guillermus de), II, 95.
Placetum, territorium, 454. — *Cf. Le Plessier.*
Plachi, locus, 238, 275, 443. — *Cf. Plachy.*
Plachy-Buyon (canton de Conty, Somme), 501. — *Cf.* Plachi, Placi.
Placi, locus, 238.
(Alelmus de), 239.
Cf. Plachy.
Plaisseio (Bernardus de), 149, 150, 151. — *Cf. Le Plessier.*
Plaisseium, locus, 228, 364, 365. — *Cf. Le Plessier.*
Plaissiacum, locus, 228. — *Cf. Le Plessier.*
Plantehaye (Colardus), II, 141.
Plasseium, locus, 364, 365. — *Cf. Le Plessier.*
Platel (Johannes), 401, 403.
Platetum, locus, 454. — *Cf. Le Plessier.*
Plectrudis, uxor Amulvini, 3.
Plesseio (Bernardus de), 149, 150, 151. — *Cf. Le Plessier.*
Plesseium, locus, 364. — *Cf. Le Plessier.*
Ploieis, nemus, 210.
Pois (Willaume de), II, 38, 51. — *Cf. Poix.*
Poitevins (Jehans), II, 54.
Poix (arr. d'Amiens, Somme). — *Voir :* Pois, Poiz.
Poiz, locus, 62 ; II, 50.
(Amelius de), 62.
Cf. Poix.
Polainvile, locus, 202 ; II, 40, 60, 62, 147, 154, 176. — *Cf. Poulainville.*
Polainvilla, locus, 46. — *Cf. Poulainville.*
Polart (Johannes), II, 47.
Polet, Paululus, Poleth, Polez (Robertus), 55, 64, 68, 83, 96, 106, 108, 114, II, 173.

Poleth (Robertus), 106. — *Cf.* Polet.
Polez (Robertus), 64, 83, 114. — *Cf.* Polet.
Poli (Johannes), II, 82.
Polivilla, locus, 45, 62, 70, 376.
(Martinus de), 45.
Cf. Poulainville.
Pomelli (Petrus), II, 80.
Ponchardus, Pinchardus, primogenitus Roberti de Estrées, 304.
Ponchel (Aubertus), 408.
pondus Trecense, 148, 149, 214, 215, 316, 347, 381.
Pons, locus, 31, 37.
Pons de Mez, locus, 231.
Pont-de-Metz (canton d'Amiens S.-O., Somme). — *Voir :* Mes, Met, Metium, Mez, Pons de Mez.
Ponte (Andreas de), II, 156.
(Ingerrannus de), II, 156.
Ponthieu (ancien comté ayant Abbeville pour capitale). — *Voir :* Pontivensis, Pontivum.
Ponthoile (canton de Nouvion, Somme). — *Voir* Pontoiles.
Pontinus, filius Roberti de Stratis, 305. — *Cf.* Pontius.
Pontius, Pontinus, filius Roberti de Stratis, 305.
Pontivensis archidiaconus, 198 ; *Cf.* Droco de Marchia.
Mensura, 306, 324.
Cf. Ponthieu.
Pontivum, archidiaconus, 233, 397 ; II, 54, 56, 152 ; *voir :* Ansellus, Bernardus, Guillelmus, Radulphus.
Comes *aut* comitissa, 240, 323 ; *voir :* Johanna, Symon, Willelmus.
Cf. Ponthieu.
Pont-Noyelles (canton de Villers-Bocage, Somme). — *Voir :* Noiele, Nigellula.
Pontoiles, locus, 296. — *Cf. Ponthoile.*
Porel (Stephanus), II, 162.
Porion (Evrardus), II, 47.
Porta del Arquet, apud Ambianos, II, 49.
Potator (Balduinus), 224, 225.
Poulainville (canton d'Amiens, N.-E., Somme). — *Voir :* Polainvile, Polainvilla, Polivilla.

Pratellis (Johannes de), 307, 309.
(Symon de), 105.
Prato (Martinus de), II, 141.
Premonstratensis abbas, 82. — *Cf. Prémontré.*
Prémontré (canton de Coucy, Aisne). — *Cf.* Premonstratensis.
Prieus (Jehan), 481, 483.
Primeu (Johanna de), 439, 440, 442.
Prior (Robertus), 258.
Prouzel (canton de Conty, Somme). — *Voir :* Perausello, Perousel, Perouselle, Perrosel, Perrousel, Perrouzel.
Prunerolis, cultura, 1.
Psailliaco (Balduinus de), 68.
(Heluinus de), 67, 68.
Cf. Psalliaco.
Psalliaco (Balduinus de), 68.
(Heluinus de), 67, 68.
Cf. Psailliaco.
Puchanvillers (Balduinus de), II, 48. — *Cf.* Puchevillers.
Pucheuviler, locus, 327, 331, 336, 337, 347.
(Adam de), 327, 335, 336, 337.
Cf. Puchevillers.
Pucheviler (Adam de), 327, 329, 330, 331. — *Cf.* Puchevillers.
Puchevillers (canton d'Acheux, Somme). 337.
(Adam de), 337.
Cf. Puchanvillers, Pucheuviler, Pucheviler, Putheus Villaris, Putheo Villari.
Puits-La-Vallée (canton de Froissy, Oise). — *Voir* Puz.
Puteus Cardonis, locus apud Revellam, 450.
Putheo Villari (Petrus Torkefel de), 506.
Cf. Puchevillers.
Putheus Villaris, locus, 506.
Cf. Puchevillers.
Puz, villa, 22. — *Cf. Puits-La-Vallée.*
Pynchonio (Ingelrannus de), 160. — *Cf. Picquigny.*
Pynconio (Bernardus de), 51. — *Cf. Picquigny.*
Pyquais (Laurentius), II, 92. — *Cf.* Pikais.

Q

Quarreia (Grimoldus de), 27.
Quercu (campus de), apud Croissiacum, 387.
Querrieu (canton de Villers-Bocage, Somme). — *Voir* : Carus Rivus, Kierreu, Kierrieu, Kirreu, Kyerreu, Kyerru, Kyrreu, Kyrriaco, Kyrriacum, Kyrrieu.
Quertu, locus apud Hangestum, 453.
Quesnoy, locus apud Puchevillers, 337. — *Cf. Le Quesnoy*.
Quevauvillers (canton de Molliens-Vidame, Somme). — *Voir* : Kevalvileir, Kevalviler, Kevauviler.
Quoquerello (Firminus de), 75, 80. — *Cf.* Cokerel.

R

R., cancellarius Ambianensis, 367. — *Cf.* Ricardus de Fornivalle.
R., cantor Atrebatensis, 231.
R., episcopus Ambianensis, 13, 178. — *Cf.* Ricardus, Rorico.
R. de Croyaco, decanus Ambianensis, II, 96. — *Cf.* Robertus.
R. Ruffus, canonicus Ambianensis, 306. *Cf.* Robertus.
R. Soiars, 251.
R. Siccus, canonicus Ambianensis, 178. — *Cf.* Robertus.
Rabbos (Henricus), 448. — *Cf.* Rabos.
Rabbuissons (Firminus), 199. — *Cf.* Rabuissons.
Rabel, locus juxta Mez, II, 167.
Rabos, Rabbos, Rabot, Raboth, (Henricus), 438, 439, 440, 441, 448.
Rabot (Henricus), 438. — *Cf.* Rabos.
Raboth (Henricus), 440, 441. — *Cf.* Rabos.
Rabuischons (Firminus), 199. — *Cf.* Rabuissons.
Rabuisson (Milo), II, 48. — *Cf.* Rabuissons.
Rabuissons, Rabuischons, Rabuisson, (Firminus), 199, 202.
(Milo), 476 ; II, 48.
(Willelmus), 477.
Radeu (Renardus), II, 164.
Radoldus, mancipium, 3.

Radulfus, Radulphus, archidiaconus Pontivi, 22, 23, 25, 27, 28, 29, 32, 38, 40, 90, 96, 111, 112, 113, 119, 121, 124, 144, 145, 147, 228, 364.
Radulfus, Radulphus, castellanus de Britulio, 105.
Radulfus, Radulphus, castellanus de Nigella, 36.
Radulfus, Radulphus, comes Claromontanus, 59, 104.
Radulfus, Radulphus, decanus Ambianensis, 23, 25, 28, 29, 32, 37, 38, 40, 42, 48, 50, 55, 56, 57, 58, 63, 64, 65, 66, 67, 69, 70, 72, 73, 74, 75, 78, 80, 99, 115 ; II, 124.
Radulfus, Radulphus, diaconus, 22, 29, 32, 38, 40, 42, 50, 90.
Radulfus, major de Bonoil, 174.
Radulfus, Radulphus, praepositus, 25, 80.
Radulfus, Radulphus, presbyter, 40, 57, 66, 78.
Radulfus, Radulphus, subdiaconus, 15, 17, 27, 42, 66, 79.
Radulfus, Radulphus, de Aiteneham, 73.
Radulfus, Radulphus, Bascohels, 23, 25, 239.
Radulfus, Radulphus, de Domno, 51.
Radulfus, Radulphus, de Douncel, 53.
Radulfus, Radulphus, de Gisencurt, 62.
Radulfus, frater Hugonis de Liviere, 172.
Radulfus, Radulphus, de Monte de Fontenis, 110.
Radulfus, Radulphus, Moret, 126, 148.
Radulfus, Radulphus, Ranulphus, Panulus, 27, 40.
Radulfus, Radulphus, filius Philippi Blancfossé, 125, 126.
Radulfus, Radulphus, filius Rainoldi, 20, 21.
Radulfus, Radulphus, de Sancto-Albino, 44.
Radulfus, Radulphus, Tatevols, 27, 40.
Radulfus, Radulphus, de Vilers, 88 ; II, 20, 82, 87.
Radulphi (Johannes), II, 108.
Radulphus, archidiaconus Pontivi, 22, 23, 25, 27, 28, 29, 32, 38, 40, 90, 96, 111, 112, 113, 119, 121, 124, 145, 147, 228, 364. — *Cf.* Radulfus.

Radulphus, canonicus Ambianensis, 80.
Radulphus, castellanus de Britulio, 105. — *Cf.* Radulfus.
Radulphus, castellanus de Nigella, 36. — *Cf.* Radulfus.
Radulphus, comes Claromontanus, 59, 104. — *Cf.* Radulfus.
Radulphus, decanus Ambianensis, 23, 25, 28, 32, 37, 38, 40, 42, 48, 50, 55, 56, 57, 58, 63, 64, 65, 66, 69, 70, 72, 73, 74, 75, 78, 80, 99, 115; II, 124. — *Cf.* Radulfus.
Radulphus, diaconus, 22, 29, 32, 38, 40, 42, 90. — *Cf.* Radulfus.
Radulphus, pincerna episcopi, 10, 11.
Radulphus, praepositus, 25, 80. — *Cf.* Radulfus.
Radulphus, presbyter, 40, 57, 66, 78. — *Cf.* Radulfus.
Radulphus, subdiaconus, 27, 42, 66, 79. — *Cf.* Radulphus.
Radulphus, testis, 46, 55.
Radulphus, vavassor de Bus, 203, 214, 223, 263.
Radulphus de Aiteneham, 73. — *Cf.* Radulfus.
Radulphus de Alliaco, archidiaconus Cameracensis, II, 110.
Radulphus de Attrebato, 423.
Radulpbus de Augo, 88, 156.
Radulphus Augustini, 423.
Radulphus de Balgenci, 19.
Radulphus Bascohels, 23, 25, 239. — *Cf.* Radulfus.
Radulphus de Bernardi Prato, II, 33.
Radulphus Bordons, 50.
Radulphus Burnez, 76.
Radulphus de Clari, 47.
Radulphus de Cramailes, 452.
Radulphus de Domno, 51. — *Cf.* Radulfus.
Radulphus de Douncel, 53. — *Cf.* Radulfus.
Radulphus de Duri, 85.
Radulphus de Espaigni, 421.
Radulphus de Flers, 419.
Radulphus, filius Fulchonis, 21.
Radulphus de Gardin, 251.
Radulphus de Gisencurt, 62. — *Cf.* Radulfus.
Radulphus Gonscelini, 109.
Radulphus, haeres Guidonis, majoris de Revella, 196.
Radulphus de Hisli, 22, 79.
Radulphus, filius Johannis de Embrevile, 200.
Radulphus Li Escornes, 339, 341, 342, 355, 356, 357.
Radulphus de Marcello, 429.
Radulphus de Monchi, 221.
Radulphus de Monte de Fontenis, 110. — *Cf.* Radulfus.
Radulphus Moret, 126, 148. — *Cf.* Radulfus.
Radulphus, frater Nicholai de Bello Ramo, 237.
Radulphus Panulus, 40. — *Cf.* Radulfus.
Radulphus, filius Petri de Vilers, 291.
Radulphus, filius Philippi Blancfossei, 125. — *Cf.* Radulfus.
Radulphus, filius Rainoldi, 20, 21. — *Cf.* Radulfus.
Radulphus de Sancto-Albino, 44. — *Cf.* Radulfus.
Radulphus de Sancto-Taurino, 102.
Radulphus Tatevols, 27, 40. — *Cf.* Radulfus.
Radulphus de Vilers, 88; II, 20, 82. — *Cf.* Radulfus.
Radulphus, filius Warengoti, 53.
Radulphus de Waylli, 423.
Radulphus Wichars, 183.
Radulphus de Ypre, 382.
Ragembertus, mancipium, 2.
Ragerus, mancipium, 3.
Raginara, Ragmara, mancipium, 3.
Raginerus, thesaurarius, 17. — *Cf.* Rainerus.
Raginfridus, Raingifridus mancipium, 3.
Ragmara, mancipium, 3. — *Cf* Raginara.
Ragnauvardus, mancipium, 3. — *Cf.* Regnawardus.
Ragnawardus, Ragnauvardus, mancipium, 3.
Raimaisnil, locus, 178. — *Cf.* Rumaisnil.
Raimbourt (le bus), apud Gaissart, 496.
Rainaldus de Bestesi, 379.
Rainaldus, frater Manassis Conteiensis, 25.

Rainaldus, Rainardus, de Monz, 50.
Rainaldus, Reinaldus, de Savieres, 200.
Rainardus de Monz, 50. — *Cf.* Rainaldus.
Rainecourt (canton de Chaulnes, Somme), 433. — *Cf.* Rainocourt, Ramecort, Ramecourt.
Rainerus, frater Sancti-Nicholai, 55.
Rainerus, grangerius de Duri, 113.
Rainerus, magister, 79.
Rainerus, praepositus, 81.
Rainerus, Raingerus, subdiaconus, 6, 11.
Rainerus, Raginerus, thesaurarius, 6, 15, 17.
Rainerus de Bova, 33.
Rainerus Foteraus, II, 169.
Rainerus de Pinconio, 36.
Raineval (Michael de), 424. — *Cf. Mailly-Raineval*.
Rainfridus, 13.
Raingerus, subdiaconus, 6. — *Cf.* Rainerus.
Raingifridus, mancipium, 3. — *Cf.* Raginfridus.
Rainocourt, locus, 431. — *Cf.* Rainecourt.
Rainoldus, comes, 20.
Rainoldus, hospes, 20.
Rainoldus, pater Radulphi, 20.
Rains (Theobaldus de), 108, 110, 114. — *Cf. Reims*.
Raistiaus, locus, 323, 324. — *Cf.* Rastiaus.
Rambureles, locus, 197. — *Cf.* Ramburelles.
Ramburelles (canton de Gamaches, Somme). — *Voir* Rambureles.
Ramdulfus, Randulfus, sacerdos, 55.
Ramecort, locus, 430, 433, 434, 435. — *Cf.* Rainecourt.
Ramecourt, locus, 430, 431. — *Cf.* Rainecourt.
Randulfus, sacerdos, 55. — *Cf.* Ramdulfus.
Ranulphus Panulus, 27. — *Cf.* Radulfus.
Rapine (Warinus), 476 ; II, 48.
Rapinis (Milo), 382.
Rasteals, locus apud Creusam, II, 158. — *Cf.* Rastiaus.

Rastiaus, locus apud Creusam, 323, 324.
— *Cf.* Raistiaus, Rasteals.
Ratiers, moulin, 414 ; II, 146.
Ratoldus, mancipium, 3.
Ravin (Ricardus), 382.
Ravina, exclusa, 266, 320 ; II, 102, 146.
— *Cf.* Ravine.
Ravine, Ravina, exclusa, 265, 266, 301, 320 ; II, 23, 72, 102, 104, 146.
Raymbaudus de Joco, canonicus Ambianensis, II, 106, 108, 141.
Raymont (Willermus), II, 1.
Raynaudus Bete, II, 107.
Rayneval (Johannes de), II, 118. — *Cf. Mailly-Raineval*.
Re, locus juxta Vaccariam, 162.
Rebe (Hugo), II, 75.
Reg., poenitentiarius, II, 53.
Reginaldus, episcopus Belvacensis, II, 9.
Reginaldus de Ambianis, 199, 201, 202, 219, 226.
Reginaldus de Beeloy, 390, 391.
Reginaldus, Renaldus, de Croisci, 311, 312, 313, 317, 325.
Reginaldus, Regnaut, Renaut, de Dargies, 389 ; II, 44, 46.
Reginaldus de Fiefes, decanus Ambianensis, II, 75, 80.
Reginaldus, Renaus, du Mes, II, 50.
Reginaldus Rusticus, 314.
Reginaldus, Renaldus, Renaut, de Sessiaulieu, canonicus Ambianensis, 418, 476, 493, 497.
Reginaldus de Sorel, 496.
Reginbolda, uxor Flodoldi, 3.
Regintrudis, Regnitrudis, uxor Gonhardi, 3.
Regnaut de Dargies, II, 46. — *Cf.* Reginaldus.
Regnière-Ecluse (canton de Rue, Somme). — *Voir* Reneri Exclusa.
Regnitrudis, 3. — *Cf.* Regintrudis.
Rehermaisnil, villa, 95. — *Cf. Rumaisnil*.
Reims (Marne). — *Voir :* Rains, Remensis, Remi, Remis.
Reinaldus, archiepiscopus Remensis, 15.
Reinaldus de Savieres, 200, 201. — *Cf.* Rainaldus.
Reinelet-Maisnil, locus, 104. — *Cf. Rumaisnil*.

Reinerus, Remerus, Huquelin, 124.
Reinoldus, Renoldus, de Kaisneto, 250.
Reismesnil, locus, II, 159, 161. — *Cf. Humaisnil.*
Remaisnil, locus, 148, 155. — *Cf. Rumaisnil.*
Remensis archiepiscopus : *voir* Albericus, Henricus, Johannes, Reinaldus. Provincia, 380.
Cf. Reims.
Remerus Huquelin, 124. — *Cf.* Reinerus.
Remi, locus, 6. — *Cf. Reims.*
Remi de Le Mart, II, 66.
Remiencourt (canton de Boves, Somme). — *Voir :* Remiercort, Remiercourt, Rimiecort.
Remiercort, locus, 246. — *Cf. Remiencourt.*
Remiercourt, locus, 246. — *Cf. Remiencourt.*
Remigius, laicus, 75.
Remigius, quidam, II, 153.
Remigius de Vals, 88.
Remis (Rogerus de), 85.
(Theobaldus de), 85, 122, 145, 148, 155.
Cf. Reims.
Renaldus de Croissi, 311, 312, 313. — *Cf.* Reginaldus.
Renaldus, laicus, 171.
Renaldus de Sessauliu, 418. - *Cf.* Reginaldus.
Renancourt (commune d'Amiens). — *Voir :* Ernencourt, Ernencurt.
Renardus Radeu, II, 164.
Renart (Johannes), 487.
Renaudivallis, territorium, 401, 402, 403.
(Johannes de), 400, 402.
Cf. Renotval.
Renaudus, frater vicedomini, 302.
Renaudus de Contres, II, 48.
Renaus de Mes, II, 50. — *Cf.* Reginaldus.
Renaut de Canapes, II, 38.
Renaut de Dargies, II, 44. — *Cf.* Reginaldus.
Renaut de Sessiaulieu, 493, 497. — *Cf.* Reginaldus.
Renautval, territorium, 91, 402.
(Johannes de), 403.
Cf. Renotval.

Renelet-Maisnil, locus, 59. - *Cf.* Rumaisnil.
Reneri Exclusa, locus, 377. — *Cf. Regnière-Ecluse.*
Reneri Mainelium, II, 174. — *Cf.* Rumaisnil.
Renerus, frater Auberti de Ver, 300.
Renerus Bourjois, presbyter, II, 63.
Renerus de Calceio, 227.
Renerus de Cahon, 457.
Renerus de Durcat, 181.
Renerus Penart, 401.
Renet (Colart), II, 66.
Reneval, locus, 307.— *Cf.Mailly-Raineval.*
Renisvilla, locus, 45. — *Cf. Mailly-Raineval.*
Renoldus de Kaisneto, 250. — *Cf.* Reinoldus.
Renoldus Maletere, 202.
Renoltval, locus, 91, 93. — *Cf.* Renotval.
Renolval, locus, 93. — *Cf.* Renotval.
Renotval (commune de Vaux, canton de Villers-Bocage, Somme), 91. — *Cf.* Renaudivallis, Renautval, Renoltval, Renolval.
Rerico, pater Hugonis, 6.
Restaudus, quidam, II, 122.
Restedus, frater Sancti-Nicholai, 55.
Restevinus, Restivinus, mancipium, 3, 4.
Restivinus, mancipium, 4. — *Cf.* Restevinus.
Restoldus, mancipium, 4.
Retois (Johannes de), 251, 253.
(Richardus de), 251, 253.
Cf. Rothois.
Retroldus, scriptor, 21.— *Cf.* Rotroldus.
Reumaisnil, locus, 294, 501. — *Cf.* Rumaisnil.
Revele, locus, 178, 206, 226 ; II, 26, 48. — *Cf. Revelles.*
Revella, locus, 108, 175, 196, 245, 249, 254, 294, 302, 367, 390, 391, 423, 448, 484 ; II, 27, 158, 174.
(Eligius de), 390, 391.
(Hughechon de), 227.
(Ingerrannus de), 175.
(Robertus de), 294, 302, 350.
Cf. Revelles.
Revelles (canton de Molliens-Vidame, Somme). — *Voir :* Reveles, Revella.

Reybe (Hugo), II, 103.
Rhotomagensis dioecesis, II, 118. — *Cf. Rouen.*
Ribemont (canton de Corbie, Somme), 228, 364, 365.
Ricardi, Richardi, (territorium), juxta Mez, II, 167.
Ricardus, archidiaconus, 381.
Ricardus, Richardus, canonicus, 80, 123.
Ricardus, Richardus, clericus, 144, 148.
Ricardus, Richardus, decanus, 105, 107, 109, 112, 114, 115, 118, 121, 124, 127, 131, 132, 134, 135, 138, 140, 144, 145, 146, 147, 148, 150, 152, 153, 155.
Ricardus, Richardus, Rycardus, diaconus, 66, 72, 83, 90.
Ricardus, episcopus Ambianensis, 156, 157, 158, 160, 161, 169, 171, 172, 173, 175, 176, 178, 206, 265.
Ricardus, Richoardus, Ricoardus, praepositus Sancti-Fusciani, 140.
Ricardus, Richardus, subdiaconus, 32, 38, 40, 58.
Ricardus, thesaurarius, 20.
Ricardus de Caoulieres, 393, 406.
Ricardus, Richardus, de Fornivalle, cancellarius Ambianensis, 355, 357, 362.
Ricardus, Richardus, de Gerberroi, canonicus Ambianensis, 64, 74, 76, 78, 85, 88, 95, 105 ; II, 124.
Ricardus Libruns, 267.
Ricardus Oiseles, 267.
Ricardus Ravin, 382.
Ricardus de Rothois, 313.
Ricardus de Sancta-Fide, officialis Ambianensis, 286, 290, 296, 298, 299, 301, 304, 305, 314, 317, 318, 320.
Ricardus de Sorchi, praepositus regis, II, 4.
Ricardus de Ver, 299, 459, 460.
Richaldis, uxor Johannis Macaire, 242.
Richardi (domus), II, 173.
(Territorium), juxta Mez, II, 167.
Cf. Ricardi.
Richardus, canonicus, 123. — *Cf. Ricardus.*
Richardus, canonicus Sancti-Firmini, 156.
Richardus, clericus, 144. — *Cf. Ricardus.*

Richardus, decanus, 105, 109, 112, 114, 124, 127, 131, 132, 134, 135, 138, 140, 144. — *Cf. Ricardus.*
Richardus, diaconus, 72, 83. — *Cf. Ricardus.*
Richardus subdiaconus, 38, 40. — *Cf. Ricardus.*
Richardus de Furnivalle, 362. — *Cf. Ricardus.*
Richardus de Gerberroi, 64, 76, 88. — *Cf. Ricardus.*
Richardus Theutonicus, canonicus, 131.
Richerus, mancipium, 2.
Richerus, subdiaconus, 29.
Richerus de Biaufait, 338.
Richerus, filius Herberti, 339.
Richerus, Rikerus, filius Joannis Hormain, 405.
Richoardus, praepositus Sancti-Fusciani, 140. — *Cf. Ricardus.*
Ricoardus, praepositus Sancti-Fusciani, 140. — *Cf. Ricardus.*
Ricquebourg (quartier d'Amiens). — *Voir Dives Burgum.*
Rida (Einardus de), 268.
(Johannes de), 255, 256, 257, 261. — *Cf. Le Ride.*
Riencort (Johannes de), 196.
(Robertus de), 126.
Cf. Riencourt.
Riencourt (canton de Molliens-Vidame, Somme), (Huon de), 474.
(Johannes de), 196.
(Robertus de), 126.
Cf. Riencort, Riencurt, Roiencort, Roiencourt.
Riencurt (Robertus de), 126. — *Cf. Riencourt.*
Riesmaisnil, locus, 155, 178, 209 ; II, 159, 161. — *Cf. Rumaisnil.*
Righardus, mancipium, 3. — *Cf. Rihardus.*
Rihardus, Righardus, mancipium, 3.
Rikerus, filius Johannis Hormain, 406. — *Cf. Richerus.*
Rimiecort, locus, 246. — *Cf. Remiencort.*
Rimildis, uxor Angilguini, 1. — *Cf. Rumildis.*

Rimuldis, uxor Angilguini, 1. — *Cf.* Rumildis.
Ripa, Rippa, (Robertus de), II, 164.
Rippa (Robertus de), II, 164. — *Cf.* Ripa.
Rismaisnil, locus, 206. — *Cf.* Rumaisnil.
Rivaria, comitissa, 6.
Riveri, locus, 51, 246.
(Alelmus de), 310.
Cf. Rivery.
Riveria (Johannes de), 144.
Rivières, locus apud Mesgium, II, 156.
Rivery (canton d'Amiens S. E., Somme). — *Voir* Riveri.
Robers de Biaumont, II, 28, 29, 31. — *Cf.* Robertus de Bello Monte.
Robers, sire de Bus, 461. — *Cf.* Robertus.
Robers de Doullens, II, 54.
Robert, chevalier, 455. — *Cf.* Robertus.
Robert, seigneur de Bains, II, 14, 16, 17, 18, 19. — *Cf.* Robertus.
Robert, fils de Bernard de Kierrieu, 467.
Robert du Bus, chanoine d'Amiens, II, 133.
Robert de Charny, bailli de Vermandois, II, 94.
Robert de La Tournele, chevalier, II, 12, 13.
Robert Le Boutellier, 191.
Robert Le Josne, II, 120.
Robert Lengles, II, 35. — *Cf.* Robertus Anglicus.
Robertus, acolitus, 10.
Robertus, archidiaconus, 9, 10.
Robertus, baillivus de Boves, 407.
Robertus, cancellarius Ambianensis, II, 124.
Robertus, capellanus, 134.
Robertus, capellanus de Conteio, 6.
Robertus, castellanus de Peronia, 36.
Robertus, comes Ambianensis, 35.
Robertus, diaconus, 9, 40, 42, 57, 58, 66, 78.
Robertus, episcopus Ambianensis, 64, 111.
Robertus, episcopus Vaconiensis, II, 9.
Robertus, grangiarius de Duri, II, 122, 147.
Robertus, major de Herensart, 53.
Robertus, major, 162.
Robertus, Robert, miles, 10, 17, 455.
Robertus, notarius, 42, 44, 50. — *Cf.* Robertus Gigans.
Robertus, presbyter curatus Sancti-Firmini confessoris, 363.
Robertus, presbyter de Megio, 415.
Robertus, presbyter *vel* sacerdos, 55, 78, 80, 90; II, 173.
Robertus, sacrista, 58.
Robertus, subdiaconus, 9, 11, 17, 32, 37, 58, 83, 90.
Robertus de Abbatisvilla, 85.
Robertus, frater Adae de Pucheviler, 327, 332, 336.
Robertus, filius Adae de Pucheviler, 327, 332, 336.
Robertus, filius Alermi, 420.
Robertus, Robert, Anglicus *vel* Lengles, notarius, II, 34, 35, 36, 47.
Robertus de Auregniaco, officialis Belvacensis, 256.
Robertus, Robert, dominus de Bains, II, 14, 16, 17, 18, 19.
Robertus de Baiart, 51.
Robertus Barbe, 423.
Robertus Bataille, 407.
Robertus de Beeloy, 390, 391.
Robertus, Robers, de Bello Monte, II, 28, 29, 31, 32.
Robertus de Bestesi, 379.
Robertus de Bova, 31, 32, 77, 114, 115, 220, 239, 245, 246, 350, 405, 407.
Robertus de Bougainvile, 267.
Robertus, Robers, de Bus, 283, 412, 461.
Robertus Callevout, 339, 340, 341, 356, 357.
Robertus de Cateu, 288, 289.
Robertus Cocus, 37.
Robertus de Corbeia, 155.
Robertus de Couciaco, 307, 308, 309.
Robertus de Croi *vel* de Croyaco, 47; II, 75, 80, 96, 106.
Robertus, filius Drogonis Bovensis, 10.
Robertus, nepos Egidii vavassoris, 327.
Robertus de Estrees, 303.
Robertus Foes, 245.
Robertus de Folies, 322.
Robertus de Fontanis, 372, 377.
Robertus de Forcevile, 156, 271, 273.
Robertus Fretiaus, 203, 214, 215, 221, 222, 262.

Robertus, filius Galteri domini Helliaci, 228, 365.
Robertus Gardelli, canonicus Ambianensis, II, 108, 141.
Robertus Gigans, notarius, 38, 40, 42, 44, 48, 50, 52, 55, 57, 58, 59, 61, 64, 65, 66, 69, 70, 74, 75, 79, 80, 83, 88, 90, 96.
Robertus Gratepechia, II, 164.
Robertus, frater Guifridi de Gratepanche, 477, 479.
Robertus du Hangart, II, 134.
Robertus de Hargienlieu, 462.
Robertus, frater Ingelranni de Bova, 139.
Robertus, filius Ingerranni de Revella, 175.
Robertus, frater Johannis et Alulfi, 79.
Robertus, frater Johannis et filius Manassis, 33.
Robertus, pater Johannis Molendinarii, II, 58.
Robertus, frater Johannis et Raineri, 79.
Robertus Kirietus, canonicus Ambianensis, II, 100.
Robertus de Lavieres, 403, 404.
Robertus Le Vallet, 390.
Robertus, nepos Maineri, 18.
Robertus Mediator, 275.
Robertus de Mez, 80.
Robertus de Milencort, 409.
Robertus, filius Milonis, 18.
Robertus de Molanis, II, 100.
Robertus de Morlaincort, 134.
Robertus de Naurs, 65.
Robertus, nepos Nicholai de Gollencort, 128.
Robertus Normannus, canonicus Ambianensis, 476.
Robertus Oculus de Ferro, 92, 94.
Robertus de Offeignies, 449, 484.
Robertus, filius Oilardi Sicci, 76, 80.
Robertus Paululus *vel* Polet, 55, 64, 68, 83, 85, 88, 96, 106, 107, 109, 114; II, 173.
Robertus de Perrosel, 22, 46.
Robertus Prior, 258.
Robertus, filius Radulphi Li Escornes, 358.
Robertus de Revella, 294, 302, 350, 352.
Robertus de Riencort, 126.

Robertus de Ripa, II, 164.
Robertus de Riveri, 470.
Robertus, filius Roberti de Forcheuvile, 271.
Robertus, filius Roberti Sicci, 112.
Robertus Ruffus, canonicus Ambianensis, 306, 356 ; II, 155.
Robertus, filius Sancte, 453.
Robertus de Sancto-Albino, 74.
Robertus de Sancto-Petro, 151.
Robertus Siccus, canonicus Ambianensis, 72, 112, 178, 234.
Robertus Torcharth, 33.
Robertus Vivet, 390, 391.
Robertus de Wai, canonicus Ambianensis, 203, 210.
Robertus Villanus, 393.
Robertus, filius Willelmi de Vilers, 258.
Robertus, filius Ydore de Saumier, 432.
Robertus, quidam, II, 172.
Robin Le Boquellon, II, 66.
Robin Le Roy, II, 121.
Robini (Johannes), 328, 332.
Robinus, filius Perrotae, 352.
Roboretum, juxta Hispaniam, 457 ; II, 58. — *Cf. Rouvroy-les-Abbeville.*
Roche (Eustachius), II, 141.
Rochemont (Johannes de), 74. — *Cf. Roquemont.*
Rochiarium, exclusa, II, 146.
Roculphus, 11.
Rodoldus, mancipium, 3.
Rodulphus, comes Ambianensis, 9.
Rogerus, archidiaconus de Catalaunis, 6.
Rogerus, canonicus, 13.
Rogerus, cantor, 17.
Rogerus, capellanus, 148.
Rogerus, decanus Ambianensis, 17, 18, 19.
Rogerus, diaconus, 15, 17, 22.
Rogerus, frater Sancti-Nicholai, 55.
Rogerus, furnarius de Sancto-Mauricio, 286.
Rogerus, major Ambianensis, 80.
Rogerus, praepositus, 68, 80.
Rogerus, presbyter, 38, 50, 55.
Rogerus, sacerdos de Fontanis, 23, 25, 27.
Rogerus, subdiaconus, 9, 27, 29, 32, 37, 40, 42, 50, 55.
Rogerus de Mariculo, 6.

Rogerus de Remis, 85.
Roia, decanus : *voir* Michael.
(Rorico de), 102.
Cf. Roye.
Roie (Ebrardus de), 108. — *Cf. Roye.*
Roiencort, locus, 200, 201, 202. — *Cf.* Riencourt.
Roiencourt, locus, 201, 202. — *Cf.* Riencourt.
Roiensis canonicus : *voir* Robertus de Sancto-Petro, 151. — *Cf. Roye.*
Roinsoium, locus apud Duri, 400.
Roisinviler, locus, 454.
Rokemont (Johannes de), 74. — *Cf. Roquemont.*
Rokencourt (Maisnil deseur), II, 28, 12, 13.
Rollandus, 418.
Romescamps (canton de Formerie, Oise), 252. — *Cf.* Romescans, Rommescans, Rommecans, Roumescans.
Romescans, locus, 252, 260, 343. — *Cf.* Romescamps.
Rommecans, locus, 252. — *Cf.* Romescamps.
Rommescans, locus, 252, 253, 260, 319, 343. — *Cf.* Romescamps.
Roquemont (ancien fief à Saint-Ouen, canton de Domart, Somme). — *Voir :* Rochemont, Rokemont.
Rorico, miles, 10.
Rorico, acolytus, 10.
Rorico, episcopus Ambianensis, 13.
Rorico, diaconus, 9, 10.
Rorico, subprior Sancti-Laurentii, 55.
Rorico de Roia, 102.
Rose (curtillus), 246.
Roseria (Hugo de), 436, 437.
Rothois (canton de Marseille, Oise), (Johannes de), 251, 253, 260, 343.
(Ricardus de), 251, 253, 343.
Cf. Retois, Rotois.
Rothomagensis archidiaconus, 234.
Archiepiscopus, 377 ; *voir* Guillelmus.
Dioecesis, 54 ; II, 119.
Provincia, 380.
Cf. Rouen.
Rotois (Johannes de), 251, 253, 260, 319, 343.
(Ricardus de), 251, 253, 343.
Cf. Rothois.
Rotroldus, Retroldus, scriptor, 21.

Rouen (Seine-Inférieure). — *Voir :* Rhotomagensis, Rothomagensis.
Roumescans, locus, 377. — *Cf.* Romescamps.
Roussele (Maria), 466.
Rousselli (Johannes), II, 92.
Roussiaus (Johannes), 466.
Rouverel, locus, 421.
(Ingerrannus de), 306 308.
Cf. Rouvrel.
Rouveroi, territorium, 136, 193, 251. — *Cf. Rouvroy-en-Santerre.*
Rouveroy, territorium, II, 171. — *Cf. Rouvroy-en-Santerre.*
Rouveroy (Sanctus-Johannes de), 457. — *Cf. Rouvroy-lès-Abbeville.*
Rouvrel (canton d'Ailly-sur-Noye, Somme). — *Voir* Rouverel.
Rouvroi, locus, II, 147. — *Cf. Rouvroy-en-Santerre.*
Rouvroy-lès-Abbeville (commune d'Abbeville, Somme). — *Voir :* Roboretum, Rouveroy, Roveroi, Sanctus-Johannes de Mautort.
Rouvroy-en-Santerre (canton de Rosières, Somme), II, 171. — *Cf.* Rouveroi, Rouveroy, Rouvroi, Roverai, Roveroi, Rovrai, Rovroi.
Roveles (Johannes de Croissy dictus), 387.
Roverai, locus, II, 171. — *Cf. Rouvroy-en-Santerre.*
Roveroi, locus, 136, 193, 251 ; II, 147. — *Cf. Rouvroy-en-Santerre.*
Roveroi (Saint-Jean de), 457. — *Cf. Rouvroy-lès-Abbeville.*
Rovrai, locus, II, 171. — *Cf. Rouvroy-en-Santerre.*
Rovroi, locus, 136. — *Cf. Rouvroy-en-Santerre.*
Roya, locus, II, 111, 163.
(Matheus de), 377.
Cf. Roye.
Roye (canton de Montdidier, Somme). — *Voir :* Roia, Roie, Roiensis, Roya.
Rua, locus, 404, 130.
Canonicus, II, 48.
Mensura, 181.
Sanctus-Wlfagius, 476.
(Wilardus de), 80.
Cf. Rue.

Rubei Cigni (domus), II, 135.
Rue (arr. d'Abbeville, Somme). — *Voir* Rua.
Ruffus (Firminus), 381, 382.
(Robertus), 306, 356; II, 155.
(Wibertus), 477.
Cf. Rufus.
Rufus, Ruffus, (Balduinus), 79.
(Guibertus *vel* Wibertus), 63, 81, 477.
(Mainerus), 150, 155.
(Robertus), 306, 356; II, 155.
Ruil (Galterus de), 105.
Rulli (Petrus de), 44.
Rumaisnil (canton de Conty, Somme), 209. — *Cf.* Raimaisnil, Rehermaisnil, Reinelet-Maisnil, Reismesnil, Remaisnil, Renelet-Maisnil, Reneri Mainelium, Reumaisnil, Riesmaisnil, Rismaisnil.
Rumegni, locus, 481, 483.
(Eustachius de), 69.
(Nicholaus de), 407.
(Walterus de), 145.
Cf. Rumigny.
Rumeigni (Nicholaus de), 407. — *Cf.* Rumigny.
Rumeni (Eustachius de), 69.
(Walterus de), 145.
Cf. Rumigny.
Rumigny (canton de Boves, Somme). — *Voir :* Rumegni, Rumeigni, Rumeni.
Rumildis, Rimildis, uxor Angilguini, 1.
Rumodus, sacerdos, 55. — *Cf.* Rumoldus.
Rumoldus, Rumodus, sacerdos, 55.
Russelinus, scabinus, 80.
Rusticus (Reginaldus), 314.
Rycardus, diaconus, 66. — *Cf.* Ricardus.

S

S., decanus Ambianensis, 239. — *Cf.* Simon.
S., episcopus Ambianensis, II, 126. — *Cf.* Simon.
Sabine (Ysabel), II, 51.
Sabinensis episcopus : *voir* Johannes.
Saccus (Adam), II, 169.
Sagalo Li Escachiers, 470.
Sagalo de Miliaco, 6.
Sagalo dictus Yvernel, II, 162.
Sagalo Yvremans, 487.

Sailli, dominium, 132.
(Balduinus de), 134.
(Heluinus de), 132.
Cf. Salli.
Sains (canton de Boves, Somme), (Maroie de), 483. — *Cf.* Sanctis.
Saint-Acheul (commune d'Amiens, Somme). — *Voir :* Sancto-Acceolo, Sanctus-Acceolus, Sanctus-Aceolus, Sancto-Acheolo, Sanctus-Acheolus, Saint-Achoeul.
Saint-Achoeul (bocquet de), II, 120. — *Cf. Saint-Acheul.*
Saint-Amand (arr. de Valenciennes, Nord). — *Voir* Sanctus-Amandus.
Saint-Aubert (commune de Boves, arr. d'Amiens, Somme). — *Voir* Sanctus-Ansbertus.
Saint-Aurin (commune de L'Echelle-Saint-Aurin, canton de Roye, Somme). — *Voir* Sancto-Taurino.
Saint-Denis (ancienne chapelle à Amiens). — *Voir :* Sanctus-Dionisius, Sanctus-Dyonisius.
Saint-Didier (ancienne chapelle à Amiens). — *Voir* Sanctus-Desiderius.
Saint-Evroult-Notre-Dame-du-Bois (canton de La Ferté-Frênel, Orne). — *Voir* Sanctus-Ebrulfus.
Saint-Eloi (église à Noyon). — *Voir* Sanctus-Eligius.
Saint-Firmin (commune du Crotoy, canton de Rue, Somme). — *Voir :* Bertaucort, Bertaucourt, Bertolcourt, Bertolcurt, Bertoucort.
Saint-Firmin (église de Vignacourt). — *Voir* Sanctus-Firminus Vinarcurtis.
Saint-Firmin-le-Confesseur (église à Amiens). — *Voir :* Sanctus-Firminus Confessor, Saint-Fremin-le-Confesseur.
Saint-Flour (Cantal). — *Voir* Sanctus-Florus.
Saint-Fremin-le-Confesseur, église, II, 69. — *Cf. Saint-Firmin-le-Confesseur.*
Saint-Fuscien (canton de Boves, Somme). — *Voir :* Sancto-Fusciano, Sanctus-Fuscianus.
Saint-Germer (canton du Coudray, Oise). — *Voir :* Flai, Flaviacensis, Sanctus-Geremarus de Flayaco.

Saint-Hilaire (commune de Lanches-Saint-Hilaire, canton de Domart, Somme). — *Voir :* Sanctus-Hilarius, Sanctus-Hillarius, Sanctus-Hyllarius, Sanctus-Ylarius.

Saint-Jacques (église à Amiens). — *Voir* Sanctus-Jacobus.

Saint-Jean (abbaye à Amiens). — *Voir :* Sanctus-Johannes, Saint-Jehan.

Saint-Jean de Rouvroy (église à Abbeville). — *Voir Rouvroy-lès-Abbeville*.

Saint-Jehan, abbatia Ambianensis, 82, 455, 461, 467 ; II, 11. — *Cf. Saint-Jean*.

Saint-Josse-au-Bois (commune de Tortefontaine, canton d'Hesdin, Pas-de-Calais). — *Voir* Sanctus-Judocus in Nemore.

Saint-Josse sur Mer (canton de Montreuil, Pas-de-Calais). — *Voir* Sanctus-Judocus supra Mare.

Saint-Just (arr. de Clermont, Oise). — *Voir :* Sancto-Justo, Sanctus-Justus.

Saint-Laurent (abbaye à Liège). — *Voir* Sanctus-Laurencius.

Saint-Laurent (chapelle à Amiens). — *Voir :* Sanctus Laurencius, Sanctus Laurentius in suburbio Ambianensi.

Saint-Laurent-au-Bois (commune de Ribemont, canton de Corbie, Somme). — *Voir :* Sanctus-Laurencius, Sanctus-Laurentius de Nemore.

Saint-Léger (commune de Dreuil-sous-Molliens, canton de Molliens-Vidame). — *Voir* Sanctus-Leodegarius.

Saint-Leu (église à Amiens). — *Voir* Sanctus-Lupus.

Saint-Lucien (abbaye à Beauvais). — *Voir* Sanctus-Lucianus.

Saint-Mard-en-Chaussée (commune de Fresnoy-en-Chaussée, canton de Moreuil, Somme). — *Voir* Sanctus-Medardus.

Saint-Martin (Engerran de), II. 54.

Saint-Martin-au-Bourg (église à Amiens). — *Voir* Sanctus-Martinus in Burgo.

Saint-Martin-des-Champs (prieuré à Paris). — *Voir* Sanctus-Martinus de Campis.

Saint-Martin-aux-Jumeaux (abbaye à Amiens), II, 168. — *Cf.* Sanctus-Martinus de Gemellis.

Saint-Martin-de-Picquigny (église à Picquigny). - *Voir* Sanctus-Martinus Pinconiensis.

Saint-Mathieu-de-Fouilloy (église à Fouilloy). — *Voir* Sanctus-Matheus de Folliaco.

Saint-Maurice (faubourg d'Amiens). — *Voir :* Sancto-Mauricio, Sanctus-Mauricius, Sancto-Mauritio, Sanctus-Mauritius, Saint-Morice, Saint-Morisse, Saint-Muerisse.

Saint-Maxent (canton de Moyenneville, Somme). — *Voir* Sanctus-Maxentius.

Saint-Michel (église à Amiens). — *Voir :* Sanctus-Michael, Sanctus-Mikael, Saint-Mikiel.

Saint-Michel (chapelle à Beauvais). — *Voir* Sanctus-Michael Belvacensis.

Saint-Mikiel, cimiterium, II, 38. — *Cf. Saint-Michel*.

Saint-Montain (chapelle à Amiens). — *Voir* Sanctus-Montanus.

Saint-Morice, locus, II, 120. — *Cf. Saint-Maurice*.

Saint-Morisse, locus, II, 40. — *Cf. Saint-Maurice*.

Saint-Muerisse, locus, II, 54. — *Cf. Saint-Maurice*.

Saint-Nicolas (collégiale à Amiens). — *Voir :* Sanctus-Nicolaus, Sanctus-Nicholaus.

Saint-Pol (Pas-de-Calais), II, 15, 18, 19, 41. — *Cf.* Sancti-Pauli.

Saint Pierre (Gilebert de), II, 35.

Saint-Pierre (église à Amiens). — *Voir* Sanctus-Petrus.

Saint-Pierre-en-Chastres (commune de Vieux-Moulin, canton de Compiègne, Oise). — *Voir* Chascis.

Saint-Pierre de-Selincourt (commune de Selincourt, canton d'Hornoy, Somme). — *Voir Sanctus-Petrus de Serincurte*.

Saint-Quentin-en-Tourmont (canton de Rue, Somme). — *Cf.* Tormont, Tormunt.

Saint Remi (église à Amiens), II, 133. — *Cf.* Sanctus-Remigius.
Saint Riquier (canton d'Ailly-le-Haut-Clocher, Somme). — *Voir :* Sancto-Richario, Sanctus-Richarius.
Saint-Samson (canton de Formerie, Oise). — *Voir* Sancto-Sansone.
Saint Sauflieu (canton de Boves, Somme). — *Voir :* Sessaulieu, Sessauliu, Sessiaulieu, Sessollieu, Sessolliu, Sessouliu, Sisolle.
Saint-Sauveur (canton d'Amiens N.-O., Somme). — *Voir :* Haidincort, Haidincourt, Haidincurt, Haisdincourt, Haisdincurt, Haudincort, Haudincourt.
Saint-Sulpice (église à Amiens). — *Voir :* Sanctus-Sulpicius, Sanctus-Sulpitius, Sanctus-Suplicius.
Saint-Vaast-le-Cauchie, 481, 482. — *Cf. Saint-Vast-en-Chaussée.*
Saint-Vast (abbaye à Arras). — *Voir* Sanctus-Vedastus Atrebatensis.
Saint-Vast-en-Chaussée (canton de Villers-Bocage, Somme). — *Voir :* Saint-Vaast-le-Cauchie, Sanctus-Vedastus.
Saint-Valery-sur-Somme (arr. d'Abbeville, Somme). — *Voir :* Sanctus-Walaricus.
Saint-Vulfran (église à Abbeville). — *Voir* Sanctus-Wlfrannus.
Saint-Vulfy (église à Rue). — *Voir* Sanctus-Wlfagius.
Saisceval (Walterus), 76. — *Cf. Saisseval.*
Saissemont (commune de Saisseval, canton de Molliens-Vidame, Somme), 475.
Saisseval (canton de Molliens-Vidame, Somme). — *Voir* Saisceval.
Saivieres, locus, 91. — *Cf. Savières.*
Sala, rivus, 1. — *Cf. Selle.*
Salceto (Galterus de), 317.
Salcheium, locus, II, 174. — *Le Saulchoy.*
Salenbien (Hugo), 27.
Saleng (Hugo), 40.
Salerne (prov. de Campanie, Italie). — *Voir* Salerni.
Salerni (princeps) : *voir* Karolus. — *Cf. Salerne.*

Saleu, 359 ; II, 26.
Ecclesia, II, 167.
Molendinum, II, 64.
Praebenda, 422.
Vicecomitatus, 64, 65.
Cf. Saleux.
Saleux (canton de Boves, Somme). — *Voir :* Saleu, Salou.
Salli, dominium, 132.
(Balduinus de), 134.
(Heluinus de), 132.
Cf. Sailli.
Saloel (Petrus de), 22. — *Cf.* Salouel.
Saloiel (Petrus de), 22. — *Cf.* Salouel.
Salomon, canonicus, 9, 16, 17.
Salou, locus, II, 168. — *Cf. Saleux.*
Salouel (canton de Boves, Somme), 338, 339.
(Hugo de), 339.
Cf. Saloel, Saloiel, Saluel.
Saluel (Hugo de), 64. — *Cf.* Salouel.
Sancta, uxor Hugonis Maillart, II, 88.
Sancta, mater Roberti, 453.
Sanctis (Guibertus de), 195. — *Cf.* Sains.
Sancto-Acceolo (Hugo de), 298. — *Cf. Saint-Acheul.*
Sanctus-Acceolus. Abbas, 29 ; *voir* Gualterus, Johannes.
Ecclesia, 145, 285.
Cf. Saint-Acheul.
Sanctus-Aceolus. Abbas : *voir* Deodatus, Galterus, Walterus.
Canonici, 89.
Ecclesia, 28, 136, 285.
Cf. Saint-Acheul.
Sancto-Acheolo (Hugo de), 298. — *Cf. Saint-Acheul.*
Sanctus-Acheolus. Abbas, 29 ; II, 84 ; *voir* Radulphus de Villaribus.
Canonici, 89, 376 ; II, 7.
Ecclesia, 136.
Cf. Saint-Acheul.
Sancto-Albino (Robertus de), 74.
Sanctus-Amandus. Abbas : *voir* Hugo. — *Cf. Saint-Amand.*
Sanctus-Ansbertus de Bova, monasterium, 57. — *Cf. Saint-Aubert.*

Sancte-Cecilie (Symon cardinalis tituli), II, 10.
Sancta-Crux, domus prope Auffeum Montem. II, 118.
Sanctus-Desiderius, ecclesia, 12. — *Cf. Saint-Didier.*
Sanctus-Dionisius, cimiterium, 383. Ecclesia, 370.
Cf. Saint-Denis.
Sanctus-Dionisus, locus apud Renaudivallem, 401, 403.
Sanctus-Dyonisius, sepultura, 380. Vicus, II, 100.
Cf. Saint-Denis.
Sanctus-Ebrulfus, II, 54, 55, 56. — *Cf. Saint-Evroult-Notre-Dame-du-Bois.*
Sanctus-Eligius Noviomensis. Prior, II, 131. — *Cf. Saint-Eloi.*
Sancta-Fide (Honoratus de), II, 20. (Ricardus de), 287, 290.
Sanctus-Firminus Confessor, altar, 353.
Basilica, 1.
Canonicus, 156, 445.
Ecclesia, 151, 363 ; II, 4, 99.
Fabrica, 372.
Major, 362.
Porta, II, 148.
Presbyter, 372, 377.
Vicarii, 399.
Cf. Saint-Firmin-le-Confesseur.
Sanctus-Firminus Vinarcurtis, ecclesia, 445. — *Cf. Saint-Firmin.*
Sanctus-Florus, locus, II, 92. — *Cf. Saint-Flour.*
Sancto-Fusciano (Ingerrannus de), II, 118.
(Symon de), 80.
Cf. Saint-Fuscien.
Sanctus-Fuscianus. Abbas, 246, 351 ; *voir* Gigomarus.
Abbatia, II, 75.
Praepositus : *voir* Ricoardus.
Cf. Saint-Fuscien.
Sanctus-Geremarus de Flayaco, abbatia, II, 123. — *Cf. Saint-Germer.*
Sanctus-Hilarius, altar, 111. — *Cf. Saint-Hilaire.*
Sanctus-Hillarius, locus, II, 147. — *Cf. Saint-Hilaire.*

Sanctus-Hyllarius, altar, 111.
Ecclesia, II, 176.
Presbyter, 377.
Cf. Saint-Hilaire.
Sanctus-Jacobus, altar, 125 ; II, 89.
Ecclesia, II, 144, 175.
Presbyter, 366, 377 ; II, 53, 80.
Cf. Saint-Jacques.
Sanctus-Johannes Ambianensis.
Abbas : *voir* Eustachius, Fulco, Nicholaus.
Altar, 125.
Conventus, 506.
Ecclesia, 82, 432.
Cf. Saint-Jean.
Sanctus-Johannes de Mautort, *vel* de Roboreto, *vel* in Calceia, capellania, 239, 457 ; II, 58, 82, 147, 176. — *Cf. Saint-Jean-de-Rouvroy.*
Sanctus-Judocus supra Mare. Abbas, 29, 181 ; *voir* Florentius.
Ecclesia, 83.
Cf. Saint-Josse-sur-Mer.
Sanctus-Judocus in Nemore. Abbas : *voir* Adam.
Ecclesia, 285.
Cf. Saint-Josse-au-Bois.
Sancto-Justo (Hubertus de), 405, 417, 422. — *Cf. Saint-Just.*
Sanctus-Justus, abbatia, 82. — *Cf. Saint-Just.*
Sanctus-Laurencius, locus, 375. — *Cf. Saint-Laurent-au-Bois.*
Sanctus-Laurencius juxta Leodium, abbatia, II, 82, 92. — *Cf. Saint-Laurent (abbaye à Liège).*
Sanctus-Laurencius in suburbio Ambianensi, II, 101, 175. — *Cf. Saint-Laurent (chapelle à Amiens).*
Sanctus-Laurentius de Nemore. Canonici, 134.
Ecclesia, 52.
Prior : *voir* Hugo.
Cf. Saint-Laurent-au-Bois.
Sanctus-Laurentius in suburbio Ambianensi, 112, 290 ; II, 144. — *Cf. Saint-Laurent (chapelle à Amiens).*
Sanctus-Leodegarius, territorium, II, 27. — *Cf. Saint-Léger.*
Sanctus-Lucianus Belvacensis, abbatia, 29, 377. — *Cf. Saint-Lucien.*

Sanctus-Lupus, ecclesia, 12.
Hospitale, 432.
Kaii, 265.
Cf. Saint-Leu
Sancta-Maria, basilica Ambianensis, 1, 5. — *Cf. Notre-Dame d'Amiens.*
Sancta-Maria de Altifago, II, 54, 55, 56. — *Cf. Notre-Dame d'Auffai.*
Sancta-Maria in Aquiro, titulus cardinalis Bertrandi, II, 74.
Sancta-Maria de Augo, 252. — *Cf. Notre-Dame d'Eu.*
Sancto-Martino (Drogo de), 85.
Sanctus-Martinus in Burgo, ecclesia Ambianensis, II, 4. — *Cf. Saint-Martin-au-Bourg.*
Sanctus-Martinus de Campis, prioratus, II, 77. — *Cf. Saint-Martin-des-Champs.*
Sanctus-Martinus de Gemellis, abbatia, 12 ; II, 92.
Abbas, 35, 37, 156 ; II, 84 ; *voir :* Jacobus, Johannes, Theobaldus.
Canonici, 213, 376 ; II, 7, 115.
Ecclesia, 28, 56, 88, 136, 353, 366, 373, 376 ; II, 8.
Presbyter, II, 82.
Cf. Saint-Martin-aux-Jumeaux.
Sanctus-Martinus Pinconiensis, ecclesia, 311. — *Cf. Saint-Martin-de-Picquigny.*
Sanctus-Matheus de Folliaco, ecclesia, 228, 364. — *Cf. Saint-Mathieu.*
Sancto-Mauricio (Algisus de), 62.
(Bernardus de), 110.
Cf. Saint-Maurice.
Sanctus-Mauricius, abbatia, 8.
Curatus, II, 80.
Ecclesia, II, 144, 175.
Furnarius : *voir* Rogerus.
Homines, 44.
Presbyter, 377 ; II, 145.
Villa, 15, 130, 454 ; II, 149.
Cf. Saint-Maurice.
Sancto-Mauritio (Bernardus de), 110. — *Cf. Saint-Maurice.*
Sanctus-Mauritius, villa, 35, 286.
Molendina, 488.
Cf. Saint-Maurice.

Sanctus-Maxentius, altar, 197. — *Cf. Saint-Maxent.*
Sanctus-Medardus in Calceia, locus, 220, 251 ; II, 147, 171, 175. — *Cf. Saint-Mard-en-Chaussée.*
Sanctus-Michael, ecclesia Ambianensis, 370, 371, 377, 415 ; II, 143, 148, 175. *Cf. Saint-Michel.*
Sanctus Michael Belvacensis, capellania, 428. — *Cf. Saint-Michel (de Beauvais).*
Sanctus-Michael, capella, II, 112. — *Cf. Saint-Michel (église à Amiens).*
Sancto-Michaele (Symon de), 85.
Sanctus-Mikael, cura, II, 80, 100. — *Cf. Saint-Michel.*
Sanctus-Montanus, ecclesia, 63, 380 ; II, 158. — *Cf. Saint-Montain.*
Sanctus-Nicholaus. Capitulum, 55.
Capellani, 293.
Canonici, 242, 290.
Ecclesia, II, 85.
Cf. Saint-Nicolas.
Sanctus-Nicolaus, capitulum, 55, 151, 399. — *Cf. Saint-Nicolas.*
Sancti-Pauli (comes) : *voir* Hugo, Guido de Castellione. — *Cf. Saint-Pol.*
Sancto-Petro (Robertus de), 151.
Sanctus-Petrus, parrochia Ambianensis, 12, 44.
Capellanus : *voir* Robertus de Corbeia.
Porta, II, 147.
Cf. Saint-Pierre.
Sanctus-Petrus de Serincurte, abbatia, 58, 82. — *Cf. Saint-Pierre-de-Selincourt.*
Sancte-Praxedis (Petrus cardinalis presbyter), II, 75.
Sancto-Presto (Simon de), II, 80.
Sanctus-Remigius, parrochia Ambianensis, II, 82.
Ecclesia, II, 138, 143, 175.
Presbyter, 377, 472 ; II, 80.
Cf. Saint-Remi.
Sancto-Richario (Ingerrannus de), 459. — *Cf. Saint-Riquier.*
Sanctus-Richarius. Abbas : *voir* Petrus.
Cf. Saint-Riquier.
Sancto-Sansone (Odo de), 21. — *Cf. Saint-Samson.*

Sanctum-Sepulcrum. Canonici, 86.
Sanctus-Sulpicius, parrochia Ambianensis, 377; II, 80, 81, 86, 144, 175. — *Cf. Saint-Sulpice.*
Sanctus-Sulpitius, parrochia Ambianensis, 46. — *Cf. Saint-Sulpice.*
Sanctus-Suplicius, parrochia Ambianensis, 46, 353. — *Cf. Saint-Sulpice.*
Sancto-Taurino (Radulphus de), 102. — *Cf. Saint-Aurin.*
Sanctus-Vedastus Atrebatensis, abbatia, 31, 36. — *Cf. Saint-Vast.*
Sanctus-Vedastus, villa, 161, 408, 484. — *Cf. Saint-Vast-en-Chaussée.*
Sanctus-Walaricus, abbatia, 177. — *Cf. Saint-Valery-sur-Somme.*
Sanctus-Walaricus, vicus Ambianensis, 12, 432.
Sanctus-Wlfagius in Rua, 476. *Cf. Saint-Vulfy.*
Sanctus-Wlfrannus in Abbatisvilla, 227. — *Cf. Saint Vulfran.*
Sanctus-Ylarius, terra, II, 147. — *Cf. Saint-Hilaire.*
Sanmelet (Alulfus), 25. — *Cf. Sanmeslet.*
Sanmeslet, Sanmelet, (Alulfus), 25.
Sannuner (Ydora de), 432. — *Cf. Saumier.*
Sanson, filius Perrotae, 392.
Sapegnies (Hugo de), II, 10, 11. — *Cf. Sapignies.*
Sapignies (canton de Bapaume, Pas-de-Calais). — *Voir Sapegnies.*
Sarginis (Theobaldus de), II, 80.
Sarra, mater Henrici Rabos, 438.
Sarra, uxor Henrici Rabos, 439, 441, 442, 448.
Sarra, soror Milonis Hoche Avaine, 432.
Sartecort, locus, II, 154. — *Cf. Sarticourt.*
Sarticourt (commune de Poulainville, canton d'Amiens N.-E.). — *Voir Sartecort.*
Sarton (canton de Pas, Pas-de-Calais), (Galo de), 182, 234; II, 122.
(Galterus de), 214, 215, 226; II, 173.
(Milo de), 88.
(Petrus de), 88, 119, 122, 142, 145, 147, 155. *Cf. Sartun.*
Sartun (Petrus de), 119, 122, 155. — *Cf. Sarton.*

Saucheium, parrochia, 287. — *Cf. Le Saulchoy.*
Saucheuses, locus, II, 174. — *Cf. Choqueuse.*
Sauchoi. Major, 210.
Nemus, 210, 295.
Parrochia, 288, 291.
Cf. Le Saulchoy.
Sauchoy, locus, 211. — *Cf. Le Saulchoy.*
Saumier (Ydora de), 432. — *Cf. Sannuner.*
Savalo, Sawalo, de Liveria, 118.
Saveuses (canton d'Amiens N.-O., Somme), 376.
(Ingelrannus de), 48.
Cf. Saveusiis, Saveuzes.
Saveusiis (Ingelrannus de), 48. — *Cf. Saveuses.*
Saveuzes (Ingelrannus de), 48. — *Cf. Saveuses.*
Saveres, locus, 93. — *Cf. Savieres.*
Savieres (commune de Flesselles, canton de Villers-Bocage, Somme), 90, 401, 403.
(Reginaldus de), 200, 201.
Cf. Saivieres, Saveres.
Savis, filia Petri de Halles, 143.
Sawalo de Liveria, 118. — *Cf. Savalo.*
Saxovualo, Saxowalo, filius Alulfi Sanmeslet, 25.
Saxowalo, filius Alulfi Sanmeslet, 25. — *Cf. Saxovualo.*
Seila, rivus, 32. — *Cf. Selle.*
Sela, rivus, 235, 275, 504. — *Cf. Selle.*
Selincort (Theobaldus de), 156. — *Cf. Selincourt.*
Selincourt (canton d'Hornoy, Somme). Abbas, 29.
(Theobaldus de), 142, 156.
Cf. Selincort, Selincurt, Serincort, Serincourt, Serincurt, Serincurtis, Silincurt.
Selincurt (Theobaldus de), 142.
(Walterus de), 29.
Cf. Selincourt.
Selle (affluent de rive gauche de la Somme). — *Voir :* Sala, Seila, Sela, Sera, Serain, Sere.
Sello, abbas Sancti-Luciani, 29. — *Cf. Serlo.*

Semis, laicus, 75.
Semita Helye (Guillermus de), II, 118.
— Cf. Sentelie.
Senlis (Oise). Evêque : voir Garin.
Senonensis provincia, 380. — Cf. Sens.
Sens (Yonne). — Voir Senonensis.
Sentelie (canton de Conty, Somme). — Voir Semita Helye.
Septenville (commune de Rubempré, canton de Villers-Bocage, Somme). — Voir : Setainville, Settainville.
Sera, rivus, 51. — Cf. Selle.
Serain, rivus, 51. — Cf. Selle.
Sere, rivus, 5. — Cf. Selle.
Sere (Bauduin), II, 120.
Seri (abbas de), 82. — Cf. Sery.
Serincort (Petrus de), 144. — Cf. Selincourt.
Serincourt (Petrus de), 144. — Cf. Selincourt.
Serincurt (Walterus de), 29. — Cf. Selincourt.
Serincurtis, 58. — Cf. Selincourt.
Serlo, Sello, abbas Sancti-Luciani Belvacensis, 29.
Serviens Domini (Gilebertus), II, 156.
Sery (commune de Bouttencourt, canton de Gamaches, Somme). — Voir Seri.
Sessaulieu, territorium, 334, 424, 501. — Cf. Saint-Sauflieu.
Sessauliu (Renaldus de), 418. — Cf. Saint-Sauflieu.
Sessiaulieu, territorium, 424.
(Reginaldus de), 476, 493, 497.
Cf. Saint-Sauflieu.
Sessollieu, territorium, 60, 333, 334.
(Ingerrannus de), 332, 334.
Cf. Saint-Sauflieu.
Sessolliu, territorium, 60, 333, 334. — Cf. Saint-Sauflieu.
Sessouliu, territorium, 60.
(Adam de), 60.
Cf. Saint-Sauflieu.
Setainville (Matheus de), 88. — Cf. Septenville.
Settainville (Matheus de), 88. — Cf. Septenville.
Seur le Re, locus apud Vaccariam, 487.
Seus (Lucianus de), II, 106. — Cf. Seux.

Seux (canton de Molliens-Vidame, Somme). — Voir Seus.
Severinus, mancipium, 3.
Siccus (Oilardus), 50, 76, 80.
(Robertus), 72, 112, 234.
Sicile (Italie). Roi : voir Charles.
(Marguerite de), II, 41, 42.
Sigrada, uxor Northoldi, 2.
Silincurt (Theobaldus de), II, 173. — Cf. Selincourt.
Simon, archidiaconus Pontivi, 57, 58. — Cf. Symon.
Simon, decanus Ambianensis, 178, 239. Cf. Symon.
Simon, episcopus Ambianensis, II, 126. — Cf. Symon.
Simon Debonaire, II, 66.
Simon Feret, II, 66.
Simon de Mondisderio, 78, 85. — Cf. Symon.
Simon de Sancto-Presto, canonicus Ambianensis, II, 80.
Simon de Wadencurt, 74. — Cf. Symon.
Sisolle (Ingelrannus dominus de), 101. — Cf. Saint-Sauflieu.
Soiars (R.), 251.
Soiherus, Soyherus, filius Egidii de Mailli, 269, 273.
Soiraut, campus, II, 122. — Cf. Soirot.
Soirot, campus, II, 122. — Cf. Soiraut.
Soissons (Aisne). — Voir : Suessionensis, Suessiones.
Sollariis (Hugo de), 6.
Somena, rivus, 39, 49, 63. — Cf. Somme.
Somme (rivière). — Voir : Somena, Somona.
Somona, rivus, 39, 49, 63. — Cf. Somme.
Sorchi (Firminus de), 382.
(Maria de), 450.
(Milo de), 290.
(Ricardus de), II, 4.
Cf. Sorchy.
Sorchy (Maria de), 450. — Cf. Sorchi.
Sordon (Gamelinus de), 305. — Cf. Sourdon.
Sorel (Reginaldus de), 496.
Soues (canton de Picquigny, Somme), 493, 494, 498.
(Aliaumes de), 493, 494, 495.

Souplis Li Normans, II, 54.
Sourdon (canton d'Ailly-sur-Noye, Somme), (Gamelinus de), 305. — *Cf.* Sordon.
Soyherus, filius Egidii de Mailli, 269. — *Cf.* Soiherus.
Spagniaco (Petrus de), II, 103. — *Cf. Epagny.*
Sparneacum, monasterium, 6. — *Cf. Epernay.*
Spedelai, Pedelai, uxor Spediti, 2.
Speditus, mancipium, 2, 3.
Spina (campus de), II, 122.
Spinosis (silva de), 1.
Staplis (Hunaldus de), 380.
Stella, locus, 130 ; II, 147, 155, 176. — *Cf. L'Etoile.*
Stephanus, archiepiscopus Cantuariensis, II, 125.
Stephanus, capellanus, 144.
Stephanus, censitarius, II, 169.
Stephanus, comes Franciae, 5, 6.
Stephanus, episcopus Noviomensis, 136.
Stephanus, major, 37, 45.
Stephanus, sacerdos, 55.
Stephanus, quidam, 40 ; II, 155.
Stephanus de Belvaco, 144, 145, 147, 148, 151, 155, 156 ; II, 173.
Stephanus, frater Bernardi, majoris de Crissi, 118.
Stephanus de Brecencuria, canonicus Ambianensis, II, 75, 80, 81.
Stephanus de Erembocurt, 23, 25.
Stephanus, frater Fulchonis de Kyerru, 149.
Stephanus de Glateigni, 63.
Stephanus, frater Huberti Thelonearii, 37, 51.
Stephanus de Matiscone, II, 63.
Stephanus Porel. II, 162.
Stephanus Taringe, 110.
sterlingi, moneta, 304.
Strabo (Bartholomeus), 382.
(Johannes), 450.
(Ogerus), 485.
Stratis (Garneus de), 240.
(Robertus de), 304.
(Domus de), 290.
Cf. Estrées.
Stutbertus, mancipium, 2.

Suessionensis canonicus : *voir* Evrardus Porions.
Episcopus : *voir* G.
Cf. Soissons.
Suessiones, locus, II, 48. — *Cf. Soissons.*
Sulfridus, mancipium, 4.
Suplicien (terra), apud Camon, 51. — *Cf.* Supplichien.
Supplichien (terra), apud Camon, 51. — *Cf.* Suplicien.
Susane (Johannes de), 270. — *Cf. Suzanne.*
Sussane (Johannes de), 272. — *Cf. Suzanne.*
Suulz (territorium), 53.
Suzane (Johannes de), 270. — *Cf. Suzanne.*
Suzanne (canton de Bray, Somme). — *Voir* : Susane, Sussane, Suzane.
Symon, Simon, archidiaconus Pontivi, 22, 38, 40, 42, 48, 50, 55, 57, 58.
Symon, canonicus Ambianensis, 80.
Symon, cardinalis, II, 10.
Symon, cancellarius Ambianensis, 27, 28, 29, 33, 42, 48, 50, 55, 58, 59, 61.
Symon, cellerarius, 69.
Symon, comes Pontivi, 315, 354.
Symon, Simon, decanus Ambianensis, 90, 156, 157, 162, 174, 178, 180, 181, 239.
Symon, diaconus, 66, 72, 83, 112.
Symon, Simon, episcopus Ambianensis, II, 126, 128, 129.
Symon, major Metii, 170 ; II, 168.
Symon, presbyter, 90, 112.
Symon, serviens capituli, 302.
Symon, subdiaconnus, 55.
Symon, quidam, II, 172.
Symon de Alli, 92, 95.
Symon Anglicus, II, 156.
Symon de Balgentiaco, 41
Symon de Bestezi, 182, 218, 234.
Symon Borguegnon, II, 35, 54.
Symon de Claromonte, II, 4.
Symon de Croy, II, 38.
Symon de Donquere, 177, 181.
Symon Gruele, 109, 113.
Symon Le Prevost, II, 51.
Symon Magister, 208.
Symon, Simon, de Mondisderio, 64, 65, 68, 74, 75, 78, 83, 85, 88, 96, 99, 105, 106, 107, 109, 110, 113, 114, 116, 118, 121, 147.

Symon de Pratellis, 105.
Symon, filius Roberti Sicci, 112.
Symon, filius Rodulphi comitis Ambianensis, 9.
Symon Sancti-Fusciani, scabinus, 80.
Symon de Sancto-Michaele, 85.
Symon, Simon, de Wadencurt, 74, 78, 85, 88, 96, 106, 108, 114, 118, 121, 144, 145, 147, 151, 155.

T

Tacon (Hugo), 237.
Taillefer (moulin à Amiens), 79; II, 146, 148. — *Cf.* Incidens Ferrum.
Tailli, villa apud Megium, II, 156.
Tainfridus, scabinus, 80.
Tainfridus, Thanfridus, frater Bartholomei, 123.
Tainfridus, frater Roberti Sicci, 113.
Taisni, locus, 361.
(Guermundus de), 44.
Cf. Taisnil.
Taisnil (canton de Conty, Somme). — *Voir :* Taisni, Tasni.
Talverii (Petrus), II, 92.
Tanfridus, quidam, II, 172.
Taringe (Stephanus), 110.
Tarota (Walterus de), 6.
Tasni, locus, 361. — *Cf. Taisnil.*
Tatevols (Radulphus), 27, 40.
Teherus, Theerus, Therus, mancipium, 2.
Teneviaus (Adam), 369.
Teobaldus, filius Galteri, domini Helliaci, 228. — *Cf.* Theobaldus.
termes de paiement : Saint-Jean-Baptiste, 393.
Saint-Pierre aux liens, 139, 366.
Saint-Remi, 345, 355.
Toussaint, 357, 455.
Saint-Martin d'hiver, 363.
Noël, 355, 366, 408, 410, 419, 420.
Noël et Pâques, 347, 448, 454.
Purification et Pâques, 57.
Saint-Remi et Pâques, 469.
Saint-Remi et Ascension, 374.
Saint-Remi et Saint-Firmin, 95.
Noël, Pâques et Saint-Pierre aux liens, 432 ; II, 134, 138.
Saint-Firmin, Noël, Pâques, II, 158.
Noël, Pâques, Saint-Jean, 197.
Pâques, Pentecôte, Saint-Remi, 365.
Noël, *hastiludium*, Saint-Firmin, 433.
Purification, Pentecôte, Sainte-Marie-Madeleine, 397.
Noël, Pâques, Saint-Jean, Saint-Remi, 416.
Pâques, Assomption, Saint-Remi, Noël, 275.
Martyre de Saint Firmin, Invention de Saint-Firmin, Sainte-Marie-Madeleine, Avent, Innocents, nouvelle année, 100.
Terricus, filius Milonis Buticularii, 79.
Terricus Monioth, 366 ; II, 33.
Tetacrus, 6. — *Cf.* Tetracus.
Tetracus. Tetacrus, 6.
Tetvinus, mancipium, 3.
Teuberga, uxor Righardi, 3.
Teuboldus, mancipium, 3.
Teudevinus, mancipium, 3.
Teudoldus, mancipium, 3.
Teufleda, uxor Teudoldi, 3.
Teuthonicus, Teutonicus, Theutonicus, (Richardus), 131.
Teutonicus (Richardus), 131. — *Cf.* Teuthonicus.
Tezelinus, diaconus, 17.
Th., episcopus Ambianensis, 193, 224, 240, 282. — *Cf.* Theobaldus.
Th., archidiaconus Ambianensis, 296. — *Cf.* Theobaldus.
Thanfridus, frater Bartholomei sacerdotis, 123. — *Cf.* Tainfridus.
Tharanensis archilevita, 12. — *Cf. Thérouanne.*
Theerus, 2. — *Cf.* Teherus.
Thelonearius, Le Tonloier, Le Tonloiier. (Theodericus), 96, 108, 114.
(Nicholaus), II, 20.
Theobaldus, abbas Sancti-Judoci supra Mare, 29, 38.
Theobaldus, abbas Sancti-Martini, 29, 35, 37, 42, 48, 56, 70.
Theobaldus, archidiaconus, 96, 99, 105, 109, 112, 116, 119, 121, 124, 126, 127, 134, 140, 144, 147, 155, 163, 234, 296, 322 ; II, 131.
Theobaldus, canonicus Sancti-Laurentii, 55.
Theobaldus, canonicus de Castellano, 6.

Theobaldus, comes Franciae, 5, 6.
Theobaldus, dapifer regis, 103.
Theobaldus, episcopus Ambianensis, 64, 65, 68, 69, 71, 72, 74, 75, 79, 80, 81, 87, 90, 93, 97, 100, 102, 103, 104, 106, 108, 111, 112, 113, 118, 119, 120, 122, 126, 127, 133, 136, 142, 143, 148, 150, 151, 154, 193, 207, 224, 240, 282, 290, 377.
Theobaldus, molendinarius, 432.
Theobaldus, praepositus, 121, 124, 144, 145, 147, 148, 150, 155, 178.
Theobaldus, presbyter, 29, 40, 57.
Theobaldus, subdiaconus, 32, 38, 40, 55, 58, 90, 109, 112.
Theobaldus, filius Bernardi de Cruce, 111.
Theobaldus de Castellione, II, 53.
Theobaldus de Cruce, 145, 148, 151, 155, 156, 218, 234; II, 173.
Theobaldus Colon, 310.
Theobaldus, Teobaldus, filius Galteri, domini Helliaci, 228, 365.
Theobaldus, frater Johannis, 85.
Theobaldus de Noientel, 361, 362.
Theobaldus Remensis *vel* de Rains, 80, 85, 108, 110, 114, 122, 145, 148, 155.
Theobaldus, filius Roberti de Forcheville, 271.
Theobaldus de Sarginis, canonicus Ambianensis, II, 80.
Theobaldus de Selincourt, canonicus, 142, 156 ; II, 173.
Theobaldus Thelonearius, 83, 90, 96, 106, 108, 109, 112, 113, 114.
Theobaldus de Tilloi, miles, II, 48.
Theodericus, episcopus Ambianensis, 28, 29, 30, 31, 32, 33, 36, 37, 38, 42, 44, 47, 48, 50, 52, 56, 57, 58, 60, 61, 69, 111.
Theodericus Moniot, 108.
Thérouanne (canton d'Aire, Pas-de-Calais). — *Cf.* Tharanensis.
Therus. 2. — *Cf.* Teherus.
Theudoldus, mancipium, 3. — *Cf.* Trudoldus.
Theutonicus (Richardus), 131. — *Cf.* Teuthonicus.
Thibout (Guillaume), II, 68.
Thiebaut de Chepoy, II, 12, 13.
Thiebaut Le Maieur, II, 26.

Thiesceta, amita Radulphi Gonscelini, 109.
Thois, territorium, 183, 487.
(Johannes de), 183.
Cf. Thoix.
Thoix (canton de Conty, Somme). — *Voir:* Thois, Tois.
Thomas, frater Sancti-Johannis, 83.
Thomas, major de Villari in Boschagio, II, 123, 147.
Thomas, prior Beatae Mariae de Altifago, II, 54.
Thomas, vavassor de Bus, 223.
Thomas, frater Auberti de Ver, 300.
Thomas de Bours, 495, 496, 497.
Thomas de Bova, praepositus Ambianensis, 31, 32, 182, 226, 234, 275.
Thomas Campulus, canonicus, 445.
Thomas de Carnoto, officialis Ambianensis, 357.
Thomas Clericus, 252.
Thomas Coeth, 33.
Thomas de Doumeliers, 388.
Thomas, filius Eustachii, vavassoris de Bus, 214, 215.
Thomas de Fontanis, 471.
Thomas, filius Gerardi vavassoris de Bus, 223, 263.
Thomas de Goudecort, 493.
Thomas Graffin, 422.
Thomas, frater Guarini Burnez, 108.
Thomas, primogenitus Guifridi de Gratepanche, 477, 479.
Thomas, pater Herberti, 23.
Thomas, avunculus Johannis de Rotois, 260.
Thomas Le Cordier, II, 135.
Thomas Lequaille, 353.
Thomas de Parvovillarum, II, 87.
Thumas Dales, II, 54.
Thusculanus episcopus, 425. — *Cf.* O.
Tidrada, uxor Germiri, 3. — *Cf.* Titrada.
Tielloi, locus apud Cottenchy, II, 171. — *Cf.* Tielloy.
Tielloy, locus apud Cottenchy, II, 171. — *Cf.* Tielloi.
Tienlebien (Ysabel), II, 51.
Tiescelinus, Tiesselinus, Lombardi, 27, 40.

Tiessardi (Milo), II, 108, 141.
Tiesselinus, hospes, 27. — *Cf.* Tiescelinus Lombardi.
Tilloi (Theobaldus de), II, 48. — *Cf.* Tilloy-lès-Conty.
Tilloloi, locus, 151 ; II, 147. — *Cf.* Tilloloy.
Tilloloy (canton de Roye, Somme), II, 147, 176. — *Cf.* Tilloloi, Tylloloi, Tylloloy.
Tilloy-lès-Conty (canton de Conty, Somme), 48. — *Cf.* Tilloi.
Tillu (Johannes de), 1.
Tinctor (Bartholomeus), 87.
Tirel (Willaume), II, 38.
Tirelli (Johannes), II, 118.
Tirellus (Gualterus), 9.
Titrada, Tidrada, uxor Germiri, 3.
Tœufles (canton de Moyenneville, Somme). — *Voir* Tueffles.
Tois, territorium, 183.
(Johannes de), 183.
Cf. Thoix.
Torchart, Torcharth, Trochart, (Robertus), 33.
Torcharth (Robertus), 33. — *Cf.* Torchart.
Torele (Milo), 477.
Torkefel (Petrus), 506.
Tormont, locus, 130 ; II, 147, 176. — *Cf. Saint-Quentin-en-Tourmont.*
Tormunt, locus, 130. — *Cf. Saint-Quentin-en-Tourmont.*
Tornello (calceia de), 265.
Torsincurtis, locus, 17. — *Cf. Trochencourt.*
Tousac, molendinum, 124. — *Cf.* Toxac, Troxart, Troxarz.
Toxac, molendinum, 124. — *Cf.* Tousac.
traversum, redevance, 21, 30, 65, 417.
Trecense pondus, 148, 214, 215, 316, 341, 381. — *Cf. Troyes.*
Trochart (Robertus), 33. — *Cf.* Torchart.
Trochencourt (commune de Noyelles-en-Chaussée, canton de Crécy, Somme). — *Voir* Torsincurtis.
Troisseextiere (Hugo), 62.
Tronville (commune de Blangy, canton de Boves, Somme), (Adelelmus de), 23. — *Cf.* Troumvilla, Trounvile.

Troumvilla (Adelelmus de), 23, 25. — *Cf.* Tronville.
Trounvile (Adelelmus de), 23. — *Cf.* Tronville.
Trovadus, Trovaldus, mancipium, 3.
Trovaldus, mancipium, 3. — *Cf.* Trovadus.
Troxart, molendinum, II, 146. — *Cf.* Tousac.
Troxarz, molendinum, II, 146. — *Cf.* Tousac.
Troyes (Aube). — *Voir* Trecense.
Trudoldivallis, locus, 2, 3.
Trudoldus. Theudoldus, mancipium, 3.
Tueffles (Wibertus de), 377. — *Cf. Tœufles.*
Tuluel, locus apud Revellam, 484.
Tumbis (molendinum de), II, 166.
Turkessin (Laurencius), 505.
Turrensis (Drogo) 10.
Tursellus (Ernoldus), 51.
Tusculanum, locus, 81, 84.
Tybous (Guillaume), II, 69.
Tylloloi, locus, 343. — *Cf.* Tilloloy.
Tylloloy, locus, 452. — *Cf.* Tilloloy.

U

Ulmellus de Bousane, locus apud Bonolium Aquosum, 398.
Urbanus [III], papa, 98.
Urbanus [IV], papa, 444, 446, 447, 449.
Urbs Vetus, 449. — *Cf. Orvieto.*
Urflo, subdiaconus, 9. — *Cf.* Ursio.
Ursi Campus, abbatia, II, 131. — *Cf. Ourscamps.*
Ursio, Urflo, subdiaconus, 9.
Urso, capellanus, 394, 396, 415 ; II, 7.

V

V., decanus de Monsterolo, 441, 448.
Vacaria, villa, 42 ; II, 4, 174.
(Bartholomeus de), 155.
Cf. La Vacquerie.
Vacarius (Geroldus), 27. — *Cf.* Vicarius.
Vaccaria, villa, 24, 42, 118, 122, 487.
Major, 123 ; *voir :* Drogo, Gualterus, Petrus.
Sacerdos : *voir* Johannes.
(Bartholomeus de), 155.
Cf. La Vacquerie.

Vaccarius (Geroldus), 40. — *Cf.* Vicarius.
Vaconiensis episcopus : *voir* Robertus.
— *Cf. Vaison.*
Vadencourt (canton de Villers-Bocage, Somme). — *Voir :* Vuadencort, Vuadencurt, Wadencor, Wadencort, Wadencourt, Wadencurt, Wandencourt, Waudencourt.
Vaison (arr. d'Orange, Vaucluse). — *Voir* Vaconiensis.
Valle (Walterus de), 75.
Valles, locus, 35, 71, 119, 376 ; II, 50, 152, 153, 174.
Bartholomeus de Vallibus, 87.
Cf. Vaux-en-Amiénois.
Valles juxta Montem Desiderii, locus, II, 147, 172, 175. — *Cf. Vaux* (Le Fretoy).
Vallis Amelini, locus, 409.
Vallis de Liniere, locus apud Doumeliers, 388.
Vallis Episcopi, locus apud Croissiacum, 387.
Vallis Serena, abbatia, 82. — *Cf. Valsery.*
Valloires (commune d'Argoules, canton de Rue, Somme). — *Voir* Valolie.
Valois (comte de) : *voir* Charles.
Valolie, abbatia, 177. — *Cf. Valloires.*
Vals, locus, 45, 49, 74, 90, 93, 157, 161, 249 ; II, 174.
(Ermecius de), 45.
(Hugo de), 92, 94.
(Remigius de), 88.
Cf. Vaux-en-Amiénois.
Vals juxta Mondisderium, locus, 130. — *Cf. Vaux* (Le Fretoy).
Valsery (commune de Cœuvres, canton de Vic-sur-Aisne, Aisne). — *Voir* Vallis Serena.
Vaquier (Johannes), II, 100.
Vaucellum, locus, 326 ; II, 122.
Vauls, villa, 401.
(Galeran de), II, 72.
Cf. Vaux-en-Amiénois.
Vaulx, locus, II, 174. — *Cf. Vaux-en-Amiénois.*
Vaus, villa, 90, 157, 158, 226, 401, 474 ; II, 51.
(Ermechius de), 200, 201.
Cf. Vaux-en-Amiénois.

Vaussore (domus de), versus Royam, II, 111.
Vaux, locus, II, 58. — *Cf. Vaux-en-Amiénois.*
Vaux (commune du Fretoy, canton de Maignelay, Oise). — *Voir* Valles juxta Montem Desiderii, Vals juxta Mondisderium, Waus.
Vaux-en-Amiénois (canton de Villers-Bocage, Somme). - *Voir :* Valles, Vals, Vauls, Vaulx, Vaus, Vaux.
Vavassor (Guido), II, 156.
Vecquemont (canton de Corbie, Somme). — *Voir* Veschemonz, Veskemont.
Velana, locus, 394, 395.
(Petrus de), 24, 25, 42, 43.
Cf. Velennes.
Velane, locus, II, 2. — *Cf. Velennes.*
Velennes (canton de Conty, Somme). — *Voir* Velana, Velane.
Vencentius, filius Maineri Balbi, 294.
Vendôme (Loir-et-Cher). — *Voir* Vindocinensis.
Ver, villa, 32, 62, 235, 275, 300, 359, 419, 420 ; II, 163, 174.
Baillivus, 236.
Grangia, 162.
Major, 353 ; *voir* Bartholomeus, Garinus, Gualterus.
Molendinarius : *voir* Johannes.
Molendinum, 226, 249 ; II, 174.
Presbyter, 353.
Vicecomitatus, 64, 65.
(Aubertus de), 299.
(Johannes de), 226.
(Osmundus de), 469.
(Ricardus de), 299, 459, 460.
Cf. Vers.
Vers (canton de Boves, Somme). — *Voir* Ver.
Vergeaux (rue à Amiens). — *Voir* Vergiaux, Verjeaus, Verjeax, Verziaux.
Vergiaux (vicus des), II, 135. — *Cf. Vergeaux.*
Verjeaus, vicus, II, 148. — *Cf. Vergeaux.*
Verjeax, vicus, II, 148. — *Cf. Vergeaux.*
Vermandois (ancien comté, Aisne). — *Voir :* Viromandensis, Viromanduorum.
Vermencone (Petrus de), II, 75, 86.

Veroli (province de Rome, Italie). — *Voir* Verularum.
Verona, locus, 97, 98. — *Cf.* Verone.
Verone (Italie). — *Voir* Verona.
Verrignes (Hugo de), 125, 126.
Verton (canton de Montreuil, Pas-de-Calais), 438, 441, 442, 448.
Verularum (bulla data), 67. — *Cf.* Veroli.
Verziaux, vicus, II, 148. — *Cf. Vergeaux.*
Veschemonz, territorium, 53. — *Cf. Vecquemont.*
Veskemont, territorium, 53. — *Cf. Vecquemont.*
Vetula (Johannes), 265.
(Maria), 470.
Vicarius, Vacarius, Vaccarius, (Geroldus), 27, 40.
Vicene, locus, 438. — *Cf. Vincennes.*
Vicentius Maistrie, 362. — *Cf.* Vincentius.
Viconia, locus, 336. — *Cf. La Vicogne.*
Vies Piere, nemus apud Creuse, 294.
Vignacourt (canton de Picquigny, Somme). — *Voir :* Vinacurt, Vinacurtis, Vinarcort, Vinarcourt, Vinarcurt, Vinarcurtis, Vinardicuria.
vignes, 117, 208, 341, 357, 460.
Vilain (Drogo), II, 14, 20.
Vilaincourt (commune de Béhencourt, canton de Villers-Bocage, Somme). — *Voir :* Vilanacurte, Vilanacurtis.
Vilanacurte (Hugo de), 54. — *Cf. Vilaincourt.*
Vilanacurtis, territorium, 54. — *Cf. Vilaincourt.*
Vilaribus (Matheus de), 470. — *Cf. Villers-Bocage.*
Vileirs, villa, 46, 62, 130.
(Leonardus de), 88.
(Petrus de), 88.
(Radulphus de), 88.
Cf. Villers-Bocage.
Viler (Pierron du), II, 66. — *Cf. Villers-Bocage.*
Vilers, villa, 46, 101, 130, 137, 250 ; II, 147, 176.
(Ernoldus de), 46, 62, 137.
(Leonardus de), 45, 88.
(Matheus de), 234.
(Petrus de), 88, 290.
(Radulphus de), 88.
Cf. Villers-Bocage.
Vilers (Willelmus de), 258. — *Cf. Villers-aux-Erables.*
Vilers Le Bretouneus, villa, 221, 222. — *Cf. Villers-Bretonneux.*
Villa (Guiardus de), 83.
Villa-sub-Corbeia (Watighetus de), 397, 408, 409, 410, 411. — *Cf. Ville-sur-Ancre.*
Villana (Maria), 415.
Villanova, locus, 377.
Villanus, Villarius, (Robertus), 393.
(Galterus), 302.
Villaregia (P. de), II, 63.
Villare ad Araules, 258. — *Cf. Villers-aux-Erables.*
Villare in Boschagio, 375, II, 123. — *Cf. Villers-Bocage.*
Villare Le Bretouneus, 228, 364, 365. — *Cf. Villers-Bretonneux.*
Villari (Galterus de), II, 118.
Villaribus (Radulphus de), II, 20, 82, 87.
Villarius (Galterus), 302. — *Cf.* Villanus.
Ville-sur-Ancre (canton de Bray, Somme). — *Voir* Villa sub Corbeia.
Villemontoir (Guillelmus de), II, 141.
Villers-Bocage (arr. d'Amiens, Somme). — *Voir* Vilaribus, Vileirs, Viler, Vilers, Villare in Boschagio.
Villers-Bretonneux (canton de Corbie, Somme). — *Voir :* Vilers, Villare Le Bretouneus.
Villers-aux-Erables (canton de Moreuil, Somme). — *Voir* Vilers, Villare ad Araules.
Vimacum, pagus, 239. — *Cf. Vimeu.*
Vimeu (ancien pagus, Somme). — *Voir* Vimacum, Vinmacensis.
Vinacurt (Laurentius de), 92. — *Cf. Vignacourt.*
Vinacurtis, villa, 445. — *Cf. Vignacourt.*
vinagium, redevance, 114 ; II, 153.
Vinarcort, villa, 119, 161, 200, 249, 376 ; II, 174.
Dominus : *voir* Drogo de Ambianis.
Praepositus : *voir* Petrus.
(Laurentius de), 92, 94.

(Reginaldus de), 199.
Cf. Vignacourt.
Vinarcourt, villa, 119, 161.
Praepositus : *voir* Petrus.
(Laurentius de), 92, 94.
(Reginaldus de), 199.
Cf. Vignacourt.
Vinarcurt, villa, 119.
(Laurentius de), 92, 94.
Cf. Vignacourt.
Vinarcurtis, villa, 445. — *Cf. Vignacourt.*
Vinardicuria (Reginaldus de), 219. — *Cf. Vignacourt.*
vinum, 13, 28, 85, 100, 116, 158.
Vincennes (Seine). — *Voir* Vicene.
Vincentius, Vicentius, Maistrie, 362.
Vindocinensis porta, 42. — *Cf. Vendôme.*
Vinmacensis archidiaconus, Ansellus, 16, 17. — *Cf. Vimeu.*
Viromandensis ballivus, II, 93. — *Cf. Vermandois.*
Viromanduorum comes : *voir* Philippus. — *Cf. Vermandois.*
Virtute (Vivienus de), 6.
Visex (Johannes), II, 100.
Viterbe (province de Rome, Italie). — *Voir* Viterbium.
Viterbium, locus, 445, 469, 464. — *Cf. Viterbe.*
Vivet (Robertus), 390, 391.
Vivienus de Virtute, 6.
Vuadelhidis, uxor Isopis, 3.
Vuadencort, villa, 276, 277. — *Cf. Vadencourt.*
Vuadencurt (Simon de), 106. — *Cf. Vadencourt.*
Vualdeberta, mancipium, 2. — *Cf. Wadelberta.*
Vualterus, major de Ver, 76. — *Cf.* Gualterus.
Vualterus de Douncel, 53 — *Cf.* Walterus.
Vualtrocus, mancipium, 3. — *Cf.* Waltrocus.
Vuangilius, mancipium, 2. — *Cf.* Wangilus.
Vuangilus, mancipium, 2. — *Cf.* Wangilius.
Vuarentrudis, uxor Trovadi, 3.

Vuarneria, uxor Adelberti, 3.
Vulberta, mancipium, 2. — *Cf.* Wiberta.
Vulfinus, mancipium, 3.
Vulfrida, uxor Gerardi, 2.

W

W., episcopus Ambianensis, 10. — *Cf.* Wido.
W., episcopus Londoniensis, II, 125. — *Cf.* Willelmus.
Wadelberta, Vuadelberta, mancipium, 2.
Wadencor (Symon de), 144. — *Cf. Vadencourt.*
Wadencort, locus, 91, 93, 276, 277.
(Balduinus de), 276, 277, 397, 408, 409, 410.
(Guido de), 276, 277.
(Symon de), 78, 85, 88, 106, 108, 114, 118, 122, 144, 147, 151, 155.
Cf. Vadencourt.
Wadencourt, locus, 93, 295.
(Gillon de), II, 68.
(Symon de), 78, 85, 88, 96, 106, 108, 114, 118, 144, 145, 147, 151.
Cf. Vadencourt.
Wadencurt, locus, 91, 93.
(Symon de), 74, 78, 85, 88, 96, 106, 108, 114, 118, 122, 144, 145, 147, 151, 155.
Cf. Vadencourt.
Wagnette (Jacoba), II, 134.
Wai, Way, (Robertus de), 203, 210.
Waignet (Mahieu), II, 51.
Wailli (Gislebertus de), 48. — *Cf.* Wailly.
Waillis (Alexander de), 74. — *Cf.* Wailly.
Wailly (canton de Conty, Somme).
(Godefridus de), II, 141.
Cf. Wailli, Wailliis, Walli, Wally, Waylli.
waisdium, guède, 28, 310.
Waitebus (Johannes), 390, 391.
Walcodus, Walcotus, molendinarius, 18.
Walcotus, molendinarius, 18. — *Cf.* Walcodus.
Waldricus de Moiliens, 76, 80.
Walerannus de Mez, 91, 92, 94, 95. — *Cf.* Gualerandus.
Walli (Gislebertus de), 48. — *Cf.* Wailly.
Wally (Godefridus de), II, 109, 135. — *Cf.* Wailly.
Walo de Bartangle, 506.

Walo de Bochon, 92, 94.
Walo de Sarthon, 182, 234 ; II, 122. — *Cf.* Galo.
Walois, gener Gaufridi de Milliaco, 379.
Walot (Johannes Labbe alias), II, 141.
Walterenc, via in territorio Argovie, 157.
Walterus, abbas Sancti-Aceoli, 35, 42. — *Cf.* Gualterus.
Walterus, abbas Sancti-Vedasti Atrebatensis, 30, 36.
Walterus, clericus, 80, 501.
Walterus, major del Mesge, 114. — *Cf.* Gualterus.
Walterus, major de Vallibus, 75, 87.
Walterus, major de Ver, 114, 155. — *Cf.* Gualterus.
Walterus, presbyter, 29, 32, 50. — *Cf.* Gualterus.
Walterus, presbyter de Flescicurte, 35.
Walterus, presbyter de Hangart, 259.
Walterus, subdiaconus, 90.
Walterus, filius Adae, sororis Gaufridi, episcopi, 297.
Walterus Attrebatensis, 80.
Walterus de Beesloy, 147. — *Cf.* Gualterus.
Walterus de Bretencort, 343.
Walterus de Canci, 81.
Walterus de Coisi, 403. — *Cf.* Galterus.
Walterus, filius Constantini, 28, 40.
Walterus de Doumeliers, 260.
Walterus. Vualterus, de Douncel, 53.
Walterus de Foilliaco, 33, 459. — *Cf.* Gualterus.
Walterus de Fontanis, II, 83.
Walterus de Hilli, 33. — *Cf.* Galterus.
Walterus Le Vielle, II, 156.
Walterus Major, 392.
Walterus, filius Martini, II, 164.
Walterus de Megio, II, 123. — *Cf.* Gualterus.
Walterus Miles, 245.
Walterus, filius Petri Matebrune, 325.
Walterus, frater Petri de Vilers, 101.
Walterus de Rumeni, 145.
Walterus de Saisceval, 76.
Walterus de Sarton, 214, 215. — *Cf.* Gualterus.
Walterus de Serincurt, 29.

Walterus de Tarota, 6.
Walterus de Valle, 75. — *Cf.* Walterus major de Vallibus.
Waltrocus, Vualtrocus, mancipium, 3.
Wandencourt (Symon de), 155. — *Cf.* Vadencourt.
Wangilius, Vuangilius, Vuangilus, mancipium, 2.
Wannast, locus, 248. — *Cf.* Wargnas.
Warci, locus, 208. — *Cf.* Warsy.
Waregnies, locus, 337. — *Cf.* Wargnies.
Wareignies, locus, 337. — *Cf.* Wargnies.
Warengotus, pater Radulphi, 53.
Warengotus, filius Radulphi, 53.
Wargnas (commune d'Havernas, canton de Domart, Somme). — *Cf.* Wannast, Waunast.
Wargnies (canton de Domart, Somme), 337. — *Cf.* Waregnies, Wareignies.
Warin de Fourdinoi, II, 25. — *Cf.* Warinus.
Warinus, censitarius, 275.
Warinus, subdiaconus, 17. — *Cf.* Guarinus.
Warinus, quidam, 422.
Warinus de Beeloy, 390, 391. — *Cf.* Garinus.
Warinus, Werricus, de Buiencort, 156.
Warinus Cantor, 376.
Warinus, Warin, de Fourdinoi, II, 25, 27.
Warinus Laplania, 448.
Warinus Rapine, canonicus de Rua, 476 ; II, 48.
Warluis (Alexander de), 74. — *Cf.* Warlus.
Warlus (canton de Molliens-Vidame, Somme). — *Voir* Warluis.
Warsy (canton de Moreuil, Somme). — *Voir* : Warci, Warti.
Warti, locus, 208. — *Cf.* Warsy.
Warvileir, locus ; II, 171. — *Cf.* Warvillers.
Warviler, locus, II, 171. — *Cf.* Warvillers.
Warviller (Willermus de), II, 20. — *Cf.* Warvillers.
Warvillers (canton de Rosières, Somme). — *Voir* : Warvileir, Warviler, Warviller.
Wastello (vicus de), apud Ambianos, 416.

Wasen, territorium, 45.
Watigetus, Watighetus, de Villa subtus Corbeia, 397, 408, 409, 410, 411, 415.
Watighetus, de villa subtus Corbeia, 408, 409, 410, 411. — *Cf.* Watigetus.
Waubert (Pierre), II, 120.
Waudencourt, locus, 91.
(Fauvel de), II, 94.
Cf. Vadencourt.
Waularde, Waullarde, (Agnes), 393.
Waullarde (Agnes), 393. — *Cf.* Waularde.
Waunast, territorium, 248. — *Cf. Wargnas.*
Waus, juxta Mondisderium, 130. — *Cf. Vaux* (Le Fretoy).
Wauterenc, locus apud Argoviam, 158.
Way (Robertus de), 210. — *Cf.* Wai.
Waylli (Radulphus de), 423. — *Cf.* Waillly.
Wenchum, locus, 264.
Wermondus, major de Melta, 408.
Wermondus, pater Ingerranni de Pinconio, 125. — *Cf.* Wermundus.
Wermundus, Wermendus, pater Ingerranni de Pinconio, 125.
Werricus de Buiencort, 156. — *Cf.* Warinus.
Werricus de Carnoi, 74.
Wiardus Li Blons, 362.
Wiberta, Vulberta, Wiberta, mancipium, 2.
Wibertus de Jumellis, 243, 244. — *Cf.* Guibertus.
Wibertus Rufus, 63, 477. — *Cf.* Guibertus.
Wibertus de Tueffles, 377.
Wicardus, filius Haimeti, 299.
Wicars, Wichars, (Radulphus), 183.
Wichars (Radulphus), 183. — *Cf.* Wicars.
Wido, episcopus Ambianensis, 10. — *Cf.* Guido.
Wilardus, homo capituli, II, 159.
Wilardus de Bonolio Aquoso, 398.
Wilardus de Fonte, 63.
Wilardus Heraut, 382.
Wilardus de Rua, 80. — *Cf.* Oilardus.
Wilart Marfu, II, 51.
Wildrada, mancipium, 2.
Willardus, quidam, II, 82.
Willammes de Hangest, II, 40. — *Cf.* Guillaume.

Willaume, Williermus, de Daminois, II, 34, 35, 36.
Willaumes de Hangest, bailli d'Amiens, II, 37, 38. — *Cf.* Guillaume.
Willaume de Marchel, 481.
Willaume de Pois, II, 51.
Willaume Tirel, II, 38.
Willelmus, Willermus, abbas Aquicinctensis, 345, 348.
Willelmus, baillivus de Folies, 251.
Willelmus, comes Pontivi, 177, 180, 226.
Willelmus, decanus de Abbatisvilla, 344.
Willelmus, Willermus, grangiarius de Duri, II, 122, 147.
Willelmus *(Guilielm of St Mary's church)*, episcopus Londoniensis, II, 125.
Willelmus, praepositus, 69, 78, 83, 90, 96. — *Cf.* Guillermus.
Willelmus, presbyter de Maceriis, 259.
Willelmus, sacerdos, 55.
Willelmus, subdiaconus, 17. — *Cf.* Guillelmus.
Willelmus, maritus Asselinae, 154.
Willelmus de Borri, 85.
Willelmus, Willermus, de Caieto, 177, 181.
Willelmus Canis, 398.
Willelmus de Donno Medardo, 279, 363. — *Cf.* Guillelmus.
Willelmus, frater Egidii de Mailli, 273.
Willelmus Forseii, castellanus Nigellensis, 236, 429.
Willelmus, frater Henrici Rabos, 438.
Willelmus, frater Hugonis de Busco Guidonis, 276.
Willelmus, frater Hugonis de Verrignes, 126. — *Cf.* Guillelmus.
Willelmus Li Bugres, 105.
Willelmus de Longa Valle, 431, 433, 434, 435. — *Cf.* Guillelmus.
Willelmus de Melloto, officialis Ambianensis, 457. — *Cf.* Guillelmus.
Willelmus, filius Petri de Creusa, 253, 254.
Willelmus, Willermus, de Pinconio, 145, 148, 173.
Willelmus Rabuissons, 477.
Willelmus de Vilers, 258.
Willencort, abbatia, 229. — *Cf.* Willencourt.

Willencourt (canton d'Auxy-le-Château, Pas-de-Calais), 229. — *Cf.* Willencort.
Willermus, abbas Aquicinctensis, 349. *Cf.* Villelmus.
Willermus, grangiarius de Duri, II, 122. *Cf.* Willelmus.
Willermus, praepositus, 64, 72. — *Cf.* Guillermus.
Willermus de Abbatisvilla, 345, 346. — *Cf.* Guillermus.
Willermus de Arviler, II, 122.
Willermus de Caieto, 181. — *Cf.* Willelmus.
Willermus de Cantepré, 284.
Willermus Flascart, 377.
Willermus de Glysi, II, 1.
Willermus Li Rendus, 398.
Willermus de Marisco, II, 1.
Willermus de Pinchonio, II, 173. — *Cf.* Willelmus.
Willermus Raymont, II, 1.
Willermus de Warviller, II, 20.
Williermus de Daminois, II, 35, 36. — *Cf.* Willaume.
willot, id est coup, injure, 168.
Winehan, campus, II, 155.
Wionval, locus apud Abbatisvillam, II, 58.
Wis Galobie, sire de Saint-Vaast, 481, 482. — *Cf.* Guido.
Wistasses Lidiales, II, 2. — *Cf.* Eustachius Diabolus.
Wiberta, mancipium, 2. — *Cf.* Wiberta.

Y, Z

Ybertus, molendinarius, 246.
Ydora de Saumier, 432.

Ypolitus, cantor Ambianensis, 253, 254, 263, 264, 281, 319, 398, 425.
Ypre (Radulphus de), 382. — *Cf.* Ypres.
Ypres (Flandre occidentale, Belgique).— *Voir* Ypre.
Ysabeax, soror Radulphi Gonscelini, 110. — *Cf.* Isabeax.
Ysabel Peronnier, II, 66.
Ysabel Sabine, II, 51.
Ysabel Tienlebien, II, 51.
Ysabella Bulote, 471.
Ysabella, Ysabiaus, uxor Guidonis Galobye, 453, 481, 482, 484.
Ysabella, soror Hugonis Havet, 489, 492.
Ysabella, uxor Hugonis majoris de Megio, II, 22.
Ysabella, uxor Johannis Braiers, 489, 490, 491, 492, 493.
Ysabella, uxor Johannis de Brimeu, 438.
Ysabella, Ysabellis, uxor Johannis de Renaudivalle, 400, 402.
Ysabella, uxor Osmundi de Ver, 469.
Ysabellis, uxor Johannis de Renaudivalle, 400. — *Cf.* Ysabella.
Ysabiaus, soror Radulphi Gonscelini, 110. — *Cf.* Isabeax.
Ysabiaus, uxor Guidonis Galobie, 481, 482. — *Cf.* Ysabella.
Ysabieaus, soror Radulphi Gonscelini, 110. — *Cf.* Isabeax.
Yseu (Matheus de), 150. — *Cf.* Yzeux.
Ysidrigilis, uxor Erlulfi, 2. — *Cf.* Isidrigilis.
Yvernel (Sagalo), II, 162.
Ysou (Matheus de), 150. — *Cf.* Yzeux.
Yvo, subdiaconus, 122. — *Cf.* Ivo.
Yvo, filius Ascelini Ferre, 53. — *Cf.* Ivo.
Yvremans (Sagalo), 487.
Yzeux (canton de Picquigny, Somme).— *Voir* Iseu, Yseu, Ysou.

ERRATA

TOME I

Page 26, ligne 16. Lire : *strenuus*, au lieu de : *stenuus*.
— 373, ligne 9. Lire : *quoniam*, plutôt que : *quum* dans l'abréviation ainsi traduite.
— 377. Supprimer les appels de notes.
— 381, note 1, ligne 2. Lire : *super eodem facto*.
— 438, acte n° 388, ligne 9. Lire : *vitulis*, au lieu de : *vilulis*.
— 501, ligne 21. Lire : *ronchinum*, au lieu de : *Ronchinum*.

TOME II

Page 182, article **Arviler**. Lire : *Arvillers*, au lieu de : *Orvillers*.
— 182. Introduire l'article : **Arvillers** *(canton de Moreuil, Somme)*. — *Voir Arviler*.
— 195, article **Chorgeuse**. Lire : *Chorqueuse* ; lire : *Saucheuses*, au lieu de *Sancheuses*.
— 209, article **Galo**, *Walo, de Sarton*. Ajouter : *182*.
— 216, article **Guido**. *Gui, episcopus Ambianensis*. Lire : *Guido, Gui, Wido*.
— 223, article **Isidrigilis**. Lire : **2**, au lieu de : *12*.
— 224, article **Johannes** *archidiaconus*. Lire : *Rothomagensis*, au lieu de : *Rothomajensis*.
— 242, article **Notre-Dame d'Eu**. Lire : *Augo*, au lieu de : *Ango*.
— 244. Introduire l'article : **Orvieto** *(Ombrie, Italie)*. — *Voir Urbs Vetus*.

www.ingramcontent.com/pod-product-compliance
Lightning Source LLC
Chambersburg PA
CBHW050316170426
43200CB00009BA/1345